रज़ा पुस्तक माला

दृश्य और ध्वनियाँ

संचयन : दो

रज़ा फ़ाउण्डेशन | THE RAZA FOUNDATION

दृश्य और ध्वनियाँ

खण्ड : दो

सितांशु यशश्चन्द्र

गुजराती से अनुवाद

डॉ. तृप्ति भावसार
डॉ. शिवांगकुमार भावसार
डॉ. राजेन्द्र परमार
डॉ. नयना डेलीवाला
नरेश चन्द्रकर
डॉ. बंसीधर शर्मा
तुलसीभाई पटेल
नीता जोशी
अशोक पाण्डे

राजकमल प्रकाशन

रज़ा पुस्तक माला : **संचयन**
प्रधान सम्पादक : अशोक वाजपेयी | सम्पादक : पीयूष दईया
राजकमल प्रकाशन प्रा.लि. और रज़ा फ़ाउण्डेशन का सह-प्रकाशन

ISBN : 978-93-88753-18-0

मूल्य : ₹995

पहला संस्करण : 2019

प्रकाशक : राजकमल प्रकाशन प्रा. लि.
1-बी, नेताजी सुभाष मार्ग, दरियागंज
नई दिल्ली-110 002

शाखाएँ : अशोक राजपथ, साइंस कॉलेज के सामने, पटना-800 006
पहली मंजिल, दरबारी बिल्डिंग, महात्मा गांधी मार्ग, इलाहाबाद-211 001
36 ए, शेक्सपियर सरणी, कोलकाता-700 017

वेबसाइट : www.rajkamalprakashan.com
ई-मेल : info@rajkamalprakashan.com

मुद्रक : यश प्रिंटोग्राफिक्स
नोएडा-201 301 (उत्तर प्रदेश)

DRISHYA AUR DHWANIYAN
Prose by Sitanshu Yashaschandra

आमुख

कलाओं में भारतीय आधुनिकता के एक मूर्धन्य सैयद हैदर रज़ा एक अथक और अनोखे चित्रकार तो थे ही उनकी अन्य कलाओं में भी गहरी दिलचस्पी थी। विशेषतः कविता और विचार में। वे हिन्दी को अपनी मातृभाषा मानते थे और हालाँकि उनका फ्रेंच और अँग्रेज़ी का ज्ञान और उन पर अधिकार गहरा था, वे, फ्रांस में साठ वर्ष बिताने के बाद भी, हिन्दी में रमे रहे। यह आकस्मिक नहीं है कि अपने कला-जीवन के उत्तरार्द्ध में उनके सभी चित्रों के शीर्षक हिन्दी में होते थे। वे संसार के श्रेष्ठ चित्रकारों में, २०-२१वीं सदियों में, शायद अकेले हैं जिन्होंने अपने सौ से अधिक चित्रों में देवनागरी में संस्कृत, हिन्दी और उर्दू कविता में पंक्तियाँ अंकित कीं। बरसों तक मैं जब उनके साथ कुछ समय पेरिस में बिताने जाता था तो उनके इसरार पर अपने साथ नवप्रकाशित हिन्दी कविता की पुस्तकें ले जाता था : उनके पुस्तक-संग्रह में, जो अब दिल्ली स्थित रज़ा अभिलेखागार का एक हिस्सा है, हिन्दी कविता का एक बड़ा संग्रह शामिल था।

रज़ा की एक चिन्ता यह भी थी कि हिन्दी में कई विषयों में अच्छी पुस्तकों की कमी है। विशेषतः कलाओं और विचार आदि को लेकर। वे चाहते थे कि हमें कुछ पहल करनी चाहिये। २०१६ में साढ़े चौरानवे वर्ष की आयु में उनकी मृत्यु के बाद रज़ा फ़ाउण्डेशन ने उनकी इच्छा का सम्मान करते हुए हिन्दी में कुछ नयी क़िस्म की पुस्तकें प्रकाशित करने की पहल *रज़ा पुस्तक माला* के रूप में की है, जिनमें कुछ अप्राप्य पूर्व प्रकाशित पुस्तकों का पुनर्प्रकाशन भी शामिल है। उनमें गाँधी, संस्कृति-

चिन्तन, संवाद, भारतीय भाषाओं से विशेषत: कला-चिन्तन के हिन्दी अनुवाद, कविता आदि की पुस्तकें शामिल की जा रही हैं। सभी पुस्तकों पर रज़ा साहब और उनके समकालीन मित्र चित्रकारों आदि की प्रतिकृतियाँ आवरणों पर होंगी।

हमारी परम्परा में गद्य को कवियों का निकष माना गया है। *रज़ा पुस्तक माला* के अन्तर्गत हम इधर सक्रिय भारतीय कवियों के गद्य के अनुवाद की एक सीरीज़ प्रस्तुत कर रहे हैं। इस सीरीज़ में बाङ्ला के मूर्धन्य कवि शंख घोष के गद्य का संचयन दो खण्डों में प्रकाशित हो चुका है। अब गुजराती कवि सितांशु यशश्चन्द्र के गद्य का हिन्दी अनुवाद दो ज़िल्दों में पेश है। पाठक पायेंगे कि सितांशु के कवि-चिन्तन का वितान गद्य में कितना व्यापक है—उसमें परम्परा, आधुनिकता, साहित्य के कई पक्षों से लेकर कुछ स्थानीयताओं पर कुशाग्रता और ताज़ेपन से सोचा गया है। हमें भरोसा है कि यह गद्य हिन्दी की अपनी आलोचना में कुछ नया जोड़ेगा।

अशोक वाजपेयी
दिसम्बर २०१८, नयी दिल्ली

धन्यवाद

सितांशु यशश्चन्द्र

धन्यवाद

बड़ी ख़ुशी है कि साहित्य मीमांसा एवं आलोचना के मेरे लेख हिन्दी अनुवाद में ग्रन्थस्थ हो रहे हैं। रज़ा फ़ाउण्डेशन और राजकमल प्रकाशन द्वारा यह पुस्तक प्रस्तुत हो रही है, इस का गहरा औचित्य है और मुझे इस का बहुत आनन्द है।

•

इस औचित्य और आनन्द की भूमिका मेरे लिये इस प्रकार है : विशेष को मिटाये बिना सामान्य अथवा साधारण की रचना करने की जो भारतीय क्षमता है, वो भारतीय साहित्य की प्राणप्रद क्षमता है। गुजराती आदि भारतीय भाषाओं को 'क्षेत्रीय भाषाएँ' रूपी पहचान दे कर, इन मर्यादित मानी गयी भाषाओं के साहित्य को अनुवाद के ज़रिये व्यापक माने गये वाचकवर्ग के पास रखने का उपकार करने की कोलोनियल मानसिकता भारतीय साहित्य के लिये विघातक है। गुजराती आदि भारतीय भाषाएँ एक विस्तृत सेमिओटिक नेटवर्क अर्थात् संकेतन-अनुबन्ध-व्यवस्था का अन्य-समतुल्य हिस्सा है, ऐसी सोच ही भारतीय साहित्य को अपना अनूठा सामर्थ्य देती है, उसे गतिशील एवं नवजीवन सभर रखती है। इस क्षमता के दो वर्तमान उद्‌गार है रज़ा फ़ाउण्डेशन और राजकमल प्रकाशन। दोनों ने इस भारतीय क्षमता को, कहो 'लांग' को, बहुत से कार्यरूप दे कर 'पारोल' में प्रगट करने का काम निरन्तर किया है। मेरे गुजराती लेखन के हिन्दी अनुवाद की यह पुस्तक, दो खण्डों में, रज़ा फ़ाउण्डेशन

आनन्द इस भूमिका पर आधारित है।

•

न केवल ये दो संस्थाएँ, आनन्द की बात है कि अन्य कुछ साहित्यिक संस्थाएँ और प्रकाशन संस्थाएँ भी, इसी सोच को आगे बढाती है। मूल बात ये है कि विशेष को मिटाये बिना सामान्य अथवा साधारण की रचना करने की, और तुल्यमूल्य संकेतकों से बुनी हुई एक संकेतन-व्यवस्था रचने की जो भारतीय क्षमता है, उस का जतन होता रहे। राष्ट्रीय या अन्तरराष्ट्रीय राज्यसत्ता, उपभोक्तावाद को बढावा देने वाली, सम्मोहक वाग्मिता के छल पर टिकी हुई धनसत्ता एवं आत्ममुग्ध, असहिष्णु विविध विचारसरणियाँ/आइडियोलोजीज़ की तन्त्रात्मक सत्ता, आदि परिबलों से शासित होने से भारतीय क्षमता को बचाते हुए, उस का संवर्धन होता रहे।

•

सविशेष धन्यवाद अशोक वाजपेयी जी का। भारतीय भाषाओं के साहित्य की अनेक धाराओं के अनेक संगम-स्थान उन्होंने 'भारत भवन' के उनके कार्यकाल से आज तक रचे हैं। यह ग्रन्थमाला उन की सोच का एक सुफल है।

गुजराती में से मेरे लेखों के हिन्दी अनुवाद करने का काम सरल तो था नहीं। गुजराती साहित्य की अपनी निरीक्षण परम्परा तथा सृजनात्मक लेखन की धारा बड़ी लम्बी है और उसी में से मेरी साहित्य तत्त्व मीमांसा एवं कृतिनिष्ठ तथा तुलनात्मक आलोचना की परिभाषा निपजी है। उसी में मेरी सोच प्रतिष्ठित (एम्बेडेड) है। भारतीय साहित्य के गुजराती विवर्तों को ऐतिहासिक परिप्रेक्ष्य में जाने बिना मेरे लेखन का सही अनुवाद करना सम्भव नहीं है, मैं जानता हूँ। इसीलिये, इन लेखों का हिन्दी अनुवाद टिकाऊ स्नेह और बड़े कौशल्य से जिन्होंने किया है, उन अनुवादक सहृदयों का मैं गहरा ऋणी हूँ।

श्री पीयूष दईया जी के अन्तर्दृष्टिपूर्ण, सजग-सतर्क एवं स्नेहपूर्ण सम्पादन-कार्य से ही तो दो खण्ड़ों में विस्तृत इस ग्रन्थ का विभावन एवं प्रकाशन हो सका है। ऊष्मापूर्ण धन्यवाद, पीयूष जी। ऐसे कार्यकुशल सम्पादक

हो सका है। ऊष्मापूर्ण धन्यवाद, पीयूष जी। ऐसे कार्यकुशल सम्पादक को और थोड़े बहुत प्रकाशन-पराङ्मुख इस लेखक को, दोनों को निरन्तर सहाय करने वाले गुजराती कवि-चित्रकार पीयूष ठक्कर का हम दोनों की ओर से धन्यवाद।

ये पुस्तक पढ़ने वाले हिन्दीभाषी सहृदय पाठकों का सविनय धन्यवाद, जिनकी दृष्टि का जल मिलने से ही तो यह पन्ने पल्लवित होंगे।

सितांशु यशश्चन्द्र

वडोदरा, दिसम्बर १०, २०१८

क्रम

एक अनुबन्ध समीक्षा
ताव से अक्खर घोलिअई : जाव णिरक्खर होई

क : (१)

अक्षर घोल तब तक, निरक्षर हो तुम जब तक

निरक्षरता की साधना की बात से आज मैं आप सभी विद्वद्जनों के साथ गोष्ठी का आरम्भ करता हूँ, और यह भी परिषद अध्यक्ष का उत्तरदायित्व स्वीकार करते समय—किसी को ऐसा सवाल हो सकता है कि यह कोई चूक से तो नहीं हो रहा है न! सवाल होने चाहिए, क्योंकि जहाँ परस्पर प्रश्न पूछे जा सकते हैं, वहाँ परिषद् पल्लवित होती है। कुँडरे में बैठकर नातीभोजन की बात अलग है। तो मैं कहना चाहूँगा कि निरक्षरता की साधना की बात किसी भूल से या अनवधान से नहीं हुई : न तो आज या न तो यहाँ शीर्षक में जिनकी पंक्ति उद्धृत की गयी है, उस कवि सरहपाद के समय में।

ईसवीं सन् अथवा सामान्य संवत्सर के आठवें शतक में जो हुए उस कविसिद्धपुरुष सरहपाद के इन शब्दों को आज तीन कारणों से याद किया गया है।

प्रथम कारण यह है कि कवि का सूचन भारतीय संस्कृति और साहित्य का आत्मपरीक्षण, समकालान्वेक्षण और इन दोनों से उत्पन्न निर्भय प्रयोगशीलता की ओर अंगुलिनिर्देश करता है। दूसरा कारण यह है कि सरहपाद के इन शब्दों में भारतीय साहित्य-विचार में और संस्कृति-मीमांसा में जो खुलापन है (जिसे जैन-दर्शन अनेकान्तवाद कहता है और एक ही नहीं, छः दर्शनों

को तथा बौद्ध, जैन, चार्वाक दर्शनों को भी दर्शनरूप में स्वीकार करने वाली वैदिक परम्परा जिसे चरितार्थ करती है, ऐसा जो भारतीय मुक्तावकाश है), इस ओर भी संकेत करता है। तीसरा, शायद सर्वाधिक ताकीद का कारण यह है कि सरहपाद के और उनके द्वारा प्राप्त अन्य कतिपय भारतीय सर्जकों की कृतियों के पथ पर अनुगमन करने वाले भारतीय साहित्य के अधुनातन संकेत-विज्ञान के प्रति कुछ क़दम उठाये जा सकें।

इन तीन मुद्दों पर कुछ विस्तार से परीक्षण करें :

(1) भारतीय साहित्य की निर्भय प्रयोगशीलता : सरहपाद जिसे नवप्राप्त निरक्षरता कहता है, उसे समझने के लिए आधुनिक कम्प्यूटर टेक्नोलॉजी जिसे 'Eraser Coding' कहती है, यह संज्ञा उपयोगी होगी। Eraser Coding की एक परिभाषा इस प्रकार है : A method of data protection in which data is broken into fragments, expanded and encoded with redundant data pieces and stored across a set of different locations or storage media. कम्प्यूटर में जो अनावश्यक या अभी अप्रस्तुत ज्ञान-सामग्री यदि संचित हो गयी हो, तो उसे फ़ारिग कर कोई अलग लोकेशन या स्थानक पर रख देना, इसे इरेज़र कोडिंग कहते हैं।

'खटपटने खटपटवा दे' (कपट को कपट करने दे) यह कहनेवाला हमारा सक्षम कवि अखो या अखा के समर्थ पुरोगामी, 'निरक्षरता' की बात करने वाले सरहपा, दोनों की बात समझने में 'इरेज़र' की यह विभावना उपयोगी होगी। कम्प्यूटर टेक्नोलॉजी में ही नहीं, अपितु नात्सी यातना शिविरों में प्राप्त पीड़ितों की हस्तप्रतियों के पठन के पश्चात् चर्चित 'पोएटिक्स ऑफ़ इरेज़र' में भी मिटाकर पढ़ने की विभावना और रचना-रीति पायी जाती है।

तो सरहपा का यह 'ताव से अक्खर घोलिअई' क्या है? कोई एक समाज परिश्रमपूर्वक ज्ञानसंचय करता है, लेकिन उस परम्परा के पश्चात् कोई एक समय पर बिलकुल नयी निरक्षरता की आवश्यकता का अनुभव करता है, इस घटना का ज्ञान-मीमांसागत, समाजमीमांसागत, इतिहास-मीमांसागत निष्कर्ष क्या निकाला जाय? ज्ञान प्राप्ति से पूर्व की निरक्षरता से, ज्ञानप्राप्ति के बाद की इस प्रकार की निरक्षरता किस प्रकार अलग होगी? उसकी साधना पद्धति कैसी होगी?—ऐसे कई सवाल सरहपाद हमारे समक्ष रखता है। इस प्रकार का शरसन्धान यह सरहा हमारे समक्ष

नहीं करता, बल्कि एक नये निशान का सन्धान कराने के लिए हमसे कराता है।

(2) भारतीय साहित्य के मुक्तावकाश : भारतीय साहित्य और संस्कृति के विशाल प्रदेशों में आनन्द पर्यटन करने के लिए अलग-अलग रास्ते हैं। कोई यात्री दर्शनदीप्त उपनिषद् के द्वारा दर्शाये गये रास्तों से भारतीय साहित्य और संस्कृति के दर्शन करना चाहेगा। किसी को प्रेमलक्षणा भक्ति कविता के रमणीय इंगितों द्वारा दर्शाये गये रास्तों पर घूमना अच्छा लगेगा। अलबत्ता, ये दोनों यात्राएँ आनन्दपूर्ण होंगी। लेकिन कई बार कोई यात्री साहित्य और संस्कृति की इससे अलग प्रकार की टोपोग्राफ़ी देखना चाहेगा, विभिन्न तलरूप या स्थलालेखन देखना पसन्द करेगा। ऐसा परिभ्रमण—साहस करने के लिए सामान्य संवत्सर के प्रथम सहस्राब्द के अन्तिम और द्वितीय सहस्राब्द के प्रारम्भिक पाँच-छः शतकों का भारतीय साहित्य, अपने संस्कृति सन्दर्भ के साथ परीक्षण योग्य है। भारतीय साहित्य के तल-रूपों में अपार विविधता है। ये सूर्य-चन्द्र-विद्युत तीनों प्रकार के प्रकाश से आलोकित हैं। उसमें जितना हो सके उतना भ्रमण कर लेना चाहिए। कभी झिलमिलाती दोपहर में, कभी सौम्य पूर्णिमा में तो कभी मेघाच्छादित रात्रि में भी। आज तो उस विद्युत-चमकती एक युगसन्धि के विकट रास्ते पर चलते हुए उस सौन्दर्य-लोक की एक छोटी-सी झाँकी कराने वाली साहस यात्रा आपके साथ करनी है।

(3) भारतीय साहित्य का संकेत विज्ञान : अर्थात् क्या? इस पर संक्षेप में विचार करें। किसी एक समाज में उसके द्वारा स्वीकृत संकेत परस्पर जुट कर उस समाज के लिए किस तरह अर्थयुक्तता उत्पन्न करते हैं, इसे समझने के विज्ञान को संकेत विज्ञान कहते हैं। प्रत्येक संकेतक को अपना अर्थ तभी प्राप्त होगा, जब वह संकेतक, उस समाज द्वारा स्वीकृत संकेतन-व्यवस्था का, सेमिओटिक नेटवर्क का एक हिस्सा बनता है। स्वस्तिक का चित्र जब गुजरात के किसी एक घर की दीवार पर आलेखित किया जाय तब उस परिवेश में उसका एक अर्थ निष्पन्न होगा। लेकिन ध्रुव प्रदेश में एस्कीमो के इग्लु की दीवार पर वही चित्र खींचा जाय तो उस समाज में शायद कोई अर्थ सूचित नहीं होगा। और नात्सी जर्मनी के झण्डों पर, उस समय के जर्मन समाज के लिए स्वस्तिक का अलग अर्थ होगा। यदि भारतीय साहित्य को समग्र रूप से भारतीय समाज के लिए एक अर्थकारी

संकेतक के रूप में देखेंगे, तो वह संकेतक उस समाज के अन्य सभी संकेतकों के साथ जुड़कर, भारतीय संकेतन-व्यवस्था के एक अंश के रूप में अपना स्थान लेना चाहिए।

दूसरे शब्दों में कहें तो भारतीय साहित्य अनेक अनुबन्धों द्वारा भारतीय संस्कृति की अन्य अनेक इकाइयों के साथ संलग्न होने पर ही उसकी अर्थवत्ता प्रकट होगी। साहित्य का अर्थ ये सभी संकेतक अर्थात् समाज, राज्य, अर्थतन्त्र आदि 'सांस्कृतिक संस्थाओं' के साथ अनुबन्धों से प्रगट होता है। साहित्य और राज्य-धर्म-अर्थकारण आदि के बीच परस्पर सार्थक बनाने का सम्बन्ध होता है, आश्रित-आश्रय का, उच्चावचता का सम्बन्ध नहीं होता। अतः समझ लेना चाहिए कि साहित्य को केवल समाजाभिमुख या जीवनाभिमुख या वास्तवदर्शी होना चाहिए, ऐसे मत के साथ साहित्य के संकेत-विज्ञान का कोई मेल नहीं होता है। समाज, राज्य, धर्म, अर्थसत्ता इन प्रत्येक को भी साहित्याभिमुख, कलाभिमुख इसलिए होना चाहिए कि इसके बिना प्रत्येक का अर्थ भी अधूरा रह जाता है।

'आधुनिकों में आये' ऐसे हमारे विलक्षण कवि-जननायक नर्मद, अपनी पुस्तक 'राज्यरंग' में इस बात को आबाद ग्रहण कर सके हैं। 'राज्य' शब्द के मूल में जाकर नर्मद 'राज्' धातु की ओर इशारा करता है : 'राज्' अर्थात् 'राजवुं' या 'शोभवुं' वह लिखता है : 'राज्' धातु का अर्थ शोभा है और राज्य अर्थात् सत्ता को माननेवाला—शोभनीय जनमण्डल अथवा जनमण्डल पर शोभनीय सत्ता। सभी सौन्दर्यों में सत्ता सौन्दर्य श्रेष्ठ है।' (नर्मद, राज्यरंग, सम्पा. रमेश शुक्ल, 1997, पृ. 22) गोवर्धन राम और गाँधी भी पढ़ेंगे तो राजी होंगे तथा कुछ प्राप्त हो, ऐसे ये शब्द गुजराती भाषा में लिखे गये, यह गुजराती का गौरव है—अगर वर्तमान गुजराती (शिक्षा संचालक, शासक वर्ग, सचिव गण और श्रेष्ठियाँ) इस पुस्तक को पढ़ेंगे और समझेंगे तो उनका भी गौरव है!

अगर सब समझेंगे तो एक प्रजासत्तात्मक राष्ट्र की शोभायमान राज्यसत्ता, महाजन परम्परा की कुशल अर्थसत्ता, समुदार धर्मसत्ता स्वशासित समाज की गरिमा और तीनों की संयुक्त प्राणशक्ति को रमणीय रूपों में प्रकट करनेवाला साहित्य—ये चारों शक्तियाँ व्यस्त रूप से नहीं, किन्तु समुचित रूप से परस्पर संलग्न हो सकती हैं और हमारे इस गुजराती साहित्य का 'अधिक सरसरंग सत्वरे' होगा।

इन तीन कारणों से आज की विद्वद्सभा में निरक्षरता की साधना की बात उठायी है और आप सभी के साथ एक छोटी-सी फिर भी साहसपूर्ण यात्रा करने का ठान लिया है।

क : (२)

इस यात्रा की भूमिका के बारे में कुछ स्पष्ट हो लें :

सरहपाद विश्वविख्यात नालन्दा की विद्यापीठ के एक आचार्य और वज्रयान बौद्ध परम्परा के महासिद्ध थे। उनके समय में अर्थात् आठवीं शती में, तत्कालीन भारतीय संस्कृति चार सौ वर्ष तक चलनेवाली एक कठिन कसौटी के आरम्भ का अनुभव कर रही थी। इन चार शतियों के अन्तर्गत उस संस्कृति को स्थिर होने के लिए आत्मपरीक्षण के कठोर मार्ग पर चलना था। उस मार्ग के अनेक नामों में 'वज्रयान' नाम ठीक ही दिया गया है। यह यान अर्थात् मार्ग कठोर था। भारत के संस्कृति-देह की मानो कीमोथेरपी चल रही थी। नाथ और सिद्ध सम्प्रदाय के निर्मम कवि-चिन्तक, गोरक्षनाथ और सरहपा सहित सभी अग्रणी यह दाह-चिकित्सा जानते थे। उन शताब्दियों में भारतीय संस्कृति ने अपने भूतकाल में जो तजने योग्य था उसे तज देने की, बदलने योग्य था उसे बदलने की, जिसका नये ढंग से निर्माण करने का था उसका स्वयं निर्माण करने की अपनी असली क्षमता का भरपूर उपयोग किया। पुरानी साक्षरता को परीक्षण के ज्वलनशील प्रवाही में गलाकर नये सिरे से निरक्षर होने के लिए उद्यम करने का यह समय था।

एक सहस्राब्द के बाद, अट्ठारहवीं शती के भारत के सामने फिर से चार सौ वर्ष तक चले ऐसी कसौटी आ गयी। अठारहवीं शती नादिरशाह (करनाल, 1739, रोबर्ट क्लाईव प्लासी, 1757) और पानीपत (1761) का आतंक लेकर भारत में आयी। अठारहवीं और उन्नीसवीं शती के दरम्यान मध्यकालीन भारत का अस्त और अर्वाचीन भारत का उदय हुआ। लेकिन प्रथम सहस्राब्द के अन्त में सामान्य संवत् अठारह सौ से बारह सौ के बीच चार शतक में समय की जो गति थी, उसकी तुलना में हमारे निकटवर्ती इस द्वितीय सहस्राब्द के अन्त में, ई.स. अठारहवीं से इक्कीसवीं

शती के बीच युगसन्धि के समय की गति, अश्वदौड़ से अवकाशयान गति के समान अलग दिखायी देती है।

आज इक्कीसवीं शती में भारतीय संस्कृति अब किस मार्ग से, किन साधनों से, किस मोड़ पर अपनी यात्रा आगे बढ़ायेगी, इसे जानने का उद्यम चल रहा है।

नर्मद द्वार इंगित 'स्वाभिमान' की रक्षा करते हुए भारत अनागत कल तक स्वयं चलकर जाना चाहता है तो आज यहाँ कतिपय प्रश्न उठाने होंगे। ये प्रश्न साहित्य का जीवन, वास्तव और समाज के साथ अनुबन्ध सम्बन्धी हैं। भारतीय सवाल साहित्य-मीमांसा के हैं; फिर भी, बल्कि इसीलिए संस्कृतिमीमांसा के भी हैं। साहित्य अर्थात् क्या ? साहित्य-कृति की रचना कैसे की जाय ? कैसे पहचानी जाय, प्रचलित कैसे की जाय और आस्वाद कैसे लिया जाय, इस विषय में पूरी मीमांसा करनी हो तो, यह मीमांसा राज्य, धर्म, अर्थकारण और भाषा आदि के साथ साहित्य के भीतर से उत्पन्न और बाहर से थोपित, उपकारक और विधा तक सभी सम्बन्धों की निर्मम आलोचना किये बिना सम्भव नहीं है। राज्यकारण, धर्मकारण और अर्थकारण की शक्तियाँ सर्जनशील और शोभनीय हो, ऐसी अपेक्षा नर्मद ने जैसे 'राज्यरंग' में रखी थी, वैसे हम अवश्य रख सकते हैं, असावधान होकर सच्चाई को नहीं पा सकते।

ख : (१)

साहित्य जीवन के साथ, वास्तव के साथ, समाज के साथ सेमिओटिकली, संकेतनपूर्वक किस तरह संलग्न है ? उसके संकेतनशील अनुबन्धों का स्वरूप क्या है ? ये अनुबन्ध जहाँ रचे जाते हैं वे लोकेशन्स अर्थात् स्थानक कौन से हैं ? ये और ऐसे सवाल अब हमारे सामने आते हैं।

इसमें सहायता कर सके ऐसी एक संज्ञा महाभारत के 'आरण्यक पर्व' में प्राप्त होती है। अस्तित्व की एक कठिन कसौटी के प्रसंग पर महाभारत-कार द्वारा प्रयोजित यह शब्द है निरधिष्ठान; यह शब्द अधिष्ठान के द्वन्द्व-विरोध से बना है। 'स्था' 'धातु' स्थिर होकर खड़े रहने का अर्थ सूचित करता है। 'स्थान' शब्द में 'अधि' उपसर्ग जोड़ने से 'अधिष्ठान' शब्द

बनता है। रथ पर योद्धा को खड़ा करने के लिए रथ-निर्माता ने जो स्थान बनाया है, इसे रथ में रथी का अधिष्ठान माना जाता है। वहाँ सारथि नहीं बैठता। न ही सारथि के अधिष्ठान पर योद्धा स्वाधिष्ठान पर बैठकर अच्छी तरह युद्ध कर सकता है। इस तरह 'अधिष्ठान' संज्ञा सभी अनुबन्धों की मीमांसा करने में उपयोगी सिद्ध होती है।

महाकवि व्यास ने महाभारत में अनेक आदिरूप और पुराकल्पनों की रचना की है, इनमें एक 'आरण्यक पर्व' में आता है। जब अर्जुन इन्द्र, शिव आदि देवों से दिव्य अस्त्र लेकर अपने भाइयों के हिमालय के अरण्यों में लौटता है तब देशनिकाला किये गये ये भाई यह जानने के लिए अधीर हो गये हैं कि अर्जुन के नये अस्त्र शत्रुनाश के लिए कितने असरदार हैं। अर्जुन इन दिव्यास्त्रों का प्रयोग दिखाना शुरू करता है। असली शत्रु तो सामने हैं नहीं, युद्ध भी नहीं है। फिर भी अर्जुन नये भयानक अस्त्रों का प्रयोग शुरू करता है। निकटवर्ती निर्दोष पशु-पक्षी-वनस्पति-मनुष्य और अगणित जीव मृत्यु और इससे भी भयानक कष्ट पाते हैं। निर्दोषों का यह महाविनाश देखकर दौड़कर आये हुए यक्ष, गन्धर्व, पक्षीगण, देवगण, तापस, लोकपाल, ब्रह्मा और स्वयं भगवान महादेव, शक्ति का ऐसा अभद्र प्रदर्शन देखते ही रह जाते हैं। तब इन सभी के बदले अर्जुन के पास दौड़कर गये मुनि नारद की उक्ति की महाभारतकार ने जिस ढंग से रचना की है यह उनके शब्दों में श्रवणयोग्य है :

तस्मिन् तु तुमुले काले नारदः सुरयोदितः
आगम्याह् वच्: पार्थम् श्रवणीयम् इदम् नृप।

(आरण्यक पर्व। 172-17)

'हे राजन! उस तुमुल युद्ध के समय देवों द्वारा भेजे गये नारद ने वहाँ आकर अर्जुन को ये श्रवणयोग्य वचन कहे।' श्लोक तो पूर्वयोजित अनुष्टुप में ही है, लेकिन यह अनुष्टुप कैसा द्रुत गति से चलता है! 'आगम्याह वचः'—आये के तुरन्त बोले : क्या बोले यह अभी देखें।

कवि उस समय को 'तुमुल काल' कहता है। तुमुल अर्थात् कोलाहल-पूर्ण-धमाचौकड़ी भरा। लोकपाल थे, ब्रह्मा थे, स्वयं महादेव थे, फिर भी यह समय 'तुमुल' था। क्योंकि 'अस्त्रैः दत्यमानाः' और 'पीडीताननाः सर्वे'—अस्त्रों से जले हुए, अपना मुख छुपाकर आये हुए सभी प्राणियों—

का बोलना अन्य किसी को न सुनायी देता था, न समझा जाता था। जीव बचाने की और जान लेने की धमाचौकड़ी मची थी। तब देवों द्वारा भेजे गये नारद की उक्ति के दो शब्द महाभारत-कार ने जिस रीति से लिखे हैं, इसमें उनका महाकवित्त्व प्रतीत होता है। अर्जुन सीखी हुई अपनी युद्धविद्या का, दिव्यास्त्रज्ञान का महाविनाशक प्रयोग अपने भाइयों की कुतूहल-तुष्टि के लिए करता था। वहाँ 'आगम्याह' आने पर नारद बोले :

अर्जुनार्जुन मा युद्धस्व दिव्यान्यस्त्राणि भारत।
नैतानि निरधिष्ठाने प्रयुज्यन्ते कवाचन॥

('आरण्यक पर्व' 172-18)

पहला शब्द ही सुनिये : 'अर्जुनार्जुन'। कैसी अधीरता, कैसी ताकीद, कैसी व्यथा! देवर्षि है, अनेक लोक के अनेक अनुभव प्राप्त ज्ञानी हैं। लेकिन इस क्षण विचलित हो गये हैं। 'अर्जुन-अर्जुन, मत चलाइये।' आने के साथ एक ही बात। तत्पश्चात् दिव्यास्त्र की और निरधिष्ठान अर्थात् अयोग्य स्थान की बात।

महाभारत-कार द्वारा आलेखित यह आपत्काल किस बात की है? इसके बारे में कवि का एक शब्द है : निरधिष्ठान, अयोग्य स्थान। अपात्काल अस्त्रों ने पैदा नहीं किया, निरधिष्ठान ने किया है। दिव्यास्त्रों ही नहीं, दिव्य ज्ञान भी यदि स्वस्थान में न हो, ग़लत अधिष्ठान पर हो, तो जीवन विघातक बनता है, तुमुल काल का निर्माण करता है।

वर्तमान समय की विविध सत्ताएँ भी स्वाधिष्ठान पर हैं या नहीं, यह प्राणप्रश्न आज पूरे विश्व में खड़ा हुआ है। निरधिष्ठान में प्रविष्ट राज्य सत्ता, धर्म सत्ता और अर्थ सत्ता तुमुल काल का निर्माण करती है। साहित्य का एक कर्तव्य यह है कि वहाँ तत्काल उपस्थित होकर उसे कहे कि 'राजा-राजा, वहाँ मत जाओ', 'बाज़ार-बाज़ार रुक जा, मेरा यह मत तेरा अधिष्ठान नहीं है।' 'धर्म सत्ता, सीमा-उल्लंघन मत करो।' कवि का यह काम है, यह विशाल बुद्धि व्यास कहते हैं। ये तो गये। ये समय भी गया। हम हैं। हमारा समय है। इतिहास का आज का तबका हमारे जीवन को गढ़ता है क्या? मरोड़ता है या कि तोड़ता है? या विकसित करता है? क्या करता है यह किसी के कहावे में नहीं, हमें स्वयं समझना होगा। आज हमें सोचना होगा कि हमारा समय कैसा है? प्रत्येक शक्ति स्वाधिष्ठान पर तो

है न? हमारा समय किसी तुमुलता की चौखट पर आकर खड़ा तो नहीं हुआ न? आज हमारे दिव्यास्त्र निरधिष्ठान पर तो प्रयोजित नहीं हैं न? हमारे समय की विविध शक्तियाँ, सत्ताएँ अपने-अपने अधिष्ठान पर हैं या ग़लतफ़हमी से अयोग्य जगह पर अधिकार जमाने का प्रयोग करती हैं?

संस्थानवाद पुराना वेश छोड़कर नये वेश द्वारा पुराना काम करता है या एक समुचित भूमण्डलीकरण से उत्पन्न नया विश्व अस्तित्व में आ रहा है? बाहरी संस्थानवाद के स्थान पर आन्तरिक संस्थानवाद तो अस्तित्व में नहीं आ रहा न? जिसमें एक ही देश के कतिपय प्रदेश अथवा समाज अन्य प्रदेशों अथवा समाजों पर आक्रमण कर रहे हो?

कोई कह सकता है कि ये सभी सवाल साहित्य के नहीं हैं; राजकारण, धर्मकारण या अर्थशास्त्र के हैं, उन्हें सिफ़ारिश करेंगे कि वे रामायण, महाभारत, भागवत और भास-कालिदास के नाटक फिर से एक बार पढ़ें।

ख : (२)

विदुषी इरावती कर्वे ने महाभारत का प्राचीन भारत के एक युगान्त का निरूपण करनेवाली कृति के रूप में परिचय दिया है। कैसे भी अन्त के बाद पुनः आरम्भ कर देने की शक्ति भारतीय संस्कृति के भीतर है और यह तथ्य भारतीय साहित्य जानता है। व्यास के पश्चात् एक उत्कर्ष-बिन्दु पर कालिदास के महाकाव्य 'कुमारसम्भव' और 'रघुवंश' की रचना हुई। भारवि, माघ और श्रीहर्ष के पथ पर 'किरातार्जुनीय', 'शिशुपाल-वध' और 'नैषधीय' द्वारा संस्कृत महाकाव्य क्रमशः छठवीं, सातवीं और बारहवीं शती तक आ गया। 'नैषध चरित' में तो श्रीहर्ष ने ७०० कथा के निमित्त अस्तंगत प्राचीन भारतीय संस्कृति का मानो एक हंस-गीत रचा और उसके आकार ग्रन्थ की रचना की। लेकिन भारतीय साहित्य, भारतीय कविता इससे कुछ समय पूर्व भारतीय संस्कृति का, भविष्य की ओर, एक नूतन रास्ता तैयार कर रही थी। उसके नये मानचित्र जो खींचे गये वे संस्कृत में नहीं, 'सन्ध्याभाषा'—में, एक 'डाकिनी' द्वारा एक तिरछे चलते अध्यापक को सिखायी गयी लोकभाषा में।

महापण्डित राहुल सांकृत्यायन, 1957 में प्रकाशित अपने आकर-ग्रन्थ

'दोहाकोश' में प्राचीन भारत के मध्याह्न के रूप में वर्धन वंश के चक्रवर्ती सम्राट हर्षवर्धन के शासनकाल को मानते हैं। ई.सं. 606 से 648 तक यह समयावधि थी। इस अन्तर्गत ही ई.सं. 636 में अरब सेना ने भारतवर्ष के पड़ोस में महाबन्द के युद्धक्षेत्र में ईरान के प्रतापी सासानी राजवंश का उच्छेद किया था। ई.सं. 648 के बाद कान्यकुब्ज साम्राज्य छिन्न-भिन्न हुआ, लेकिन कई बार मध्याह्न के बाद रात होने में अनेक प्रहर बीत जाते हैं।

आगामी अन्धकार में आगे बढ़ने का मार्ग खोजने का काम आठवीं शती के जग विख्यात नालन्दा विद्यापीठ के ब्राह्मण कुलोत्पन्न विद्वान द्वारा किया गया। वे नालन्दा में अध्ययन काल में बौद्ध मतानुयायी हुए और राहुलभद्र नाम से पहचाने गये। महायान मार्ग पर विनय परम्परा का पालन करते थे। उसमें नारीसंग तथा मद्यपान आदि वर्जित थे। किन्तु एक कठिन काम, आने वाली कालरात्रि में समग्र भारतीय संस्कृति के लिए मार्ग खोजने का कवि-कर्म उन्हें करना था। यह काम करने के लिए उन्होंने नालन्दा छोड़ दिया, महायानी विनय परम्परा छोड़ दी, पुनः कई रूप से नया विद्यार्थी होना पसन्द किया। तिब्बत की ओर परिव्राजक के रूप में चल पड़े। उन्हें दो गुरु मिले। दोनों स्त्रियाँ थीं, उनमें एक तो 'डाकिनी' मानी जाती थी। यह स्त्री बाज़ार में जाकर शर अर्थात् बाण या तीर बेचने का व्यवसाय करती थी। चौक बाज़ार में दोनों जब इकट्ठे हुए तब एक डाकिनी गुरु ने परिव्राजक राहुलभद्र को संस्कृत में नहीं किन्तु 'सन्ध्याभाषा' या 'संझाभासा' में ज्ञान दिया। नालन्दा के इस पूर्व आचार्य को एक डाकिनी द्वारा दिया गया नया ज्ञान यह था कि बुद्ध को पुस्तकों द्वारा नहीं किन्तु संकेतों और क्रियाओं द्वारा जाना जा सकता है। कहा जाता है कि शर बेचनेवाली उस डाकिनी की बात सुनकर, तत्काल महामुद्रा में गति पा चुके राहुल भद्र, अवधूत सरहपाद के रूप में दीर्घ काल तक विचरण करते रहे। ख़ुद भी शर या बाण बनाकर बेचते थे, इसलिए लोग उन्हें सरहो या 'बाणवाला' नाम से पहचानते होंगे। बाद में आदरसूचक 'पूज्यपाद' उपसर्ग लगने से 'सरहपाद' हुए। वे तो अब उस शरकार-कन्या के साथ रहते थे, मद्यपान करते थे। यद्यपि वे संस्कृत और पाली के परम ज्ञाता थे फिर भी कविता अपभ्रंश में लिखते थे, वह भी दोहा के रूप में। पाली भाषा और महायानी विनय परम्परा के विचार, आचार और ज्ञान-व्यवस्था उन्हें अपने समय के आपातकाल के सन्दर्भ में निकम्मे लगे। बिना बन्धन विचरण करने

वाले इस कवि द्वारा रचे गये दोहा काव्यों और गीतों 'चर्यापद' नाम से पहचाने गये। (देखिये : दोहाकोश, राहुल सांकृत्यायन, 1957, पृ. 6-16)

कबीर, रैदास और हमारे ज्ञानी कवि अखा के परदादा इस कवि ने एक दोहा में लिखा है :

बद्धो धावै दस दिसहि, म्मुक्को णिच्चल द्ढठाअ,
एमइ करहा पेक्ख सहि, विविरिअ महु पडिआह।

अर्थात्

बँधा हुआ दौड़े दस दिशा, मुक्त निश्चल होता
यह देखकर, सखी मेरी प्रतिभा विकसी।

जो रस्सी एक समय कमर पर बाँध, कटिबद्ध होकर कार्यसिद्ध करने में सहायता करती थी वही रस्सी युग बदलने पर, प्रजा का ऐतिहासिक जीवन-सन्दर्भ बदलने से कठोर बन्धन का साधन हो जाती है। विगत समय के विधिनिषेधों में क़ैद कर्मकाण्डी सरहपा की चकोर दृष्टि में कैसा लगता है? 'बद्धो धावै दस दिसहि!' लेकिन जिसने अपने आपको अब अप्रस्तुत बन्धनों से मुक्त कर लिया है वह सरहपा, आत्मबल द्वारा, स्वयंसूझ द्वारा स्वायत्त होकर निश्चल और स्थिर हो सकता है। कवि कहते हैं कि यदि इस युगान्तरी सन्ध्याकाल में अपनी प्रतिभा को विकसित करना है तो 'एमइ करहा पेक्ख सहि!'—ऐसा होता देख सखी!—यद्यपि सखी ने ही यह बात मूलतः राहुलभद्र को कही थी।

प्राचीनोत्तर युग का नया भारतीय साहित्य अपने नये समय में भी काम आ सके ऐसे बहुत कुछ नये सर्जन के लिए सक्षम हुआ। आठवीं शती के सरहपा के बाद ग्यारहवीं शती में गोरखनाथ आये, पन्द्रहवीं शती के कबीर, सोलहवीं शती के रैदास और हमारा अखा सत्रहवीं शती में आया। उन्नीसवीं शती के दक्षिण अफ्रीका के गाँधी भाई और बीसवीं शती में महात्मा गाँधी भी इस पंक्ति के। इन सभी के लिए सरहपा मानो पहले से ही कह गये :

अक्खर बाढा सअल जगु नाहि णिरकखर कोई;
ताव से अक्खर घोलिअई, जाव णिरकखर होई।

अक्षर-बढे सकल जग, नहीं निरक्षर कोई,

अक्षर घोल तब तक, निरक्षर हो तुम जब तक।

एक से अधिक प्रारम्भ कर सकने की कौवत यह भारतीय साहित्य की विशेषता है। कहा जाता है कि वेद समयान्तर पर जलनिमग्न हो जाते हैं और प्रत्येक बार उन जलनिमग्न वेदों को प्रतिभावन्त शक्ति जलप्रलय से बाहर निकालकर पुनः प्रजा के बीच प्रचलित कर देती है, इस मिथ में भारतीय संस्कृति के इस कौवत का संकेत है। मुझे लगता है कि प्रलय जल में स्नान कर वेद थकान दूर करते होंगे और नया काम करने के लिए ताज़ा होते होंगे!—ख़ुद ही डूब जाते होंगे, वरन् वेदों को कौन सा प्रलय डुबा सकता है? वियोजन के बिना सातत्य जीवन्त नहीं रहता, यह तथ्य यहाँ सूचित है। इस प्रकार की समझ धारण करने वाली संस्कृति के प्रत्येक नये प्रस्थान के समय कोई कालजयी साहित्य कृति की रचना होती है। उसमें आलेखित आदिरूप और पुरा-कल्पन इतिहास के तत्पश्चात् तबकों में होने वाली गम्भीर भूलें और फलस्वरूप उत्पन्न बड़े आपातकालों के बारे में अग्रिम संकेत देती है और यदि समझ पाते तो निवारण के प्रतिरूप भी प्रत्यक्ष कराती है।

यह समझने की तालीम जहाँ प्राप्त हो वहाँ साहित्य परिषद् है।

ग : (१)

राज्य और अर्थ की सत्ता के साथ साहित्य का अनुबन्ध जोड़ना भी सरल नहीं है और तोड़ना भी सरल नहीं है, इस बात को इन दोनों प्रकार के प्रयत्न करनेवाले साहित्यकार आज भी बराबर समझते हैं। पहले भी समझते थे। इन दोनों की एक बात पर दृष्टिपात करें।

आज हम तेलुगु भाषा प्रदेश के आतिथ्य का आनन्द उठा रहे हैं, इस तेलुगु भाषा के साहित्य की पन्द्रहवीं-सोलहवीं शती की एक कृति, जो गुजराती भाषी देशी-विदेशी प्रदेशों में प्रस्तुत हो सकती है, उसके एक अंश पर दृष्टिपात करें। विजयनगर महाराज्य के विख्यात सम्राट कृष्णदेव राय की राजसभा के 'अष्टदिग्गजलु' अर्थात् आठ दिग्गज कवियों का सम्मान था। उनमें एक कवि थे अळसानी पेदना। 'स्वारोचिश मनु सम्मेवमु' नामक, स्वारोचि मनु के जन्म के बारे में 'मार्कण्डेय पुराण' आधारित प्रबन्ध के

इस रचयिता ने 'आन्ध्र कविता के पितामह' बिरुद से आज उनका सम्मान होता है। उनके उस प्रबन्ध ग्रन्थ के स्वागत के लिए जो शोभा यात्रा आयोजित हुई थी, उसमें इस ग्रन्थ को गजराज की अम्बारी में रखा गया था। यह सोलहवीं शती की घटना थी। इसके पूर्व, ग्यारहवीं शती में गुर्जर राष्ट्र के कलि-काल सर्वज्ञ हेमचन्द्राचार्य के अनुशासनत्रयी ग्रन्थ की ऐसी ही शोभायात्रा पारण में निकली थी, उसका स्मरण होता है। दिग्गज कवि पेदना सुन्दर पालकी में बिठाये गये थे और कहते हैं कि सम्राट कृष्णदेव राय स्वयं कुछ समय के लिए उस पालकी को अपने कन्धे पर लेकर चले थे।

कविवर पेदना ने छोटी-छोटी कृतियाँ, जिसे चाटुकाव्य कहते हैं, वे भी रचे हैं। एक चाटुकाव्य में उन्होंने कवियों को राज्य की ओर से कैसे मान-सम्मान प्राप्त होने चाहिए, इस बारे में लिखा है। पेदना आग्रह रखते थे कि कवि कविता की रचना कर सके इसलिए उसे कतिपय सुविधाएँ देनी चाहिए। 'स्वादिष्ट भोजन, कवि प्रिया ने सखी द्वारा भेजा सुगन्धी ताम्बुल, भोजनान्ते सुख निद्रा के लिए झुलसी खाट' पेदना लिखता है : 'भरपेट के बिना ऐसी कविता कैसे लिखी जाय?' उनका यह चाटुकाव्य, साहित्य का राज्य सत्ता और वाणिज्य शक्ति से सम्बन्ध का एक दुष्परिणाम भी हो सकता है। यद्यपि विजयनगर के इस प्रशस्त राजा ने अपने इस राजकवि पेदना को उनकी किसी काव्य-कृति पर प्रसन्न होकर पैर में पहनने का एक सुवर्ण का घूघरीवाला तोड़ा दिया था। इसलिए इस दिग्गज कवि को भोजनादि के बारे में ख़ास शिकायत करने का वास्तविक कारण नहीं होगा। किन्तु कविता किसे कहते हैं? उसमें भी चाटुकाव्य!

विजयनगर की राज सभा में एक दूसरा कवि भी था। उसका नाम था तेनाली रामलिंगडु। यह दिग्गज कवि नहीं था, फिर भी राज सभा में या समाज में कुछ अशोभनीय दिखायी दे तो उसके विषय में वह विनोदवृत्ति द्वारा अपनी चाटु कविता में अपने ढंग से बात करता था। अकबर का बीरबल और अहमदाबाद का अखा मानो एक हो गये हों, कुछ ऐसा आन्ध्र का यह तेनाली था।

सुवर्ण का घूघरीवाला तोड़ा झनझनाने वाले राजकवि पेदना जो सुनकर प्रसन्न हो ऐसी प्रशंसा तेनाली नहीं करते थे। महाकवि को बुरा लगा होगा, तो एक दिन उनके सामने घूँघरू सहित चलते जाकर राजकवि ने शीघ्रकाव्य

द्वारा पूछा :

> वडलक भ्रोयुन् आन्धकवि वामपादाम्बुज हेमनूपुराम्ब
> उदितमयूर कंठनिनादोक्तुलम एनामि पल्कु पल्कुश।

अर्थात् 'आन्ध्रकवि के वाम (बायाँ) पैर पर बंधा हुआ सुवर्ण का नूपुर (आन्ध्रकवि वामपादाम्बुज हेमनूपुराम्ब) जो झनकार करते रुकता नहीं है और ऊँचे बैठे हुए मयूर के गले की गहेंक जैसा जिनका संगीत है (उदित-मयूरकंठनिनादोक्तुलम्) वह क्या कहता है? बोल बोल पल्कु पल्कुश वह क्या कहता है?

तेनाली रामलिंगड्डु थोड़ी देर अळ्ळसामि पेदना के सामने देखते रहे। सम्राट की एक उपवस्त्र जैसी चहिती सुन्दरी थी, नाम था गुदिवला सानि। तेनाली के मन में विचार आया। गदियला सानि के सहवास में रात्रि का समय व्यतीत करने के बाद ख़ुश सम्राट उस सुन्दरी को अनेक वस्त्राभूषण और धनादि भेंट करते थे—किसी भी कवि को देते उससे भी विशेष क़ीमती। कुछ सोचने के बाद तेनाली रामलिंगड्डु ने अपने शीघ्र काव्य द्वारा राजकवि आन्ध्रकवि पेदना को उत्तर दिया :

> गुदियला सानि नुन्नानि त्रिकोणमुन अन्दलि भाग्यरेखानि
> नुड्डुटनु लेड्डु लेड अनुचु नूरू विघम्बुल नेक्कि पल्कुश।

अर्थात् ये (आपका सुवर्णनूपुर) बार-बार शत-शत ढंग से कहता है कि जो भाग्यरेखा पण्यांगना गुदियला सानि के मधुर-मधुर सिसकारने के आरपार खींची जाती है, यह रेखा आपके ललाट प्रदेश पर दिखती नहीं, दिखती नहीं।

('Multiple Literary Cultures in Telugu' : V. Narayana. Rao, in Literary cultures in History : Reconstructions from South Asia. ed. Sheldon Pollack, 2003, P. 471)

कविता, बल्कि साहित्य तथा सभी कलाओं की राज्यसत्ता, बल्कि प्रत्येक प्रकार की सत्ता के साथ सम्बन्ध की मीमांसा करने का काम गुजराती साहित्य ने हेमचन्द्र, नरसिंह, अखा, नर्मद और गाँधी तक के और उमाशंकर आदि अन्य सर्जकों के उदाहरण द्वारा आवश्यक माना गया है। इस सन्दर्भ में तेनाली रामलिंगड्डु की यह चाटु कविता, बल्कि चाट्टोत्तर जैसी कविता दिशा-दर्शन कर सकती है। प्रत्येक समय के और संस्कृति के कवि को,

बल्कि कलाकार मात्र को समय-समय पर अपने बायें पैर की जाँच करनी चाहिए कि वहाँ वह स्वर्ण नूपुर, जो उदित मयूर कण्ठ निनाद कर रहा हो, शायद किसी ने बाँध दिया तो नहीं है न? नूपुरदाता सत्ता एक या अन्य कोई राज्य सत्ता हो या कोई भी धर्म सत्ता या विविध प्रकार के अर्थतन्त्रों की (अन्य सत्ताओं पर भी सर्वोपरि) सत्ता हो अथवा तो अपने आपको मानव-जाति की या किसी समाज की सभी समस्याओं का हल मिल गया है, ऐसा माननेवाली कोई विचारधारा हो—किसी के भी सुवर्णनूपुर अपने पैरों में धारण करने का इच्छुक या बाँधने देनेवाला इन्सान अन्य कुछ भी बन सकता है, किन्तु कवि नहीं बन सकता और ऐसा व्यक्ति गुदियला सानि के सामने टिक नहीं सकता है।

अलबत्ता, वास्तव की, जीवन की और समाज की विविध संरचनाओं से कविता का तो सदा रक्त-सम्बन्ध होता है। ये अनुबन्ध साहित्य तथा राज्य धर्म और अर्थकारण की शक्तियों के लिए पोषक भी सिद्ध हुए हैं। लेकिन उस सम्बन्ध के बारे में सतत् एवं प्रामाणिक मीमांसा करते रहने का काम अन्दर से स्थगित हो या बाहर से स्थगित कराया जाय, तो यह स्थगितता केवल साहित्य के लिए नहीं, अपितु समाज एवं सभी सत्तातन्त्रों के लिए भी विघातक है, यह बात गुजराती में जहाँ-जहाँ कही जा सके वहाँ-वहाँ गुजराती साहित्य परिषद्!

ग : (२)

भारतीय साहित्य में दिखायी देते अन्य दो नूपुर-कल्पन पर विचार करें। प्रथम, मेवाड़ की राजपूतानी मीरां ने अपने कृष्ण समक्ष नृत्य करने के लिए अपने पैरों में स्वयं धारण किए नूपुर और दूसरा, तमिल महाकाव्य 'चिलिपधि-कारमम्'—में अनवधानी राजराजेन्द्र के मुख पर भारतीय साहित्य की अद्वितीय मानी जाती नारी कण्णगी द्वारा भरी सभा में फेंका गया नूपुर।

प्रथम मीरां के नूपुर। जीवन चरित्र में न जाकर कविता में प्रवेश करें। प्रथम ही पंक्ति में मीरां कहती है : "पग घुंघरू बाँध मीरां नाची रे।" (पैरों में नूपुर, बाँध कर मीरां नाची रे।) प्रथम ही तीन शब्द हैं : "पग घुँघरू

बाँध।'' उसमें भी स्वरभार 'घुँघरू' पर है। मीरां मानो अपने पैर के प्रति अपना हाथ करके हमें आज भी कहती है, देखिये पैरों में घुँघरू मैंने आज पहने हैं, नर्तकी की तरह मैं नाचती हूँ। वैसे ही नाचती, देखिये मैं इन पैरों पर घुँघरू पहन कर नाचती हूँ।

पेदना अपने बायें पैर पर सम्राट द्वारा पहनाये नूपुर सबको दिखाती है और मीरां अपने पैर पर स्वयं पहने हुए घुँघरू सबको दिखा रही है, इन दोनों के बीच जो भेद है यह देखने के लिए राजकवि तैयार न हों और उसे नज़रअन्दाज़ करने के लिए सच्चे कवि तैयार नहीं होंगे।

राजरानी, यह भी अडिग चित्तौड़ की राजपूतानी जिसके सामने कोई आँख उठाकर देख न सके ऐसी जो है, वह नाचती है और यह बात एक अविस्मरणीय पद में वह स्वयं कहती है। वह कोई अचानक कृष्ण की मूर्ति को देखकर तत्काल कुछ भावावेश में आकर नहीं नाच उठी। वह कोई अंगत क्षणिक आवेश में हुई कोई रवानगी भूल नहीं है। यह तो सम्पूर्ण समानता के साथ जाहिर में किया हुआ अपराध है। प्रथम 'पैर में घुँघरू बाँध' तत्पश्चात् किया गया यह नृत्य है। मीरां किसी मन्दिर में मोहन की मूर्ति समक्ष आयीं, वह स्थापत्य के सभी के लिए खुले मण्डप में आयीं, इसके पहले उन्होंने बगल के किसी एकान्त पडसाल में बैठकर अपने पैरों में स्वयं घुँघरू बाँधे थे। यह बात मीरां इस पद के प्रथम तीन शब्दों में सबको बता देती है। उस सजग भूमिका पर मीरां नाची थी। समाज और राज्य, जो मीरां के इस अपराध को क्षमायोग्य नहीं मानता, इन सबको मीरां कहती है : ''पग घुँघरू बाँध मीरां नाची रे,'' स्वर भार 'घुँघरू' पर है।

अब ऐसी तीन पंक्तियाँ आ सकती हैं, जो मीरां को शोभित करती हैं। इन पंक्तियों के तीन पदचाप हैं : 'मैं तो' यह प्रथम पदचाप, 'मेरे नारायण' यह दूसरा। धीरे, दृढ़ गति से नृत्य के दो क़दम उठाकर, अब तीसरे गतिपूर्ण, निपट आनन्दपूर्ण त्वरित पदचाप से मूर्ति के सामने पूरे मण्डप में घूमती हुई मीरां कहती है : 'आप ही हो गयी दासी रे।'

वामनावतार के तीन क़दमों की बराबरी कर सके वैसे ये मीरां के तीन पदचाप हैं। प्रथम क़दम पर 'मैं तो' बोलकर वह सभी सत्ताओं के सामने अपनी स्वायत्तता प्रस्थापित करती है। दूसरे क़दम पर 'मेरे नारायण'

कहकर कृष्ण पर अपना अधिकार जाहिर करती हैं। तत्पश्चात् तीसरी परम गतिमय चाल से सबको पुकारकर कहती है : 'आप ही हो गयी दासी रे।'

राजरानी से विद्रोहिणी बनने का, शासक-कुल को त्याग कर (मेवाड़ को बायें अर्थात् दूर छोड़ दिया।) भक्त-कुल में बल्कि प्रणय-कुल में जाने का निर्णय 'आप ही' किया जा सकता है। मीरां ललकार कर कहती है कि उसने यह निर्णय स्वयं, ख़ुद, स्व-सत्ता से किया है। 'मैं तो मेरे नारायण की आप ही हो गयी दासी रे।' मीरां के पैर में कोई दूसरे ने नूपुर पहनाये या बाँधे नहीं है। उसने ख़ुद सोच-विचार कर एक आन्तरिक अनिवार्यता से अपने पैर में नूपुर बाँधे हैं।

चित्तौड़ के राजकुल की नारी पैर में नूपुर बाँधकर खुलेआम नाचती है, इसका अर्थ राज्य, समाज और परिवार की सत्ता के लिए क्या होगा, इसके बारे में मीरां अनजान नहीं है। सामने जो हैं उन्हें भी इस बात की पूरी जानकारी है। 'लोग कहे मीरां भई बावरी' पागल हो गयी है वह। यह तो लघुतम आक्षेप है। 'सास कहे कुलनासी रे।' केवल बावरी नहीं है 'कुलनासी' है। पूरे कुल का नाश करने वाली हत्यारी है। इसीलिए तो 'विष का प्याला राणा भेज्या।' चाहे मीरां को नृत्य करने से पहले अपने पैरों पर नूपुर बाँधते समय मालूम था कि यह होगा इसलिए 'पीवत मीरां हांसी रे।' इस पंक्ति की सरलता, तरलता और उसका अण्डरटोन यदि न ग्रहण कर सके तो इस पद की 'कविता' ग्रहण नहीं कर सकेंगे, उसका आस्वाद नहीं ले पायेंगे।

लेकिन अब, अन्तिम चरण में मीरां किसी को बोलने नहीं देती : 'लोग कहे' यह बात पूरी हुई। 'सास कहे' यह भी समाप्त। राणा को भी जो करना था सो किया। तीनों सत्ता अपना काम कर चुकीं : समाज, क्षात्रधर्मयुक्त परिवार, राज्य। किसी के प्रति मीरां को कोई शिकायत नहीं है। मीरां का पद केवल तीनों ने क्या कहा, किया उसका वृत्तान्त प्रस्तुत करता है और 'अविनाशी' के समक्ष नाचती रहती है।

अब अन्तिम चरण आता है, अब ही अन्तिम चरण आ सकता है। यह पद भी, प्रेमानन्द के किसी आख्यान की तरह कड़वाबद्ध कृति है। प्रत्येक चरण अनिवार्य है और कविता को जीवन, वास्तव, सत्ताओं के साथ कविता की शर्त पर पर संकलित करता है।

इस तरह अब आता है : 'मीरां कहे।' विष पीने के बाद कवयित्री मीरां

क्या कहेगी ? वह कहना चाहे तो भी किससे कहे ? न लोगों को, न सास को, न राणा को, न तो मुरलीधर कृष्ण को। 'मीरां कहे प्रभु गिरिधर नागर।' इतिहास के ऐसे क्षण पर कृष्ण को 'गिरिधर' बनना पड़ेगा, मीरां के कहने पर और, मीरां कहती है : 'वेगी मिलो अविनासी रे' अब देर मत कीजिए, विलम्ब मत कीजिए। तुम 'वेगी मिलो'। द्रुतगति से आइए। नरसिंह की याद आती है—माला समय के नरसिंह। उन्हें इन सत्ताओं ने (समाज और राज्य की सत्ताओं ने साथ मिलकर) शिरच्छेद की सज़ा का फ़रमान किया था। अगर मूर्ति के गले की माला नरसिंह के गले में स्वयंमेव न आ जाय, प्रभात होने तक तो, रात्रि के अन्तिम प्रहर में उस कवि ने अपने परमेश्वर के साथ जो बातें की हैं, कृष्ण को नरसिंह ने जो उपालम्भ दिया है, जगत साहित्य में उसकी कोई जोड़ नहीं है। लेकिन मीरां की इस प्रेमभरी पुकार की, आरतभरी उसकी आवाज़ की बराबरी कौन कर सकता है : 'वेगी मिलो अविनासी रे।' अविनाशी होंगे आप, लेकिन मैं नहीं हूँ। मैं समयबद्ध हूँ, इतिहासबद्ध हूँ। मेरे इतिहास का यह क्षण आपकी शाश्वती से अलग है। हम आज जिसकी मीमांसा 'हिस्टोरिसीटी' (इतिहासपरकता) और 'ओन्टोलॉजिकल स्टेटस' (अस्तित्व-मीमांसागत स्थिति) जैसी विभावनाओं के सन्दर्भ में करते हैं, यह बात मीरां अपनी उत्कट और वीर काव्य-बानी में करती है, तब आज भी हमारे पूरे अस्तित्व में बिलकुल उजाला फैल जाता है।

मीरां के नूपुर में जो अनुबन्ध अपरोक्षरूप से सुनायी देता है, वह अनुबन्ध साहित्य, समाज और राज्य सत्ता के त्रिबिन्दु सम्बन्ध को हम अपनी नज़र से उस उजाले में देख सकें ऐसा कर देता है। एक ओर साहित्यिक संस्कृति (लिटररी कल्चर) और दूसरी तरफ़ राज्यादि अनुबन्धों की स्वायत्तता की भूमिका पर रचना करनेवाली स्वाश्रयी साहित्यिक संस्कृति, इन दोनों के बीच महत्त्वपूर्ण भेद राजकवि के सुवर्ण-नूपुर और स्वायत्त कवि के घुँघरू की इस मीमांसा द्वारा सूचित होता है।

ग : (३)

किसी को भी पुकारे बिना, कृष्ण को या शिव को, किसी को सहायता के लिए बुलाये बिना अन्यायी राज्य सत्ता को, कपटी धनसत्ता को चुनौती देने

वाली कोई नारी भारतीय साहित्य में है तो वह है कण्णगी। तमिल साहित्य की प्रशिष्ट कृति 'चिलपधिकारमम्'—की अन्यथा सौम्य और अंगत अन्याय सहन करती नायिका है कण्णगी। उसके लाल माणिक्य से खचित नूपुर की ध्वनि पूर्व चर्चित दोनों घुँघरू से बिलकुल अलग है। अपनी जोड़ से अलग हो गया उसका एक नूपुर जब मदुरई नगर की पाण्डय राजवी की राज्य सभा में क्रोधित कण्णगी के हाथों से राजा के प्रति फेंका जाता है तब उस प्राचीन तमिल संस्कृति की संघर्षशील नारी शक्ति के निनाद से गूँज उठता है और अर्वाचीन भारत में महाश्वेता देवी की कोई आदिवासी या श्रमजीवी नारी के प्रतिकार-चुनौती के साथ उसका सुर मिलता है। सत्ता बिलकुल विपथ चलनेवाली मीरां और सत्ता के प्रति चुनौती फेंकने वाली कण्णगी, दोनों के, घुँघरू की आवाज़ परस्पर मिलती-जुलती लगती है, फिर अलग भी है।

तमिल साहित्य और संस्कृति की सुख्यात कण्णगी-कथा का जिसमें आलेखन हुआ है उस जैन परम्परा की, कवि इलांगो अडिगल रचित पद्य-गद्य-मिश्र प्रशिष्ट दीर्घ कथाकृति 'चिलपधिकारम्' का रचनाकाल ईसवीं सन् के प्रारम्भिक शतक का माना जाता है लेकिन आज भी चेन्नई के सागर तट पर कण्णगी का शिल्प रचा जाय ऐसी उसकी महिमा है। यह कथा संक्षेप में इस प्रकार है : पाण्डय राजवीओं के राज्य में, कविरिप्पट्टिनम् नगर में एक सम्पन्न व्यापारी श्रेष्ठी का पुत्र, नाम उसका कोलवन, उसका ब्याह वहीं के अन्य श्रेष्ठी की सुन्दर पुत्री कण्णगी के साथ हुआ। उस सुखी दम्पति के जीवन में अनबन तब हुई जब राज्यसभा में एक नृत्य समारम्भ आयोजित था, जिसमें कोलवन निमन्त्रित था। वहाँ स्वरूपवती नर्तकी माधवी का नृत्य प्रस्तुत था। कोलवन माधवी को मिला और उसके प्रेम में पड़ गया। कण्णगी को छोड़कर कोलवन माधवी के निवासस्थान में रहने लगा। नर्तकी की माता ने माधवी को मालूम न हो ऐसे कोलवन की अँगूठी का प्रयोग करके उसका लगभग सारा धन पतिपरायण कण्णगी से ले लिया। एक दिन कोलवन को इसका पता चला तो वह नर्तकी का घर छोड़कर अपने निवास स्थान कण्णगी के पास लौट गया। दम्पति अब बिलकुल निर्धन हो गया था। कोलवन ने पिता या श्वसुर से पैसे नहीं माँगे और वह कविरिप्पट्टिनम् नगर छोड़कर पाण्डय राजवी के पारनगर मदुरई में गया और नये सिरे से व्यापार शुरू करने का विचार किया। कण्णगी के

पास अब आभूषणों में केवल एक जोड़ घुँघरू बचे थे। माणिक्यजड़ित सुवर्ण के नूपुर। दोनों मदुरई के पादर में एक झोंपड़ी में रहने लगे और कण्णगी ने अपनी नूपुर-जोड़ में से एक अपने पति को दिया, जिससे वह मदुरई के बाज़ार में बेच कर पैसे प्राप्त कर कोलवन कोई व्यापार शुरू कर सके। कोलवन मदुरई के जौहरी बाज़ार में कण्णगी का नूपुर बेचने के लिए एक व्यापारी के पास गया। इस व्यापारी ने पाण्डय राजवी नेडुंजेलियन की रानी के सोने के नूपुर की चोरी की थी। राजसैनिक सर्वत्र चोर की खोज कर रहे थे। कोलवन के पास कण्णगी का दिया गया जो सोने का नूपुर था, चोरी करने वाले व्यापारी ने यह नूपुर राजसैनिकों को बताकर, कोलवन ही रानी के नूपुर का चोर है, ऐसा आरोप लगाया। मुद्दामाल के साथ चोर पकड़ा गया, ऐसा मानकर अन्य विशेष जाँच-पड़ताल किये बिना, राज-सैनिकों ने राजाज्ञा से कोलवन का शिरच्छेद कर दिया।

कोलवन की मृत्यु का समाचार सुनकर कण्णगी नगर में आयी, वहाँ की स्त्रियों को, पुरुषों को सम्बोधित करके क्रोध और विलाप भरा उलाहना दिया और राजमहल के निकट जाकर द्वारपालों को उलाहना दिया और पाण्डय राजा के सामने खड़ी होकर अपने पास जोड़ का जो दूसरा नूपुर था, वह राजा के प्रति जोर से फेंका। अब राजा ने दोनों नूपुर मिलाकर देखे। दोनों सुवर्ण के बने हुए थे लेकिन रानी का नूपुर मोती-जड़ित था, जबकि कण्णगी का माणिक से मढ़ा हुआ था। राजा नेडुन्जेलियन को अपनी अक्षम्य भूल समझ में आयी, इस अपराध-बोध के कारण राजा ने अपने प्राण का त्याग किया। रानी की भी तत्क्षण मृत्यु हुई। क्रोध और शोक से त्रस्त कण्णगी के क्रोधानल से पूरे राजभवन और मदुरई नगर में आगजनी फैल गयी। नगर की रक्षक देवी ने प्रकट होकर कण्णगी की क्षमायाचना की तब आग शान्त हुई। छाती काट आक्रन्द करती, अपने को पीड़ा पहुँचाती कण्णगी की नगर बाहर कुछ दिनों में मृत्यु हुई।

कोलवन के अपमृत्यु के बाद में भारतीय साहित्य में कण्णगी अन्यत्र ढूँढ़ने पर भी शायद न मिले ऐसी नारी है। अन्याय का प्रकट और प्रबल करने को उसकी रीत अनूठी है। वह सर्वप्रथम मदुरई के स्त्री-पुरुषों का आह्वान करती है, उसके बाद राजमहालय के द्वारपालों को और अन्त में उतनी ही निर्भयता से राजा को। कण्णगी की ये तीनों उक्तियाँ सुनने योग्य हैं। मूल

तमिल से उसका सुन्दर अँग्रेज़ी अनुवाद प्रो. ए. एल. बॅथम ने इस प्रकार किया है :

'Chaste women of Madurai
Listen to me!
Today my sorrow be matched.
Things that should never happend have befallen me.
How can I bear this injustice?
All the Folks of the rich city of Madurai saw her and were moved
by her grief and affliction.
'Our King's straight sceptre is bent! What can this mean?'

कण्णगी की पुकार और प्रजजनों के प्रतिभाव के निरूपण के बाद कवि ईजांगो अडिगल कण्णगी के कुछ सवाल प्रत्येक युग के और प्रत्येक स्थल के श्रोताओं को सुनाते हैं :

'Are there women here? Are there
Women
Who could bear such wrong
done to their wedded lord?
Are there women here? Are there such women?

और तत्पश्चात् कण्णगी मदुरई के सज्जनों से पूछती है :

'Are there good men here? Are there
Good men
Who cherish their children and guard them with care?
Are there men here? Are there such men?

अन्त में राजमहालय के विशाल दरवाज़े के पास यह स्त्री पहुँचती है :

Then came a cry from the gate :
Ho, Gatekeeper! Ho,
Gatekeeper!
Ho, Gatekeeper of the King
who has lost his wisdom,
Whose evil heart has swerved
from justice!!
Tell the king that a woman
With an anklet,

An Anklet from a pair
of tinking anklets,
A woman who has lost her husband.
Is waiting at the gate.

कोई पराश्रयी लेखक या संस्था के अधिकार में न हो ऐसे अपने सम्पूर्ण अधिकार के नूपुर लेकर उपस्थित यह 'A woman/with an anklet/An anklet-from a pair/of tinkling anklets,' अर्थात् 'कोई महिला, झनकते दो नूपुर में से एक लेकर आयी हुई एक स्त्री' भारतीय साहित्य में ही नहीं, जगत साहित्य में विरल और निराली है। महाश्वेता देवी की कोई द्रौपदी या धोखेबाज ठाकोर की ड्योढ़ी पर जीवलेण धरने देनेवाली चारण टोली की कोई काला कपड़ा ओढ़ी हुई चारणियाणी आइ ही इस कण्णगी के बगल में खड़ी होकर शोभा दे सकती है।

घ

जीवन, वास्तव और समाज तथा साहित्य अर्थात् क्या ? इसकी समझ स्वयं प्राप्त करने में जो प्रमाद या भीरुता दर्शाता है, यह प्रजा और उसका साहित्य अपनी स्वतन्त्रता और इस कारण अपनी सर्जकता गँवा देता है।

एपिस्टेमोलोजी मतलब ज्ञान-मीमांसा और सेमिओटिक्स मतलब संकेत-विचार, दोनों क्षेत्रों में सतत सक्रियता, यही स्वतन्त्रता और सर्जकता की रक्षा और जतन की शर्तें हैं।

जीवन, वास्तव और समाज निर्जीव चीज़ें नहीं हैं, सजीव संरचनाएँ हैं, जो सतत् परिवर्तित होती रहती हैं इसलिए इनके बारे में कोई भी समझ (इन्हें वाद, दर्शन, फ़िलॉसफ़ी या थियेरी के नाम देने पर भी) अन्तिम रूप में सच्ची नहीं होती हैं। इसलिए साहित्य का समाज, वास्तव जीवन के साथ अनुबन्ध रचने की कोई पूर्व निर्धारित रीति, कोई इतर सत्ता (आर्थिक, धार्मिक या राजकीय सत्ता), गुप्त या प्रकट रूप से साहित्य के रचयिता या पाठक पर थोपी न जाय, यह साहित्य के लिये ही नहीं अपितु समाज के लिए भी और सभी सत्ताओं के लिये भी उप-कारक और आवश्यक है। साहित्य को उसके 'कन्फर्ट ज़ोन' में क़ैद कर, स्थिर स्थायी होकर

पराश्रय में रहने की वृत्ति पुष्ट करने का काम भी साहित्य का नहीं है। ये चार काम न करने के चार व्रतों का पालन करने वाले संयमी व्यक्ति में साहित्य लेखन या पठन करने के लिए आवश्यक ऊर्जा का संचय होगा।

अपना मूल काम करने के लिए अवकाश की रचना स्वयं करने के लिये किसी प्रजा की साहित्य शक्ति को अपने साथ चार स्पष्टताएँ करनी होगी : प्रथम स्पष्टता, साहित्य का लक्ष्य समकालीन समाज की शर्तों पर समाजाभिमुख होना नहीं है। दूसरी स्पष्टता, समकालीन राज्य-सत्ता की विचारधारा की आज्ञा अनुसार वास्तवाभिमुख होना भी उसका काम नहीं है। तीसरी स्पष्टता, प्रचलित आर्थिक शक्तियों के संकेतों को समझकर बाज़ार में बिक्री हो ऐसा लिखकर लोगों तक पहुँचाने का काम भी उसका नहीं है। और अन्तिम स्पष्टता, समाज को उसके 'कन्फर्ट ज़ोन' में क़ैद कर स्थिर स्थायी होकर पराश्रय पर जीने की वृत्ति को पुष्ट करने का काम भी साहित्य का नहीं है। ये चार काम न करने के चार व्रतों का पालन करने संयमी जन को साहित्य लेखन और पठन करने के लिए आवश्यक ऊर्जा प्राप्त होगी।

इक्कीसवीं शती की तासीर बराबर समझकर रचा जानेवाला भारतीय साहित्य-विचार अनुकम्पा, अभय, इक्षणा और आनन्द इन चारों के बारे में सक्रियता की रक्षा करते हुए अग्रिमता देना पसन्द कर सकता है।

ड

सरहपा ने संचित ज्ञान राशि के पार जाकर नये सिरे से निरक्षरता प्राप्त करने की बात शुरू की। उन्होंने अभी अक्षर बराबर घोलकर पिघला डालने का काम करने के लिए आठवीं शती में सबको सूचित किया। (आधुनिक ग्रीक कवि कवाफ़ी भी कहता है कि बार्बेरियन्स वर ए काइन्ड ऑफ़ सोल्युशन।) लेकिन इक्कीसवीं शती निमित्त सभी को एक बात कहने योग्य लगती है। सभी अक्षर चाहे पिघला डालें, किन्तु एक अक्षर जैसे का वैसे रहने दें : 'ङ'

क्योंकि 'ङ' किसी का नहीं। इस नितान्त अकेले अक्षर का कोई अर्थ चाहे सम्भावित नहीं है, लेकिन इसे जैसा है वैसा ही रहने देंगे तो शायद कभी

एक नयी बाराक्षरी, नये समय की सर्जकता की भाषा इसके आसपास रचाने लगेगी। ग्रीक महाकवि होमर कहता है तद्नुसार समुद्र से दूर...सुदूर ज़मीन में गाड़ा गया ओडिस्युस का डाँड, सागरदेव की आशा अनुसार कदाचित् कभी वह दूर-दूर रहने वालों का नाता सागर के साथ जोड़ दे। नये-नये अनुबन्धों की, नये सिरे से जुड़ते पुराने अनुबन्धों की एक नयी संकलनलीला शायद रची जाय और हमारा गुजराती साहित्य सर्वांग अपना हो ऐसा एक आगामी कल सारी प्रजा के लिए उत्पन्न कर ले।

वैयक्तिक चेतना और सामूहिक चेतना जैसे आयाती भेदों से उस पार जाकर, 'अकम्' और 'पुरम्'—के तानेबाने से गुम्फित हमारी काव्य-बानी का वस्त्र जितना मज़बूत उतना सुन्दर होगा। अनुभूति और अभिव्यक्ति की नासमझ आनुपूर्वी पर आधारित भ्रान्ति हमारे समाज-विचार और साहित्य-विचार, दोनों को कलुषित न करे। प्रबल दलित चेतना, आदिवासी जीवन का कठोर वास्तव, नारी की स्वतन्त्र और सर्वोपयोगी सत्ता, अन्यथा अक्षम देह को अनेक रीति से सक्षम बनाकर अपनी सर्जकता को अभिव्यक्त करनेवाली सबल चेतना—इन सभी का समझपूर्वक स्वीकार और समावेश करनेवाली एक अभिनव साहित्य-मीमांसा की रचना गुजराती भाषा में होनी चाहिए। इसके लिए हम सभी के मनोमन्थन में जो किसी का नहीं अर्थात् सभी का यह ङ उपयोगी होगा।

ऐसे किसी व्यक्ति की तनहाई जिसमें निरूपित की गयी है वैसा महा उपन्यास गुलाग आर्कीपालेगो के लेखक एलेकज़ेंडर सोल्ज़ेंन्यित्सिन के व्याख्यान, 'वन वर्ड ऑफ़ ट्रुथ' के इन शब्दों को हमारे आज और आगामी कल के सन्दर्भ में, अन्त में, सुनें :

> Just as as puzzled savage who has picked up a strange cast-up from the ocean, something unearthed from the sands, or an obscure object fallen down from the sky, intricate in curves, it gleams first dully and then with a bright thurst of light, just as he tyrns it this way and that turns it over, trying to discover what to do with it, trying to discover some mundane function within his own grasp, never dreaming its higher function.
>
> So are we, holding Art in our hands, confidently consider ourselves to be its masters; boldly we direct

> it, we renew, reform and manifest it, we sell it for money, use it to please those in power, turn to it for one moment for amusement—right down to popular song and night clubs, and at another grabbbing the nearest weapon, cork or cudgel—for the passing needs of politics and for narrow-minded social ends. But art is not defiled by our efforts, neighter does it thereby depart from its true nature, but on each occasion and in each application it gives to us a part of its secret inner light.

—सोल्ज़ेन्यित्सिन, जो साइबेरियावास दरम्यान साम्यवादी सोवियत यूनियन में तथा देशनिकाले के बाद पूँजीवादी पश्चिम यूरोप में, किसी एक में भी किसी का नहीं था फिर भी दुनिया भर के दुर्लक्षितों और पीड़ितों का जो सदा के लिए साथी था, वह कहता है कि सभी दुरुपयोगों से परे जाकर कविता, साहित्य, कला मात्र की यह 'सिक्रेट इनर लाइट', अन्त:गोपित प्रकाश सभी के साथ सभी मार्गों से जोड़ेगा। कभी सूर्य की तरह, कभी चन्द्र की तरह, कभी बिजली की चमक की तरह आलोकित करता रहेगा। और इस प्रकाश में, इस मार्ग से, सभी सत्ताएँ, राज्य-धर्म-अर्थ-समाज सभी सत्ताएँ साहित्य के साथ संवादिता में, सौन्दर्य-लोक में समुदित होती दिखायी देंगी।

हम आँखें खुली रखें।

गुजराती से अनुवाद : तुलसीभाई पटेल

आलेख का रचना-वर्ष : २०१७

हेमचन्द्र से हिन्द स्वराज
गुजराती साहित्यिक संस्कृति में क्षेत्र और सत्ता

हेमचन्द्र से हिन्द स्वराज
गुजराती साहित्यिक संस्कृति में क्षेत्र और सत्ता

राजनैतिक और सांस्कृतिक भूगोल

गुर्जरों के देश अर्थात् गुर्जरदेश के नाम से प्रायः सम्बोधित किये जाने वाले क्षेत्र में, चालुक्य (अथवा सोलंकी) साम्राज्य के दरबार में बहुत सम्मानित और महान विद्वत्ता से सम्पन्न एक जैन भिक्षु आचार्य हेमचन्द्र (११०६-११७३) ने काव्य-शास्त्र पर एक ग्रन्थ—काव्यानुशासन—की रचना थी। इसमें उन्होंने बताया था कि साहित्य को संस्कृत, प्राकृत और अपभ्रंश में लिखा जाता है। हेमचन्द्र भारतीय साहित्यिक संस्कृति जितनी प्राचीन उस परम्परा का अनुसरण कर रहे थे जिसका मानना था कि साहित्य को इन्हीं परा-क्षेत्रीय भाषाओं में रचा जाना चाहिए।[१] आठ शताब्दियों के पश्चात्, १९६० में भारतीय संसद द्वारा की गयी एक व्यवस्था के परिणामस्वरूप गुजरात राज्य की स्थापना की गयी। हालांकि यह क़ानूनी व्यवस्था राजनैतिक नहीं, एक साधन अधिक थी, इस नयी रचना का वास्तविक सत्ता-आधार भाषायी था : १९५६ और १९६० के बीच भारतीय राज्यों को भाषायी आधार पर चिह्नित किया गया था। १९४२ में अपने साप्ताहिक समाचारपत्र 'हरिजन' में महात्मा गांधी ने लिखा था :

> मेरा विश्वास है कि राज्यों के चिह्नीकरण के लिये भाषायी आधार उपयुक्त आधार है।

उन्होंने आगे लिखा :

> मैं मानता हूँ कि ऐसे (राज्य) विश्वविद्यालय होने चाहिए यदि...सम्पन्न क्षेत्रीय भाषाओं और उन्हें बोलने वाले जन ने अपनी उच्चतम सीमाओं को प्राप्त करना है...पहला क़दम होना चाहिए राज्यों का भाषायी राजनैतिक पुनर्विभाजन।[२]

उन्होंने स्वयं १९२० के नवम्बर में अहमदाबाद में ऐसे ही एक विश्वविद्यालय—गुजरात विद्यापीठ—की स्थापना की थी।

बारहवीं शताब्दी के गुर्जरदेश के शैवपक्षी चौलुक्य-वंशी शासक, सिद्धराज जयसिंह की राजसभा के बहुमान्य जैन आचार्य, हेमचन्द्राचार्य ने 'काव्यानुशासन' नामक प्रसिद्ध ग्रन्थ में जब लिखा कि साहित्य-रचना तो केवल संस्कृत, प्राकृत और अपभ्रंश भाषा में ही की जाती है, तब वो भारतीय काव्य-शास्त्र की प्राचीन परम्परा का अनुसरण कर रहे थे। उस में प्रदेश की, गुर्जरदेश की, प्रजा की निजी भाषा के लिए स्थान नहीं था।

आठ शताब्दियों के अन्तराल में—*काव्यानुशासन* से गुजरात विद्यापीठ तक, गुर्जरदेश से गुजरात राज्य तक, राज्यपोषित हेमचन्द्र से राज्यदण्डित गांधी तक—क्षेत्र की संस्कृति के भीतर क्षेत्रीय भाषा गुजराती की स्थिति में आमूल परिवर्तन आ चुका था। सांस्कृतिक महत्ता के हाशियों में से निकलकर, उस संस्कृति के केन्द्र तक पहुँच चुकी थी। उस स्थानीय भाषा को गुजरात राज्य की राजनैतिक सीमांकन स्थापित कर सकने और उसमें रहने वाले लोगों को एक मूल पहचान देने योग्य समझा जाने लगा था। यह निबन्ध का उद्देश्य बारहवीं और बीसवीं शताब्दियों के बीच गुजराती की स्थिति में आये इस परिवर्तन का अध्ययन करना और गुजराती द्वारा निर्मित जटिल सामाजिक-राजनैतिक ताने-बाने और भारत को एक परा-क्षेत्रीय इकाई के तौर पर एक नया अर्थ प्रदान करने की इस ताने-बाने की क्षमता पर प्रकाश डालना है।

क्षेत्रीय भाषा के एक क्षेत्र के सत्ता-उत्पादक और अर्थ-उत्पादक ताने-बाने के केन्द्र तक खिसक जाने का किसी भी क्षेत्र की सीमाओं को तय किये जाने की प्रक्रिया से दोहरा सम्बन्ध है। पहला प्रभावी राजनैतिक सत्ता के अर्थ में—चाहे वह गुजरात के चालुक्य राजवंश जैसी एक पुरानी आन्तरिक सत्ता हो या एक नयी बाह्य सत्ता जैसे दिल्ली का खिलजी राजवंश जिसने चौदहवीं शताब्दी के शुरू में गुजरात पर विजय प्राप्त की और उसके नक़्शे को नये सिरे से खींचा। विकल्पतः किसी क्षेत्र की सीमाएँ बिलकुल ही अलग सिद्धान्तों के आधार पर भी तय की जा सकती हैं, जो राजनैतिक नहीं बल्कि किसी

अन्य सामाजिक अथवा सांस्कृतिक सत्ता के उत्स से व्युत्पन्न हों, जो क्षेत्र की अपनी पहचान और भाषा को एक-दूसरे और कम परिचित सिद्धान्तों की सहायता से स्थापित करते हों। पहले तरह की सीमा—राजनैतिक सीमा—को हम अच्छे तरीक़े से समझ जाते हैं; लेकिन उन शक्तियों को, जिन्होंने गुजरात कहे जाने वाले क्षेत्र और उसके साथ जुड़ जाने वाले अपनी पहचान के सम्भव रूपों के लिये दूसरी तरह का सीमांकन करने में सहायता की होगी, को दर्ज करने और समझने में हमें विशेष ध्यान रखना होगा।

भारत की क्षेत्रीय भाषाओं के नाम प्रत्यक्षतः उनके क्षेत्रों से निकटतापूर्वक जुड़े हुए हैं : कश्मीरी और कश्मीर, बाङ्ला और बंगाल, सिन्धी और सिन्ध इत्यादि। पहली बार, विशेषतः आज देखने पर, यह ख़ाका आकर्षक नज़र आता है जिसमें प्रत्येक भाषा राज्य के साफ़-सुथरे तरीक़े से अपनी भाषा और अपनी भाषायी अकादेमी है। लेकिन हम जैसे-जैसे इसे नज़दीक से देखना शुरू करते हैं उसमें और भी ज़्यादा सांस्कृतिक, भौगोलिक और ऐतिहासिक दरारें दिखायी देनी शुरू होने लगती हैं। भाषा के स्थानीय स्वरूपों, पूर्व-आधुनिक क्षेत्रीय भाषाओं और स्वातन्त्र्योत्तर क्षेत्रीय भाषाओं के मध्य का सम्बन्ध पेचीदा है और तमाम दिलचस्प सवाल खड़े करता है। जब हम भारत की नयी राष्ट्रीय भाषा हिन्दी के उसकी तथाकथित बोलियों जैसे अवधी, बृजभाषा और मैथिली के साथ सम्बन्ध के मामले पर विचार करते हैं तो हमारा सामना तीस साल की एक माँ की ऐसी छवि से होता है जो अपनी साठ-साला बेटियों के बाल काढ़ रही हो; यही मामला राजस्थानी का है—एक ऐसी भाषा जिसे बीसवीं शताब्दी के प्रारम्भ में ब्रिटिश भाषाशास्त्री जॉर्ज ग्रियर्सन द्वारा कोडित और नामित किया गया था—अगर हम उसे मेवाड़ी, मेवाती, मारवाड़ी और जयपुरी के सम्बन्ध में देखें।

हम चार महत्त्वपूर्ण प्रश्नों को चार विविध सम्बन्धों के आधार पर पहचान सकते हैं—

१. क्षेत्रीय भाषा और क्षेत्रीय समाज के अन्तर्गत रहने वाले विभिन्न समुदायों की भाषा के प्रकारों के मध्य;

२. क्षेत्रीय भाषा और राजनीति द्वारा प्रायोजित राजभाषा के मध्य, यदि और जब क्षेत्र के सांस्कृतिक इतिहास में दोनों एक ही न रहे हों;

३. क्षेत्र की क्षेत्रीयता और उसके राज्य के दर्जे के मध्य; और अन्ततः

४. किसी क्षेत्र की अपनी पहचान और क्षेत्र की इस बात की समझ के मध्य कि साहित्य किसे कहा जायेगा और उसे किस भाषा में निर्मित किया जायेगा।

थोड़े बदलाव के साथ ये चार प्रश्न भारत के अधिकतर क्षेत्रों और राज्यों पर लागू होते हैं। गुजरात के मामले में ये हमें यह पड़ताल करने को आमन्त्रित करते हैं कि—

१. जिसे हम गुजराती भाषा समझते हैं, ने किस तरह अपनी तथाकथित उप-क्षेत्रीय बोलियों के साथ स्वयं को सम्बद्ध किया है जिनमें दक्षिण की सूरती से लेकर पश्चिम की कच्छी के साथ-साथ घुमन्तू ग्रामीण समुदायों जैसे भील और (धर्म, शिल्प और अन्य कारकों द्वारा परिभाषित) अन्य प्रकार के समुदाय जैसे पारसी, बोहरा, खोजा, काठी, चारण और डबला की बोलियाँ सम्मिलित हैं;
२. एक साहित्यिक भाषा के रूप में गुजराती ने क्षेत्र की राजनैतिक स्वतन्त्रता के काल में संस्कृत, मुग़ल काल में फ़ारसी और उर्दू और औपनिवेशिक काल में अँग्रेज़ी से अपने को किस तरह सम्बद्ध किया;
३. क्षेत्र के राजनैतिक इतिहास के अलग-अलग काल खण्डों में—(नवीं से तेरहवीं शताब्दी के बीच) गुर्जरदेश के रूप में, (चौदहवीं से सत्रहवीं शताब्दी के बीच) गुजरात सूबे और सल्तनत के रूप में और (अट्ठारहवीं से बीसवीं शताब्दी के बीच) ब्रिटिश गुजरात राज्य के रूप में—गुर्जरदेश की क्षेत्रीयता ने किस तरह स्वयं को व्यक्त किया; और
४. गुजराती भाषा के साहित्यिक निर्माण ने किस सीमा तक और किन तरीक़ों से एक सांस्कृतिक-राजनैतिक इकाई के तौर पर ख़ुद की ऐसी पहचान बनाने में योगदान दिया।

साहित्यिक संस्कृति के प्रति दृष्टिकोण से कुछ मूलभूत धारणाओं और परिभाषाओं—जैसे गुजरात का क्षेत्र, गुजराती भाषा, गुजराती साहित्य और मोटे अर्थों में साहित्य—के अस्थिर हो जाने का जोख़िम है—गुजरात के इतिहास के सारे मौजूदा विवरणों और उसके साहित्य में इन शब्द-पदों को पूरी तरह स्थिर संकेतक के रूप में प्रयुक्त किया जाता है। यह जोख़िम स्पष्टत: लिये जाने लायक है क्योंकि ऐसा करने से इस और सम्भवत: अन्य

क्षेत्रों के सम्बन्ध में उन जटिल प्रक्रियाओं की पड़ताल करने में मदद मिलने की सम्भावना दिखायी देती है जिनके माध्यम से भाषा वह बन जाती है जिसे साहित्य समझा जाता है और जो इस प्रक्रिया में विविध सामाजिक पहचानों को उत्पन्न करती हैं।

एक प्राचीन गुजराती पहचान की खोज की उत्कट तलाश ने कुछ सबसे सम्माननीय इतिहासकारों को अनिश्चित धारणाओं तक पहुँचाया है। इस प्रकार, उदाहरण के लिये, एक सम्मानित उपन्यासकार, भारतीय सांस्कृतिक इतिहास के उत्साही विद्यार्थी और महत्त्वपूर्ण राष्ट्रवादी के.एम. मुंशी का मानना था कि चालुक्य काल में गुर्जरदेश के सीमांकन का आधार "एक भाषा बोलने वाला एक जनसमुदाय था जो एक तरफ़ महाराष्ट्र और एक तरफ़ मध्यप्रदेश से अलग था।"[३] अपने समय की सामाजिक-राजनैतिक आवश्यकताओं के सन्दर्भ में लेखक को यह दृष्टिकोण चाहे कितना भी उपयोगी लगा हो, इसके समर्थन में किसी तरह का ऐतिहासिक प्रमाण खोज सकना मुश्किल है। पहली सहस्त्राब्दी के पूर्वार्द्ध में उत्तर और दक्षिण भारत के राजनैतिक-सांस्कृतिक उतार-चढ़ावों पर विचार करते हुए अन्य विद्वानों ने गुजरात की क्षेत्रीय पहचान के उद्गमों के एक अधिक संयमित आकलन के मार्ग की तरफ़ संकेत किया है। हँसमुखलाल साँकलिया इन उतार-चढ़ावों का वर्णन प्रस्तुत करते हैं।

> उत्तर में गुर्जर-प्रतिहार साम्राज्य नष्ट हो चुका था और दक्षिण में राष्ट्रकूट साम्राज्य भी और कई नयी शक्तियाँ उभर आयीं। कर्नाटक में चालुक्य वापस आ गये जबकि उत्तर गुजरात में मूलराज ने, जो कि सम्भवत: गुर्जर-प्रतिहारों का चालुक्यों में से एक (अर्थात् सोलंकी) सेनापति था, अन्हिलवाड़ से शासन कर रहे संक्षिप्त कापा परिवार को उखाड़ फेंका और एक स्वतन्त्र जीवन शुरू किया...उसके उत्तराधिकारियों ने धीरे-धीरे अपना प्रभाव लाता, काठियावाड़ और कच्छ और अन्तत: मालवा और उससे भी आगे उत्तर में राजपूताना तक फैला दिया।[४]

सहस्त्राब्दी परिवर्तन के आसपास के समय की ये कुछ शताब्दियाँ १९४७ से १९६० के समय जैसी थीं जब दक्षिणी एशिया में राजनैतिक-भौगोलिक पुनर्गठन चल रहा था। लेकिन राजनैतिक-भौगोलिक परिवर्तन के इन दो स्वरूपों के बीच एक महत्त्वपूर्ण अन्तर है। दूसरा वाला अर्थात् स्वतन्त्रता के उपरान्त ब्रिटिश-भारतीय राज्यों का रूपान्तरण क्षेत्रीय भाषाओं के आधार पर

किया गया था। पहले वाला अर्थात् दोनों क्षेत्रीयताओं का पुनर्गठन जो उत्तर में गुर्जर-प्रतिहार और दक्षिण में राष्ट्रकूट वंशों के पराभव के बाद हुआ, मुख्यत: सैन्य शक्ति के कारण प्राप्त राजनैतिक सत्ता पर आधारित था। बोली जाने वाली भाषा तब तक बड़े पैमाने पर अप्रासंगिक थी और लम्बे समय से उपमहाद्वीप में लिखी और पढ़ी जा रही संस्कृत प्रमुख साहित्यिक भाषा बनी हुई थी।

साँकलिया जैसे विद्वानों की ऐतिहासिक रचनाओं में राजवंशों की उत्तरोत्तर बदलती नियतियों के कारण क्षेत्र की राजनैतिक सीमाओं में हुए परिवर्तनों को दर्ज किया गया है।[५] इस दृष्टिकोण से गुजरात की क्षेत्रीयता को प्राय: राजवंश के अर्थ में देखा जाता है। सांस्कृतिक भूगोल और सांस्कृतिक इतिहास के प्रति ऐसा दृष्टिकोण क्षेत्रीयता को ऐसे तरीक़े से परिभाषित करता है कि जन की संस्कृति, उनकी बोली के स्वरूप और उनके मौखिक पाठ वस्तुत: नि:शब्द रह जाते हैं। इसके अलावा क्षेत्रीय भाषा और उसके लिखित पाठ के उद्भव के विवरण और अर्थ ऐसे नैरेटिव से बच निकलते हैं। किसी भी क्षेत्र की कथा को उसके क्रमिक राजवंशों के इतिहास के माध्यम से बताया जाना आमतौर पर क्षेत्र के उस जन की अनदेखी करना ही होता है, जो राजवंशों के बाद भी बचा रहता है और अपने भीतर से अनेक प्रकार की भौगोलिक-सांस्कृतिक पहचानों को रच सकने की ऊर्जा खींच पाता है। इस प्रकार के विवरण के बरअक्स, जो कि विद्वत्तापूर्ण साहित्य में प्रमुखता से उपस्थित रहता है, मैं एक काउंटर-नैरेटिव प्रस्तुत कर रहा हूँ जो कि समाजों और पाठों की बारीक़ियों के साथ लयबद्ध है और जो एक समाज और वाणी से स्वरूपों और उसके जन की भाषा में निर्मित मौखिक और लिखित पाठों के मध्य के पारस्परिक सम्बन्ध को पकड़ सकने में सक्षम है।

सोलहवीं शताब्दी के गुजरात में सामाजिक संरचनाओं और पाठों की ओर अभिमुख ऐसे एक नैरेटिव की एक हालांकि परोक्ष रचना एक जैन भिक्षु द्वारा की गयी थी। हालांकि उनका वास्तविक नाम दर्ज नहीं किया गया है, एक त्यागी के रूप में विहित किये जाते समय उन्हें समयसुन्दर की उपाधि दी गयी थी (यह नाम सम्भवत: उनके सैद्धान्तिक ज्ञान की उज्ज्वलता की ओर संकेत करता है)। १६२१ से १६२४ के मध्य रची गयी 'सीतारामचौपाई' (सीता और राम पर लिखी चौपाइयाँ) नामक अपनी एक कविता में उन्होंने अपने गृहनगर का नाम 'Sacor' (साकोर) दर्ज किया है।[६] उनका जन्म पोरवाड

बनिया जाति के एक साधारण दुकानदार परिवार में हुआ था; उनके माता-पिता लीलादेवी और रूपसिंह का नाम उनकी एक कविता में आता है। लेकिन इसके अलावा हमें उनके परिवार के बारे में कुछ नहीं पता। इस तरह के साधारण जन के लिये हमारे पास न कोई स्मारक है, न कोई उत्कीर्णन, न ही उनके सम्मान के लिये कोई प्रशस्ति। अपने प्रारम्भिक युवाकाल में इस बालक को जैन परम्परा के एक ख्यात मत खरतर गच्छ (भिक्षुओं की एक वंशावली) में जिनचन्द्रसूरी द्वारा विहित कर लिया गया था, जो स्वयं एक विख्यात भिक्षु थे और उन्हें जिनचन्द्र के शिष्य सकलचन्द्र के पास उस मत की परम्पराओं के अनुसार प्रशिक्षण के लिये भेजा गया। उन्होंने सकलचन्द्र के निर्देशन में जैन ग्रन्थों का अध्ययन किया लेकिन साथ ही दो विद्वान भिक्षुओं महिमाराज और साम्यराज से अखिल भारतीय साहित्यिक भाषाओं—संस्कृत, प्राकृत और अपभ्रंश—के काव्य-शास्त्र और साहित्य को भी पढ़ा। १५८५ में जब मान लिया गया कि समयसुन्दर ने जैन धर्म के अध्ययन के साथ-साथ संस्कृत साहित्य और काव्य-शास्त्र पर पर्याप्त सिद्धहस्तता प्राप्त कर ली है, उन्हें संस्कृत में अपनी पहली पुस्तक 'भावाष्टक' (एक सौ अभिप्रेत अर्थ) लिखने की अनुमति दी गयी। 'भावाष्टक' मध्य-ग्यारहवीं शताब्दी के एक कश्मीरी विद्वान मम्मट द्वारा संस्कृत काव्य-शास्त्र और छन्द-शास्त्र पर रचित विख्यात ग्रन्थ 'काव्यप्रकाश' के कतिपय पहलुओं पर एक टीका थी।[७] आगे चलकर समयसुन्दर ने एक विद्वान के रूप में बड़ा नाम अर्जित किया और संस्कृत में लगभग ५० पुस्तकें लिखीं। जब १५९२ में मुग़ल बादशाह अकबर द्वारा जिनचन्द्रसूरी को आमन्त्रित किया गया, समयसुन्दर से उनके साथ लाहौर जाने को कहा गया, जहाँ उन्होंने जैन धर्म के अनेकान्तवाद की सुयोग्य पैरवी की और सम्राट द्वारा उनका सम्मान किया गया।[८]

लेकिन समयसुन्दर की कथा और भी है। उन्होंने क्षेत्रीय भाषा गुजराती में भी रचना की और ऐसी तीस पुस्तकें लिखीं। ये सोलहवीं और सत्रहवीं शताब्दी में प्रचलित विविध प्रकारों और छन्दों वाली कविताएँ थीं जिनमें रासो और चौपाई प्रमुख थे, ये छन्द संस्कृत कविता में कभी प्रयोग में नहीं लाये गये थे और न ही उन्हें संस्कृत छन्द-शास्त्र में सूचित किया गया था।[९] उनकी गुजराती कविताओं की विषयवस्तु उल्लेखनीय है। १६३१ में गुजरात में भयंकर अकाल पड़ा था और लोगों को बहुत यातना भोगनी पड़ी थी। उनके कष्टों पर समयसुन्दर ने छत्तीस बन्द वाली एक चत्रिसी की रचना की। एक

अविस्मरणीय छन्द में वे अकाल के समय को यातना देने वाले एक व्यक्ति के रूप में सम्बोधित करते हैं और कहते हैं :

> समयसुन्दर तेरे मुँह पर कहने का साहस कर रहा है ओ सत्तासी के वर्ष!
> तूने मुझे दोष लगाकर नष्ट कर दिया है—लेकिन पाप यह है तेरा।[१०]

एक जैन भिक्षुक के रूप में समयसुन्दर पैदल एक स्थान से दूसरे स्थान जाकर अपनी धार्मिक परम्परा के लोगों को उपदेश देने का कार्य किया करते थे। अन्य सभी जैन भिक्षुओं की तरह वे भी किसी एक स्थान पर एक दिन से अधिक नहीं ठहरते थे, सिवाय वर्षा के चार महीनों के जब इस गति से चल सकना असम्भव होता। जैन भिक्षुओं द्वारा आज तक इस परम्परा का निर्वाह किया जाता है और इसे 'विहार' कहा जाता है, जिसका शाब्दिक अर्थ होता है 'टहलना' लेकिन वास्तव में यह एक मुश्किल यात्रा होती है जो भोर या उससे भी पहले प्रारम्भ होती है और इसे पैदल किया जाना होता है—कभी भी किसी वाहन का प्रयोग नहीं करना होता। समयसुन्दर चलते रहे—प्रायः अकेले, सालों तक जो दशकों में बदलते गये। जब भी चातुर्मास के चार-माह के अन्तराल में वे किसी नगर में ठहरते, वे या तो एक लम्बी वर्णनात्मक कविता लिखते या एक छोटा गीत या कोई दर्शनशास्त्र का ग्रन्थ या काव्य-शास्त्र की टीका।

जब समयसुन्दर किसी रचना को समाप्त कर लेते तो उसके अन्त में वे उस वर्ष और उस स्थान का नाम और लिख देते जहाँ रचना पूरी हुई होती थी। इन विवरणों से क्षेत्र में कवि के विहार का निम्न भ्रमण-कार्यक्रम मिलता है—खम्भात (वर्तमान गुजरात में, १५८७ वि.स. १६४४); शत्रुन्जय-पलिताना (गुजरात, १५८८); लाहौर (पंजाब, वर्तमान पाकिस्तान में, १५९० और १५९२-९३); खम्भात (गुजरात, १९९५-१५९६); इलादुर्ग (गुजरात, १५९७); जैसलमेर (वर्तमान राजस्थान, १६००); आबू (राजस्थान, १६०१); शत्रुन्जय-अहमदाबाद (गुजरात, १६०२); बीकानेर (राजस्थान, १६०३); नागौर (राजस्थान, १६०८); आगरा (वर्तमान उत्तर प्रदेश, १६०९); मारोत (सिन्ध, १६११); मुल्तान (वर्तमान सिन्ध, पाकिस्तान, १६१२); सिद्धपुर (गुजरात, १६१३); बीकानेर (राजस्थान, १६१५); मेडात (राजस्थान, १६१६-१७); जालोर (राजस्थान, १६१९); रणकपुर (राजस्थान, १६२०); सकोर (राजस्थान, १६२१); लोदरावपुर (राजस्थान, १६२५); नागोर (राजस्थान, १६२६); जैसलमेर (राजस्थान, १६२७); लूनकरनासर (राजस्थान, १६२८);

अहमदाबाद (गुजरात, १६३१–३३); खम्भात (गुजरात, १६३४); अहमदाबाद (गुजरात, १६३७); जालौर (राजस्थान, १६३८); चन्द्रेड़-पालनपुर (गुजरात, १६३९); और अन्ततः अहमदाबाद (गुजरात, १६४०–१६४८)।[११]

समयसुन्दर के 'विहार' एक सांस्कृतिक सीमांकन करते हैं जो साम्राज्यों, सल्तनतों और मुग़ल शासन की सत्ता सीमाओं से फ़र्क़ है। इस तरह से मानचित्रित किये गये क्षेत्र में अपनी तरह की सम्बद्धता होती है—जो निश्चित ही जैन धर्म के प्रचार से तो उपजी ही है, एक साझा सांस्कृतिक बोध से भी उपजी है। समयसुन्दर की सभी रचनाएँ सम्प्रदायवादी नहीं थीं; उनमें बड़ी संख्या में कविताएँ थीं, जिन्हें उन्होंने अपने अनुयायियों और अन्य लोगों के सामने ऊपर की सूची में वर्णित स्थानों के अलावा रास्ते में पड़ने वाले छोटे स्थानों में भी प्रस्तुत किया होगा। इस प्रकार जो साझा बोध है वह साहित्यिक है—गुजराती के साहित्य का। यह साहित्य श्रोताओं और पाठकों दोनों के लिये था। ये कविताएँ चौपाई और दोहे जैसे छन्दों में हैं जिन्हें अमूमन गाया जाता है या जिनका पाठ किया जाता है। लेकिन जैसा कि विभिन्न जैन पुस्तकालयों में आज तक सँभाल कर रखी गयीं समयसुन्दर की रचनाओं की पाण्डुलिपियाँ संकेत देती हैं, उनकी कविताएँ उन्होंने भी पढ़ी होंगी जो वैसा करना चाहते थे और उन्होंने भी जो पाण्डुलिपि की एक प्रति का दाम चुका सकने में सक्षम थे। इस प्रमाण से एक क्षेत्रीय साहित्यिक समुदाय उभरता है, जो सत्ता के नहीं संस्कृति के स्पेस में अवस्थित था जिसकी सीमाएँ समयसुन्दर के अपने 'विहार' की सीमाओं ने तय की थीं।

समयसुन्दर के पाठ और उनकी पाण्डुलिपियों का इतिहास हमें भाषा और पाठक वर्ग के बारे में भी एक महत्त्वपूर्ण बात बताता है। अपनी यात्राओं में, यहाँ तक कि गुजरात के भीतर भी उन्होंने एक लम्बे क्षेत्र का भ्रमण किया। यह इलाक़ा पालनपुर से पाटन, अहमदाबाद और खम्भात के मध्य आज के गुजरात के धुर उत्तर से मध्य गुजरात की नोक तक, और माउंट आबू के बहुत निकट और राजस्थान के रेगिस्तान से अरब सागर के तट तक पसरा हुआ है। आज भी, सघन भाषायी मानकीकरणों के बावजूद, उत्तरी गुजरात में स्थानीय बोलचाल के स्वरूप मध्य गुजरात से बिलकुल अलग हैं। समयसुन्दर के समय में ये अन्तर और भी बड़े रहे होंगे। इसके बावजूद उनकी सारी गुजराती कविताओं की भाषा एक जैसी है। उनकी पाण्डुलिपियों के वितरण को ध्यान में रखकर तय किया जा सकता है कि उनके पूरे 'विहार' के मार्ग में रहने

वाले उनके पाठक और श्रोता उस भाषा को समझते थे। लाहौर जैसी जगहों पर जहाँ मुग़ल बादशाह ने समयसुन्दर के अध्यापकों को दार्शनिक आदान-प्रदान के लिये आमन्त्रित किया था, कवि ने अपने विचार संस्कृत में प्रस्तुत किये होंगे। लेकिन पाटन से खम्भात के बीच अन्य स्थानों पर अपनी कविताओं की भाषा के लिये उन्होंने पुरानी गुजराती के एक अकेले स्वरूप को चुना।

समयसुन्दर के पाठक-वर्ग का संघटन हमें क्या बतलाता है ? सत्रहवीं शताब्दी के प्रारम्भ से ही, साहित्यिक गुजराती को अन्य स्थानीय बोलचाल के स्वरूपों से पर्याप्त फ़र्क़ समझा जाने लगा था, जिसे मानकीकृत करने के साथ ही एक विस्तृत सांस्कृतिक क्षेत्र में प्रसारित कर दिया गया था। इससे इस बात का संकेत भी मिलता है कि गुजराती और अन्य क्षेत्रीय भाषाओं—तथाकथित देसी भाखाओं—को अधिक वैश्विक साहित्यिक भाषाओं विशेषत: संस्कृत के बरअक्स एक संकीर्ण अर्थ में स्थानीय बोली की तरह प्रस्तुत करना उचित नहीं है।

सम्वत् १६८७ के अकाल पर लिखी 'चत्रिसी' जैसी कविता में भी, जो 'देसीवाद' के आज के सिद्धान्तकारों को विशेष रूप से आकर्षित करेगी, जो भाषा है वह संस्कृत न होकर भी किसी एक स्थान विशेष की 'भाखा' नहीं है। उस 'चरित्री' कविता की भाषा एक मानकीकृत गुजराती है जो भिक्षु-कवि के विस्तृत विहार क्षेत्र भर के पाठकों की समझ में आ जाती थी।

यह एक स्थानीय भाषा थी जो कि ग़ैर-स्थानीय थी—यहाँ तक कि अपने तरीक़े से परा-क्षेत्रीय भी—जिसका सहारा मोहनदास गांधी औपनिवेशिक समय में भारत के सांस्कृतिक भूगोल पर कृत्रिम ढंग से लादी गयी ब्रिटिश भारतीय राज्यों की सीमाओं को चुनौती देने हेतु एक प्रति-सत्ता के तौर पर लेने वाले थे।

वे भारत की क्षेत्रीय भाषाओं जैसे गुजराती, जो साहित्य और परा-स्थानीय ग़ैर-साहित्यिक विनिमय की भाषाएँ थीं और उपक्षेत्रीय, स्थानीयकृत और गतिहीन बोलचाल के स्वरूपों के बीच के अन्तर को समझ सके थे—चाहे दूसरे वाले में साहित्य के गीतात्मक और लम्बे नैरेटिव प्रारूपों के लिये अभिव्यक्ति की कितनी ही क्षमता निहित हो, अपने एक वक्तव्य में, जो दीर्घकालीन पूर्व-औपनिवेशिक वास्तविकताओं से गूँजता है, गांधी ने दावा किया था कि

> हमारे जीवन का अभिशाप हमारी विशिष्ट प्रान्तीयता है, जहाँ मेरा राज्य भारतीय सीमा के साथ सह-विस्तृत होना चाहिए ताकि वह अन्ततः धरती की सीमा तक पसर सके। अन्यथा वह नष्ट हो जायेगा।[१२]

समयसुन्दर ने गुजराती में एक नये साहित्य की खोज नहीं की थी; यह एक ऐसी चीज़ थी जो प्रायः तीन शताब्दी पूर्व अस्तित्व में आ चुकी थी। लेकिन इसने ऐसा गांधी के अर्थों में क्षेत्रीय भाषा और किसी वृहत्तर स्पेस की सीमा के मध्य एक सचेत समझौते के माध्यम से किया था—यह वृहत्तर स्पेस यदि गांधी का भारत नहीं थी तो सम्भवतः उतनी ही बड़ी कोई चीज़ थी।

पराक्षेत्रीय से क्षेत्रीय साहित्यिक संस्कृति तक

गुजराती की भाषा में सबसे पुराना उपलब्ध साहित्यिक पाठ बारहवीं शताब्दी का है। यह एक 'रासो' है, राजा ऋषभदेव, जिन्होंने राज्यत्याग के उपरान्त केवलज्ञान प्राप्त किया और जो जैन धर्म के संस्थापक तीर्थंकरों में से एक बन गये थे, के पुत्रों भारतेश्वर और बाहुबली के मध्य हुए युद्ध पर आधारित एक लम्बी वर्णनात्मक कविता है। इस कविता का शीर्षक है 'भारतेश्वरबाहुबलीघोर' जिसका अन्तिम शब्द घोर युद्ध की भीषणता की ओर संकेत करता है। आन्तरिक पाठ-प्रमाणों के अनुसार इसे ११७० से पहले एक जैन भिक्षु वज्रसेनसूरी ने इसकी रचना की थी। वज्रसेन सम्भवतः जैन भिक्षुओं के एक पन्थ तप गच्छ से सम्बन्ध रखते थे।[१३] दूसरा सबसे पुराना उपलब्ध पाठ भी उसी विषयवस्तु पर वज्रसेनसूरी (जो सम्भवतः घोर के लेखक नहीं कोई दूसरे थे) के शिष्य शालिभद्रसूरी नामक एक और जैन भिक्षु द्वारा लिखा गया एक 'रासो' है। इसका शीर्षक है 'भारतेश्वरबाहुबलिरासो', जिसे, जैसा कि लेखक ने पाठ में लिखा है, ११८५ में लिखा गया था। शालिभद्र का सम्बन्ध राज गच्छ से था।

चूँकि ये दोनों पाठ एक ही विषयवस्तु पर हैं, एक ही विधा के अंग हैं और दोनों के रचनाकार एक ही क्षेत्र के निवासी एक-दूसरे के समकालीन जैन भिक्षु हैं, और चूँकि दोनों ही साहित्य को एक तब तक प्रयोग न की गयी, ग़ैर-वैश्विक और ग़ैर-साहित्यिक क्षेत्रीय बोली में साहित्य सृजन की प्रक्रिया को प्रारम्भ करने वाले प्रतीत होते हैं, बहुत सम्भव है कि दूसरे वाले पाठ का

लेखक पहले वाले पाठ से परिचित हो और उसने उसे विस्तार देने का निर्णय लिया हो, जो भी हो, इन दोनों पाठों की तुलना करना दिलचस्प है। इस तुलना से हमें उस समय की गुजराती भाषा की ताज़ा उभर रही साहित्यिक संस्कृति के कुछ तत्त्वों के बीच अन्तर करने में सहायता मिल सकती है (जिसे आधुनिक अध्ययन के विभिन्न प्रकारों में प्राचीन गुजराती, मरु-गुर्जर, अथवा प्राचीन पश्चिमी राजस्थानी का नाम दिया जाता है)।

वज्रसेन का पाठ अड़तालीस बन्दों (stanza) का एक नैरेटिव है। पहले खण्ड में दस के दस बन्द तीन पंक्तियों के हैं, शुरू की दो चौपाई के छन्द में और तीसरी दोहे के छन्द में। इसकी शैली नियमित, साधारण और गेयता के लिहाज़ से आसान है। शालिभद्र का संस्करण इससे लम्बा दो सौ तीन अनुच्छेदों वाला नैरेटिव है जिसमें प्रत्येक बन्द दो पंक्तियों का है। चौपाई और दोहे के छन्द का प्रयोग तो किया ही गया है, वास्तु, चारणकुल और रोला छन्द भी इस्तेमाल में लाये गये हैं। छन्द के विविध प्रारूपों के ताने-बाने के माध्यम से डिंगल नामक इसकी शैली घोर से कम सरल और वैविध्यपूर्ण है, और विशेषत: दो राजकुमारों के बीच हुए युद्ध के वर्णन में यह गाये जाने और पाठ किये जाने के लिये उपयुक्त भी।

डिंगल को, जो उत्तरकाल के राजस्थानी साहित्य और सौराष्ट्र क्षेत्र की चारण परम्परा (चारणीसाहित्य) में एक महत्त्वपूर्ण शब्द है, कभी-कभार एक भाषा भी बतलाया जाता है। अधिक स्पष्ट शब्दों में कहा जाय तो यह एक शैली अथवा ''पाठ करने का एक विशिष्ट तरीक़ा'' है जिसे श्रोता के भीतर साहसपूर्ण भावनाएँ जागृत करने हेतु प्रयोग किया जाता है।[१४] इसमें प्रयोग होने वाले छन्द हैं—वास्तु जो काव्य-शास्त्र की दूसरी महान परम्परा के छन्दों से अलग होता है और पिंगल जिसके अन्तर्गत चौपाई और दोहा जैसे काव्य-प्रारूप आते हैं।[१५] डिंगल राजस्थान को गुजरात से जोड़ता है जबकि पिंगल राजस्थान और गुजरात के पूर्व में स्थित व्रज (अथवा बृज) परम्परा के साथ गुजरात के सम्बन्धों को रेखांकित करता है।

तो, इस नये उभरते क्षेत्रीय साहित्य के वृहत्तर सन्दर्भ और विवरण के बारे में इन दो पाठों की संघटक विशेषताएँ हमें क्या बताती हैं? दोनों कविताओं का प्रारूप रासो अपभ्रंश साहित्य के कवियों के मध्य एक लोकप्रिय प्रारूप था और प्राकृत के कवि इससे अनजान थे। प्राचीन गुर्जरदेश के जालौर में ७७९

ईस्वी में उद्योतनसूरि द्वारा प्राकृत में रचित 'कुवलयमाला' में लेखक ने रास अथवा रासय शब्दों का प्रयोग किया है जिनका अभिप्राय गीत के साथ किये जाने वाले नृत्य के एक प्रकार से था। १३वीं शताब्दी के उत्तरार्द्ध में अब्दुल रहमान द्वारा रचित संदेशरासक में लेखक ने अपनी कविता के शीर्षक ही में रासक को प्रारूपगत शब्द के रूप में इस्तेमाल किया है। यह कालिदास के संस्कृत मेघदूत की तरह एक दूतकाव्य है, लेकिन इसके प्रारूप के बारे में लेखक का कहना है :

> विविध (अभिनेताओं द्वारा अंगीकृत किये गये) प्रारूपों से बुने गये रासो का या तो पाठ होता है या प्रदर्शन।[१६]

काव्य-शास्त्र पर लिखी अपभ्रंश रचनाओं में रसक प्रारूप में प्रयोग किये जाने वाले छन्दों का तरतीबवार और विस्तृत वर्णन दिया गया है। इनमें दोहा, रोला, उलाल, रास, वास्तु, मदनावतार और दुमिला सम्मिलित हैं जिन्हें तीन, पाँच और छह पंक्तियों की त्रिपदी, पंचपदी और षटपदी में नियोजित किया जाता है। इस प्रकार काव्य-शास्त्र के लिहाज़ से भरतेश्वरबाहुबलीघोर और भरतेश्वरबाहुबलीरास दोनों ही ने अपभ्रंश से बहुत कुछ ग्रहण किया है। के.के. शास्त्री ने भरतेश्वरबाहुबलीरास के रास छन्द की पहचान काव्य-शास्त्र पर *स्वयंभूचन्द* : और अन्य अपभ्रंश रचनाओं के आभानक छन्द से की है, जो कि सही है।[१७]

दोनों कविताओं की विषयवस्तु प्राकृत और अपभ्रंश परम्पराओं के जैन साहित्य के लिये पारम्परिक है। इसके अतिरिक्त वज्रसेन और शालिभद्र द्वारा प्रयुक्त किये गये रस (भावनायें प्रमुखतः वीर, भयंकर और शान्त रस); उपमाएँ, काव्य-कल्पनाएँ और रूपक और ध्वनि अलंकार स्पष्टतः संस्कृत से लिये गये हैं। और जैन भिक्षुओं को संस्कृत काव्य-शास्त्र की शिक्षा दी जाती थी जैसा कि हमने बाद के कवि समयसुन्दर के मामले में देखा था। वज्रसेन के समय में, हेमचन्द्र के संरक्षक चालुक्य राजा सिद्धराज जयसिंह ने इस विख्यात विद्वान को उनके *काव्यानुशासन* की रचना के लिये संस्कृत अलंकार-शास्त्र की रचनाएँ उपलब्ध करायी थीं (मुख्यतः भोज की *शृंगारप्रकाश*)।

ऐसा लगता है कि परा-क्षेत्रीय भाषाओं (संस्कृत, प्राकृत और अपभ्रंश) से क्षेत्रीय भाषाओं, गुजराती, में साहित्यिक अभिव्यक्ति के माध्यम में आये

परिवर्तन ने, जो कि भारतीय काव्य-शास्त्र की दीर्घ परम्परा में एक क्षणिक अलगाव भर था, साहित्य के अर्थ को नहीं बदला—अर्थात् साहित्यिक पाठ के अर्थ को। इस नयी साहित्यिक भाषा का छन्द-शास्त्र, काव्य-शास्त्र, विषयवस्तुता और पाठों के प्रारूप वैसे ही थे जैसे पुरानी साहित्यिक भाषाओं के थे, जैसा कि हमने *भरतेश्वरबाहुबलीघोर* और *भरतेश्वरबाहुबलीरास* में देखा था। प्रारम्भिक जैन विद्वान-कवियों ने एक नवीन क्षेत्रीय साहित्यिक भाषा का सूत्रपात किया लेकिन वे क्षेत्र के नये साहित्य को नहीं रच सके। यह ऐसा ही था जैसे कि नृत्य करने वाला शरीर तो नया था लेकिन उसकी भंगिमाएँ और गतियाँ कौशल और सावधानी के साथ वैसी ही रखी गयी थीं। नया नर्तक जो पुराने नृत्य को नाच रहा था। यह कार्य भक्ति कवियों के करने को रहा—जिसकी शुरुआत पन्द्रहवीं शताब्दी में नरसिंह मेहता से हुई—कि वे नयी क्षेत्रीय भाषा में नये क्षेत्रीय साहित्य को उसके समूचे अस्तित्व में रचें।

प्रमाणों से पता चलता है कि साहित्य का उभार बारहवीं और चौदहवीं शताब्दियों के मध्य मरु-गुर्जर क्षेत्र की बोली की विविधताओं के अन्तराल में हुआ। यह कथन कम सत्य होगा कि क्षेत्रीय साहित्य का उभार एक प्राचीन परम्परा के साहित्यिक-सांस्कृतिक अन्तराल में हुआ, क्योंकि गुर्जरदेश के क्षेत्रीय साहित्य ने मुख्यतः क्षेत्र की बोलियों को बदला था, और उन्हें कमोबेश एक एकीकृत साहित्यिक भाषा में समेकित किया था (और इस तरह उसे एक महत्त्वपूर्ण अर्थ में एक क्षेत्र के रूप में संगठित किया)। साहित्य के अर्थ और साहित्यिक पाठों की प्रकृति में इस उभार का बहुत कम प्रभाव पड़ा, क्षेत्र के भाषागत इलाक़े में अवश्य परिवर्तन आया। चालुक्य राज्य और उसके परे के बड़े इलाक़े की अनेक स्थानीय बोलियों के बीच से (अंशतः अपभ्रंश की मध्यस्थता से) नयी साहित्यिक गतिविधि के वाहन के रूप में एक इकलौती क्षेत्रीय, साहित्यिक भाषा निर्मित की गयी, जो क्षेत्र भर के पाठकों और श्रोताओं की समझ में आ जाती थी।

इस प्रकार गुजरात की साहित्यिक संस्कृति के आविर्भाव को उसके दो पृथक लेकिन परस्पर सबद्ध आयामों में देखा जा सकता है। पहला—तीन पारम्परिक परा-क्षेत्रीय भाषाओं के साथ-साथ एक क्षेत्रीय भाषा का उभार जो इलाक़े के अनेक उप-क्षेत्रों तक सीमित विविध सूक्ष्म-स्थानीयकृत बोलियों से पृथक थी। दूसरा—क्षेत्र के लेखकों और पाठकों के मध्य—जो साहित्य के उत्पादक और उपभोक्ता थे—एक नयी समझ का विकसित होना—कि साहित्य के

वाहक के तौर पर कौन-सी चीज़ कारगर होगी। साहित्य की मूलभूत धारणा के प्रति इस नवीन रुख़ ने कवियों और जन के लिये आधारभूत प्रश्नों के उत्तरों को बदल डाला—कविता किसे माना जायेगा ? कवि कौन है ? कविता को पहचाना, पढ़ा और सुना कैसे जाय ?

पन्द्रहवीं शताब्दी से पूर्व, गुजरात का कवि छन्द-शास्त्र और काव्य-शास्त्र की पुरानी पुस्तकों द्वारा नियत किये गये तरीक़ों से क्षेत्रीय भाषा का प्रयोग करता था; उसे ऐसा करने के लिये प्रशिक्षित किया गया था। बारहवीं शताब्दी के हेमचन्द्र और वादि देवसूरी से तेरहवीं शताब्दी के वास्तुपाल, हरिहर और सोमेश्वर और उनसे भी आगे, उत्तम राजकीय संरक्षण प्राप्त गुर्जरदेश के अनेक लेखकों ने छन्द-शास्त्र, काव्य-शास्त्र और व्याकरण पर अनेक रचनाएँ करने के साथ-साथ संस्कृत की साहित्यिक संस्कृति में ज्ञात सभी प्रारूपों में साहित्यिक रचनाएँ की थीं जिनमें महाकाव्य और मुक्तक और नाटक के विविध प्रारूप (एकांकी *व्यायोग* से पूर्णाकार वाले प्रकरण) सम्मिलित थे। *कविशिक्षा* (विशेषतः छन्द शास्त्र और साहित्यिक अलंकरण में कवियों के प्रशिक्षण) के लिये आवश्यक काव्य-शास्त्र और अन्य क्षेत्रों में लिखे गये संस्कृत ग्रन्थ राजाओं, मन्त्रियों और भिक्षुओं के राजकीय व धार्मिक पुस्तकालयों में भारत भर के स्थानों से लाये गये जिनमें पड़ोस का मालवा भी सम्मिलित था और सुदूर कश्मीर भी।

संस्कृत की इस साहित्यिक संस्कृति ने उस धार्मिक और साहित्यिक-सांस्कृतिक प्रशिक्षण के लिये आधार उपलब्ध कराया जो युवा, नव दीक्षा प्राप्त जैन भिक्षुओं को उनके विभिन्न गच्छों में दिया जाता था। हरेक गच्छ दूसरे से बेहतर करना चाहता था क्योंकि नियत प्रशिक्षण के उपरान्त युवा भिक्षु काव्य-शास्त्र, व्याकरण, छन्द-शास्त्र, तर्कशास्त्र, अध्यात्म और चिकित्साशास्त्र पर लिखे गये पारम्परिक पाठों पर संस्कृत में टीकाएँ लिखा करते थे।[१८] अतः इस प्रकार इस काल-खण्ड के बीच और इसके बाद भी जब कुछ लेखकों ने क्षेत्रीय भाषा में साहित्य लिखना शुरू किया, वे अमूमन द्विभाषी लेखक होते थे जिनकी प्रारम्भिक रचनाएँ संस्कृत में होती थीं और बाद की रचनाएँ गुजराती में। उनका प्रशिक्षण प्राचीन साहित्यिक संस्कृति में हुआ था जबकि उनकी रचना का एक अंश एक नया सामाजिक-भाषाई परिवेश था। इस प्रकार, उदाहरण के लिए, जयशेखरसूरी (चौदहवीं शताब्दी) ने अपनी स्वयं की संस्कृत कविता *प्रबोधचिन्तामणि* को गुजराती में *त्रिभुवनदीपकप्रबन्ध* के

नाम से अनूदित किया (१४०६)। खरतर गच्छ के जिनवर्धनसूरी (प्रारम्भिक पन्द्रहवीं शताब्दी) ने अलंकारशास्त्र के ग्रन्थ *वाग्भटालंकार* और अध्यात्मिक रचना *शिवादित्य* की सप्तपदार्थी पर संस्कृत टीकाएँ लिखीं। उन्होंने गुजराती में बत्तीस बन्दों वाली एक कविता भी लिखी जिसका शीर्षक था *पूर्वदेशतीर्थमाला* (पूर्व के तीर्थों की माला)।

यह साहित्यिक द्विसंस्कृतिवाद गुजराती साहित्यिक इतिहास में एक महत्त्वपूर्ण प्रारम्भिक अवस्था को चिह्नित करता है, जब संस्कृत की परम्पराएँ एक द्विभाषी गुजराती लेखक की रचना को निर्धारित करती थीं। बाद में इसका स्थान भक्ति कवियों जैसे नरसिंह मेहता और बाद में दलितों की सबसे निचली जाति के मिठो (मृत्यु १८७२) और धीरो (मृत्यु १८२५) की शक्तिशाली एकभाषीयता ने ले लिया। नरसिंह और अखा (सत्रहवीं शताब्दी) अपनी कविता में इस तथ्य का उल्लेख करने को आतुर थे कि वे *कविशिक्षा* की परम्परा से नहीं उपजे थे, जैसे कि नरसिंह ने कहा है :

> हर कोई जीभ के स्वाद से प्रसन्न हो जाता है; वे दिव्य की बाबत बिना गुरु द्वारा दिये गये सत्य ज्ञान के बुनते हैं (शब्दों का ताना-बाना)। इस वाणीविलास से हृदय पर रंग नहीं चढ़ा होता (ईश्वर की भक्ति से)। ऐसे लोग कपड़े को छोड़ चीथड़े के पीछे भागते हैं। वे बहुत सारे शब्द इकट्ठा करते हैं। सभी कलाएँ सीखते हैं, और (विश्वास करते हैं कि) उन्हें ही आध्यात्मिक अनुभव होता है...उन्होंने सभी विद्याएँ सीख लीं जैन लेकिन वे रात्रि में भटके हुए हैं।

या अखा ने :

> बहुत से विद्वान हैं, बुद्धिमान और धार्मिक, तर्क में सिद्ध और संगीत के ज्ञाता, वे एक बार में आठ चीज़ें याद कर सकते हैं और छन्द में निपुण कवि (पिंगलकवि) (कहलाये जाते हैं), वे मन्त्र-पाठ में निपुण व चिकित्सकीय औषधियों में अनुभवी हैं। (लेकिन) अखा, अगर उन्होंने ईशार को प्राप्त नहीं किया है तो उनकी प्रगति व्यर्थ रही है। एक पत्थर सुन्दर तरीक़े से उत्कीर्ण किया गया हो सकता है और दूसरा बेडौल लेकिन यदि उन दोनों को गहरे पानी में फेंका जाय तो तैरने की बारी आने पर दोनों एक जैसे ही साबित होते हैं...पण्डितकवि अपनी नींद में भी बकबक करते रहते हैं। लेकिन हे अख, वे अपने आपको नहीं समझते।[१९]

द्विभाषीयता की इस परम्परा को, जिसने संस्कृत काव्य-शास्त्र की परम्परा और कौशल को गुजराती भाषा में लिखी कविता में पहुँचाने की मध्यस्थता की, अनेक विद्वान जैन भिक्षुओं और कुछ विद्वान संस्कृत कवियों ने बनाये रखा। इस द्विभाषीयता के सबसे अच्छे उदाहरण दो कवि हैं—माणिक्यचन्द्रसूरी (जिन्हें माणिक्यसुन्दरसूरी भी कहा जाता है), जो पन्द्रहवीं शताब्दी के पूर्वार्द्ध के एक जैन कवि थे और भालं, जो पाटन के एक मोध ब्राह्मण थे और जिनका जीवनकाल पन्द्रहवीं शताब्दी का उत्तरार्द्ध और सोलहवीं शताब्दी का पूर्वार्द्ध रहा था।

माणिक्यचन्द्र अंचल गच्छ के एक जैन भिक्षु थे और संस्कृत व्याकरण की दो पुस्तकों के विद्वान लेखक मेरुतुंगसूरी के छात्रों की दूसरी पीढ़ी से सम्बन्ध रखते थे।[२०] इस गच्छ में माणिक्यचन्द्र को जो प्रशिक्षण मिला होगा उसकी झलक उनकी उल्लेखनीय संस्कृत रचनाओं नौ अध्यायों (कुल १६८५ बन्दों वाले) *श्रीधरचरित्र* (१४०७) नामक दरबारी महाकाव्य और चौदह अध्यायों वाले एक और महाकाव्य *यशोधरचरित्र* में निहित पाण्डित्य से मिल जाती है। १४२८ के आसपास उन्होंने *चतुःपर्वीचम्पू* लिखा जो एक संस्कृत नैरेटिव है जिसमें कविता और गद्य दोनों का प्रयोग किया गया है, और जैन कुमारसम्भव पर संस्कृत की टीकाएँ भी हैं।[२१]

माणिक्यचन्द्रसूरी की रचनाओं के विस्तार से पता चलता है कि उनकी साहित्यिक संवेदना को किस सीमा तक संस्कृत साहित्य और साहित्यिक आलोचना ने आकार दिया होगा। १४२२ में अपने संस्कृत रचना-कर्म के बीच (वे एक संस्कृत नैरेटिव *चन्द्रधवलधर्मादत्तकथा* लिख रहे थे) उन्होंने गुजराती में एक उल्लेखनीय रचना की—*पृथ्वीचन्द्रचरित्र* जिसे *वाग्विलास* का उपशीर्षक दिया गया। यह पुस्तक संस्कृत कथाओं के एक संग्रह *कथासरित्सागर* के एक खण्ड पर आधारित है। इसमें *कथासरित्सागर* पर आधारित अनेक संस्कृत-प्राकृत कथाओं को प्रयोग में लाया गया है जो लेखक के शब्दों में "दक्षिण के मरहठप्रदेश" के पैठनपुर के राजा पृथ्वीचन्द्र अथवा पृथ्वीराज के बारे में है। गुजराती साहित्य के प्रारम्भिक इतिहास में यह रचना अपनी सिद्धहस्त गद्य-शैली के कारण अद्वितीय है क्योंकि उस काल में भाषा में साहित्यिक गद्य चलन में था ही नहीं। अपने समय से पहले और बाद के गुजराती साहित्यिक पाठों के सन्दर्भ में इसका अपनी विषयवस्तु और नैरेटिव तकनीकों की दृष्टि से बहुत कम सम्बन्ध है।[२२] *पृथ्वीचन्द्रचरित्र* का

पाठ एक ऐसे मस्तिष्क के व्यक्तिगत वाग्विलास जैसा है जिसे बाण के संस्कृत गद्य की शैली का विशद प्रशिक्षण मिला हो बजाय एक ऐसे क्षेत्र के एक सांस्कृतिक उत्पाद के जिसकी भाषा में इसे रचा गया है।

वास्तव में हालांकि इसकी विषयवस्तु संस्कृत कथा परम्परा से ली गयी है, इस विद्वान और अति कुशल लेखक की नैरेटिव शैली मूल से हटकर बाण की *कादम्बरी* के समीप पहुँचती है। यहाँ माणिक्यचन्द्र की भाषा गुजराती है लेकिन उनके साहित्यिक मूल्य संस्कृत साहित्य के बाद के काल-खण्ड की है।

भालन, जिन्होंने बाण की *कादम्बरी* को गुजराती में रूपान्तरित किया था, बाण से उतने ही समीप और दूर थे जितने माणिक्यचन्द्र : समीप इसलिए कि उन्होंने बाण के पाठ का अनुवाद किया था और दूर इसलिए कि उन्होंने इस कार्य को जिस शैली में किया वह अलग थी। भालन की रचनाओं में क्षेत्रीय और परा-क्षेत्रीय भाषाओं के मध्य के सम्बन्ध में एक रोचक और महत्त्वपूर्ण वैविध्य दिखायी देता है। भालन विशुद्ध रूप से द्विभाषी लेखक नहीं थे; वे संस्कृत के विद्वान थे और संस्कृत से गुजराती में अनुवाद किया करते थे। ब्राह्मण होने के और जैन संन्यासी न होने के कारण वे गच्छ परम्परा के सदस्य नहीं थे। और चूँकि गुजरात सल्तनत के समय अनेक शासक धर्म की ब्राह्मणवादी संस्थाओं और संस्कृति के प्रति जैनों की अपेक्षा अधिक आक्रामक रवैया रखते थे, संस्कृत के साहित्यिक पाठों और उसकी निर्देशात्मक परम्परा तक पहुँचने के लिये भालन एक तरह से स्वतन्त्र थे।

कादम्बरी को संस्कृत से गुजराती में रूपान्तरित करते हुए न केवल उसकी भाषा को परिवर्तित किया, उसके प्रारूप और उसकी कथा को भी बदला। उन्होंने अपनी कथा और उसके पात्रों को बाण से लिया, लेकिन उन्होंने जिस नैरेटिव को विकसित किया वह विशिष्ट रूप से उनका अपना और लहज़े में विशेषतः गुजराती था। प्रारूप के स्तर पर भालन ने संस्कृत की कथा को कदवबद्ध आख्यान में रूपान्तरित किया। आख्यान एक लम्बी नैरेटिव भक्ति कविता होती है, जो अपनी परिपक्वता की अवस्था में एक नैरेटिव संरचना प्रदर्शित करती है, जो कदवू (शृंखला की एक कड़ी) नाम की विशिष्टतापूर्वक संघटित और अन्तर्बद्ध इकाइयों से बनती है। इसे कवि अथवा किसी पेशेवर धार्मिक गायक द्वारा गाया जाता है, जिसके साथ मण नामक एक वाद्य बजाया जाता है जो सँकरी गर्दन वाला ताँबे का एक बर्तन होता है जिसे वाचक के

हाथ की उँगलियों में पहनी धातु की अँगूठियों की मदद से बजाया जा सकता है। रचना, प्रस्तुति और ग्रहण के अपने तरीक़े के साथ आख्यान के इस उभरते हुए प्रारूप ने गुजराती साहित्यिक संस्कृति में ऐतिहासिक और जैविक रूप से विकसित होना था, जिसने एक ऐसी संरचना बन जाना था जो संस्कृत की साहित्यिक संस्कृति में और कहीं भी उपलब्ध किसी भी चीज़ जैसी नहीं थी। यह पद गीतों से निकला था जिनमें पदों की एक शृंखला एक ही कथा सुनाती है। लेकिन भालन ने प्रत्येक पद को न सिर्फ़ गीतात्मकता बल्कि नैरेटिव के भी लिहाज़ से एक इकाई में संशोधित किया, जिसे कदव कहा जाता है। उनकी रचना एक प्रारूप के तौर पर सांस्कृतिक विशिष्टता रखती थी और साथ ही उसके साथ चलने वाली संरचना और उपभोग के तौर पर भी। भालन प्रत्येक स्थान पर एक नयी नैरेटिव संरचना वाले एक प्रारूप के निर्माण करने के अपने प्रयासों में एक नयी साहित्यिक संस्कृति का कवि होने की निश्चित स्व-जागरूकता प्रदर्शित करते हैं। वे इस बात का संकेत भी करते हैं कि उन्हें पता था उनके पाठक/श्रोता एक अलग और नयी तरह के थे। वे उन्हें मुग्ध रसिक कहते हैं (अप्रशिक्षित विशेषज्ञ), जो कि अत्यधिक प्रशिक्षित सहृदयशिरोमणि का बिलकुल विरोधाभासी है, जिसे बारहवीं शताब्दी के चालुक्य गुर्जरदेश की एकभाषीय साहित्यिक संस्कृति के वाघेला दरबार के एक मन्त्री कवि-संरक्षक वास्तुपाल के सन्दर्भ में इस्तेमाल किया जाता था। इस लिहाज़ से इस बात का समुचित अर्थ निकलता है कि यह भालन थे जिन्होंने आत्मचेतना के साथ अपनी रचना *नलाख्यान* (नल की कथा) में अपनी कविता की भाषा को गूजरभाषा (गुजराती भाषा) बताया है। अपने साहित्यिक अनुशीलन के इन तत्त्वों में भालन भूतकाल से परे संकेत करते हैं—यहाँ तक कि अपनी निकटतम पूर्ववर्ती माणिक्यचन्द्र से भी परे—वे एक ऐसे भविष्य की तरफ़ संकेत भी करते हैं जहाँ अभी लेखकों जैसे प्रेमानन्द (सत्रहवीं शताब्दी), जिन्होंने इस प्रारूप को उठाया और कदव नामक इकाई में अधिक नैरेटिव-गीतात्मक विशेषताएँ जोड़कर उसे आगे विकसित किया, ने आना था।

क्षेत्रीय साहित्यक संस्कृति में क्षेत्रीय का निर्माण

हालांकि क्षेत्रीयता में नये विकास परिलक्षित हो रहे थे, जिसमें एक ख़ास

तरह की परा-क्षेत्रीयता का दावा किया जाना जारी रहना था, गुजराती साहित्यिक संस्कृति के इस प्राथमिक दौर ने और भी लम्बा खिंचना था। इन दो प्रवृत्तियों के बीच के तनाव को एक तरफ़ संस्कृत और गुजराती और दूसरी तरफ़ गुजराती और अन्य भाषाओं के मध्य के सम्बन्धों की नयी समझ के रूप में कोडित किया गया। सत्रहवीं शताब्दी के एक वेदान्ती कवि ने पहले विषय को एक रूपक के माध्यम से सम्बोधित किया। अपनी एक कविता में वे समझाते हैं कि—

> संस्कृत का अध्ययन प्राकृत (अर्थात् गुजराती) की सहायता से किया जाना है। ठीक जिस तरह एक गट्ठर में बँधे लकड़ी के टुकड़ों को बिना खोले हुए चूल्हे में प्रयोग नहीं किया जा सकता, उसी तरह प्राकृत के बिना संस्कृत किसी काम की नहीं रह जाती।

वे एक और रूपक जोड़ते हैं :

> एक व्यापारी कुछ खातों को लिखने के लिये मुद्रा की एकमुश्त संख्या का इस्तेमाल कर सकता है लेकिन वास्तविक व्यापारिक लेन-देन में वह खुले पैसों के बिना काम नहीं चला सकता।

अखा जोर देकर कहते हैं कि बिना बोलचाल की भाषा के किसी लेखक का काम नहीं चल सकता।[२३]

यहाँ प्रयुक्त रूपक उपदेशात्मक हैं। न लकड़ी का चूल्हा और न ही व्यापारिक लेन-देन बड़ी मात्रा में किसी भी चीज़ को नियन्त्रित कर सकते हैं। इसलिए लकड़ी की कम मात्रा और खुले पैसों की आवश्यकता होती है। लेकिन कवि दरअसल किस तरफ़ संकेत कर रहा है? किन उद्देश्यों के लिये संस्कृत बहुत विशालकाय होती है? स्पष्टत: यह काफ़ी विशाल है—अर्थात् उभरते हुए क्षेत्रीय पाठकों के अप्रशिक्षित (मुग्ध) मस्तिष्कों के लिये काफ़ी दुरूह, यदि ये मस्तिष्क प्रशिक्षित नहीं हैं, अर्थात् संस्कृत साहित्यिक संस्कृति द्वारा प्रस्तुत सामग्री को समझने के लिये पर्याप्त विकसित (विदग्ध) नहीं हैं तो उन्हें क्या प्रस्तुत किया जाना चाहिए? अगर चूल्हे में लकड़ी का बड़ा गट्ठर नहीं आ सकता तो उसके बदले उसमें कुछ और नहीं रखा जाना चाहिए। बल्कि गट्ठर को खोलकर उसी लकड़ी को कम और इस्तेमाल कर सकने लायक मात्रा में चूल्हे में डाला जाना चाहिए। इसी तरह यदि बाज़ार केवल छोटे व्यापार के लिये सक्षम है, उसके लिये बड़ी क़ीमत के सोने के सिक्के प्रयोग नहीं किये जा सकते; लेकिन एक

बिलकुल नयी मौद्रिक प्रणाली भी शुरू नहीं की जा सकती। उसके स्थान पर उसी प्रणाली में छोटी मुद्रा का प्रयोग किया जाना चाहिए। अखा के लिए, जो अहमदाबाद की टकसाल में कुछ समय तक निरीक्षक रहे थे, यह एक उपयुक्त रूपक था।

इन रूपकों की सहायता से अखा यह संकेत करते हुए लगते हैं कि क्षेत्रीयता के भीतर एक वृहत्तर संसार का अर्थ समाहित रहना चाहिए और इसके उलट भी। गुजराती और संस्कृत एक-दूसरे से दो अलग प्रणालियों में मुद्राओं के दो समुच्चयों की तरह जुड़ी हुई नहीं हैं—उदाहरण के तौर पर गुजराती और अँग्रेज़ी या रुपया और डॉलर—ये एक ही मुद्रा प्रणाली के अलग-अलग मूल्य हैं : जैसे कि रुपया और आना (पुरानी मुद्रा प्रणाली में एक रुपये का सोलहवाँ हिस्सा एक आना होता था)।

गुजराती और अन्य क्षेत्रीय भाषाओं के मध्य उभरते सम्बन्ध को वाणी देने वाला मुद्रा-सम्बन्धी एक और रूपक आता है। गुजरात और पश्चिमी भारत के अन्य इलाक़ों में प्रचलित एक दोहा हिन्दी, मराठी और गुजराती के बीच सम्बन्ध को रुपया, आना और पैसा के अर्थों में आँकने का प्रस्ताव देता है :

> इधरउधर का सोलही आना अथेकथे का बार
> इकदमतीकदम अठाही आना सू सा पैसा चार

> इधर उधर [का विनिमय] सोलह आना दिलाता है [पूरा एक रुपया], इथेकिथे [मारवाड़ी में 'यहाँ और कहीं और'] दिलाता है बारह आने, इकदमतीकदम [मराठी में 'कुछ और कुछ नहीं'] दिलाता है कुल चार पैसे।

उन्नीसवीं शताब्दी में यह दोहा एक कहानी का हिस्सा था जो इस तथ्य पर प्रकाश डालती थी कि उस समय के गुजराती पाठक किसी पूर्व-आधुनिक कवि, जिसे वे पसन्द कर सकें, की क्षेत्रीय प्रतिबद्धता को किस तरह देखते थे। यह कथा बताती है कि किस तरह प्रेमानन्द (सत्रहवीं शताब्दी का उत्तरार्द्ध) जिन्होंने गुजराती का सर्वोत्तम आख्यान लिखा था, और उसे नम्बरदार और खानदेश और महाराष्ट्र के अन्य स्थानों में सुनाया करते थे, उखड़ गये थे जब उन्होंने इस दोहे को किसी हिन्दी भाषी या मारवाड़ी-भाषी व्यक्ति के मुँह से सुना। विरोधस्वरूप उन्होंने शपथ ली कि वे अपनी ब्राह्मण चोटी को तब तक नहीं बाँधेंगे जब तक कि वे साबित नहीं कर देते कि उनकी अपनी

गुजराती आख्यान कविताएँ भी पूरे सोलह आने के लायक हैं।

इस दोहे में ऐसा बहुत कुछ है जो साहित्यिक संस्कृति के अध्ययन के लिये प्रासंगिक है। पहली बात तो यह कि यह पूर्व-आधुनिक काल में भारतीय भाषाओं के साहित्य के मध्य की अन्योन्याश्रितता के भाव को प्रकट करता है। यह एक ऐसी चीज़ है जो दुखद और विडम्बनापूर्ण रूप से आधुनिक काल में अदृश्य हो गयी जब विविध भारतीय साहित्यों के पाठकों और लेखकों के मध्य का विनिमय उत्तरोत्तर रस्मी और औपचारिक औचित्य भर रह गया था। इस दोहे में प्रकट होने वाली एक वृहत्तर क्षेत्रीयता के अन्तर्गत आने वाली चार क्षेत्रीय साहित्यों के बीच की ऊष्माभरी, यद्यपि कभी-कभार हानिकारक अन्तरंगता का स्थान समकालीन समय में उत्तरोत्तर अलगाववादी प्रवृत्तियों ने ले लिया।

साथ ही, यह कविता साहित्यिक मूल्यांकन और साहित्यिक आलोचना के अन्तर्निहित मानकों के पूर्व-आधुनिककालीन अर्थ को प्रकट करती है, जो अपने विस्तार में परा-क्षेत्रीय थे। यह साहित्यिक उत्पादकों के एक बहुभाषी उपभोक्ता समुदाय की पूर्वधारणा बना लेता है। जैसा कि दोहे के स्वर से पता चलता है, हिन्दीभाषी वक्ता जिसे मारवाड़ी, मराठी और गुजराती का भी ज्ञान है और जिसे अपनी भाषा पर विशेषाधिकार प्राप्त है, एक गम्भीर और वस्तुनिष्ठ अध्येता नहीं है। बल्कि वह उद्दाम और हठधर्मी है जिसे मराठी और गुजराती शब्दों से निकलने वाली ध्वनियों का व्यंग्य चित्र बनाने से गुरेज नहीं है जैसे इकदमतीकदम और सू-सा; तो भी वह उन्हें अपने सम्पूर्ण साहित्यिक परिदृश्य में सम्मिलित करता है। हम इसे १८५० के बाद, विशेषतः स्वतन्त्रता-प्राप्ति के बाद, के हिन्दी, राजस्थानी, मराठी और गुजराती साहित्यों के अधिकांश इतिहासों के विरोधाभास में रखकर देख सकते हैं, जिसमें हर एक के ऐतिहासिक नैरेटिव में दूसरों के लिये थोड़ी-सी भी जगह नहीं है।

सन्दर्भ

१. देखें पोलक : 'लिटरेरी कल्चर्स इन हिस्ट्री' अध्याय १।

२. हरिजन, अप्रैल १९, १९४७; नवम्बर २, १९४७। (अँग्रेज़ी और हिन्दी साप्ताहिक पत्रिका 'हरिजन' का प्रकाशन १९३३ से १९४० के मध्य हरिजन सेवक संघ, पुणे

द्वारा किया जाता था। १९४२ के पश्चात इसे नवजीवन ट्रस्ट, अहमदाबाद ने प्रकाशित किया। १९४६ से इसका सम्पादन किशोर लाल मशरूवाला द्वारा किया गया। यह १९५६ तक प्रकाशित हुई।) और देखें प्रभु और राव १९६७ : ३८५

३. मुंशी १९४४ : २

४. *साँकलिया १९४९ : १३*

५. साँकलिया गुजरात के सांस्कृतिक इतिहास पर लिखी गयीं अधिकांश रचनाएँ जैसे के.एम. मुंशी (१९३५), एच. साँकलिया (१९४९), एम. मजूमदार (१९६५) और एम.एम. झावेरी (१९७८) में क्षेत्रीयता को भौगोलिक-कालक्रमिक अर्थों में समझा गया है।

६. *शाह १९७९ a : ६*

७. यह टीका अप्रकाशित है लेकिन इसे शाह १९७९b : १६९ में उद्धृत किया गया है। एक टीका के लिये यह एक अटपटा नाम है; इसका एक वैकल्पिक नाम स्पष्टतः 'भावप्रकाश' है।

८. कोठारी व गडित १९८९-, १: ४४८-४९

९. रासो एक लम्बी ऐतिहासिक या भक्ति सम्बन्धी वर्णनात्मक कविता होती है। मध्यकालीन गुजराती कवियों द्वारा इस शब्द का प्रयोग प्रबन्ध के साथ विनियमता के साथ किया जाता था। रासो को रस से भिन्न समझा जाना चाहिए। यह गीत व नृत्य को ध्यान में रखकर लिखी गयी एक छोटी गीतात्मक कविता होती है।

१०. शाह १९७९a : ८३-८६। समयसुन्दर ने अकाल को उसके विक्रमी सम्वत् वर्ष १६८७ से सम्बोधित किया है।

११. शाह १९७९ a : ५-६।

१२. यंग इण्डिया, सितम्बर २१, १९४७, पृष्ठ ३३३। (७ मई, १९१९ से अँग्रेज़ी भाषा का यह पत्र बम्बई से सप्ताह में दो बार महात्मा गांधी के निर्देशन में छपना शुरू हुआ था; १८ अक्टूबर, १९१९ से गांधी ने इसे अहमदाबाद से एक साप्ताहिक के रूप में छापना शुरू किया। यह १९३२ तक प्रकाशित होता रहा।) और देखें—प्रभु एवं राव १९६७ : ३८६।

१३. कोठारी एवं गडित १९८९-, ३९१।

१४. भाटी १९८९ : i, १-१८।

१५. भाटी १९८९ : २४-२६।

१६. जोसी व अन्य द्वारा उद्धृत, १९७३, १:२४५।

१७. जोसी व अन्य द्वारा उद्धृत, १९७३, १:८३, १२७।

१८. हेमचन्द्र के तीन अतिविख्यात अनुशासन सम्बन्धी पाठ—शब्दानुशासन, काव्यानुशासन

और छन्दोनुआसन इस प्रक्रिया में मील के पत्थर माने जाते हैं। अनेक अन्य जैन विद्वानों ने छात्रों के लिये पाठ्यपुस्तकों की रचना की जिनमें संस्कृत काव्य-शास्त्र के नियमों को आसान और व्यवस्थित रूप से प्रस्तुत किया जाता था और जिन्हें बालबोध (प्रारम्भिक छात्रों के लिये पाठ्यपुस्तक) कहा जाता था। खरतर गच्छ के मेरुसुन्दर ने *वाग्भटलंकारबालबोध* नाम से वाग्भट के संस्कृत काव्य-शास्त्र पर १४७९ में एक पाठ्यपुस्तक लिखी। इसी शताब्दी के पूर्वार्द्ध में जिनराजसूरी (१५९१-१६४३) ने संस्कृत महाकाव्य *नैशदमहाकाव्य* पर संस्कृत में एक लम्बी टीका लिखी थी।

१९. मेहता १९८१ : ३८७ (और देखें इनस्पिरेशन फ्रॉम शिव से पृष्ठ ४), और अखा १९६२ : ७४। अखा बौद्धिक स्व-आक्षेप के अलंकार पर व्यंग्य भी करते हैं—ऐसे कवि...हमें अपनी रचनाओं की शुरुआत में बताते हैं, "हम छन्द-शास्त्र की इकाइयों से अनभिज्ञ हैं और हम आपके अलंकारों का प्रयोग नहीं करते क्योंकि हम उनमें सिद्धहस्त नहीं हैं।" ऐसे याचनाभरे अस्वीकारों से वे अपनी ही महत्ता स्थापित करते हैं और हमसे दया की याचना करते हैं। यदि मैं स्वयं को एक कवि समझूँ तो मैं भी इतना ही कहना चाहूँगा : "मैं काठ की बनी उस गुड़िया जैसा हूँ, जो बहुत सारी भंगिमाएँ बनाती है। लेकिन लकड़ी के उस टुकड़े में कुछ भी नहीं होता। यह मनोरंजन करने वाला होता है जिसके हाथ में गुड़िया को नृत्य कराने वाले धागे होते हैं।" (१९६७ : ३)

२०. इन पुस्तकों के नाम थे : *व्याकरणचतुष्कबालवबोध* और *तद्धितबालवबोध*।

२१. *जैन कुमारसम्भव* माणिक्यचन्द्र के गुरु जयशेखरसूरी द्वारा लिखित एक दरबारी संस्कृत महाकाव्य है। *जैन मेघदूत* मेरुतुंगसूरी रचित एक खण्ड काव्य है, जो कि जयशेखर के गुरु थे (माणिक्यचन्द्रसूरी १९५१ : ४-५)।

२२. ऐसा नहीं कि विद्वान माणिक्यचन्द्र द्वारा लोकप्रिय बनायी गयी कथावस्तु का आगे कोई विस्तार न हो। सत्य तो यह है कि माणिक्यचन्द्र के गुजराती पाठ से प्रेरित इसी प्रकृति की संस्कृत रचनाएँ जैन भिक्षु-लेखकों द्वारा की गयीं—पहली रूपविजयाग्नि द्वारा १८२६ में रचित एक गद्य रचना; और दूसरी १८५८ में लब्धिसागरसूरी द्वारा रचित एक कविता। माणिक्यचन्द्र की गुजराती रचनाओं ने दूसरों को इसी विषयवस्तु पर संस्कृत में लिखने को प्रेरित किया।

अँग्रेज़ी से अनुवाद : अशोक पाण्डे

आलेख का रचना-वर्ष : २००३

भारतीय साहित्य का भविष्य
एक परिकल्पना

किसी शती के अन्त होने का एक प्रभाव तो यह होता है कि यह हममें यह एहसास जगाता है कि एक ऐसा भविष्य आने को तैयार बैठा है जो अपनी नवीनता से हमें चकित कर देगा। बीसवीं शती के अन्त के साथ ही एक सहस्राब्दी का भी अन्त हुआ जिसने अपेक्षाओं के विस्मयकारी एहसास में भी वृद्धि की। एहसास तो ठीक है परन्तु विचार आवश्यक है। कुछ माह पूर्व हमसे बड़ी कुशलता से यह अनुभव करने का आग्रह किया गया था कि नवीन भविष्य बस कुछ ही महीने दूर है। वह समय तो गुज़र गया और हम चकित हैं कि वह प्रतीक्षित भविष्य हमारी अगवानी करने क्यों नहीं आया। हम ख़ुद से कहते हैं कि चकमा देने वाले इस भविष्य को हमें ढूँढ़ना चाहिए। हमें डर लगने लगता है कि कहीं इसके (या ख़ुद हमारे) साथ कोई हादसा तो नहीं हो गया।

चूँकि मैं जोशी नहीं हूँ, न उमाशंकर और न सुरेश, इसलिए भविष्य के बारे में कोई पूर्व-घोषणा या भविष्यवाणी न करने की मुझे छूट है। आलोचक विजय राय की तरह चूँकि मैं कोई वैद्य भी नहीं हूँ, मुझे यह हक़ भी नहीं है कि मैं भारतीय साहित्य या किसी और चीज़ के बारे में कोई नुस्ख़ा लिखूँ। मेरे पूर्वज हिसाब-किताब में या आम प्रशासन में माहिर रहे होंगे, शायद इसीलिए मेरी पारिवारिक पदवी मेहता है। होना तो यह चाहिए था कि यह विरासत आज तक की घटनाओं के सावधानीपूर्वक विवेचन के माध्यम से किसी हद तक सही-सही वर्तमान की दहलीज़ पर मुझे भविष्य

को ढूँढ़ने को प्रेरित करती। या दूसरे शब्दों में मुझे यह दिखा देना चाहिए था कि किस प्रकार वर्तमान के अनुभवों का विवरण भविष्य का लेखा-जोखा प्रस्तुत करता है।

किन्तु एक ख़ास तरह की कविता लिखने के लिये आपको एक क़ीमत चुकानी पड़ती है और वह है उत्तराधिकार से वंचित होने की। इस प्रकार मैं खाते-बही के पारिवारिक व्यवसाय में अपना हिस्सा गँवा चुका हूँ। उत्तराधिकार से वंचित होने के अपने कुछ फायदे भी होते हैं। जैसे महान बंगाली नव्य नैयायिकों को मिलें, जो अपने मान्य अतीत के साथ सैद्धान्तिक रूप से पूर्व निर्धारित और आरोपित उस भविष्य से भी मुक्त हुए, जिससे उनके परीक्षित और प्रामाणिक सम्बन्ध रहे हैं जो आमतौर पर रहस्यवादी जोशियों, अनुभववादी वैद्यों तथा यथार्थवादी हिसाबी लेखक मेहताओं को आतंकित करते और तरसाते रहे हैं। अतीत से एक प्रकार की असम्बद्धता आपको वर्तमान के सन्दर्भ में भविष्य तलाशने की नीरसता से बचने की छूट देती है। और इस प्रकार आप अतीत और वर्तमान का नया ठिकाना भविष्य की बंजर-सी लगने वाली भूमि पर ढूँढ़ना प्रारम्भ करते हैं। किसी भी साहित्य की शायद यह भी एक बुनियादी गतिविधि है। साहित्य अतीत एवं वर्तमान को भविष्य की सीधी खड़ी सख़्त दीवारों पर पैर रखने की जगह देता है। इस प्रकार यह संस्कृति की निरन्तरता तथा अस्तित्व के प्रति आश्वस्त करता है।

भविष्य की जगह वर्तमान को ढूँढ़ना एक ख़ास प्रकार की आत्मपरकता तथा एक ख़ास प्रकार के भविष्यबोध के बीच एक रिश्ता प्रस्तावित करना है। यह भविष्यबोध भविष्य को एक स्थान, एक घटना-स्थल, एक 'आधार' के रूप में देखता है। 'प्रमाता' अर्थात् 'यथार्थ व अनागत' के बीच का यह 'सम्बन्ध', आत्मपरकता तथा अधिस्थिति (Locus) को एक तार्किक प्रतिरूप के ज़रिये और स्पष्ट कर सकता है जिसे भारतीय साहित्य-शास्त्र में 'चित्र तुरग न्याय' द्वारा समझाया गया है। पुरातन 'चित्र चित्रित पटांश' की विविध सम्भावना जब तक आँखों को उपलब्ध रहेगी वह चित्रायमान रहेगा, तब तक इसे 'अचित्रित पटांश' भी उपलब्ध रहेगा।

अब हम यह देख सकते हैं कि हमारे समक्ष 'पूर्व चित्रितता', 'संस्कृत रिक्तता' तथा 'प्राकृत रिक्तता' के तितरफ़ा जटिल सम्बन्ध उपलब्ध हैं जो हमारे अध्ययन का विषय हैं। साहित्य के साथ-साथ कला का उत्पादन

व उपभोग शायद इस 'समानाधिकरणता' अर्थात् इन तीनों अन्तरसम्बद्ध अस्तित्वों की अधिस्थिति में अवस्थिति को जानने-समझने का प्रभावपूर्ण तरीक़ा है।

२

इसी बात को अलग तरह से यों भी कहा जा सकता है कि भविष्य को आत्मपरकता के स्थायी निवास की दृष्टि से भी देखा जा सकता है जिसका यायावरी अस्तित्व वर्तमान की समतल भूमि पर था। किन्तु स्थायी आवास, स्थायी तौर पर पहुँच से बाहर है, कुछ-कुछ उस तरह जैसे कि होमर के महाकाव्य में वर्णित स्थान—इथेका का पता ओडिसियस की पहुँच से बाहर था, जो इथेका के अन्तिम बन्दरगाह को याद करता और स्वागत के लिये उत्सुक अजनबियों के समूहों को उसकी कहानियाँ कहता हुआ समुद्र में भ्रमण कर रहा था। अन्तहीन समुद्र, ग्रीक मिथक के पोसीडॉन द्वारा खदेड़ा गया, उसी ईश्वर द्वारा अभिशप्त यात्री तथा होमर के महाकाव्य का सुदूर गृह-बन्दरगाह (होमपोर्ट) हमें 'अतीत'-'वर्तमान' तथा 'स्व' के बीच के त्रिआयामी सम्बन्ध का प्रतिरूप प्रदान करता है जो कि एक महाकाव्य की अन्तःक्रिया से सम्बन्धित है।

किन्तु इस त्रिआयामी सम्बन्ध का एक दुखद-लयात्मक प्रतिरूप उस छोटे तथा कड़वे-मीठे गीत में मिलता है जो अफ्रीका की आदिवासी सभ्यता में परम्परागत रूप से गाया जाता है। गीत रेलगाड़ी के बारे में है, जिसकी विषयवस्तु हमारे सदृश महत्त्व की है, ख़ासकर उन्नीसवीं शती के बाद वाले दशकों में एशिया व अफ्रीका में उपनिवेशवादी सत्ता, जब तटवर्ती क्षेत्रों पर नियन्त्रण कर पार्श्ववर्ती अंचलों में प्रभुत्व का विस्तार कर रही थी। उपनिवेशवाद के प्रारम्भिक काल में जलपोत अधीनीकरण का उपकरण व प्रतीक होता था। परवर्ती दशकों में यही प्रतीक रेलें बनीं। गांधी ने भारत में अपने राजनीतिक काम के प्रारम्भ से औपनिवेशिक शक्ति के विरुद्ध अपूर्व कुशलता से भारतीय रेलों का उपयोग अकारण तो नहीं किया होगा। इतना ही नहीं 'हिन्द स्वराज' में अपने एक छोटे-से लेख में भारत की रेल-व्यवस्था को औपनिवेशिक शक्ति द्वारा अधीनीकरण के लिये प्रयुक्त साधन मानने से भी उन्होंने इनकार किया। यह गांधी की ही प्रतिभा थी

कि उन्होंने उपनिवेशवादियों के अधीनीकरण के माध्यम को उपनिवेश की जनता के हाथों का प्रतिकार–माध्यम बनाया।

अफ्रीका के इतेसो आदिवासी रेलगाड़ी के बारे में यह गीत गाते हैं :

रेलगाड़ी!
ढोती है सभी को
हर जगह।
यह ढोती है पुरुषों को
स्त्रियों को
और मुझे भी
एक अन्धे बालक को।
जहाँ भी यह मुझे ले जाती है
हाय! वहीं मिलता है दुःख मुझे
और मैं दे मारता हूँ इस पर
अपने घुटने।

यह पुरुषों को ले जाती है
स्त्रियों को ले जाती है
ले जाती है अन्धे बालक को
उसके दुःखों की ओर।

यह कविता उस अन्धे बालक का रेखाचित्र उकेरती है जो दौड़ती हुई रेल पर अपने घुटने दे मारता है। यह उसे एक ऐसी रफ्तार से ले जाती है जिसे वह अपने सारे शरीर में महसूस तो कर सकता है पर समझ नहीं पाता। वह तो इसे पा लेती है परन्तु यह उसे प्राप्त नहीं कर पाता। वह नहीं जानता कि यह उसे कहाँ ले जा रही है। यह कविता एक अनुपस्थित भविष्य तथा अवदमित आत्मपरकता के दमनकारी, संकटपूर्ण सम्बन्ध का रूपक प्रस्तुत करती है। जब एक 'पदार्थ' का अपना एक 'अधिकरण' है या उसे अपने 'अभाव' का पता है, तब 'पद' के 'अर्थ' को एक अनुपस्थिति, एक गम्भीर संकट कसकर पकड़ लेता है।

औपनिवेशिक काल जिसने हमारे मानवीय विश्व के निकटस्थ अतीत के विशाल भाग को कलंकित किया है, उसी ने आसन्न भविष्य को भी तोड़ा–मरोड़ा और दाग़दार किया है। यह हमारी तीव्र रुचि और आलोचना

का विषय है कि भविष्य का साहित्य औपनिवेशकों तथा उपनिवेशवादियों, दोनों की भाषाओं में किस प्रकार 'संस्कृत रिक्तता', (जिस दाग़दार रिक्तता में वे रहते हैं) का सामना कर पाता है। अतीत आवश्यक रूप से भविष्य को नियन्त्रित नहीं करता। जिस प्रकार अन्तरिक्ष 'संस्कृत' है उसी प्रकार यह 'रिक्त' भी है। यह साहित्य-सर्जकों और पाठकों तथा अतीत की दमनकारी व अवदमित विश्व संस्कृतियों की रचनात्मकता है जो आने वाले वर्षों में तस्वीर को पूरा करेगी। 'अचित्रित पटांश' (सन्दर्भ : चित्र तुरग न्याय) का भी चित्रांकन में उतना ही महत्त्व है जितना 'चित्रित पटांश' का। रेल में बैठे अन्धे बालक को सम्भव है सन्त मरिजबर्ग मिल जायँ। गांधी दरअसल उसे सिखाना जारी रखेंगे कि किस प्रकार वह रेलों का तथा दमनकारियों के औज़ारों का उन्हीं के विरुद्ध उपयोग करे और उन्हें नष्ट करे।

निकट भविष्य के साहित्य व संस्कृति के आख्यान में 'उपयोग' व 'विनाश' ये दो शब्द ग़ौर करने योग्य हैं। गायत्री चक्रवती स्पिवाक (spivak) ने संयुक्त राज्य के मिडवेस्टर्न मॉडल लैंग्वेज एसोसिएशन के वार्षिक सम्मेलन में पढ़े अपने ईमानदारीपूर्ण चतुर तथा चतुराईपूर्ण ईमानदार लेख में, जो १९९८ में प्रकाशित संकलन 'द डिकोलोनाइजेशन ऑफ़ इमैजिनेशन' (सम्पादक : जॉन नेडरवीन पेइटर्स Jon Nederveen Peiterse तथा भिखु पारेख) में संकलित हैं; 'पूँजीवाद के अन्तर्गत न्याय की आशा' के बारे में उल्लेख किया है। परन्तु 'आशा' यहाँ 'भय' के साथ 'समानाधिकरण' है और ये दोनों आपस में 'कलिका (kalika) सम्बन्ध' से मज़बूती के साथ सम्बद्ध हैं। चक्रवर्ती स्पिवाक ने अवदमित तथा दमनकारी आत्मपरकता के बीच के सम्बन्धों के बारे में कुछ जाँच-पड़ताल की है। जो 'स्व' तथा अन्य के बीच है। वे तीन सम्भावनाओं व आयामों की जाँच करती हैं— पहला विचार सुपरिचित लक्षण-विज्ञानी जोनाथन कुल्लर का है। वह उन्हें उद्धृत करती हैं—

> साहित्य का, इतिहास का और नृ-विज्ञान का एक विशिष्ट सद्गुण बेगानेपन की शिक्षा है जो संस्कृतियों, तौर-तरीक़ों, पूर्वानुमानों व मूल्यों में विभेदों की पहचान कराता है। यह विषय बेगानेपन को सुस्पष्ट व बोधगम्य बनाता है, और सार्वभौमिक मानवतावाद द्वारा इसके घटियाकरण की धमकी को निरस्त करता है।

इस रिश्ते को समझने के लिये 'तुरग' की प्रतिकृति सहायक हो सकती है। इस नयी प्रतिकृति को 'चित्रायमान तुरग न्याय' या चित्रांकन की प्रक्रिया में घोड़ा कहा जा सकता है। आइये, हम यह जाँच करें कि जब एक घोड़े का चित्रांकन हो रहा है तो क्या होता है। देखा जा सकता है कि कैनवस या चित्रपट के एक भाग पर दृश्य–पदार्थ है, रंग–आकार–संरचना है तथा एक भाग ख़ाली है। काल के उस क्षण में ख़ाली भाग के ख़ालीपन की स्थिति क्या है? क्या चित्रपट का अचित्रित भाग उसी अर्थ में ख़ाली है जिसमें वह तूलिका के पहले स्ट्रोक के वक़्त, किसी दूसरे भाग में ख़ाली था? यदि नहीं, तो यह नया ख़ालीपन पुराने ख़ालीपन से किस प्रकार भिन्न है? इसको इस प्रकार भी देखा जा सकता है कि तूलिका के बिना छुए ही बिना रंग वाले ख़ाली भाग में सम्भव है, उस वक़्त रंग लग गया हो जब रंग वाले भाग में रंग भरा जा रहा था। अब यह आवश्यक हो गया है कि 'प्राकृत रिक्तता' तथा 'संस्कृत रिक्तता' अर्थात् चित्रपट के प्राकृतिक ख़ालीपन तथा चिह्नित ख़ालीपन के भेद को समझा जाय।

इसी के साथ हम दूसरे प्रश्न पर आते हैं : कैनवस के इस नये ख़ालीपन, 'संस्कृत' या चिह्नित ख़ालीपन तथा 'कैनवस' के 'चित्रित अंश' के बीच क्या सम्बन्ध है, जबकि चित्रांकन प्रारम्भ तो हो चुका है परन्तु शेष नहीं हुआ।

इस प्रश्न के उत्तर का एक तरीक़ा तो यह हो सकता है कि 'पट' 'पूर्व चित्रित अंश' पट के 'रिक्त अंश' की स्थिति है। यदि ऐसा है तो 'चित्रित अंश' के विस्तृत अध्ययन की तथा 'अचित्रित' की 'चित्रांश' के एक उपादान के रूप में परिकल्पना की आवश्यकता है। परन्तु कुछ ज्योतिषी विचारकों द्वारा इसे संदिग्धतापूर्वक, वैद्यों द्वारा आनुभविक रूप से तथा लेखापालों द्वारा यथार्थवादिता से कल्पित किया जाता है।

एक तरीक़ा और भी है इस प्रश्न का उत्तर देने का। कहा जा सकता है कि 'चित्रायमान पट' का 'अचित्रित अंश', पट के 'पूर्व चित्रित अंश' की अधिस्थिति (locus) है। इससे एक बिलकुल नया खेल शुरू हो जायेगा। यह नया खेल न तो संदिग्धतापूर्वक होगा न आनुभविक। हम कह सकते हैं कि यह नया खेल साहित्य है। अपने परिचित शब्दों का उपयोग कर हम कह सकते हैं कि साहित्य वह 'क्रीड़नीयक' है, जो सृष्टिकर्ता भगवान ब्रह्मा ने देवताओं तथा दानवों को दिया था, जब लोकपाल प्रतिष्ठित, सुशासित या शायद अति–सुशासित विश्व का भाग होने के बावजूद

लगभग विनष्ट हो गये थे और उनकी आत्मपरकता वस्तुपरक सत्ता में बदल गयी थी। ये शब्द उस 'भरत नाट्यशास्त्र' से हैं जो हमें नाटकों के उद्गम के व्याख्यात्मक मिथक तथा और अधिक व्याख्याओं के साथ साहित्य के अन्तर्निहित सिद्धान्त प्रदान करता है। ईसा पूर्व प्रथम शती में भरत से लेकर सत्रहवीं शती में जगन्नाथ तक भारतीय साहित्य सिद्धान्त के अन्तर्गत 'चित्रित' व 'रिक्त', उपस्थित और अनुपस्थित, वर्तमान और अनागत, प्रत्यक्ष व सम्भावित के सम्बन्ध को दूसरे विकल्प में जाँचा-परखा गया है। बुनियादी तौर पर यह सिद्धान्त आत्मपरकता तथा भविष्य के सम्बन्धों की जाँच-परख करता है। भरत 'क्रीड़नीयक' को कुंजी-शब्द के रूप में इस्तेमाल करते हैं जबकि जगन्नाथ 'रमणीयता' यानी 'रमणयोग्यता' या क्रीड़ा योग्यता को कुंजी शब्द के रूप में व्यवहार करते हुए 'नव्य-न्याय' उपकरणों के ज़रिये इसे परिभाषित करते हैं। (इसकी विस्तृत चर्चा मेरी पुस्तक 'रमणीयता नो वाग् विकल्प', १९८८, में उपलब्ध है)

इस प्रकार साहित्य का भारतीय सिद्धान्त हमें व्यक्तिनिष्ठता की आलोचना तथा यह सामर्थ्य प्रदान करता है कि हम 'प्रमातृ चेतना' के ही एक स्वरूप 'रमणीयता अवच्छिन्न' के ज़रिये भविष्य को भूत व वर्तमान के तथ्यों की स्वतन्त्र उपस्थिति के रूप में देखें। इस सन्दर्भ में स्पिवाक साहित्य में दर्शाये गये संस्कृति के विभेदों पर जोनाथन कुल्लर के विचारों के बारे में कहती हैं—'अच्छे शब्द हैं, शब्द जिनसे हमें (यानी यूरोप के बाहरी मूल के अमेरिकी साहित्य के शिक्षकों को) निश्चित रूप से सम्बन्ध का दावा करना चाहिए।' अपनी अनुबोधक आलोचना का विस्तार करते हुए वह फिर कहती हैं—'फिर भी, विशेष रूप से आज हमें यह जिज्ञासा अवश्य करनी चाहिए कि यहाँ बोल कौन रहा है? इस साहित्य का पाठक कौन है? इतिहास का शोधार्थी व नृ-विज्ञान का अन्वेषक कौन है? किसके लाभ के लिये यह ज्ञान प्रस्तुत है ताकि वह हमारे परायेपन को बिना छोटा किये; साहित्य, इतिहास, नृ-विज्ञान के अध्ययन को सुस्पष्ट व व्यापक बना सके?' स्पिवाक सहमत नहीं हैं कि यूरोपीय मूल के अमरीकियों द्वारा 'हमारा अध्ययन परायेपन के उदाहरणों के रूप में हो' क्योंकि उनके साथ वे तथा 'हम' अमेरिकी संस्कृति में बराबर का दख़ल रखते हैं।

स्पिवाक हरबर्ट मार्क्यूज (Herbert Marcuse) के विचारों की ओर

ध्यान आकर्षित करती हुई उद्‌धृत करती हैं—

> सहनशीलता की बराबरी अमूर्त और मिथ्या हो जाती है... विरोधी अकसर छोटे-छोटे समूहों में अलग-अलग होते हैं, जो समाज के श्रेणीपरक (हायरार्किकल) ढाँचे द्वारा तय सँकरी सीमाओं को सामर्थ्यहीन होने के कारण सहते हैं।
>
> — (पीएटर्स एण्ड पारेख, १९९७, १८२)

गायत्री चक्रवर्ती स्पिवाक की तरह भारत में भी बहुतों को लगता है कि 'पूँजीवाद के अन्तर्गत न्याय की आशा' सम्भव है। इस प्रकार वे गांधी के 'हिन्द स्वराज' में व्यक्त आमूल परिवर्तनवादी विचारों से दो क़दम तथा नेहरू के उदार विचारों से एक क़दम दूर हो जाते हैं। ऐसे निर्णायक माहौल में अत्यधिक महत्त्वपूर्ण यह है कि हम 'आशा' पर ही अटके न रहें बल्कि 'समझ व जानकारी' की ओर भी बढ़ें।

'आशा' से 'समझ' की ओर एक अन्य ऐतिहासिक मुहूर्त में बढ़ने के प्रयास में कुछ उत्कृष्टतम मस्तिष्क १९४० में 'मानव समाज का भविष्य' जानने-समझने के लिये जुटे। इस समूह में जूलियन हक्सले भी थे और नेतृत्व कर रहे थे मानवेन्द्र नाथ राय। उन्होंने प्रख्यात वैज्ञानिकों (फ्रेजर, टेलर, हैल्डेन, बेकर, हक्सले तथा लेबी) द्वारा लिखे पर्चों का सम्पादन किया तथा स्वयं एक परिचयात्मक लेख 'द इवोल्यूशन ऑफ़ ह्यूमन सोसायटी' लिखा।

राय ने इस प्रश्न से प्रारम्भ किया :

> मानव-समाज के भविष्य की किसी भी जिज्ञासा के लिये प्रथम प्रश्न क्या होना चाहिए?

उनके परिप्रेक्ष्य में इस औपचारिक से लगने वाले प्रश्न का भी एक निहितार्थ है जो उस समय स्पष्ट हो जाता है जब वे कहते हैं,

> हम मानव-समाज के क्रम-विकास के कारणों को जब जानने का प्रयास करते हैं तो हमारे मन में पहला प्रश्न यह उठता है कि इस प्रक्रिया को जो नियम-विधि नियन्त्रित करती है क्या वह प्रयोजनवादी (टेलियोलॉजिकल) या निर्धारक है?

दूसरे शब्दों में, पहला सवाल यह है कि

> इस प्रक्रिया का कोई अतिरिक्त मकसद है या कि सामाजिक क्रम-विकास का नियम इस प्रक्रिया में ही सन्निहित है?

हम कभी-कभी भविष्य को जानने की प्रक्रिया के औज़ारों और गति की चर्चा करने लगते हैं बिना इस बात की परवाह किये कि जिस भविष्य की ओर हम दौड़ रहे हैं वह 'हमारा' भविष्य है या 'किसी और' का। इन दो भविष्यों का अन्तर मूलभूत और सामान्य है। यह अन्तर इस बात पर आधारित है कि हम उस भविष्य की वास्तविक आत्मपरकता हैं या कि इसके लिये केवल वस्तुपरकता। साठ वर्षों पूर्व हमें एम.एन. राय ने टेलियोलॉजी (हर वस्तु किसी ख़ास मकसद के लिये बनी है इसे निर्धारित करने वाला सिद्धान्त) द्वारा हमें समाज के जैव-ढाँचे से बाहर की शक्तियों से भी आगाह किया था जो हमें एक ऐसे प्रकोष्ठ की ओर ले जाता है जिसे भविष्य का ग़लत नाम दिया गया है। ऐसे छद्म भविष्य में हमारी सत्ता-मीमांसा विषयक स्थिति उन वस्तुओं जैसी होगी जो किसी बाहरी 'प्रमाता' (प्रमाण द्वारा ज्ञान प्राप्त करने वाला) द्वारा अध्ययन, जानकारी व उपयोग की हों। दूसरी ओर, जब हमारे अपने भविष्य के प्रति हमारी गतिविधि के नियम निर्धारक हैं, जब यह हमारी अपनी संस्कृति की ढाँचागत विशिष्टताओं तथा अन्य संस्कृतियों से आदान-प्रदान से उपजता है तो हम अपनी आत्मपरकता के सार्वभौमत्व की रक्षा कर पाते हैं। राय ने लिखा कि 'सामाजिक संरचना में सन्निहित कोई नियम' जब इस प्रकार उद्‌घाटित होता है तो यह 'मानवीय प्रत्यावर्तन के लिये अन्तहीन परिप्रेक्ष्य खोलकर मनुष्य की सार्वभौम सत्ता की स्थापना करता है।' मनुष्य तब 'अपनी नियति का निर्माता होता है' तथा 'ज्ञान-विज्ञान-संस्कृति के लोग अब और अपवाद न होंगे, बल्कि होंगे, भावी मानव समाज के औसत नागरिक होंगे।'

एम.एन. राय के शब्द लगता है, छह दशकों से भी कहीं अधिक दूरी से आ रहे हैं, ख़ासकर तब जब वे भावी मानव समाज के रचनात्मक नागरिकों तथा मनुष्य के सार्वभौमत्व की बात करते हैं। इसके अतिरिक्त यह भी लगता है जैसे इस प्रकार के भविष्य को लाने वाली साहित्यिक शक्ति भी और दूर कर दी गयी हो।

नयी शती को सूचना तकनीक तथा जैव-प्रौद्योगिकी की शती कहा जाता है जहाँ समाज के आम नागरिक को मुख्यतः लाभ व सेवाएँ प्राप्त होंगी। ज्ञान के विशेषज्ञों, सूचना व जैव तकनीशियनों को 'प्रमातृ' और 'कर्तृ' के

रूप में, सच्चे कार्यवाहक की दृष्टि से देखा जायेगा। हमें कहा गया है कि आम आदमी की मुख्य चिन्ता का विषय यह होगा कि वह अपना समय कैसे बिताये ? अपने ख़ाली वक़्त में क्या करे क्योंकि जब तकनीकीतन्त्री (टेक्नोक्रैट) मनुष्य के जीवन-ज्ञान-सूचना सम्बन्धी काम सँभाल लेंगे तो मनुष्य के पास वक़्त-ही-वक़्त होगा।

इस नये समाज से दो समाज-विज्ञान उभरते नज़र आते हैं : 'डारविनियन समाज विज्ञान' तथा 'सिलिकन समाज विज्ञान' जिसका नामकरण 'येल जर्नल ऑफ़ क्रिटिसिज़्म' (काल, २०००) के हाल ही के अंक में किया गया है।

डारविनियन समाज विज्ञान अमेरिका के (रेड) इण्डियन, आस्ट्रेलिया व न्यूज़ीलैण्ड के आदिवासी आदि संकटापन्न प्रजातियों को ऐसे समूहों के रूप में देखता है जिन्होंने स्वयं अपने विनाश को न्यौता दिया, जबकि वे अपने जीवन में अतिक्रमण करने वालों का सामना नहीं कर पाये। अर्थात् उत्पीड़ितों पर ही उत्पीड़न का दोष! प्रो. भिखु पारेख ने ऐसे समाज विज्ञान के उद्‌भव की कुछ जाँच-पड़ताल की है। अपने लेख 'लिबरलिज़्म एण्ड कोलोनियलिज़्म : ए क्रिटिक ऑफ़ लॉक एण्ड मिल' में प्रो. पारेख ने दिखाया है कि किस प्रकार लॉक सरीखे उदार दार्शनिक ने भी

> तर्क प्रस्तुत किया है कि अमेरिकी (रेड) इण्डियन भूमि पर मुक्त विचरते थे, बिना कोई बाड़ लगाये हुए, जबकि यह भूमि 'उनकी' नहीं थी, इस पर उनकी कोई सम्पत्ति नहीं थी, वे तो साझा भूमि के बतौर इसका उपयोग कर रहे थे। अतः चूँकि भूमि ख़ाली थी, किसी के अधिकार में नहीं थी, वन्य व जन-शून्य थी इसलिए बिना अनुमति के उस पर कोई भी अधिकार कर सकता था।

जो तर्क लॉक (Locke) ने अमेरिकी (रेड) इण्डियनों के सन्दर्भ में दिया था वही नयी शती में स्वयं हमारे लोक अंचलों के लिये दिया जा सकता है। हमारे स्थानीय बाज़ार, हमारे राजनीतिक क्षेत्र, हमारे परम्परागत संस्कृति-कला तथा साहित्यिक स्थलों को भी 'ख़ाली, रिक्त तथा जन-शून्य' कहा जा सकता है और इसलिए 'बिना अनुमति के उन पर दख़ल जमाया जा सकता है।' इन अर्थों में औपनिवेशीकरण की प्रक्रिया तथा सन्तत्व की यान्त्रिकता हाथ थामे चलती है।

साहित्य व संस्कृति में एक शक्तिशाली सन्त परम्परा उन्नीसवीं शती से चल रही है। पद, आख्यान, रासो, प्रबन्ध, ढोला, मंगला आदि साहित्यिक विधाओं को क्रमबद्धता से हटाकर उनका स्थान उपन्यास, चतुर्दशपदी (सोनेट), लेख व लघु कहानी आदि ने ले लिया और यह प्रक्रिया अभी तक जारी है। नये समीकरणों में अँग्रेज़ी भाषा की दूसरे दर्जे की रचनाओं को शामिल कर भारतीय भाषाओं की कहीं अधिक प्रासंगिक रचनाओं का वर्जन किया जा रहा है। एक सांस्कृतिक स्थान पर कब्ज़ा ज़माने या उसे उपनिवेश बनाने के लिये उसे 'ख़ाली, रिक्त व जनशून्य' घोषित करना होगा। इसे झाँसा-पट्टी ही तो कहा जायेगा।

यदि ऐसा डारविनियन समाज, जिसमें उत्पीड़ित का ही ख़ात्मा हो, नये अन्तर्राष्ट्रीय सांस्कृतिक आख्यान मुहैया करता है तो सिलिकन समाज विज्ञान ऐसा करने की परिष्कृत तकनीकी जुटाता है। यह तर्क अवश्य प्रस्तुत किया जा सकता है कि (क) ये तकनीकी घटनाचक्र अवश्यम्भावी हैं तथा (ख) ये तकनीकी मूल्य-मुक्त हैं। इस अवधारणा की जाँच आवश्यक है।

'सिलिकोन सोशियोलॉजी' (सिलिकोन समाज विज्ञान) शब्द किसी बहुप्रसारित चालाक साप्ताहिक पत्रिका का जोरदार टुकड़ा लग सकता है, पर है नहीं। यह शब्द सुप्रसिद्ध 'येल जर्नल ऑफ़ क्रिटिसिज़्म' के हाल ही के अंक में प्रकाशित एक लेख का शीर्षक है। ज्योफ्री विन्थ्रॉप-यंग का लेख 'सिलिकोन सोशियोलॉजी और टू किंग्स ऑन हेगेल्स थ्रोन' फ्रेडरिक किटलर के 'पोस्ट स्ट्रक्चरलिस्ट मीडिया थ्योरी' तथा निकॅलस लुहमैन (Niklas Luhman) की 'सिस्टम थ्योरी' की जाँच-पड़ताल करता है। ये दोनों संचार तकनीकी के प्रख्यात थ्योरिटीशियन यानी सिद्धान्तकार हैं। किटलर की पुस्तक 'लिटरेचर, मीडिया इन्फॉर्मेशन सिस्टम्स' (१९९७) संचार की पदार्थता तथा साहित्य के अन्तर-सम्बन्ध की पड़ताल करती है। लुहमैन ने यह जाँच-परख की है कि किस प्रकार सम्प्रेषणीय घटनाओं से समाज के क्रम-विकास का उद्भव होता है। विन्थ्रोप-यंग का सुझाव है कि दोनों इकट्ठे होकर एक अन्तर्दृष्टि जुटा सकते हैं कि

> 'किस प्रकार संचरण, प्रचार माध्यम तथा शक्तियाँ उभरते वैश्विक-समाज के लिये इमारत के हिस्से बन चुके हैं।

सुझाया गया है कि यह

> 'उबेर' (Uber) सिद्धान्त (Theory) हेगेल की मृत्यु के कारण ख़ाली हुए राजा के रिक्त स्थान को भरने में सक्षम होगा।

'उभरते हुए वैश्विक समाज' की जानकारी यूनिवर्सिटी ऑफ़ शिकागो प्रेस द्वारा १९९९ में प्रकाशित एन कैथेरीन हेलेस (N. Katherine Hayles) की पुस्तक 'हाऊ वी बिकेम पोस्ट ह्यूमन : वर्चुअल बॉडीज इन साइबरनेटिक्स लिटरेचर एण्ड इन्फॉर्मेटिक्स' में पायी जा सकती है। 'पोस्ट ह्यूमन' शब्द की व्याख्या करते हुए लेखिका ने लिखा है :

> 'पोस्ट ह्यूमन' या 'उत्तर-मानवीय', मनुष्यों की अनुपस्थिति की ओर नहीं बल्कि ऐतिहासिक रूप से एक विशिष्ट संरचना की ओर संकेत करता है, उस संरचना की ओर जो प्रचार माध्यमों, तकनीकी तथा संस्कृति के बदल रहे तारामण्डल से हाल ही में जन्मी है। 'उत्तर मानवीय' एक दृष्टिकोण है जो कुछ (अत्यधिक विवादास्पद) पूर्वानुमानों का चित्रण है। यह सूचना-पद्धति के सुविधाकरण के साथ ही चेतना को उसका वास्तविक रूप दर्शाता है। यह तो वही बात हुई कि कोई नव-धनाढ्य यह दावा करे कि यही सम्पूर्ण प्रदर्शन है, भले ही वह उसका एक क्षुद्र अंश हो, सर्वाधिक महत्त्वपूर्ण तो मनुष्य की पुनर्रचना है जो ठीक वैसी लगे जैसे किसी मशीन की अदृश्य सीवर हो।
>
> —(येल जर्नल ऑफ़ क्रिटिसिज़्म, फाल, २०००, पृ. ३९२)

कैथेरिन हेलेस के स्पष्ट विचारों की झलक कार्ल शिमट (Carl Schmidt) के एक लेख से मिलती है जो 'येल जर्नल ऑफ़ क्रिटिसिज़्म' के उसी अंक में प्रकाशित हुआ था, जिसमें कैथरिन ने चेतना को उसके वास्तविक रूप में दर्शाने की बात कही थी। शिमट 'शक्ति को एक परिमाण के रूप में देखते हैं 'जो आधुनिक तकनीकी के घनिष्ठ साहचर्य में बढ़ा है।' अतः वे यह देख पाने में सक्षम हैं कि

> अणु-बम पकड़ने वाली मनुष्य की बाँह और उसे क्षय करने वाला मानवीय मस्तिष्क, निर्णय की घड़ी में मनुष्य का अंश कम बल्कि कृत्रिम अंगों की पूर्ति अधिक होता है। जैसे तकनीकी व सामाजिक उपकरण का वह हिस्सा जो अणु बम बनाता है तथा उसका उपयोग करता है। एक व्यक्तिगत शासक की शक्ति मात्र एक परिस्थिति का प्रभाव है जो अत्यधिक श्रम-विभाजन की अपूर्वानुमेय व्यवस्था का परिणाम है। (पृ. ४१८)

पुस्तक 'बियाण्ड गुड एण्ड ईविल' में फ्रेडरिक नीत्शे ने जो कुछ कहा है उस पर हमें आज विचार करना चाहिए। यह इतिहास का एक ऐसा दौर है जिसका बहुत बढ़िया वर्णन हेलेस व शिमट ने किया है। नीत्शे ने लिखा :

> जब कोई अपना घर बना चुकता है तो उसे अचानक भान होता है कि इस प्रक्रिया में उसने ऐसी कुछ घटिया स्तर की खामियों को जान लिया है जिन्हें सचमुच शुरू करने से पहले ही जान लेना चाहिए था। शाश्वत अरुचिकर 'अत्यधिक विलम्ब'! हर समाप्त वस्तु का अवसाद!

३

यह समग्र मानवता के लिये ऐसी सामाजिक-आर्थिक स्थिति है, जो भारत में हमें 'चित्र तुरग न्याय' से 'चित्रायमान तुरग न्याय' की ओर अग्रसर होने को प्रेरित करती है। यह भूत एवं वर्तमान की पराकाष्ठा नहीं है जिससे भविष्य को देखा जाना चाहिए। भविष्य भूत के एक उपादान के रूप में तथा वर्तमान (यदि हम उसे ठीक से जानते हैं तो) हमें छोटा ही करेंगे। भविष्य यदि 'आधेय' है और वर्तमान 'आधार', तो हम चेतना का सही स्वरूप दिखाकर, जिस विश्व में रहते हैं उसमें 'प्रमातृ' या 'कर्तृ' बनकर नहीं रह पायेंगे। हमारी आत्मपरकता ऐसी वस्तुपरकता में परिवर्तित हो सकती है जिसका वर्णन हेलेस व शिमट ने दो अत्यधिक सम्मानित विश्वविद्यालयों के प्रकाशनों में किया।

किन्तु 'पट' का 'रिक्त अंश' तब भी 'तट' के 'पूर्व चित्रित अंश' का अधिपथ बन सकता है यद्यपि रिक्तता संस्कृत है। भारतीय साहित्य का भविष्य एक ऐसी 'आधारभूत रिक्तता' है, एक 'अनागत' जो कि नया आवास है, हमारी यायावरी का 'स्वगृह' और शायद 'निराश्रित।'

भारतीय संस्कृति के पूर्व-आधुनिक तथा उत्तर-आधुनिक काल को कल्पनाशीलता से आज एक ऐसे दर्शनीय बिन्दु से देखा जा सकता है जिसकी अवस्थिति उन्नीसवीं शती के प्रारम्भिक वर्षों में थी। इस प्रकार देखा गया पूर्व-आधुनिक काल भारतीय इतिहास के 'काल-पट' का 'पूर्व चित्रितांश' है, जो कि उत्तर-आधुनिक काल की डेढ़ शती के साथ ही सम्भवत: 'अचित्रितांश' के रूप में उपलब्ध होता है। यह हमारा

'अचित्रितांश' अपनी काल्पनिक टिकान या ऊँचे आसन से उत्तर-आधुनिक काल सम्बन्धी परिष्कृत अनभिज्ञता सहित, हमें उपलब्ध है। हम स्वयं को विभिन्न प्रकार से भ्रमित कर सकते हैं। पहले से ही चित्रित भाग का अर्थ हमें उस अपने चुने हुए काल्पनिक प्रेक्षण-स्तम्भ (observation-post) से बिलकुल स्पष्ट-सा लगेगा। परन्तु इक्कीसवीं शती के प्रारम्भिक वर्षों के वास्तविक प्रेक्षण-स्तम्भ से हमें यह भान होता है कि किस प्रकार आकारों, रंगों तथा दशकों पर चित्रित बुनावट से वह अर्थ परिवर्तित हो चुका है, जिसने पूर्व-आधुनिक काल का ऐतिहासिक रूप से अनुसरण किया था।

गुजराती से अनुवाद : प्रेम कपूर

आलेख का रचना-वर्ष : २००१

सीमा पार के मेरे स्वजन
विश्व कविता के बारे में कुछ स्थानीय बातें

क

विश्व साहित्य के साथ मेरा पहला अनुबन्ध किशोर अवस्था में ही गुजराती द्वारा हुआ, मेरी मातृभाषा द्वारा, इसी कारण वो सम्बन्ध घरेलू-सा बना रहा, आज तक, न कि मेरे निजीपन पर हावी होता हुआ। विश्व कविता मेरे लिये पहले कविता बनी रही, (अभिनव रूपों में भी सदैव आत्मीय), केवल गौण रूप से वैश्विक या परदेसी।

फिर भी वैश्विक और विदेशी के बीच कोई भेद रहे-न-रहे ऐसा तो मेरे कैशोर्य का वो समय (१९४७-५७) था नहीं, (शायद कोई भी समय नहीं होता) सो, जिसे मैं मातृभाषा द्वारा आयी हुई केवल वैश्विक कविता (और साहित्य) समझता था, उसमें से कुछ सत्ताकांक्षी या धनाकांक्षी परिबलों के साधनरूप वाङ्मय रचनाएँ भी थीं, ऐसा मुझे बाद में लगा।

और आज, इक्कीसवीं शताब्दी में स्थानीय और वैश्विक का सम्बन्ध कुछ नया ही बना दिखायी देता है। हर लोकालिटी की एक से अधिक कई सीमा रेखाएँ खींची रहती हैं और अतिक्रान्त होती रहती हैं। ऐसे में विश्व कविता का तीसरा आयाम सामने आने लगा है। इस लघु निबन्ध में विश्व कविता के साथ मेरे बदलते सम्बन्धों के तीनों परिणामों की, कोई चीनी चित्रकला में हो ऐसी मिनिमम, अल्पातिअल्प रेखाओं वाली सूचक छवि दे सकूँगा।

पूरी स्कूली पढ़ाई के दरम्यान गुजराती में ही विश्वभर का बाल और किशोर साहित्य पढ़ता रहा : गुलिवर के सफ़र, जूल वर्न की यूरोपीय विज्ञान कथाएँ, अफ्रीका के जंगलों का राजा टार्ज़न, मार्क ट्वेन की मिसीसिपी, डिटेक्टिव बहादुर शेर्लोक होम्स, अरेबियन नाइट्स, ईसप की ग्रीक नीति कथाएँ एवं हितोपदेश, पंचतन्त्र, साथ ही टॉल्सटॉय, टैगोर और शेक्सपियर की कृतियों की सरल प्रस्तुतियाँ। बहुत कुछ गुजराती में पढ़ने को मिला, बचपन में ही, भले ही कुछ बचपने में। मानो माँ के पास सुनते हों (न कि टीचर के पास) ऐसा अपनापन गुजराती भाषा ने विश्व साहित्य की सामग्री को दिलाया। कोई कमी नहीं महसूस हुई, अँग्रेज़ी ज़ुबान तो बाद में सीखी, हाईस्कूल में थोड़ी-सी, बाद में ठीकठाक की यूनिवर्सिटी में जाकर।

तब जाकर अनुबन्ध अँग्रेज़ी द्वारा होना भी शुरू हुआ। बहुत-सी अँग्रेज़ी कविता मूल में पढ़ी और अच्छे अँग्रेज़ी अनुवाद में फ्रेंच, जर्मन, स्पेनिश कविता : बोदले'र, मलार्मे, वालेरी, रिल्के, होल्डरलिन, लोर्का, नेरुदा, पाज़। उन्नीसवी शताब्दी के मेरे पूर्वज गुजराती कवियों 'गोल्डन ट्रेझरी' में जिस चाव से कीट्स, शेली, बायरन, वर्ड्सवर्थ पढ़ते थे, उसी चाव से हम येट्स, एलियट, ओडेन, बाद में व्हिटमन, गिन्स्बर्ग पढ़ने लगे! होमर, दांते, ग्युअथे (मेरे कॉलेज-काल की प्रिय त्रिपुटी) का अध्ययन किया। १९७२ में तो इयोनेस्को के नये फ्रेंच नाटक, 'माकबेट' का गुजराती अनुवाद, पेरिस में साल भर रहकर, प्रयोग एकाधिक बार देखकर, सीधा गुजराती में मैंने किया—उसका अँग्रेज़ी अनुवाद होने से पहले।

उससे पहले, स्नातकोत्तर कक्षा में १९६० के दशक में संस्कृत-अपभ्रंश पढ़ा। जैनाचार्य हेमचन्द्र वाले दोहे, बाद नाथ-सिद्ध-बौद्ध चर्यापद के दोहे और आपस में 'कविता यानी क्या?' के बड़े विवाद भी करने लगा। जब विश्व एक-नीड़ बन जाता है, तब वो भीड़भाड़ वाले घोंसले में पंछियों का कितना कोलाहल मचता है, और आपसी तकरारें, उसकी बात उपनिषदों में कहाँ कही गयी हैं?

विश्व कविता के मेरे परिचय की शुरुआत ही अँग्रेज़ी से हुई होती तो, आई फीयर, बात कुछ अलग ही बनती...।

ख

फिर वह भी सच है कि विश्व कविता तक मेरा पहुँचना और कुछ अलग तरह की विश्व कविता का दूसरे रास्तों से, बिना मेरी इज़ाज़त, छद्म-वेश धर मेरे घर में घुस आना, दोनों माध्यमिक स्कूली बरसों से शुरू हो गया था, स्कूलों में उन दिनों (१९४७-५७ ईस्वी) जो पढ़ाया जाता था वो गुजराती साहित्य भी अपना 'वैयक्तिक' (अभिव्यक्तिपरक) इतिहास रखता था। १८२० ईस्वी से कॉलोनिअल शासन गुजरात में फैलने लगा, 'इंग्लिश एजुकेशन' शुरू हुई। १८५० के बाद के दशकों की गुजराती कविता के भीतर से, मानो उसे ट्रोजन हॉर्स बनाकर, एक प्रकार की 'विश्व' कविता गुजरात में आ गयी। १९४७ के बाद भी वो ही मेरे स्कूल में मेरे तक आ ही गयी थी, (आज कुछ नये सुधार हैं, घोड़ा नया-सा है, खेल वही है,) उसे 'शासक-विश्व-कविता' कह सकते हैं।

एक उदाहरण लें : भारत की भाषा में चन्द्र पुल्लिंग नाम है, मेरे बचपन की दुनिया में तो वह चन्दामामा था। लेकिन अँग्रेज़ी शासकों की भाषा में मून स्त्रीलिंग नाम है, सो, कीट्स-शैली-वर्ड्स्वर्थ की कविता, जब गुप्त मार्ग से मेरी शाला में आ गयी, तब हमारे कविवर नानालाल, कान्त आदि मेरे प्रिय कवियों की कविता में भी चन्द्र ने लिंग परिवर्तन करा लिया, वो 'चन्द्री' बन गया; जैसे, नानालाल की अद्‌भुत काव्य पंक्ति :

> 'चन्द्री ऐ अमृत मोकल्यां रे, बहेन!
> फुलडांकटोरी गूथी लाव, जगमालणी, रे बहेन!
> अमृत अंजलीमां नहि झीलुं रे बहेन!

भारतीय कविता में कुछ डालने के बाद ही वो विश्व कविता बन सके, ऐसा कोई ख़याल उस 'शासक विश्व कविता' में प्रकट-अप्रकट था। मानो भारतीय कविता नामक कोई अल्प-रूपा नारी, रंगीन ट्यूब लाइट से 'विश्व' ऐसा जिसके दरवाज़े पर लिखा है, वैसे कोई ब्यूटी पार्लर में जाय, क्षतिपूर्ति के लिए। तभी वो 'विश्व कविता' बन सके।

दूसरे प्रकार की 'विश्व कविता', जिसे हम 'प्रजासत्ताक विश्व कविता' कह सकते हैं वो हमारी बुलायी गयी होती है, या हम उसे ढूँढ़-ढूँढ़कर पूरी पृथ्वी पर से हमारे घर ले आते हैं, पूरे यूरोप-अमेरिका, अफ़्रीका-

एशिया, कोरिया, जापान, यूएसएसआर, चीन हम चाहें वहाँ से। वह कविता अपने घर में भी अनजान-सी थी, जैसे नरसिंह मेहता अपने गुजरात में और तुकाराम अपने महाराष्ट्र में अजनबी से थे, और उस अजनबीपन की कविता लिखते थे। (हरिजन वास में जाकर : गिरि तळेटी ने कुण्ड दामोदर या कारागार में जाकर : हार समेनां पदो) वैसे ही बोदले'र पेरिस में अनजाने थे। गिन्सबर्ग अमेरिका के विचिट्रा में, पास्तरनाक सोवियत यूनियन में। दशकों पूर्व अमेरिका की एक यूनिवर्सिटी में स्नातक कक्षा का मेरा शोध निबन्ध गिन्सबर्ग की कविता पर था। भुज-बड़ौदा की शालाओं में 'शासक विश्व कविता'— ने मेरे हाथों में जो पराया-सा कुछ रख दिया था, उसे ब्लूमिंग्टन, इण्डियाना में 'प्रजासत्ताक विश्व कविता' को डिस्पोजल के लिये दे दिया।

कुछ साल पहले सोल जाना हुआ, तो कोरियाई कवि-आलोचकों की वाणी में रवीन्द्रनाथ ज़िन्दा दिखायी दिये। मास्को से लेट्विया के रीगा तक प्रेमचन्द, राहुल सांकृत्यायन, उमाशंकर जोशी, सुभाष मुखोपाध्याय और भी भारतीय लेखकों (भले राज कपूर से थोड़ा कम, तो भी पूरे सम्मान के साथ) की सहृदय-स्मृति में उपस्थित थे, ऐसा वहाँ जाकर मैंने देखा है। चिनुआ अशेबे के साथ क़रीब से सप्ताह भर बर्लिन में रहना हुआ। नाइजीरियन गुजराती समाज के लिये उनके उदार दिल में स्थान था; ईस्ट अफ्रीकन गुजरातियों के बारे में दो बातें अशेबे से मैंने जानीं। मतलब ये कि विश्व कविता या विश्व साहित्य केवल इम्पोर्ट की (या स्मगलिंग की) बात नहीं है, एक्सपोर्ट की, बेहतर, सांझा चूल्हे की, सह नौ भुनक्तु—की बात है।

स्कूल के बरस तो निर्दोष थे। तब तो इतना भी पता नहीं चलता था कि जिसका आनन्द हम उठा रहे हैं अथवा जो 'मैं तेरा मेहमान' कह आ जाती है वो 'विश्व कविता' है। हम तो उसे केवल मानकर ही पढ़ते रहे। मानो कॉंटेक्स्ट बिना टेक्स्ट! संस्कृत का भी वो ही हाल। कालिदास का मेघदूत, जो मैंने कीलाभाई घनश्याम नामक अनुवादक के सरल समश्लोकी अनुवाद में, मूल पाठ के साथ पढ़ा, शालान्त वर्षों में, मानो वह मेरी अपनी अर्ली इरोटिका की कविता बन गयी थी—न संस्कृत, न गुजराती, न वैश्विक,

सिर्फ़ प्राइवेट, माताजी पास आयीं तो भीतरी लज्जा से किताब बन्द।

बाद में आहिस्ते-आहिस्ते दो बातों का पता चला : एक, कि विश्वतः, यानी कि चारों ओर से, कई सीमाओं, कई रीत से पार करती हुई कई तरह की कविता कई उद्देश्यों से हमारे पास आती है। वो सीमाएँ लाँघने के कई तरीक़े अच्छे होते हैं, लेकिन सब नहीं। दूसरी बात यह कि इस दोनों तरह से आने वाली चीज़ें खेत में से आकर मण्डी में जाने वाले अनाज जैसी नहीं होतीं। वो तो कहीं से उड़कर आ गये बीज जैसी, या ख़रीदकर लाये गये 'बीयारण' की तरह होती है, और उसे पहले से तैयार किये गये हमारे खेतों की मिट्टी में बोया जाता है। बाद में वहाँ 'हमारी' नयी फसल लहराती है। उसमें जो धान्य दिखायी देता है वो हमारा ही होता है, पर कुछ नया-सा, जाना-सा-अनजाना-सा। नयेपन वाली हमारी ही (गुजराती, हिन्दी, बाङ्ला आदि) नयी कविता नयी ॠतु में लहराती है, तो अच्छा लगता है। वहीं ऐसे पौधे भी हमारे खेतों में दिखायी देते हैं जो खेत को और फसल को नुकसान पहुँचा सकें, उसे खदेड़ न दें तो खेत उजड़ सकते हैं।

ऐसा हम न समझें कि संस्थानवादी सत्ता के शासन का समय १९४७ से समाप्त हो चुका है।

ग

कुछ वर्ष पहले मैं लोर्का के गीतों और गीत-कथाओं का गुजराती अनुवाद, जे.एल. गिल के अँग्रेज़ी अनुवाद की सहायता से, करने लगा। 'सॉन्ग ऑफ़ द वीदर्ड ऑरेन्ज ट्री' पढ़ा। 'लेनादोर, कोर्तामे ला सोम्ब्रा', 'वुडकटर, कट माय शेडो', मैं कुछ कहूँ उससे पहले मानो लोर्का गुजराती में बोल उठा : 'कठीयारा रे, मारो पडछायो वाढी नाख', और मानो, तत्क्षण स्पेन ग़ायब, इंग्लैण्ड ग़ायब, गुजरात ग़ायब।—मेरी मातृभाषा गुजरात के प्रदेश की ही भाषा न रही। केवल कोई वेदना—कन्या की माता बन गयी। तब मुझे महसूस हुआ कि जब विश्व कविता सचमुच मेरे पास आती है तब उसके पास केवल कविता को रहने की जगह से अतिरिक्त तिल भर भी जगह किसी और के रहने के लिये शेष नहीं रहती। मेरे लिये भी नहीं।

उसी समय, मानो, नेरुदा, मिस्त्राल, आख्मातोवा, सेंघोर, सेफेरिस, पावेज़, पास्तरनाक के जिवागो—कई-कई लोग मेरे पास आकर मेरी अनुवाद-पोथी में झाँकने लगे। इतनी खुली जगह यहीं पड़ी थी, इन सबों के लिए, मेरी समझ में आया।

ऐसे *अणोरणीयान् महतो महीयान्* काव्य विश्व या विश्व कविता की ओर जाने के मार्ग भी कैसे-कैसे मिलकर ही रहते हैं, मिलते ही जाते हैं, हम देखते रह जाते हैं। किशोर अवस्था में बम्बई यूनिवर्सिटी के मुख्य ग्रन्थपाल श्री मार्शल नये विद्यार्थी को कार्ड केटलॉग के सामने खोया हुआ देख, पास आ के समझाते थे, तो हमारे जैसे विनयन के विद्यार्थी के लिये काव्य विश्व का पहला दरवाज़ा खुलता था। फ्लोरा फाउंटेन पास के 'स्ट्रेंड बुक स्टॉल' के श्री शानबाग तो हम जैसे 'अभिनव दांते' के पुराने वर्जिल थे, पुस्तक—पेरेडीजो की ओर जाने के लम्बे मार्ग के रहबर थे। वैसे ही थे पॉप्युलर प्रकाशन के सदानन्द भटकल, जिन्होंने १९६० के दशक में 'इण्डियन राइटिंग टु डे' नामक पत्रिका का सम्पादन किया था और उस समय के नव-युवा लेखकों को सम्पादक-मण्डल में आमन्त्रित किया था। पहले पायदान पर जो हाथ थामे, रास्ता दिखाये, द्वार खोल दे, ऐसे रहबर आज के युवा भारतीयों को मिलें तो कल की 'प्रजासत्ताक विश्व कविता' हमारी बन सकती है!

मेरे पहले कविता-संग्रह का नाम मैंने ओडिस्युसनुं हलेसुं (हलेसुं : नाव चलाने का डाण्ड, चम्पू) रखा, जिसमें होमर के नायक को सागर देव पोसायडन के दिये शाप का सन्दर्भ है। होमर का काव्य-विश्व हमें मर्मज्ञ कम्पेरेटिस्ट, मेरे प्रोफ़ेसर न्यूटन स्टाल्कनेश्ट, जो पुरानी ग्रीक भाषा के भी विद्वान थे, उन्होंने दिखाया। अभी-अभी, पिछले दशक में संस्कृत के प्रकाण्ड और रसज्ञ पण्डित एवं दक्षिण एशियाई वाङ्मय तथा साहित्य के, बल्कि लिटररी कल्चर के दृष्टि-सम्पन्न आलोचक प्रोफ़ेसर शेल्डन पोलोक (जो उम्र में मुझसे काफ़ी छोटे हैं) की सन्निधि में भारतीय काव्य-विश्व के कुछ ऐसे पहलू, कुछ ऐसी गहराइयाँ देखने को मिलीं, जो साहित्य संस्कृति विषयक मेरी समझ को आलोकित कर गयीं।

भाषा की बात आती है तो मेरी मातृभक्ति मेरे घर के भीतर ही बनाये मेरे

गृह–मन्दिर में स्थापित मेरी मातृभाषा, व्यवहार भाषा, गुजराती के चरणों में जा ढलती है, लेकिन कविता की (न केवल विश्व कविता की) बात आती है तो मैं मानो थोड़ा चलकर मेरे ही गाँव के परिसर में बने एक अन्य मन्दिर तक पहुँचता हूँ। वहाँ सप्त मातृकाओं का स्थानक है, मेरी काव्य-प्रेरित मातृभक्ति की नदी सप्तसिन्धु की तरह उन सप्त मातृकाओं को पखारने लगती है। मेरी जननी माता के मानो सात स्वरूप, पुराण–प्रसिद्ध सातों माताएँ समान भाव से, भले ही विविध तरह से, मेरा दुलार करती हैं, कहते हैं सातों माताओं से पला बालक बड़ा सशक्त और चालाक बनता है। मैंने अभी आशा नहीं छोड़ी। जब हम जगत भर की कविता पढ़ते हैं, तब हम देख सकते हैं कि हर एक भाषा, जब वह काव्य–भाषा बनती है, सप्त मातृका के स्थानक में स्थान ग्रहण करती है और कविता पढ़ने वाले सभी का समान भाव से लालन–पालन करती है, वहाँ उच्चावचता नहीं है, सातों मूर्तियों का क़द समान है, स्थान–मूलक कविता और विश्व कविता इस स्थानक में हमारी मातृका के रूप में हमें समानता से प्यारी लगती है और समानता से वो भी हमें दुलार करती है।

यही है लोकेशन ऑफ़ लैंग्वेज ऑफ़ पोएट्री, यह स्थानक या लोकेशन से बाहर, उच्चावचता बताता हुआ जो मार्केट प्लेस है, वहाँ बख़ूबी सजाया गया माल जो है, वो चाहे पॉप्युलर, बेस्ट–सेलर, बुकर–वुकर लिटरेचर हो सकता है, मेरे लिये वो विश्व साहित्य नहीं है। मेरा विश्व अलग है, उसका काव्यार्थ अलग है। उसका अर्थ कौटिल्य के अर्थशास्त्र का अर्थ नहीं है, न तो इकोनॉमिक, न पोलिटिकल, एक या दूसरी राजकीय विचारसरणी का मण्डन या खण्डन करने वाली प्रभावक वाङ्मय–रचना इसी प्रभाव के कारण विश्व कविता मेरे लिये नहीं बनती।

मेरे विश्व का अर्थ आनन्दवर्धन के ध्वन्यालोक का अर्थ है, जहाँ वाणी अपनी ही अभिधा से आगे जाकर अपरिमित व्यंजनालोक में जा पहुँचती है। कविता मात्र अपने मूल के स्थलकाल में उत्पन्न होकर, अपने भूगोल–इतिहास में पलकर, एक अपरिमित परिणाम अपने में पैदा कर सकती है। यह सामर्थ्य जिसमें हो वह कविता है। उसी का एक प्रकार, सो विश्व कविता। अभिनव–कौटिल्यों का और अभिनव अर्थशास्त्रों का शासन भले

ही मेरे कुछ समकालीन कवि-बन्धुओं पर (कहानीकारों पर) चले, मुझे मेरा स्वातन्त्र्य चाहिए, गुमनामी सहकर भी।

मूल हिन्दी भाषा में लिखा गया आलेख

आलेख का रचना-वर्ष : २०१३

तुलनात्मक साहित्य
साहित्य वृक्ष की गहरी जड़ों के साथ-साथ

तुलनात्मक साहित्य
साहित्य वृक्ष की गहरी जड़ों के साथ-साथ

१

'हम अजनबी कब तक रहेंगे कहो तुम्हारे घर में?' कवि रावजी की इस छोटी-सी पंक्ति में तुलनात्मक साहित्य के पूरे मर्म की गूँज सुनायी पड़ती है। कविवर नानालाल कथित 'छोटे-से घर, छोटी-सी गली' मनुष्य के जीवन की सुरक्षा के लिये बनाये गये हैं। ठीक है; लेकिन मनुष्य केवल सुरक्षित होता तो वह सही अर्थ में 'मनुष्य' नहीं होता। मनुष्यता का दूसरा नाम साहसिकता है। 'चरण चलते रहते हैं' इसलिए मनुष्य मनुष्य बना है। ज्ञानसम्पन्न इन्द्र ने ब्रह्मजिज्ञासु रोहित को 'चरैवेति' का सूचन किया था। मनुष्य शरीर से और मन से भ्रमणशील है। ओडिस्युस हो या राम, उनके साहसपूर्ण सफ़रों के अहवाल को मनुष्य-जाति महाकाव्य मानती है। 'घर त्याग कर जाने वाले को/ मिलती है विश्व की विशालता; पीछे अकेले रह जाने वाले को/नष्ट करती है घर की शून्यता।' ऐसा कहने वाला कवि, राजेन्द्र शाह प्रवास और निवास के सम्बन्ध को उजागर करता है। इस तरह एकाधिक बार घर का अन्तेवासी होकर, विश्व की विशालता प्राप्त कर, अपनी विस्तरणशील आत्मीयता का अहवाल प्रस्तुत करने के लिये कोई भावक तत्पर हो, तब तुलनात्मक साहित्य का आदिस्त्रोत, पत्थर फाड़कर, प्रगट होता है।

किन्तु प्रश्न आलेखन का है। निबन्ध लिखना कोई जैसी-वैसी बात नहीं है; आद्य निबन्धकार नर्मद का यह निरीक्षण 'डिस्कोर्स' के गम्भीर प्रश्न

तक जाने के लिये प्रेरित करता है। 'वर्ल्ड लिटरेचर' और 'जनरल लिटरेचर' जैसी भावनाओं और विभावनाओं से आगे अगर रुक नहीं जाना हो, 'तुलनात्मक साहित्य' के सही साहस तक आगे बढ़ना हो, तो उसके साथ संकलित आलेखन के कई प्रश्नों को पर्याप्त गम्भीरता से समझने होंगे। 'कतिपय करमों के बारे में' साहसी कवि नर्मद ने कहा है, इस तरह 'शिथिलता नहीं चलेगी'।

२

सर्वप्रथम तो 'तुलनात्मक साहित्य' का 'विश्व साहित्य' के साथ क्या सम्बन्ध है, इस भूमिका पर उसकी समीक्षा होनी चाहिए। 'विश्व-साहित्य' के बारे में चर्चा करने की दो पद्धतियाँ हैं : ग्युअथे की और रवीन्द्रनाथ की। उन्नीसवीं शती के पूर्वार्द्ध में यूरोप में जो जगतव्यापक महासाहस चल रहा था, इसके सन्दर्भ से जर्मनी सर्जक ग्युअथे केवल मुक्त हो, यह मानना एक भोलापन है। यूरोप विश्वविजेता बनने के लिये निकला था और आक्रान्त इतरजन के प्रति आक्रमक विजेता जिस ढंग से देखें, उस ढंग से देखने के लिये विवश था। इस अभिगम की चर्चा अफ्रीका के समर्थ लेखक लिओपोल्ड संघोर ने सुन्दर ढंग से प्रस्तुत की है। सेंघोर की युवावस्था की में उनके एक शिक्षक एक फ्रेंच साहब थे। वे इस नीग्रो युवक को 'सुधारना' चाहते थे, शुभेच्छापूर्वक सुधारना चाहते थे। अतः जैसे कि सिंघोर लिखता है :

> The Reverend Director...never stopped repeating to us : that our ancestors had not created a civilization. (देखिए : Comparative Literary Studies : An Introduction. By S.S. Prawer.)

अगर ये रेवरंड डीरेक्टर यदि संस्थानवादी यूरोप के नियुक्त साहब थे, तो कवि ग्युअथे (और अन्य कई विद्वान) इसी संस्कृति के अपवाद रूप वैकल्पिक मनुष्य थे। वे उस अहंकारी और अत्याचारी को बदल नहीं सकते थे; बल्कि उसका जी-जान से विरोध भी नहीं कर सकते थे। लेकिन सहृदय और विचारशील होने के कारण ऐसी संस्कृति में कुछ अस्वस्थ रहते थे। अतः यूरोप से बाहर रहने वाली मानव-जाति ने जो

कुछ सर्जन किया था, उसके प्रति केवल आदरभाव से ही नहीं, कई बार स्वप्निल भाव से देखते थे। इस मुद्दे को स्पष्ट करेंगे : एक आधुनिक सुज्ञ गुजराती भावक जब लाभशंकर ठाकर की कविता पढ़ रहा हो तब कवि की समग्र सर्जकता को उसके यथा शक्य सन्दर्भों में जानने-समझने का आग्रह रखेगा। लेकिन यह भावक रिल्के, बोदलोर और येट्स की कविता पढ़ रहा हो तब जर्मनी, फ्रांस या आयर्लैण्ड के बारे में, यूरोप के इतिहास के सोपान के बारे में या इन तीनों की अपनी परम्पराओं के बारे में कुछ जानता हो या कुछ न भी जानता हो। हो सकता है थोड़ा-बहुत जानता हो, विशेष न जानता हो। जर्मनी या फ्रेंच भाषा से अपरिचित गुजराती विवेचकों ने रिल्के और बोदलोर के बारे में 'कृतिनिष्ठ' विवेचन किया है। ये और ऐसे कई प्रयत्नों से गुजरात मानो कि एक तरह से 'जगतसाहित्य' के साथ संलग्न हुआ। इसके पूर्व, कवि नानालाल ने 'जगत्कादम्बरियों में "सरस्वतीचन्द्र" का स्थान' निश्चित कराते समय भी इन्होंने कौन-कौन-सी जगत्कादम्बरियों का अध्ययन किया और तत् कृतियों की कितनी तफ़सील की यह संशोधन का विषय है। हमारे इन दो दृष्टान्त पर से हम ग्युअथे (और उस कक्षा के अन्य) यूरोपीय चिन्तकों का अ-यूरोपीय सर्जकों के साहित्य के प्रति अभिगम केवल आदरभाव से ही नहीं, किन्तु स्वप्निलभाव से युक्त कैसा होगा, इसे कुछ समझ सकते हैं।

इस तरह तुलनात्मक साहित्य स्वप्निल न हो, यह प्रथम शर्त है। फ्रेंच पण्डित एफ. बाल्डेनश्पर्गर साहित्य के तुलनात्मक अध्ययन के लिये दो बातें आवश्यक मानते हैं : 'उन्य रांकोन्त्र रेआल' अर्थात् 'वास्तविक सम्पर्क' तथा इसके द्वारा रचित 'उन्य देपोंदास' अर्थात् 'अवलम्बन'। 'तुलनात्मक साहित्य में की जाने वाली तुलना के मूल में दो भाषा-साहित्य के बीच 'रियल एनकाउंटर' और 'डिपेंडन्स' होना चाहिए, ऐसा आग्रह ऐसी शर्त है। स्वप्न की भाषा और वास्तविक सम्पर्क की जानकारी प्रस्तुत करने की भाषा अलग होती है। इस दूसरी भाषा में तुलनात्मक साहित्य का आलेखन होना चाहिए।

लेकिन 'सम्पर्क' का क्षेत्रफल कितना व्यापक हो सकता है? कितना सीमित? —यह प्रश्न 'यूरो-सेंट्रिक' पद्धति 'यूरोप-केन्द्रित' तुलनात्मकता की समस्या को उजागर करता है। उनके भी 'छोटे से घर, छोटी-सी गली' होती है।

रने वेलेक मूल पूर्व यूरोप के निवासी थे। बाद में वे अमेरिका में रहने लगे और येल यूनिवर्सिटी में प्रोफ़ेसर बने। आज जिसे 'वेस्टर्न वर्ल्ड' कहते हैं, उसमें वे अमेरिकन सम्बन्ध से पूरी तरह जुड़ गये, लेकिन वेलेक जन्म से पूर्व यूरोप के वतनी थे अर्थात् 'पाश्चात्य संस्कृति' में पूरी तरह एकरूप नहीं हुए थे। ऐसे प्रोफ़ेसर वेलेक आज तो तुलनात्मक साहित्य के अमेरिकी पाठ्यक्रमों में भारतीय या एशियाई या आफ्रो-एशियाई साहित्य को स्थान देने के लिये विशेष उत्साहित नहीं हैं। किन्तु पूर्व यूरोप और 'पाश्चात्य जगत' के बीच भेदरेखा से वेलेक साहब अज्ञात हो, यह कैसे हो सकता है ? इस परिस्थिति में तुलनात्मक साहित्य के 'डिस्कोर्स' की एक समस्या आज पाश्चात्य विश्वविद्यालयों में पैदा हुई है।

इसीलिए विश्वसाहित्य की ग्युअथे की विभावना पर वेलेक की सोचने की पद्धति हमारे लिये रसप्रद है। सन् १८२७ में जब ग्युअथे ने 'विश्वसाहित्य' (Weltliteratur) संज्ञा का प्रयोग किया तब 'He was thinking of a single unified World Literature in which differences between the individual Literature would disappear, though he knew that this would be quite remote' [यानि कि तब वैयक्तिक (भाषा-विशेष) साहित्यों का जिसमें शमन होगा, ऐसे एकमात्र एवं संयुक्त विश्वसाहित्य का ग्युअथे विभावन करते थे—यद्यपि वे जानते थे कि ये सम्भावनाएँ बहुत कठिन थीं]—ऐसा उल्लेख वेलेक करता है।

यह कबूल कि तुलनात्मक साहित्य ऐसी स्वप्निलता और झंखना का शास्त्र नहीं है। लेकिन तो क्या यह केवल पाश्चात्य विश्व (West) के साहित्यों के आन्तरसम्बन्धों का मर्यादित आलेखन है ?

अलबत्ता ग्युअथे संस्कृत और इरानी-अरबस्तानी कृतियों पर प्रसन्न थे। 'कम्पेरेटिव लिटररी स्टडीज़ : एन इण्ट्रोडक्शन' इस पुस्तक के लेखक प्रो. प्रोवर ग्युअथे की विश्वसाहित्य की विभावना को महत्त्वपूर्ण मानते हैं और लिखते हैं :

> Weltliterature in Goethe's sense, is clearly related to Comparative Literature and may lead comparatists to ask many of their most interesting questions. (P. 5)

लेकिन ग्युअथे की विभावना को, तत्कालीन यूरोप का, विश्व के अन्य देशों के साथ सम्बन्ध को ऐतिहासिक दृष्टि से बिना समझे, साहित्य को

तुलनात्मक अध्ययन के मूल में रखने पर कठिनाइयाँ खड़ी होना सम्भव है।

रवीन्द्रनाथ का मूलस्त्रोत उपनिषद् का आध्यात्मिक मानववाद है। 'यत्र विश्वम् भवत्येकनीडम्' यह आदर्श उनको प्रेरित करता है। जगत के साहित्य में जो कुछ विभूतिमत् है, उसका अध्ययन राष्ट्रवाद के संकुचित वर्तुल से बाहर निकलकर होना चाहिए, यह उन्हें अभिप्रेत है। इससे समझा जा सकता है कि उनका यह अभिगम और विश्व की (रवीन्द्रनाथ के लिये मुख्यत: भारत, कुछ अंश में चीन, जापान आदि; विशेषत: पश्चिम यूरोप, कुछ अंश में दक्षिण अमेरिका–उत्तर अमेरिका की) प्रशिष्ट कृतियों के प्रति उनका आकर्षण रवीन्द्रनाथ को व्यापकता की ओर ले जाता है।

लेकिन 'विश्व' : यह पदार्थ अपने आप में सुरक्षित रखने योग्य है; यह दो अर्थों में : एक, यह सचमुच ग्युअथे और रवीन्द्रनाथ जैसे दृष्टाओं की मनीषा अनुसार हिफ़ाज़त करने लायक विभावना है। दूसरा, मनुष्यचित्त की तमाम क्षमताओं का आह्वान करने वाली, अनेक रूप से और अनेक अंशों में चित्त की पकड़ से छटककर प्रवंचना करने वाली एक संकुल सत्ता (सत्ता) है। 'मानवीय विश्व' के अर्थ में भी तथा 'साहित्यिक विश्व' के अर्थ में भी सावधान रहने योग्य संकुलता है। अगर उसका जतन करना चाहते हैं तो उसे समझने के लिये जो साधन हैं, उनका सर्जन करते समय अत्यन्त सावधान रहना चाहिए। 'विश्वसाहित्य' को 'तुलनात्मक साहित्य' के साथ कुछ विशेष उत्साहपूर्वक जोड़ने का अभिगम गुजरात में है। अन्य संस्कृतियों की (या भारत की अन्य भाषाओं की) 'महान' कृतियों की गुजराती कृतियों के साथ तुलना उत्साहपूर्वक करने की प्रथा हमारे यहाँ है। ऐसी 'महान' कृतियों की (अधिकांशत: अँग्रेज़ी अनुवाद द्वारा और अल्प सन्दर्भ द्वारा) स्तुति कर, उसके बहाने हमारी अपनी कृतियों के बारे में असंतोष प्रगट करने की प्रथा भी उतनी ही प्रसिद्ध है। इन दोनों अभिगमों को 'तुलनात्मक साहित्य' की संज्ञा देने की चेष्टा हो रही है। इसके जोख़िम समझने होंगे।

३

फ्रांस में तुलनात्मक साहित्य की सुदृढ़ परिभाषा हुई। इस परिभाषा की

भूमिका स्पष्ट थी, अतः उसका बन्ध दृढ़ हुआ। यह भूमिका अर्थात् साहित्य के इतिहास की फ्रेंच परम्परा में प्रस्थापित स्पष्ट विभावना।

साहित्य का इतिहास क्या है ? यह केवल साहित्य की कृतियों में उपलब्ध ऐतिहासिक महत्त्व की सामग्री की सूची नहीं है। गुजरात में अपभ्रंश और पुरानी गुजराती के कुछ विद्वानों ने संशोधन की ऐसी पगडण्डी बनायी थी। इस दिखावे का महत्त्व न तो साहित्यक्षेत्र में था न तो इतिहासक्षेत्र में है।

झ्यां म्हारी काहर्रे (Jean Marrie Carre) तुलनात्मक साहित्य को 'साहित्य के इतिहास की एक शाखा के रूप में देखता है' (डिस्क्रिमिनेशंस, वेलेक पृ.१६), यह उल्लेखनीय है। साहित्य के इतिहास में यह जो क्षमता है, वह साहित्य के आस्वाद के लिये लिखे गये जानकारी के सर्वसंग्रह जैसे नहींवत् मूल्य वाले ग्रन्थों के कारण नहीं है। साहित्य का इतिहास 'साहित्य' का इतिहास है। इतिहास के लिये जानकारी देने वाली साहित्यिक सामग्री की केवल सूची नहीं है। यह बात जब भूल जाते हैं, तब गम्भीर दुर्घटनाएँ घटित होती हैं। किन्तु फ्रेंच तुलनाकारों के मतानुसार जिस साहित्य का इतिहास तुलनात्मक साहित्य की भूमिकारूप है, उसका स्वरूप कैसा है ? उसके डिस्कोर्स की शर्तें क्या हैं ?

रने वेलेक का एक महत्त्वपूर्ण निबन्ध है, 'English Century Histeriography during the Nineteenth Century (Discrimination, P. 143) वह उसमें कुछ प्रश्न पूछता है और कुछ स्पष्टता करता है। इस निबन्ध के सन्दर्भ में उसे देखें। वह लिखते हैं :

> Thus we shall ask questions such as these : Did literary historians recognize the development of literature, its continuity and evolvtion or did they conceive of it merely as a static series of isolated words? If they chose the dynamic conception of change, how was it conceived? Was Literature thought of as completely determined by the social, political, and ideological changes of its background and thus reduced to a reflex of social changes? Or was it conceived of as an evolutionary process on the analogy of biological evolution? If these fundamentally naturalistic conceptions weve rejected, was literature thought of as the expression of some spiritual substratum such as the national mind, or was it described as a self-

evolving dialetic process? As we answer these questions, methodological assumptions begin to show themselves, begin to grow themselves, revealing their philosophical affliations and relationships. An outline of the development of literary histeriography emerges. (P. 143-144)

वेलेक सूचित करता है तद्नुसार

> The central concept of literary histeriography, (a distant from literary scholarship and criticism) is the concept of literary development. (P. 143)

साहित्य का इतिहास न तो साहित्य कृतियों का मीज़ान है और न तो सामाजिक परिवर्तनों के अहवाल की पादटीप है। कृतियों की स्वायत्तता को खण्डित किये बिना कृतियों की पारस्परिकता का आकलन ही कृतियों के सन्दर्भ का प्रस्फुटन कर सकता है, तभी साहित्य का यथार्थ इतिहास सम्भावित हो सकता है। जिस परम्परा में यह भ्रमणा व्यापक हो कि स्वायतत्ता और सन्दर्भ परस्पर विरोधी हैं, उस परम्परा में तुलनात्मक इतिहास असम्भवित है। स्वायत्तता और सन्दर्भ अविनाभाव सम्बन्ध से जुड़े हुए हैं। एक के बिना दूसरा सम्भावित नहीं है, इस प्रकार की स्पष्ट समझ जिस प्रकार साहित्य के इतिहास की बुनियाद है, उसी प्रकार तुलनात्मक साहित्य की पूर्व शर्त है।

सन्दर्भरहित खड़ी महान, प्रशिष्ट कृतियों की सामूहिक प्रशस्ति (तथाकथित विश्वसाहित्य का अध्ययन) तुलनात्मक साहित्य नहीं है। तो दूसरी ओर, कृति के कलातत्त्व को ह्रस्व करने वाला, कोई केवल सामाजिक या धार्मिक या अर्थशास्त्रीय परम्परा के इतिहास के लिये उपयोगी सामग्री साहित्यिक कृतियों से निष्कर्ष निकालने वाला 'संशोधनात्मक' अध्ययन भी तुलनात्मक इतिहास नहीं है।

तुलनात्मक साहित्य तो उस अध्ययन प्रक्रिया का नाम है, जो एकाधिक भाषा की आस्वाद्य साहित्य कृतियों की आस्वादजनक / आस्वादजन्य स्वायत्तता की सुरक्षा करती है और साथ ही प्रत्येक कृति के अपने एवं कृतिसमूह के सामुदायिक सन्दर्भ को प्रस्फुटित करती है। कृति की स्वायत्तता की सीमा का अंकन करना और तत्पश्चात् जिस प्रदेश के सन्दर्भ में यह सीमा अंकित है, उस प्रदेश में जाने के लिये उस सीमा का उल्लंघन

करना; ये दो तुलनात्मक अध्ययन के डिस्कोर्स के दिल की धड़कन हैं।

४

इस प्रकार विचार करने से तुलनात्मक साहित्य के दो मुख्य अभिगम अविरोधी दृष्टिगत होते हैं। इन दो अभिगमों को फ्रेंच अभिगम और अमेरिकन अभिगम की संज्ञा दी गयी है।

हमने यह देखा कि फ्रेंच अभिगम साहित्य के इतिहास की महिमा करता है। कुछ फ्रेंच विद्वानों में हिस्टीरियोग्राफ़ी के आग्रह का अतिरेक दृष्टिगत होता है। 'The criticism of comparison' शीर्षक लेख में ज्होन फ्लेचर व्यंग्यपूर्वक लिखता है तद्नुसार : 'No pedant like o French pedant' (फ्रेंच पोथीपण्डित जैसा पोथीपण्डित दूसरा कोई नहीं।) लेकिन फ्रेंच अभिगम की बुनियाद मज़बूत है। बाल्डेनश्पर्गर साहित्य के तुलनात्मक अध्ययन के लिये 'वास्तविक सम्पर्क' और 'अवलम्बन' (Real contact और इसके द्वारा रचित 'a dependence') को अनिवार्य मानता है। वान टीगहम 'व्यापक/सामान्य साहित्य' अर्थात् 'जनरल लिटरेचर' की विभावना के साथ तुलनात्मक अध्ययन को जोड़ता है। भेदरेखा यही है कि तुलनात्मक साहित्य 'द्विवचनी'; व्यापक साहित्य 'बहुवचनी', अर्थात् दो भाषाओं के साहित्य की पारस्परिकता का अध्ययन यह तुलनात्मक साहित्य, जबकि दो से अधिक भाषा के साहित्यों को जोड़ने वाली हक़ीक़तों का अध्ययन यह सामान्य साहित्य। आर.ए. स्टेयस व्यापक साहित्य को साहित्य पदार्थ के अध्ययन के साथ एकरूप मानता है। उसमें भाषा की सीमाओं की अवगणना है। दूसरी ओर उनके लिये तुलनात्मक साहित्य में 'राष्ट्रीय साहित्य' की विभावना महत्त्वपूर्ण होती है। राष्ट्रीय साहित्य की पारस्परिकता का अध्ययन यही तुलनात्मक साहित्य। इन दो प्रकार से व्यापक साहित्य से तुलनात्मक साहित्य को अलग दर्शाना आवश्यक माना गया, उसका महत्त्व पद्धतिगत है। महत्त्व यह है कि कई बार साहित्य का तत्त्वविचार या साहित्य का कला-विचार इतिहासनिरपेक्ष हो सकता है। लेकिन राष्ट्रीय साहित्य की विभावना और केवल दो भाषाओं के साहित्य पर होने वाला केन्द्रीकरण, साहित्य के इतिहास के अध्ययन की पृष्ठभूमि होगी और इतिहास लेखन के प्रश्न को तुलनात्मक साहित्य के आलेखन के प्रश्न के

साथ स्पष्ट रूप से संकलित करेगा।

इस अभिगम से अमेरिकी अभिगम स्पष्टतः अलग है, किन्तु उसकी भूमिका अन्ततोगत्वा अलग नहीं है। हेनरी रेमाक तुलनात्मक साहित्य को

> the study of literature beyond the confines of one particular country.

इस विकल्प के रूप में और

> the study of the relationship' between literature on the one hand and other areas of knowledge and belief, such as the arts, philosophy, history, the social sciences, the sciences, religion etc. on the other hand. ('Comparative Literature : Method and Perspective' P. 3)

—इस दूसरे विकल्प के रूप में देखता है।

यूरोपीय और आंग्ल परम्पराओं में साहित्य के इतिहास की विभावना जब कुछ स्थगित एवं संकुचित होने लगी तब अमेरिकी परम्परा में रेमाक द्वारा उल्लिखित विकल्प सूचित किया गया।

यह विकल्प यूरोपीय विभावना का अस्वीकार नहीं करता, किन्तु उसे संमार्जित करता है। साहित्यकृति को उसके व्यापक सन्दर्भ में देखना, पास्तरनाक के उपन्यास 'डॉक्टर ज़िवागो' को मार्क्सवाद और रूसी क्रान्ति के सन्दर्भ में देखना, यह क्या साहित्य के इतिहास का निषेध है ? या तो साहित्य के इतिहास को उसकी परिपूर्णता में नयी दृष्टि से देखने का आग्रह है ?

इस अमेरिकी अभिगम का उत्तम आविष्कार प्रो. हेरि लेविन के तुलनात्मक विचार में दृष्टिगत होता है; लेविन मानो सूचित करता है कि साहित्य का इतिहास उत्तरपदप्रधान नहीं, किन्तु पूर्वपद प्रधान विधा है। इसीलिए साहित्य भी केवल 'वास्तविक सम्पर्कों' का रिपोर्ताज़ न बन जाय, यह चिन्ता अमेरिकी तुलनाकारों में दिखायी देती है। लेखकों के बीच पत्राचार, अनुवादों का वर्षानुक्रम, 'रिसेप्शन-इन्फ्लुअन्स' के जप, आस्वादों की उच्छेदक जानकारी का दिखावा—इन सभी लक्षणों से तुलनात्मक अध्ययन ग्रसित होने लगा तब लेविन आदि रसिक तुलनाकारों ने साहित्य के इतिहास में कृति के आस्वाद की महिमा प्रस्थापित की। लेविन कहता है :

> The discipline of Comperative Literature...has tended to form its interest on interrelationship–traditions and movements, the intellectual forces that find their logical termination in isms-rather than on the contemplation of individual masterpieces' (...Contemporary, Criticisms, Stat for-ucon-Avon Studies, 'Contexts of Criticism' P. 121)

लेविन के मतानुसार तुलनात्मक साहित्य की शक्ति आती है

'from its way of looking at all literature a one Organic Process, a continuous and cumulative whole...' वह 'the organic totality of literature itself' पर जोर देता है।

इस तरह ग्युअथे—रवीन्द्रनाथ के प्रति वापसी सफ़र का मानो आरम्भ हो रहा है। लेकिन अब केवल 'महान' ग्रन्थों का अति आदरपूर्ण अध्ययन अभिप्रेत नहीं है। अब केवल शिखर से शिखर दृष्टि की आरती उतारने का पूजा-कर्म अभिप्रेत नहीं है। अब साहित्य की समग्रता को, उनके अनुसन्धान सहित प्राप्त करने का मन्थन शुरू हुआ है। अब न केवल सन्दर्भलुप्त महाग्रन्थों की पूजा, न केवल कलाकृतियों के बीच अंकड़ियाँ ढूँढने का चौकी-कर्म, अब तो तुलनात्मक साहित्य अर्थात् साहित्यकृतियों का सन्दर्भसहित स्वायतत्ता के अनुभव का आनन्द-आलेख!

५

हमारे लिये तुलनात्मक साहित्य का एक विशेष अर्थ है : भारतीय साहित्य। भारत की अनेक भाषाओं में, भूतकाल में और आज, जो साहित्य सर्जन हुआ है और सर्जन हो रहा है, उसका अध्ययन करने की एकमात्र पर्याप्त पद्धति तुलनात्मक साहित्य है। भारतीय भाषाओं के साहित्य परस्पर इस तरह गुम्फित हैं कि इन साहित्य कृतियों का पूर्ण आस्वाद केवल तुलनात्मक अध्ययन द्वारा ही प्राप्त हो सकता है। 'श्रीमद् भागवत्' के अध्ययन बिना नरसिंह या प्रेमानन्द की कृति का पूरा आस्वाद कैसे पा सकते हैं ? और पूरी तरह आत्मसात् किये बिना पूरा आनन्द उठा सकते हैं ? महाश्वेता देवी का उपन्यास 'हाज़ार चुराशीर मा' का अनुवाद तो पढ़ लिया, लेकिन नक्सलवादी आन्दोलन का राजकारण समझे बिना, उस कृति का पूरा

परिचय पा सकते हैं क्या? कृति की स्वायत्तता का अर्थ यह नहीं है कि उसके सन्दर्भ को नज़रअन्दाज़ करके उसका आस्वाद पाना। भारतीय साहित्य की कृतियों को तो उनकी पारस्परिकता में आस्वाद पाना, यही उनकी विशिष्ट स्वायत्तता की विशेषता समझने का एकमात्र उपाय है।

'विवेचनना विविध अभिगमो'—सम्पा. विनायक रावल, १९८९

गुजराती से अनुवाद : तुलसीभाई पटेल

आलेख का रचना-वर्ष : १९८९

सररिआलिज़्म : नागकन्या उलूपी के देश में

सररिआलिज़्म, अर्थात् अस्तिवास्तववाद की एक स्मरणीय परिभाषा आज से लगभग तीस वर्ष पहले मेरे विद्यार्थियों ने बनायी थी। वे विनोद में कहते थे : 'सर, जिसे रिआलिज़्म कहते हैं, यह सरसिआलिज़्म!' इस परिभाषा में एक तत्त्व ऐसा है जो अतिवास्तववाद के एक पहलू के प्रति आबाद इशारा करता है। यह तत्त्व है विनोद। विद्यार्थी के लिये अध्यापक आज्ञाकारक अधिकारी माना जाता है। अब विद्यार्थी को जिस गुरु की कुछ उपेक्षा करनी हो (और सज़ा पाने से भी छटकना हो!) तो एक ही उपाय है : विनोद। हँसते-हँसते कुछ सुना दो तो चल जायेगा। अतिवास्तववाद में ये दोनों बात महत्त्वपूर्ण हैं : 'ओथोरिटी' और उसके प्रति विनोदपूर्ण विरोध।

'ओथोरिटी' अर्थात् नियन्त्रक तन्त्र एवं नियन्त्रक अधिकारी, जो व्यवहार-जगत में होते हैं और मनोजगत में भी होते हैं। उपर्युक्त दृष्टान्त में देखा तद्नुसार व्यवहारजगत में अध्यापक नियन्त्रक है। एक समग्र समाज पर अधिकार ज़माने वाले नियन्त्रकों की कमी कभी नहीं रही। ऐसे छोटे-बड़े अधिकारी, सर्वाधिकारी, मुक्त समाज को अधिकारग्रस्त (ओथोरेटेरिअन रूल्ड) या सर्वांगग्रस्त (टोटेलिटेरिअन रूल्ड) समाज में बदल देते हैं। इसका प्रबल विरोध, विनोदपूर्ण विनोद करना, अतिवास्तववाद का एक लक्षण माना जायेगा।

जैसे नियन्त्रक सत्ता बाह्य जगत में होती है, वैसे मनोजगत में भी अपने मूल रूप में या अंश रूप में होती है। सिग्मण्ड फ्रायड के मनोविश्लेषण द्वारा इस नियन्त्रण तन्त्र का परिचय हुआ। बालक जैसे बड़ा हो जाता है, वैसे उसकी स्वैर इच्छाओं पर माता-पिता की, अन्य बुज़ुर्ग वर्ग की आज्ञाओं का अंकुश आता रहता है। "अब ज़्यादा चॉकलेट नहीं—ठण्डी में आइसक्रीम

नहीं—भाई को सँभाल—पढ़—दूध तो पीना पड़ेगा'' आदि। धीरे-धीरे ये आज्ञाएँ बालक के अपने स्वैरविहारी चित्त का एक हिस्सा हो जाती हैं। कवि वर्ड्स्वर्थ बचपन को यथार्थ रूप में समझने वाले कवि थे। इन्होंने लिखा है तदनुसार, बालक के मन के भीतर धीरे-धीरे एक कारागार की रचना होने लगती है, जो बाद में स्थायी हो जाती है। इस तरह व्यक्ति के चित्त के अन्दर ही एक नियन्त्रण-तन्त्र की रचना हो जाती है, व्यक्ति स्वयं ही अपने पर निषेध थोपता है। इस नियन्त्रण-तन्त्र को फ्रायड 'सुपरईगो' संज्ञा देता है। यह तन्त्र बालक की स्वैर इच्छाओं को, समाज में अ-मान्य इच्छाओं को बलपूर्वक दबा देती हैं। ये दबी हुई, गड़ी हुई इच्छाओं का पुद्गल अर्थात् इड (Id) अथवा अनकोंशयस (unconscious)। स्वप्न, विनोदवृत्ति, 'गलतियाँ'—ये सभी उस 'सुपरईगो' के नियन्त्रण को अस्वीकार करने की युक्तियाँ हैं। अवचेतन या अनकोंशयस अपनी अभिव्यक्ति के लिये नियन्त्रण की चौकी लाँघ कर अपनी इच्छाओं को प्रत्यक्ष नहीं तो परोक्ष रूप से तृप्त करने के लिये ये युक्तियाँ आज़माता है। इस सन्दर्भ में फ्रायड की तीन पुस्तकें पढ़ने योग्य हैं। 'जोक्स एण्ड देयर रिलेशन टु द अनकोंशयस', 'इंटरप्रिटेशन ऑफ़ ड्रीम्स' और 'सिविलाइजेशन एण्ड इट्स डिस्कन्टेण्ट'। अन्तिम पुस्तक मरणोत्तर प्रकाशन है। उपरान्त 'टोटेम एंड टेबू' भी पढ़ने योग्य पुस्तक है। इन पुस्तकों में फ्रायड ने बताया है कि विनोदवृत्ति, स्वप्न और विधिविधान द्वारा अवचेतना अपना इच्छित कार्य करती है। अपनी इच्छाओं को प्रतीकात्मक रूप से सन्तुष्ट करती है। चित्तगत नियन्त्रण-तन्त्र का, सुपरईगो का प्रतिकार करती है।

सररिआलिज़्म का सम्बन्ध इन मनोघटनाओं के साथ भी उतना ही गाढ़ है जितना उस सामाजिक घटना के साथ है। मनुष्य के आन्तरजीवन में तथा उसके समाज-जीवन में जो कुण्ठाएँ, नियन्त्रण तथा उलझनें आती हैं, उन्हें पैदा करने वाली सत्ता के प्रति प्रबल और विनोदपूर्ण प्रतिकार, यह अतिवास्तववादी सर्जकता एक लक्षण है।

तीन संज्ञाओं की चिकित्सा करेंगे : सररिआलिज़्म, सररिआलिस्ट और सररिआलिटी। दो संज्ञाएँ हैं और बीच वाला विशेषण है। प्रथम संज्ञा का असल सम्बन्ध फ्रेंच साहित्य के इतिहास के साथ है। तीसरी संज्ञा में इस 'इज़्म' का मुक्त भविष्य है।

'स्युररेआलिज़्म' (surrealism) संज्ञा फ्रेंच भाषा की है। उसका अँग्रेज़ी अनुवाद सररिआलिज़्म और गुजराती अनुवाद अतिवास्तव या परावास्तव किया जाता है। मूल फ्रेंच संज्ञा कवि ओंद्रे ब्रेतों (Andre Breton) और फिलिप सुपो (Phillipe Soupauit) ने बीसवीं शती के तीसरे दशक के आरम्भ में प्रचलित की। सन् १९२४ में प्रकाशित 'मेनिफेस्त दु सुररेआलिज़्म' अर्थात् 'अतिवास्तववाद का घोषणापत्र' पुस्तक में यह संज्ञा स्थिर हुई। ब्रेतों और सुपो को यह संज्ञा प्रतीकवादी फ्रेंच कवि एपोलिनेर के सन् १९०३ में प्रकाशित नाटक के उप-शीर्षक में प्रयुक्त एक विशेषण से मिली होगी। 'ले मामेल द तिरसियाँ' शीर्षक इस नाटक का उपशीर्षक था 'द्राम सुररेआलिस्त'। यह विशेषण 'सुररेआलिस्त' अर्थात् 'अतिवास्तविक' के मूल में 'सुररेआलिटी' अथवा 'सररिआलिटी' अथवा 'अतिवास्तव' इस भाववाचक नाम का नांविशेषण है। यह विशेषण जिस अनुभव को स्पष्ट करता है, यह अनुभव तो, अलबत्ता, मानव-जाति जितना पुराना और मानव-जाति जितना व्यापक है।

इस तरह, बीसवीं शती के तीसरे दशक में फ्रांस के पेरिस नगर में ओन्द्रे ब्रेतों तथा अन्य युवा कवियों की विशिष्ट सर्जकता ऐतिहासिक दृष्टि से स्थिर हुई। 'सुररेआलिज़्म' अर्थात् 'अतिवास्तववाद' संज्ञा का ऐतिहासिक सन्दर्भ है, लेकिन वह जिस अनुभव की अभिव्यक्ति की बात करता है यह अनुभव स्वयं अनादि और व्यापक है। गुजराती भावक की निस्बत ब्रेतों-पेरिस-१९२४-सुररेआलिज़्म के साथ है। इसका इतिहास भी रसप्रद है। लेकिन हमारी ख़ास निस्बत उस विचार के मूलस्रोत में निहित अतिवस्तु की अनुभूति और अतिवास्तव की विभावना के साथ है। उस मूलस्त्रोत तक पहुँचकर आधुनिक गुजराती भावक-सर्जक अपनी तथा ब्रेतों की गतिशीलता को पा सकता है। इस प्रकार की गतिशीलता का गुजराती नाम ओन्द्रे ब्रेतों है। सररियालिटी में जिसे रुचि है, वह ब्रेतों के आगे रुककर खड़ा नहीं रहेगा, वहाँ से आरम्भ करेगा।

सन् १९८१ में प्रकाशित 'The Political Unconscious' शीर्षक पुस्तक को उसके लेखक फ्रेड्रिक जेम्सन ने "Narrative as a socially symbolic act" अर्थात् "समाजगत प्रतीकात्मक कार्य के रूप में कथन"—की तहकीकात की पुस्तक माना है। यहाँ 'पोलिटीकल अनकोंशयस' शब्द हमारा ध्यान आकर्षित करते हैं। 'राजकीय अवचेतना' का क्या तात्पर्य है,

यह प्रश्न हमें होगा। इस पुस्तक में जेम्सन हमारे जीवन की नींव में समाहित और उसका नियन्त्रण करने वाली शक्तियों का विश्लेषण करता है, और साहित्य के साथ उसके सम्बन्ध की तफ़सील करता है। मार्क्सवादी भूमिका पर किये गये इस विश्लेषण की असल निस्बत तो समग्र समाज को नियन्त्रित करती, उसे कहीं विकृत कर देती शक्तियों को समझने के खातिर है। देलयुज़ और ग्वात्तेरी (Gille Deleuze, Filix Guatteri) की पुस्तक, 'Anti-Oudipus' की चर्चा करते हुए जेम्सन अपनी इस निस्बत को और 'अनकोश्यस' संज्ञा को स्पष्ट करता है :

> The unconscious poses no problem of meaning, solely problem of use. The question posed by desire is not 'What does it mean?', but rather 'How does it work?' The unconscious represents nothing but it produces. (The Political Unconscious 1983. P. 22)
>
> अवचेतना कोई अर्थगत समस्या प्रस्तुत नहीं करती, केवल प्रयोगगत समस्या प्रस्तुत करती है। इच्छा जो प्रश्न खडा करती है वो प्रश्न 'इच्छा का अर्थ क्या है?' ऐसा नहीं है। अपितु 'इच्छा कैसे प्रयुक्त होती है?'—यह है। अवचेतना प्रतिनिधान नहीं करती है, यह तो कुछ उत्पन्न करती है।

अतिवास्तव को समझने के लिये यह अर्थ उपयोगी होगा। बीसवीं शती के आरम्भ में ब्रेतों और अन्य कवियों ने भी व्यक्ति की अवेतचना (अनकोंशयस) कैसे प्रवृत्त होती है, यह क्या उत्पन्न करती है, यह क्या है, इसे समझने की प्रबल कोशिश की थी। अतिवास्तववाद का आन्दोलन इस कोशिश का ही प्रकट रूप था। ब्रेतों और उसके साथी प्रसिद्धि-प्रेमी 'साहित्यकार' नहीं थे। ये तो सर्जक थे। उनकी वृत्ति सामाजिक सन्दर्भ के बहाने या जीवनाभिमुखता के बहाने, सर्जक-कर्म के उत्तरदायित्व से पलायन कर कोई "समाज उपयोगी" काम करने की नहीं थी। बल्कि ये सर्जक तो यह जानना चाहते थे कि साहित्य निजी शब्द-शक्ति द्वारा समाज तथा व्यक्ति के जीवन को नियन्त्रित करने वाली अवचेतना की शक्तियों को कैसे प्राप्त कर सकता है और नियन्त्रणजन्य विकृतियों को किस तरह चुनौती दे सकता है?

The Critical Idiom इस श्रेणी में Christopher Bigsby द्वारा लिखित पुस्तिका 'Dada and Sarrealism' में इन दोनों आन्दोलनों के बारे में

अच्छी जानकारी प्रस्तुत की गयी है। अँग्रेज़ी पढ़-समझ सकते पाठकों के लिये यह एक उत्तम जानकारी स्त्रोत हो सकती है। यहाँ इस पुस्तिका में से कुछ जानकारी पर दृष्टिपात करें।

ई.स. १९१९ की एक शाम, पेरिसनगर के युवा कवि ओन्द्रे ब्रेतों को ऐसे ही एक वाक्यखण्ड सूझा : "खिड़की के पास दो भाग में कटा हुआ मनुष्य है।" इन शब्दों के साथ ही ब्रेतों के मन में ऐसे ही कुछ वाक्यखण्ड वैसे ही आये और एक दृश्य भी दिखायी दिया। फ्रायड की मनोविश्लेषण की तकनीक से ब्रेतों परिचित थे। इन्होंने ये शब्द-कल्पन आदि के प्रवाह को इस तरह समझने की कोशिश की। सम्प्रज्ञात चित्त के, बुद्धि के, तर्क के बिना नियन्त्रण चित्त किस तरह अभिव्यक्ति पाता है, यह समझने का ब्रेतों ने प्रयास किया। इन प्रयास-प्रयोगों से "स्वयम्- चालित लेखन" (ओटोमेटिक राइटिंग) की युक्ति ब्रेतों को हस्तगत हुई। स्वयं चालित लेखन और स्वप्न का निरूपण : इन दो युक्तियों से ब्रेतों, पोल अलुआर (Paul Eluard) और लुई आरागों (Louis Aaragon) आदि कवियों ने फ्रेंच भाषा की नयी कविता, सुररेआलिस्त कविता लिखना शुरू किया।

मुक्त साहचर्य की यह युक्ति बीसवीं शती के दूसरे दशक में जेम्स जॉयस की 'युलिसिस' उपन्यास की कथन रीति में अपने ढंग से प्रयुक्त देखी जाती है। अगमनिगम अध्यात्म वाले भी बुद्धि के—तर्क के नियन्त्रण से मुक्त भाषा, प्लांशेत-बोर्ड की चारों ओर वर्तुल में बैठकर कुकरी पर उँगली रखकर दिवंगतों के संदेश के रूप में आज़माया करते थे। हमारे यहाँ ओझाओं और "माता आगत" भक्तों को भी तर्क-नियन्त्रण-मुक्त वाणी बोलते हुए सुन सकते हैं। इस तरह, जोगमायाओं से जेम्स जॉयस तक एक व्यापक फलक पर विविध प्रकार से मुक्त साहचर्य से प्रेरित वाणी के प्रयोग प्राप्त हुए हैं।

सररिआलिज़्म में प्रथम सोपान में 'ऑटोमेटिक राइटिंग' के ऐसे प्रयोग हुए, लेकिन उसके बाद सोपान में ब्रेतों सहित सभी कवियों ने जिन काव्यों की रचना की उसमें अवचेतन की अभिव्यक्ति केवल 'ऑटोमेटिक राइटिंग' से होनी चाहिए ऐसा आग्रह नहीं रखा गया। उपरान्त, साल्वादोर दाली जैसे चित्रकार या लुई बुन्युएल जैसे चलचित्रकार जब सररिआलिस्ट पद्धति से कलाकृति का निर्माण करने लगे, तब निर्मिति की तकनीक केवल 'ऑटोमेटिक' नहीं, परन्तु बहुविध बनी। स्वप्न और विनोदी चुटकुले

के बीच भेद और सम्बन्ध देखने से, फ्रायड के इन दोनों के विश्लेषण को ध्यान में लेने से अतिवास्तववादी कलाकृतियों के निर्माण की विविध तकनीकों को समझ पायेंगे। विवेचक क्रिस्टोफर बिग्झबी के कथन अनुसार "The whole battery of techniques to subvert the rational" अर्थात् ''तर्कबद्ध विचार को उलट देने की तकनीकों का पूरा शस्त्रागार'' ब्रेतों, एलुआर, दाली और बुन्युएल जैसे कवि-कथाकार-चित्रकार-चलचित्रकारों ने तैयार किया। ब्रेतों के काव्य 'La Mort Rose' (गुलाबी मृत्यु) की ये पंक्तियाँ, अँग्रेज़ी अनुवाद में देखिए :

> The winged octopus will guide for the last time ship whose sails are made of this day hour by hour
>
> It is the unique watch after which you will feel white and black sun rinirig in your hair.

बिग्झबी के मतानुसार ये पंक्तियाँ

> orchestate striking individual images to create an eligiac tone in a manner which seems far removed from the spontaneous creation of automatism.
>
> अर्थात् ये पंक्तियाँ आकर्षक, अलग कल्पनों की सुरावली गुम्फित कर एक करुण प्रशस्तिमय स्वर का सर्जन करती हैं, और उसकी सर्जन रीति स्वयं संचालित लेखन के सहज सर्जन से बहुत दूर हो, अलग हो ऐसा प्रतीत होता है।

ओन्द्रे ब्रेतों ने सररिआलिज़्म के दो मेनीफेस्टो या घोषणापत्र प्रकाशित किये। प्रथम घोषणापत्र "Manifeste du Surrealisme" सन् १९२४ में प्रकाशित हुआ। यह एक मुग्ध अवस्था का, ब्रेतों आदि के आरम्भकालीन मिज़ाज को व्यक्त करने वाला लेखन था। "The mind could free itself of the restrictions of logic, rationality and conscious control by its own effort" अर्थात् ''न्याय, तर्क और सम्प्रज्ञात चित्त के अंकुश से चित्त अपने स्वकीय प्रयत्नों द्वारा ही अपने आपको मुक्त कर सकता है,''—यह मान्यता इस घोषणापत्र में प्रगट हुई। बिग्झली के कथन अनुसार "it failed to articulate the radical shift which came in the following years." "Le Second Manifeste du Surrealisme" अर्थात् 'अतिवास्तववाद का दूसरा घोषणापत्र' अतिवास्तववादी आन्दोलन को

मार्क्सवाद के साथ जोड़ता है! यद्यपि फ्रेंच कम्युनिस्ट पार्टी ने अतिवास्तववादी सर्जकों को पूरे सम्मान के साथ कभी अपनाया नहीं, फिर भी इन सशक्त सर्जकों ने दूसरे घोषणापत्र तक चित्तगत नियन्त्रकों के प्रति अपने विद्रोह को समाज के नियन्त्रकों के विरुद्ध विद्रोह तक व्यापक बनाया था।

"What is Surrealism?" इस शीर्षक से अँग्रेज़ी में अनूदित पुस्तक में ब्रेतों ने "Liberation of mind" को "liberation of man" के साथ जोड़ने का काम किया। अर्थात् मानव-चित्त का स्वातन्त्र्य मानव-व्यक्ति के सामाजिक स्वातन्त्र्य के साथ जोड़ना ब्रेतों ने आवश्यक समझा।

फ्रांस के बाहर पाब्लो नेरुदा और ओक्तावियो पाज़ जैसे समर्थ कवियों में हमें जो अतिवास्तववादी कविता मिली, उसमें दूसरे घोषणापत्र का प्रभाव देखा जा सकता है।

पश्चिम की विचार परम्परा में लुई आल्थूज़र, थिओडोर आडोर्नो और तत्पश्चात् हाबरमास जैसे आधुनिक उत्तर-आधुनिक विचारकों में दो विद्या शाखाओं के बीच सम्बन्ध की गहन मीमांसा पायी जाती है। ये दो विद्या शाखाएँ बल्कि जीवनखण्ड हैं Psychology (मनोविज्ञान) और Political Science (राज्यविधा अथवा राज्यविज्ञान)। इन दो के बीच आन्तरसम्बन्धों में परस्पर-प्रभाव की प्रक्रिया है! इस आन्तरसम्बन्ध की उपेक्षा करने वाली चिन्तन या सर्जन की प्रवृत्ति कहीं-न-कहीं अपूर्ण लगती है।

इसलिए अतिवास्तववाद का प्रथम घोषणापत्र ही हमारा बाइबल है, यह न मानते हुए अतिवास्तववाद से भी विशेष अतिवास्तविक रचनारीति में और इससे भी विशेष मूल अतिवास्तववाद में (उसके मनोगत तथा समाजगत मूल में) हमारी निस्बत सविशेष हो, यही हमारी सर्जकता के लिये पोषक होगा।

इस तरह, गुजराती कविता सररियल और पोलिटिकल अर्थात् अतिवास्तविक और राजकीय कविता एक साथ रची जाय, यह अपेक्षा आधुनिक भावक रखता है। आज समाज को अपनी एकाधिकार सत्ता के नीचे लाकर उसे अतिनियन्त्रिक, विकृत और शोषित करने की इच्छा वाले सत्ताधिकारी, सर्वप्रथम व्यक्ति के और समूह के चित्त पर अंकुश थोपने के लिये चित्त को नियन्त्रित करने की साजिश चलाते हैं। आज के उपभोक्तावादी, व्यक्ति

को समूह में पलट देने का कैसा गंजावर प्रपंच करते हैं, यह तो केवल बुद्धि के अन्ध ही नहीं देख पाते! इस प्रकार के परिवेश में गुजराती सर्जक अतिवास्तव को किसी 'मॉडल' के रूप में नहीं, किन्तु स्वकीय रूप में उद्दीप्त करेगा, प्रयोजित एवं काव्याभिक्त करेगा।

फ्रेंच सुररेआलिज़्म की एक सीमा पर दादाइज़्म और दूसरी सीमा पर एब्सर्डवाद को देखा जा सकता है। यहाँ पुरोगामी दादा-वाद या अनुगामी एब्सर्ड-वाद की चर्चा आवश्यक नहीं; स्थानमर्यादा के कारण शक्य भी नहीं है। लेकिन दादा-वाद की विनोदप्रियता और एब्सर्ड-वाद का नियति स्वीकार, दोनों के आसपास अतिवास्तववाद की संघर्षशीलता और नये-नये अस्त्र-शस्त्र के प्रयोग करने वाली स्थितिस्थापकता हमारा ध्यान आकर्षित करती है।

अन्त में, २७ जनवरी, १९२५ के घोषणापत्र में व्यक्त संघर्ष सत्ता को ध्यान में लेकर इस लेख का समापन करें :

> Surrealism is not a poetic form.
> It is a cry of the mind turning towards
> itself and determined in desperation to crush its fetters.
> And, if need be, by material hammers.

> अतिवास्तववाद कोई काव्यप्रकार नहीं है।
> जी-जान पर आकर तत्पर बने हुए चित्त ने
> स्वयं अपने ही प्रति मुड़कर
> अपनी बन्धन शृंखलाएँ तोड़ने के लिये किया चीत्कार है यह
> ज़रूरत पड़ने पर भारी हथौड़ों के प्रहार से उसे तोड़ना-फोड़ना है।

अनुसन्धान, सम्पा. प्रवीण दरजी / १९९७

गुजराती से अनुवाद : तुलसीभाई पटेल

आलेख का रचना-वर्ष : १९९७

उमाशंकर जोशी की 'शोध' के साथ-साथ एक शोधयात्रा

पुष्पों के साथ बात करने का समय रहा नहीं
पुष्प, पृथ्वी की भीतरी स्वर्गीय गर्वमय उत्कण्ठा;
तेज़ के द्वीप, संस्थान मानवी अरमान के;
पुष्प, मेरी कविता के ताज-ब-ताज शब्द।

गर्भस्थ शिशु की मुँदी हुई आँखें
दमकती माता के चेहरे पर
मेरे अस्तित्व में ऐसे चमकता काव्य तुमने
देखा है?

कविता, आत्मा की मातृभाषा;
मौन की देह मूर्त, आसव अस्तित्व का;
स्वप्न की चिर छवि
कहाँ है कविता?

देखता हूँ मैं, दुर्गम है, दुर्लभ है
पृथ्वी के सभी पदार्थों में यह पदार्थ।
कभी तो शब्द में ही लुप्त होती सरस्वती।
कभी बुझे हुए हृदय की गन्ध अकुलाती रहे

कई बार अर्धदग्ध ख़यालों का धुआँ घोंटता रहे
सचमुच दुर्वाप है कवितापदार्थ।

घर के सामने वह पौधा बढ़कर वृक्ष हुआ।
टुकुर-टुकुर देखता रहा हूँ मैं बार-बार उसे

उस पर जामुन आये, और मुझे आँसू;
बढ़ा और फलित हुआ वह, बढ़ता मैं फाँसू।

खाता हूँ, पीता हूँ, खेलता हूँ, कूदता हूँ।
विशाल धरती माता की गोद को रौंदता हूँ—
कहाँ है कविता?

प्रभु ने मुझे पकड़ा था एक बार।
सन्ध्या की धूप से वह वृक्ष के तने रंग रहा था;
मैं भी अपनी आँख से ओप चढ़ा रहा था।
दूसरी बार मैं गाड़ी में जा रहा था, अकेला ही
अड़धिये डिब्बे में, वहीं ढलते प्रहर में
कोई नवयुगल दाख़िल हुआ, प्रभु ने नववधु के

चेहरे पर ताज फूल छलकाये थे।
खिसक गया मैं वहीं से अन्यत्र, उन गुलाबी लहरों में
लज्जा की लाली की छाया धुँधली उठाकर

प्रभु को ऐसा सब पसन्द बहुत हो यह
लगता भी तो है।
किस ऽऽ लिये नहीं तो दुनिया की बड़ी भारी
मानो कार्रवाई हो, इसके बिना जैसे
सब कुछ रुक जाने वाला हो ऐसे, बार-बार
शामिल करता है मुझे और कुछ ऐसे में वह मुझे?

रास्ते चला जाता होऊँ और कोई दूर-दूर
सहस्र योजन से आये हुए पंछी के साथ

मुलाकात करा देता है मेरी, बिना पूछे
मुझे, कोई बाड़ के पास लक्षावधि
प्रकाशवर्षों से व्योम में टिमटिमाते तारों के पास
आँख मिचकारता है वह, मैं जो
'अन-रोमेंटिक' उसके सामने
मुहल्ले में उन शिशुओं को मेरे सामने
खिलखिल हँसा देता है, अयुत वर्षों के अन्त में
प्रगट मानव की आज तक की सम्पूर्ण
यात्रा की—भावी आकांक्षा की पताका लहरा
देता है वह कोमल कलहास्य में विजयमेरा।

रे रे शिशुओं का कलहास्य मनाने का समय रहा नहीं।
शिशुओं का हास्य, मेरी कविता का शुभ्र छन्द।
शब्द है! है छन्द भी! कहाँ है तो कविता?

शिखरों पर ऊर्ध्वबाहु रेंकते महानुभाव
शताब्दी से शताब्दी तक पहुँचता बुलन्द स्वर,
उतरे ना अन्तर में रिसता ना पर्याप्त चित्त में।
घाटियों में प्रतिध्वनित भूतकाल की वह ध्वनि,
पड़ता रहता है प्रतिघोष भारी सतत अविरत
प्रतिघोष का देश यह; शब्द नहीं, प्रतिशब्द की पूजा जहाँ।
प्रतिध्वनि से बधिर हो गये कान कुछ
एक-दूसरे को सुनता नहीं कभी, कदाचित्
बोलना चाहे कुछ तो।

— नहीं है मार्ग अन्य, बहती
रहती उधर उरोगामी सरिता धीरे से, निज
कल...कल धुन में मस्त, वैसे बह जाना।
मिल जाय यदि यात्री उसे अर्पित करना हृदयगीत।—
उपरान्त कई बार अहम परेशान करे। हृदय कहे :
क्यों गाऊँ? सुख का डकार उसका
उसका प्रेम, और अन्य का उल्लास केफ!

मुझे बस गाना ही? उच्छिष्ट जो दूसरों के
जीवन का, शब्दों में संचय करके उसका
कृतार्थ होना मुझे?
कवि-जीवन अरेरे कैसा उप जीवन?

अरे! अरे!
अहम की लपेट में आया यही क्या कम जीवन है?
जीवन तो वही, जो कुछ हुआ आत्मसात्, आत्मरूप।
ये आँखें जो देखती हैं, इतना ही क्या ये देखती हैं?
तब तो ये कुछ भी नहीं देखतीं। आँखें अन्ध हैं।
वे वृक्ष, स्वतन्त्र, हरित पर्ण भरपूर डोले,
कैसे हैं मज़ेदार! अच्छे लगे वैसे हैं! लेकिन
एक समय यहाँ इस एक स्थान से दिखायी देते
ये सभी अनोखी कोई एक-रचना में
वृक्ष न रहे, वृक्षमय कोई लोकोत्तर सत्त्व,
केवल वहाँ फैल रहा—यही तो सौन्दर्य।—

आँख, तूने ये देखा? आज तक क्यों न देखा तूने यह?
आँख द्वारा किसी ने यह देखा।
आँख में वह कोई था और वह इस क्षण बाहर
कूदकर क्या प्रवाहित हो रहा?
उस क्षणार्ध तो मैं बिलकुल वृक्ष-रचना-मय था।
तदात्म मैं ऐसे सर्व विश्व के पदार्थ द्वारा
हो तो सकूँगा ही। किन्तु किस तरह वह होगा साध्य?

सौन्दर्यानुभूति द्वारा,
कविता द्वारा अमोघ।
सौन्दर्य की पंक्ति छन्द-शब्द-में मैं उभरी हुई
देखता रहूँ, पुष्प और शिशुकल हास्य का
परिचय कुछ;
दिखती-न दिखती वह चकमा देकर
खेलती रहे अहो आँख-मिचौनी चैतन्य के साथ

अहोरात

रात्रि में रास्ते के मोड़ पर मोटर की रोशनी ने
प्रकाशित कर दिया एक झुण्ड छोटी-सी गौरियों का,
उत्सव से लौटता जो, वर्षाभीगी देर शाम पर;
आसपास के वृद्ध देख रहे विस्फारित नेत्रों से
भविष्य का वह निर्मल सकल आशारहस्य
फैला हुआ मुग्ध निज दृष्टि के समक्ष वहीं।
कन्याओं के आशा-उल्लास को सत्कारने का समय रहा नहीं।
कन्याओं की आशा, मेरी कविता की नब्ज़ का रुधिर।
कहाँ?—कहाँ है कविता?

अहमदाबाद, ७-२-१९५९

१

सच्चे सवाल पूछने का काम वैसे भी कठिन है। सचमुच चलायी गयी शोध उससे भी विरल है। ऐसी शोध की, ऐसे सवालों की कविता करना सर्वाधिक कठिन है।

इस कठिनाई का अन्दाज़ साहित्य के अध्यापकों को आ जाता है। परीक्षा की जन-भरककी मौसम दरम्यान उनका एक सामान्य अनुभव कुछ ऐसा ही होता है। प्रश्नपत्र में आपने कोई भी सवाल पूछा हो, कई विद्यार्थी अपनी जेब में पहले से अपने 'सनातन' उत्तरों की कतरन डालकर ही आते हैं! तब इन अध्यापकों को याद आता है कि जो किताबें पूरी साल पढ़ायी गयीं उनमें कुछ (या उन विद्यार्थियों की तरह अनेक) लेखकों का भी ऐसा ही हाल होता है! उनकी कृतियाँ भी पहले से जेब में जवाबी कतरन डालकर पाठक के समक्ष आकर्षक सवाल लेकर आती हैं। राजकीय, आध्यात्मिक या ऐसे किसी क्षेत्र के कई महान जवाब कहीं से प्राप्त कर लेने के बाद ये जवाब जिसमें गोपित हो ऐसे सवालों की कविताएँ ये लेखक बनाते हैं। उदा. : ; 'पुष्प तणी पांदडीए बेसी हसतुं कोण चिरन्तन हास?'—बोलो तो कोण?...! ['पुष्प के पत्तों पर बैठकर हँसता कौन

चिरन्तन हास्य?'—बोलिए तो कौन?...!]—यह गीत अन्यथा उत्तम कविवर 'सुन्दरम्' का।

जैसा इन सवालों का, कुछ वैसा ही 'आन्तर-खोजों' का भी है। कविवर जिसकी खोज करते दिखते हैं, यह उन्हें पहले से ही हस्तगत हो, ऐसा भी हो सकता है! फिर भी खोजते हैं—यह दो पल का मज़ा! या 'गीत अमे गोत्युं गोत्युं ने क्यां य ना जड्युं' ['गीत हमने खोजा...खोजा और कहीं भी नहीं मिला'] ऐसा आठ बार कहने के बाद नौवीं पंक्ति में 'उरे आँसु पछवाड़े हीचन्तुं / ने सपनां सीचन्तुं' [उर में आँसू पिछली ओर झूलता / और सपने कौन सींचता] गीत वास्तव में कहाँ था, यह तो कवि पहले से जानते थे, इसकी जानकारी पाठक को होती है! ऐसा नहीं कि इसका भी एक चमत्कार नहीं होता। —यह गीत अन्यथा उत्तम कविवर उमाशंकर जोशी का।

सामने छोर पर सच्ची तलाश का, सही शोध की यह कविता देखिये : 'भोमिया विना' [बिना राहबर] उसकी एक पंक्ति, 'भोमिया भूले एवी भमवी रे कन्दरा' [राहबर भूले ऐसी पहाड़ियों में भ्रमण करना है] यह पंक्ति ध्यानपूर्वक सुनिये। गीत की इस उपान्त्य पंक्ति में क्रियापद आता है : 'भमवी' [छे] [भ्रमण करना है] चार चरण की कविता में एक क्रियापद चूक गये तो पूरी कविता चूक गये। 'मारे कन्दरा भमवी छे, फरी फरी ने एक्सप्लोर करवी छे, एनी अणदीठी जग्याओए पहेली वार पहोंची न डुंगरानां ए ऊँडाण जोवां — अनुभववां छे' [मुझे पहाड़ में घूमना है, घूम-घूमकर एक्सप्लोर करनी है, उसकी अनजान जगहों में प्रथम बार पहुँचकर पहाड़ की गहराई देखना-अनुभव करना है।] इस अर्थ में वहाँ क्रियापद रखा गया है। कवि ने पूरी कविता में प्रथम बार वर्तमानकाल का प्रयोग किया है। 'भमवा' ता' 'जोवी' ती' [भ्रमण करना था, देखनी थी] ये सभी क्रियापद भूतकालसूचक थे। जो न हो सका उसका अफ़सोस व्यक्त करते थे। 'भोमिया बिना मारे भमवा' ता डुंगरा'—ए पण न बन्युं [बिना राहबर मुझे पहाड़ियाँ घूमनी थीं—लेकिन यह नहीं हो सका।]

उपान्त्य पंक्ति में क्रियापद 'भमवी' [छे] [भ्रमण करना (है)] ऐसा वर्तमानकाल-भविष्यकालसूचक क्रियापद है। बाद में 'रे' आता है वह लटकीला नहीं है। उस 'रे' के दो काम हैं : इस गीत में तीन चरणों में जो खेद व्यक्त होता है, उसका घनीभूत रूप इस 'रे' में है। खेद इस बात का

है कि 'भोमिया विना मारे भमवा'ता डुंगरा' (बिना राहबर मुझे पहाड़ियाँ घूमनी थीं [लेकिन यह नहीं हुआ।] यह न होने का खेद पूरे गीत में दिखता है। खेद का यह भाव इस उपान्त्य पंक्ति 'रे'—में प्रवाहित है। लेकिन इससे बिलकुल विरुद्ध छोर का भाव उसी 'रे' द्वारा ही अभिव्यंजित करने की प्रयुक्ति ये युवा कवि व्याकरण से ले आये हैं। प्रथम पंक्ति में क्रियापद है : 'भमवी [छे]' [भ्रमण करना (है)] प्रथम पंक्ति में (और ठेठ अन्तिम कड़ी के आरम्भ तक) क्रियापद भूतकाल-सूचक है। कवि को, काव्यनायक को यह सब करना था, लेकिन अरे! यह नहीं हो सका। इस उत्तम कविता के कवि युवा उमाशंकर जोशी थे। दशकों के बाद सन् १९५९ में रचित 'शोध' कविता में वे कहते हैं : 'समय रह्यो नहिं एटले?' [समय रहा नहीं इसलिए] लेकिन चिन्ता नहीं, अभी अन्तिम कड़ी बाक़ी है—गीत की। और उस युवा की ज़िन्दगी की अनेक 'कड़ियाँ' (तब, उस गीत के रचनाकाल सन् १९३२ में) अभी बाक़ी है! गीत की अन्तिम पंक्ति में क्रियापद का काल बदलता है। बारहवीं पंक्ति में, तीसरे चरण के अन्त में, 'एकलो अटूलो झांखो पडयो' (अकेला-धुँधला पड़ गया था।) इस पंक्ति में काल-योजना रसप्रद है : 'झांखो पडयो (हतो) अथवा (छुं)' 'धुँधला-सा हो गया हुं/था' इस तरह दो सम्भावनाएँ खुलती हैं। और अन्तिम चरण के लिये प्रवेश द्वार खुलता है।

अन्तिम चरण में क्रियापद 'भमवा 'ता' (भ्रमण करना था) ऐसा नहीं है, 'भमवी' (भ्रमण करनी) है। भूतकाल नहीं, भविष्यत्काल। 'भमवी हती' (भ्रमण करनी थी) नहीं, 'हवे भमवी छे' (अब भ्रमण करनी है।') क्रियापद के ऐसे भविष्यत्कालसूचक प्रयोग के बाद आने वाले 'रे' का दूसरा प्रयोजन, उस खेद के विरुद्ध छोर का, उमंगसूचक प्रयोजन है। यह कवि का यौवनसहज, पहले खेद को हटाने वाला नया उमंग है। उसे 'भमवी रे' अर्थात् 'अभी तो भ्रमण करनी है रे', ऐसे काकु या लहज़ा द्वारा कवि ध्वनित करता है। इस तरह इस गीत के अन्त में कवि की शोध (पहाड़ियों में घूमकर कोतर और कन्दरा और कुँज-कुँज को बिना राहबर ढूँढ़ने की, ख़ुद जीने की खोज) पूरी नहीं होती; यह तो अब काव्यान्त में शुरू होती है, क्योंकि यह बिना राहबर खोज है। पहले से कोई दूसरों ने (गांधी, अरविन्द, मार्क्स, अम्बेडकर, संघ, जमात या पूँजीवाद-मार्केटवाद ने) लिखा (और 'कवि ने!' गोपनीय रखा) ऐसे कोई जवाब, उकेल यहाँ

हैं ही नहीं। 'भोमिया विना' (बिना राहबर) काव्य में, कोई राहबर कहीं छिपकर बैठा नहीं, काव्यान्ते हाउक करके भावक के समक्ष आने के लिए!

'शोध' कविता की तरह 'भोमिया बिना' यह कविता भी शोध की, तलाश की कविता है। सही तलाश की बिलकुल सच्चा विरल कविता है।

उमाशंकर को पसन्द रूपक का प्रयोग कर कह सकते हैं कि सन् १९३२ में रचित इस गीत का और सन् १९५९ में रचित इस कविता का काव्य-नायक 'निज लीला' भ्रमण करना चाहता है। 'नकशा हुकम' नहीं। कोई विवेचक आज कहेगा कि कवि ने पूरा जीवन इसी तरह जीकर बताया और इसीलिए आयुष्य के अन्तिम दशक में कवि ने 'शोध' कविता की रचना की। यद्यपि जीवन का कविता के साथ इस प्रकार समीकरणात्मक सम्बन्ध खोजना, इन दोनों में से एक को भी समझने में, कविता रचने में और जीवन जीने में, सम्भव है बाधारूप हो सकता है। जीवन और कला दोनों प्रगाढ़ रूप से स्नेह-सम्बन्धपूर्वक रक्त के नाते संलग्न हैं; न कि शासक-शासित सम्बन्ध से। तो समीकरणीया जीवनवादी रास्ते मुड़े बिना, काव्यचर्चा आगे चलायें।

२

'शोध' की शोध को और उसके काव्यत्व को पाने के लिए, ये दोनों अलग-अलग रहते हैं या एकाकार होते हैं, यह जानना आवश्यक है। ये दोनों इस कविता में 'समुदित' हैं या 'व्यस्त' हैं, इसकी जाँच करने का काम भारतीय काव्य-मीमांसा आज हमें सौंप सकती है। अन्य पोएटिक्स भी इस काम में शामिल हो सकते हैं।

'मेकिंग ऑफ़ द मेजिक माउंटन' शीर्षक निबन्ध में जर्मन उपन्यासकार टॉमस मान अपने उस महान् उपन्यास का कला-घाट किस तरह और कैसे निर्मित हुआ यह बात मार्मिकता से समझाता है। आल्प्स पर्वत के ऊँचे ढलान पर एक टी.बी. सेनिटोरियम में एक मरणोन्मुख फिर भी अय्याशी ज़िन्दगी का (और इस निमित्त ह्रासोन्मुख फिर भी जगमगाती यूरोपीय संस्कृति का) उस उपन्यास में निरूपण है। संगीत की सिम्फ़नी जैसा

उपन्यास के घाट की रचना स्वयं की है। इस निबन्ध में टॉमस मान यह कहता है। जैसे बीथोवन जैसा कम्पोजर अपनी किसी सिम्फनी अनेकविध मूवमेंट्स को, आरोह-अवरोहों को उस सिम्फनी में बार-बार आने वाले लाइटमोटिफ (ध्रुवपद या सम) द्वारा संकलित रखे, इसी तरह अपने इस सुदीर्घ उपन्यास में आने वाले अनेक और विविध प्रसंग, घटनाएँ, विचारधाराओं को उपन्यासकार भी कथनकलागत 'लाइटमोटिफ' द्वारा संकलित करता है। 'मेजिक माउंटेन' के उस लाइटमोटिफ की रचना करने के लिये टॉमस मान आल्प्स की उस वैभवी होटल जैसे सेनिटोरियम के मकान के अनेक दरवाज़े सतत टकराकर बन्द होने की आवाज़ों का आलेखन, अनेकविध आलाप और गीत दरम्यान आते-जाते सम की तरह करता है। मानो अपने समय की यूरोपीय संस्कृति के उज्ज्वल भविष्य के दरवाज़े एक के बाद एक धमाका भरे बन्द हो रहे हों और अन्त की एक शोकमय सिम्फनी बज रही हो।

'शोध' कविता में (और 'सप्तपदी' के अन्य काव्यों में) भारतीय कवि उमाशंकर जोशी अपनी संस्कृति की ह्रासोन्मुखता का आलेखन करते हैं। वे उसके उल्लसन के लिए, 'भविष्य के निर्मल सकल आशा रहस्य की' खोज करते हैं। एक सौ नव पंक्ति में विस्तृत इस कविता की अनेकविध लयलीलाओं में आज बरसों से मुझे सिम्फोनिक मूवमेंट्स, बहुवाद्य-संगीत का आरोह-अवरोहपूर्ण वाग्-संगीत (गवैया-बजवैयाओं की दख़ल बिना) सुनायी देता रहा है। 'शोध' की वागर्थ सिम्फनी जाज्वल्यमान है। उसकी लयलीला की और उसके व्यंग्यार्थों की बहु-वाद्य-संगति (सिम्फनी) विशाल और संकुल है। किसी लाइटमोटिफ द्वारा, किसी संयोजक प्रयुक्ति द्वारा, उसे इकट्ठी न की हो तो यह कृति कोलाहल में बदल सकती है। उसका सार्थक एवं सौन्दर्यानुभवी पठन भी उसके ऐसे सम को, ध्रुवपद को, लाइटमोरिफ को बिना जाने-पहचाने शक्य नहीं होगा। 'शोध' का ऐसा सम कौन-सा है ?

कोई कहेगा कि यह सम है 'शोध' में बार-बार पूछा जाने वाला वह प्रश्न : 'कहाँ है कविता ?' यह भी हो सकता है।

एक अन्य शक्यता सोच सकते हैं। 'शोध' का सम 'कहाँ है कविता ?' यदि यह ताकीद का प्रश्न न हो (और इस कविता की समग्र सुरावट भी ऐसी ताकीद के उद्वेग की न हो) तो हो सकता है कि उसका सम इस

कविता में बार-बार आने वाली इस पंक्ति में समाहित हो : 'समय रहा नहीं', 'समय रहा नहीं', 'समय रहा नहीं।' यदि ऐसा है तो इस समग्र कविता की टोटालिटी, उसकी समग्र सुरावट बदल जायगी। क्या ऐसा है ? उत्तर पाने के लिये कृति को निकट से देखें, बल्कि सुनें।

तीन बार, तीन क्रुशियल या निर्णायक स्थान पर कवि यह पंक्ति ('समय रहा नहीं') इस कविता में लिखते हैं। आरम्भ में प्रथम ही पंक्ति के रूप में, अन्त में आख़िर से तीसरी पंक्ति के रूप में और बावनवीं पंक्ति के रूप में, अर्थात् एक सौ नव पंक्ति की इस कविता के बीचोंबीच, आरम्भ में, मध्य में और अन्त में प्रयुक्त यह पंक्ति बड़े रूप वैविध्ययुक्त, अनेक लयसुरावट में प्रवाहित, विभिन्न सांस्कृतिक आपत्काल का निरूपण करती उन एक सौ नव गतिशील पंक्तियों को एक सुगठित घाट में इकट्ठी रख सकती है। मानो पूरी कविता साद्यन्त मनोमन बोल रही है : 'समय रहा नहीं।'

'समय रहा नहीं' : कवि बार-बार मानो अफ़सोस करता है, उलाहना देता है; भूल कबूल करता है। तो अब सवाल होता है : कौन-सा समय रहा नहीं ? किसका समय रहना चाहिए था, लेकिन रहा नहीं ? किसलिए समय निकालना चाहिए था (कि ऐसी ह्रासोन्मुखता न आती, ऐसा जीवनक्षय न होता) ? जवाब में गांधी युग के किसी अग्रणी के लिये कैसे-कैसे संस्कृति-रक्षक महान काम, बापू ने पहले से ही फरमाए थे, फिर फरमाने का मौक़ा था! और आज के नये अग्रणियों के लिये तो धर्मार्थ काम के तीन मलाईदार तमाशा के आयोजन, नये बापुओं, नये राजाओं, नयी फंडिंग एजेन्सियों के इशारे अनुसार पेश करने का मौक़ा है! लेकिन ये तो उमाशंकर हैं। जैसे १९३२ में वैसे १९५९ में (और १९७५ में) इस प्रकार तीन काम (करने थे लेकिन, अरे! समय रहा नहीं जिसके लिये उस) 'शोध' कविता के पाठ (टेक्स्ट) अनुसार ये तीन हैं : 'पुष्पों के साथ बात करने का समय रहा नहीं।' 'रे! रे! शिशुओं का कलहास्य मनाने का समय रहा नहीं' और 'कन्याओं के आशा-उल्लास का स्वागत करने का समय रहा नहीं।'

अग्रणी चौंक उठेंगे। पुष्प, शिशु, कन्या—ये तीन सुकोमल चीज़ें, वह भयानक, जीवनक्षयकारक, संस्कृतिह्रासकारक आपत्काल का निवारण ? सभी संस्कृतिनिष्णात न कहेंगे।

निष्णात जानते हैं इससे अधिक या अलग जानना चाहो तो कवि के पास,

बल्कि कविता के पास जाना चाहिए। पुष्पों के साथ बात करना, शिशुओं के कलहास्य का मज़ा लेना, कन्याओं के आशा-उल्लास का स्वागत करने का मतलब क्या? उसके मर्म की 'शोध' कविता इस तरह जाँच-पड़ताल करती है।

पुष्पों के साथ बात, इसका तात्पर्य क्या है? क्या, बल्कि कौन हैं ये 'पुष्पों?' 'पुष्पों', पृथ्वीना भीतरनी स्वर्गीली, गर्वीली उत्कण्ठा; / तेजना टापुओ, संस्थानों मानवीअरमाननां; / पुष्पो, मारी कविताना ताज-ब-ताज शब्दो' (पुष्प, पृथ्वी की भीतरी स्वर्गीय गर्वमय उत्कण्ठा; / तेज़ के द्वीप, संस्थान मानवी अरमान के; / पुष्प, मेरी कविता के ताज-ब-ताज शब्द।)—ये जो हैं, उन पुष्पों के साथ बात करने का समय रहा नहीं। पृथ्वी की स्वर्गीय उत्कण्ठा को न पहचाने वाले का क्या होगा, मानवी अरमानों को अन्धकार के महासागर में टिके हुए तेज़ के द्वीपों को, कविता के शब्दों की उपेक्षा करने वाली संस्कृति का क्या होगा?—'शोध' हमें ये और ऐसे सवालों के समक्ष खड़ा कर देती है। बिना राहबर।

'शिशुओनुं कलहास्य' (शिशुओं का कलहास्य) इन तत्सम शब्दों के आसपास कवि इस तद्रूप-दृश्य-सदृश्य वाणी रख देता है : 'शेरीमांना पेला बालुडियाने मारी सामे / खिलखिल हसावी दे छे', कोण? अेज जे 'अयुत वर्षों ने अन्ते / प्रगटेला मानवनी आज लगीनी आखीय / यात्रानी-भावी आकांक्षानी पताला लहेरावी / दे छे ए नाज़ुक कलहास्यमां विजयभेर।' (मुहल्ले में उस बच्चे को मेरे सामने / खिल-खिल हँसा देता है कौन? वही जो 'अयुत वर्षों के अन्त में / प्रगट मानव की आज तक की पूरी / यात्रा की - भावी आकांक्षा की पताका फहराई / देता है उन कोमल कलहास्य में विजयभेर।) तो यह है शिशुओं का कलहास्य, मुहल्ले के उन बच्चों का खिल-खिल हँसना, जिसके द्वारा कोई अयुत वर्षों पूर्व से ठेठ आज तक और आज से भी दूर भावी आकांक्षा तक, एक लम्बी पताका विजयभेर फहराता है।—जिस संस्कृति या व्यक्ति के पास 'रे रे (ऐसा) शिशुओं का कलहास्य मनाने का 'समय रहा नहीं' उसका क्या होगा? इस कविता में यह दूसरा सवाल सामने आता है।

'शोध' कविता पूरी होने से पहले एक मोड़ आता है : 'राते रस्ताना वळांके मोटरनी रोशनीए / अजवाळी दीघुं एक झुण्ड नानी गौरीओनुं।' (रात्रि में रास्ते के मोड़ पर मोटर की रोशनी ने प्रकाशित कर दिया एक झुण्ड छोटी-

सी गौरियों का।) ग्यारह शब्दों की कविता और सौन्दर्यमण्डित, गतिशील एक चित्र, बल्कि चलचित्र की रचना हो गयी। अरे, 'झुण्ड' शब्द भी सुन्दर हो गया! कवि (जो इस कविता के कथनकार और काव्यनायक हैं, वे) यह दृश्य स्वयं देखते हैं और अपने वृद्ध सहयात्रियों को यह दृश्य देखते हुए भी वे देख रहे हैं। गौरीव्रत करने वाली (केसरिया वर प्राप्त करने के लिये व्रत करने वाली, फिर भी इस विषय में बिलकुल अबोध और निर्दोष) बालिकाएँ, गोरमाताएँ अपने गाँव के रास्ते पर कुछ बन-ठनकर चलती जाती हैं। उस रास्ते दौड़ती मोटर में बैठे हुए कवि और साथ में बैठे हुए किसी 'वृद्धजन' को, रास्ते के मोड़ पर घूमने से मोटर की तेज़ हैड्लाइट की रोशनी में यह 'नानी' (छोटी) (ज?—उमाशंकर भाई, उमाशंकर भाई!) 'गौरियों' (व्रत मनाने वाली कन्याओं का) का 'झुण्ड' कुछ क्षणों के लिये दिखता है, और बिजली के झबकार में कवि मानो दृश्यावली के झिलमिल मोतियों को अपनी काव्यबानी में पिरो लेता है। स्वयं तो बारीक़ नज़र से सब कुछ देख ही लेते हैं लेकिन 'विस्फारित नेत्रे' इन कन्याओं को देखने पर कवि वृद्धजन को भी क्षणार्ध में पकड़ पाते हैं! कवि, कुछ सस्मित, 'शोध' के भावकों को यह समग्र चलचित्र दिखाते हैं। 'कन्याओनी आशा' (कन्याओं की आशा) (वर माने क्या यह बराबर समझे बिना व्रत-गीतवाला केसरिया पति प्राप्त करने की कन्याओं की आशा) कवि के लिये 'मारी कवितानी नसोनुं रुधिर' (मेरी कविता की नब्ज़ का रुधिर) है। उन 'कन्याओनां आशा-उल्लास' (कन्याओं का आशा-उल्लास) का सम्मान करने का समय रहा नहीं।' जिस व्यक्ति या संस्कृति के पास अपनी ही कन्याओं की आशा-उल्लास का सम्मान करने का समय न बचा हो, उसका आने वाला कल कैसे उदित होगा? यह तीसरा प्रश्न प्रत्यक्ष खड़ा हुआ।

(एक लघु-टीका : 'नहि/नहीं' के बारे में। 'समय रह्यो नहि' में दो बार बिना अनुस्वार का, ह्रस्व मात्रा वाला 'नहि' शब्द, पुष्पों और शिशुओं के सन्दर्भ में प्रयुक्त करने के बाद, यहाँ कवि अनुस्वार सहित, दीर्घ स्वर मात्रा वाला 'नहीं' शब्द कन्याओं के सन्दर्भ में प्रयुक्त करता है। आसपास की पदावली की जाँच करने के बाद मुझे यह या तो लेखन समय पर कवि का अनवधान अथवा मुद्रण-दोष लगता है।—कोई कहेगा कि अगली पंक्ति के अन्त्य शब्द 'तहीं' के प्रास में यह 'नहीं' आया है...ऐसा हो

सकता है?—'नहि'-में संस्कृति 'न हि'-के 'हि'-की दृढ़ता, उसका वजन है। 'शिशुओनुं कलहास्य' तो तत्सम 'नहि' का अधिकारी सही, लेकिन वहाँ उस मुहल्ले के बच्चे खिलखिल हँसते थे, उनके लिये गुजरातीवाला 'नहीं' न चलता? उपरान्त 'बालुडिया' पर अनुस्वार-लोप, उस स्थान पर 'नानी कन्याओ' के लिये अवकाश नहीं रखता। मैंने यह सब बारीक़ कताई की, किन्तु उमाशंकर का समग्र भावजगत मेरी समझ में जैसा आया है, उसे ये चीज़ें अनुकूल नहीं लगतीं। 'शोध' कविता की कवि-हस्ताक्षर में लिखित प्रति मिलने पर खराई की जा सकती है।

इस प्रकार, पुष्पों के साथ बात करने का, शिशुओं का कलहास्य मनाने का और कन्याओं के आशा-उल्लास का सम्मान करने का समय रहा नहीं, इसके साथ ही 'मारी कविताना ताज़-ब-ताज़ शब्दो' 'मारी कवितानो शुभ्र छन्द' और 'मारी कवितानी नसोनुं रुधिर' (मेरी कविता के ताज-ब-ताज शब्द, 'मेरी कविता का शुभ्र छन्द, 'मेरी कविता की नब्ज़ का रुधिर') इन तीनों के लिये भी समय रहा नहीं।

'शोध' कविता में तीन बार 'क्यां छे कविता?' ऐसे बार-बार और चौथी बार, कविता की अन्तिम पंक्ति में 'क्यां?—क्यां छे कविता?' इस प्रकार भारपूर्वक प्रश्न पूछा गया है। इस प्रश्न में 'कविता' शब्द प्रयुक्त है, उसकी अर्थच्छाया और उसका ध्वन्यार्थ पुष्पों, शिशुओं और कन्याओं तक जाता है। यह त्रिक 'मारी कविताना शब्दो', 'मारी कवितानो छन्द' और 'मारी कवितानुं लोही' के साथ संकलित है। अतः इस त्रिक का ध्वन्यार्थ आगे विस्तृत होता है। इस विस्तरणशील व्यंजना का मार्ग इस काव्यबानी में कोई अभिधा द्वारा, पूर्वनिर्णित 'मुख्यार्थ' द्वारा बाधित नहीं होता। इन प्रश्नों में पूर्व से निर्णित कोई उत्तर नहीं है। इस तरह 'शोध' कविता का गोत्र-सम्बन्ध 'भोमिया विना' कविता के साथ संलग्न है। 'गीत गोत्युं गोत्युं' (गीत खोजा) के साथ नहीं। 'एकलो अटूलो हुं झांखा पडयो' (अकेला एकाकी मैं धुँधला पड़ गया) अच्छा; फिर भी मुझे तो नये सिरे से बिना राहबर ही अब पहाड़ियों में भ्रमण करना है रे—यह कहने वाला नवयुवक कवि, दशकों के बाद प्रौढ़तापूर्वक 'शोध' कविता की रचना करता है। कवि का यह मिज़ाज एक सच्चे गांधी-युग की, दूसरा सच्चे आधुनिक युग की और समग्रतया हमारे अर्वाचीन काव्य-साहित्य की सम्प्राप्ति सिद्ध होती है।

विविध विचारधाराओं ने, आइडियोलोजियों ने आज अपने-अपने ढंग से वास्तव को पतला, सतही, दरिद्र और एकविध बना दिया है। परम प्राप्ति के डींग हाँकती, कोई राजकीय, आर्थिक, आध्यात्मिक, समूहवशीकरणवादी विचारसरणी या व्यक्ति की कृपा के गुणगान करती, 'जीवनाभिमुख', 'प्रेरक', 'प्रतिबद्ध', 'आशावादी' या ऐसी-वैसी कविता उनके अनेक समकालीन विविध भारतीय भाषाओं में जैसे लिखते थे, वैसे आज भी लिखते हैं। लेकिन 'आयुष्य छे त्यां सुधी छे ज युद्ध / को मृत्यु पूर्वे न सुपूर्ण बुद्ध' (आयुष है तब तक है ही युद्ध / मृत्यु पूर्व न कोई सम्पूर्ण बुद्ध।) यह कहने वाले उमाशंकर स्वयं भारतीय कविता के लिये एक जानदार और प्राणपद घटना हैं।

३

जो कोई शोध करेगा, शोध उसे बदले बिना नहीं रहेगा। शोध की, तलाश की, सच्चाई की इसे एक कसौटी मान सकते हैं। 'शोध' कविता में कवि के 'वर्णन' के बारे में ही नहीं, उनके 'दर्शन' के बारे में भी इस कसौटी पर उसे कसने लायक है।

जिस कवि ने अपनी काव्य-यात्रा के प्रारम्भ में जीवन के केवल दो दशक पूरे किये हों तब दूर से आने वाला और शताब्दियों के चिरशान्त गुम्बदों को गुंजारित करता मंगल शब्द सुना हो, यह कवि उस यात्रा के विराम निकट पहुँचे तब, जीवन के अन्तिम दशक में लिखता है : 'शताब्दीथी शताब्दी सुधी पहोंचतो बुलन्द स्वर, ऊतरे न अन्तरमां, झमे ना पर्याप्त चित्ते।' (शताब्दी से शताब्दी तक पहुँचता बुलन्द स्वर, उतरता नहीं अन्तर में, रिसता नहीं पर्याप्त चित्त में।) सच्ची शोध करते-करते जो सामने आता है, उनसे (दुरित से, असुन्दर से, जीवनह्रास के, संस्कृतिनाश के सबूतों से) नज़र हटा दे, यह कवि कैसा? उमाशंकर की आँखें किसी के सामने झुकी नहीं हैं—व्यक्ति के रूप में या कवि के रूप में। कैसे भी आपात्काल में। इसलिए 'शोध' कविता के ग्यारहवें चरण में उमाशंकर कह सके हैं कि अब जो सुनायी देता है वह 'मंगल शब्द' नहीं है। अब 'पडघानो देश आ; शब्द नहि, प्रतिशब्द पूजातो ज्यां।' (प्रतिघोष का देश यह, शब्द नहीं, प्रतिशब्द पूजा जाता जहाँ।) पूर्व उमाशंकर और उत्तर

उमाशंकर को एक साथ रखकर देखने-समझने का काम कवि की जन्मशताब्दी का प्रसंग हमारे समक्ष प्रस्तुत करता है।

'आयुष्य छे ज्यां सुधी छे ज युद्ध' (आयुष है जब तक युद्ध है ही : 'बाल राहुल' मार्च-अगस्त, १९४२; सत्याग्रह-पर्वतमाला की आभ-ऊँची टूक का वर्ष) पात्र के मुख से यह कहने वाला कवि संघर्षशील कवि है। सतत जागृत रहकर, वे अपने भाव, विचार एवं व्यवहार को, परिवर्तनशील वास्तव के अलग-अलग सन्दर्भों में, पूरी निर्भयता के साथ जाँचते-सुधारते रहे हैं। 'कविनी श्रद्धा' (कवि की श्रद्धा) में उमाशंकर 'श्रद्धामां थयेलां परिवर्तनो' (श्रद्धा में हुए परिवर्तन)—की बात करते संकोच नहीं करते। वे कहते हैं : 'जमाने-जमाने कवितारीति पलटाती जती होय छे...पण ए पलटाओ पाछल जीवन अंगेनी श्रद्धामां थयेलां परिवर्तनोनो भाग जेवो तेवो होतो नथी।' (युग अनुसार कवितारीति परिवर्तित होती है... लेकिन इस परिवर्तन के पीछे जीवनविषयक श्रद्धा में हुए परिवर्तनों का योग जैसा-वैसा नहीं है। (वही, पृ.१४) इस प्रकार उमाशंकर 'वर्णन' के बारे में ही नहीं, 'दर्शन' के बारे में भी प्रामाणिक और परिवर्तनशील रहे हैं। निरन्तर ख़ुदवफाई और परिवर्तित यथार्थ का यथोचित आकलन, इन दोनों में जागृत रहे हैं।

स्वयं अपने साथ उनकी एक कठोर शर्त है : 'गर्भमां रहेला बाळकनी बीडेली आँखो / माताना चहेरामां टमके / मारा अस्तित्वमां एम काव्य चमकतुं / तमे जोयुं छे?'(गर्भस्थ शिशु की मुँदी हुई आँखें / दमकती माता के चेहरे पर / मेरे अस्तित्व में ऐसे चमकता काव्य तुमने/देखा है?) ('शोध' पंक्ति ५ से ८) माता के गर्भ में हो या मातृभाषा के गर्भ में—अनागत की मुँदी हुई आँखों की चमक माता के चेहरे को, कवि के अस्तित्व को, काव्य की वाणी को और काव्यगत दर्शन को (वर्ल्ड व्यू-को) बदल देता है, विशेष सुन्दर बना देता है। इस द्विगुणित बदलाव को उमाशंकर की कविता में (एकाधिक आधान प्रसंग पर) देखा जा सकता है।'शोध' में, इसीलिए एक आनन्दपूर्वक, एक अपेक्षापूर्वक, एक खेदपूर्वक यह प्रश्न पूछा गया है : 'मारा अस्तित्वमां [ए] तमे जोयुं छे?' (मेरे अस्तित्व में [ये] तुमने देखा है?) अनागत की आँखों से जगत को देखने के लिये कवि तत्पर हैं, चाहे इससे पूरा दृश्य बदल जाय। चाहे इससे दृश्य, दृष्टा और दर्शन तीनों एक साथ बदल जायँ।

समाज और राज्य के सन्दर्भ में 'राजकारण' के विकल्प में उमाशंकर को 'लोककारण' जैसा शब्द सूझता है, यह सूचक है। तीन दशक के बाद १९७५ के आपात्काल के वर्षों में लोकदमनकारी राज्यसत्ता को इस लोककारणी सांसद ने भरी संसद में जो शब्द सुनाये थे, उसका एक छोर १९४२ में रची गयी कविता के साथ तो दूसरा छोर १९७८ में पूर्ण की गयी 'पीछो' कविता में और १९८२ में पूर्ण रची गयी 'स्वप्नो ने सळगवुं होय तो' (यदि सपनों को सुलगना हो) कविता के साथ संलग्न है। 'सप्तपदी' संग्रह की ये दो कविताएँ, जो क्रमशः १९७१ और १९७२ में आरम्भ करने के बाद छोड़ दी गयीं थीं, कवि उनको १९७५-१९७७ के आपातकाल से गुज़रने के बाद पुनः हाथ पर लेते हैं और क्रमशः १९७८ और १९८१ (—के तीसरे महीने में सतत दो दिनों)—में पूर्ण करते हैं, 'शोध' कविता की सामग्री और उसकी कला को जानने-समझने-मनाने में यह सन्दर्भ उपेक्षा करने योग्य नहीं है।

उमाशंकर के कवि-दर्शन के तीन स्थित्यन्तरों की जाँच करके इस विभाग की चर्चा समाप्त करेंगे।

'छिन्नभिन्न छुं' की उपान्त्य पंक्ति है : 'एक-केन्द्र थवा मथी रहेल क्लिन्न छुं' (एक-केन्द्र होने के लिये मथने वाला खिन्न हूँ।) इस विषय में, एक केन्द्र के बारे में अन्तिम तीन दशक से मन में सवाल पैदा होते थे। अलबत्ता, व्यक्तित्व विशृंखल नहीं होना चाहिए, पुल योरसेल्फ टुगेदर, आत्मस्थ आदि 'आदर्शों' से कौन बालक अनजान होगा? यह लेख लिखने वाला भी नहीं था। लेकिन मुझे उलझन में डालने वाला सवाल यह था कि क्या उमाशंकर, कवि और चिन्तक, 'एक-केन्द्र'-ता को, 'बहु केन्द्र'ता की तुलना में विशेष पसन्द करते थे? 'छिन्न भिन्न'—ता का उपाय आज, (या कभी भी यदि वास्तव में होता तो—दॉ आई डाउट इट) 'एक-केन्द्र'-ता हो या 'बहु-केन्द्र'-ता? क्या उमाशंकर जोशी जैसे तेजस्वी बुद्धि-शक्ति और निर्मल निर्भयता वाले चिन्तक-कवि की 'एक-केन्द्र'—की विभावना की जड़ में निहित हेगेलिअन सत्ता-शौक़ का पता नहीं चला होगा? या फिर... ? ऐसे प्रश्न होते रहते थे। उसी समय, शताब्दी के इस दौर में 'शोध' की इन पंक्तियों पर ध्यान स्थिर हुआ : 'पेलां वृक्षो, छुट्टां, लीलां पल्लवे घेघूर डोले / केवां छे मजानां! गमी जाय एवां छे! परन्तु / एक वेळा अहीं आ एक स्थळेथी जोवाई जतां / ए बधां अनोखी कोई

एक-रचनामां गोठवाई गयां / वृक्षो न रह्यां, वृक्षमय कशुंक लोकोत्तर सत्त्व / मात्र त्यां फेलाई रह्युं—ए ज तो सौन्दर्य।' (ये वृक्ष, अलग, हरित पर्ण घटाटोप डालते हैं / कैसे मज़ेदार हैं! अच्छे लगते हैं! किन्तु एक समय इसी स्थान से देखने पर / ये सब कोई एक अनोखी रचना में व्यवस्थित हो गये / वृक्ष न रहे, वृक्षमय कोई लोकोत्तर सत्त्व / केवल वहाँ फैल गया—यही तो सौन्दर्य।) शायद साधारण तफावत है, 'छिन्न भिन्न छुं' में केन्द्रित 'एक-केन्द्र-ता' और 'शोध' में लक्षित 'एक-रचना' के बीच! (हो सो!) कदाचित्, सत्ता सौन्दर्य के प्रभाव में स्थगित एक-केन्द्र-तत्त्व से हटकर बहु-केन्द्र-सत्ता का स्वीकार करेगी। 'पेलां वृक्षो, छुट्टां...' 'एक-रचना मां गोठवाईजाय' पछी पण 'गमी जाय एवां—ने एवां 'वृक्षो छुट्टां' रहेशे? ('ये वृक्ष अलग...' 'एक रचना में व्यवस्थित हो जाय' बाद में भी अच्छे लगे ऐसे...और ऐसे 'वृक्ष अलग रहेंगे?')

'सप्तपदी' के अन्तिम क़दम पर, 'पंखीलोक' में कवि इससे भी एक क़दम आगे बढ़ते हैं। यहाँ प्रत्येक पंछी को अपने-अपने ढंग से बोलने की छूट है! कवि प्रत्येक का मज़ा लेते हैं। 'एक वेळा आ एक स्थळेथी' सुनकर 'ए बधांने' अनोखी कोई एक रचनामां', 'गोठव्यां' का आग्रह (सत्याग्रह या सत्ताग्रह) इस कविता में प्रतीत नहीं होता। यद्यपि आरम्भ में थोड़ी देर के लिये पाणिनि और पंछियों के बीच चुनचुनाहट चलती है, लेकिन बाद में 'कोकिल-कला', 'काक-कुल', 'चकीटोळुं', 'लीला पोपट', पपीहा, भारद्वाज, मयूर आदि और उपान्त्य चरण में तो गादुर, चमगादड़ और उल्लू को भी स्थान मिलता है। इस पंखीलोक में कोकिल, कौआ आदि सबको अपने-अपने अलग ढंग से रहने की छूट मिलती है! बुलबुल भी इस बहुकेन्द्री पंखीलोक में बुलबुल ही रहता है, केवल उसे 'श्रीप्रभु!' यह बोलना पड़ता है, इतना दरगुजर। और तीसरी ट्रायल में तो बुलबुल बराबर बोलने लगता है : 'श्री प्रभु!'

भक्त-हृदय इस बुलबुल को बाद करने पर 'पंखीलोक' की काव्य-सृष्टि की बहु-केन्द्रीयता उमाशंकर जोशी की सर्जकता का मुक्त, ओपन-ऐंडेड और गतिशील स्वरूप व्यक्त करती है। 'छिन्नभिन्न छुं'—में 'एक-केन्द्र', 'शोध'-में 'एक-रचना' और 'पंखीलोक' में सारस का दोहरा आलाप तथा 'सप्तकना सूर' सदृश्य दिखते-सुनाते मधुमालती, बोगनवेलिया, जूही, फ्लोक्स, कार्नेशन, सूर्यमुखी, ख़ुर्द सूर्य (बट नो स्पेश्यल वीआईपी प्लेस

फोर यु!)—की बहुलता : इस तरह कवि तीन क़दम उठाता है। अभी दशक मिला होता तो वह आधा क़दम...जो हो सो, सत्ता के प्रति संघर्ष देश की आज़ादी के पहले और बाद में अणनम मस्तक से करने वाले इस निर्भीक और वीर व्यक्ति की कविता में छिन्न-भिन्न, एक-केन्द्रिता, एक-रचनामयता और बहु-केन्द्रिता के प्रश्न देखने को मिलते हैं, इन प्रश्नों के सामने हमारी नज़र झुके नहीं, यही उन्हें हमारी स्नेहवन्दना।

४

'कवि-कर्म यही कवि धर्म' कहने वाले और आचरण करने वाले इस कविवर की इस 'शोध' का छन्द कौन-सा, यह सवाल एकाधिक अर्थ में पूछा जा सकता है। 'शिशुओनुं हास्य, मारी कवितानो शुभ्र छन्द' कहकर कवि ने 'छन्द' शब्द को उसके व्यापक अर्थ में प्रस्तुत किया है। 'शुभ्र' (दाग़ या बिना भूल) न कि 'शुभ' (विचारधारा अनुसार) यह विशेषण भी सूचक है। नक़ली गांधी-युग के आडम्बरी चिन्तक आज भी 'र' कार चूक जाते हैं। उमाशंकर नहीं चूकते। इसलिए हमें यहाँ जाँच-पड़ताल करनी चाहिए कि 'शोध' के समग्र कवि-कर्म के साथ उसके 'छन्द' का सम्बन्ध क्या और कहाँ कैसा है?

केवल पिंगल अनुसार 'छन्द' शब्द का अर्थ लेने पर भी 'शोध' का छन्द ढूँढ़ना आसान नहीं है। जब यह कविता प्रकाशित हुई, उस समयावधि में यह कृति छन्द-मुक्त है, मुक्त छन्द में है इस पर बहुत चर्चा चली थी। उसकी प्रथम पंक्ति ('पुष्पो साधे बात करवानो समय रह्यो नहीं') यह तीनों विकल्पों के बाहर है और यह तो सीधे-सादे कटाव छन्द में लिखी गयी पंक्ति है, ऐसा अति आनन्दी उग्रता के साथ भृगुराय अंजारिया से हमने सुना था। भृगुभाई की बात एक दृष्टि से ग़लत नहीं थी। उस पंक्ति और वो छन्द के बीच पूरी बैठती है, ('पुष्पों साथे / वात्करवानो / समय रह्यो नहीं') : अष्टमात्रिक माप अनुसार कटाव की पंक्ति होगी और ''वातअ करवानो'' ऐसे कोई गुजराती बोलेगा नहीं। लेकिन सवाल यह है कि समग्र कविता स्वयं भावक को यह प्रथम पंक्ति तद्नुसार पढ़ने के लिये प्रेरित करती है? या ऐसी छूट देती है? दूसरी ही पंक्ति और बाद में अनेकानेक पंक्तियाँ पढ़ने से या बोलने से तुरन्त समझ में आता है कि

प्रथम पंक्ति का काव्यगत लय कटाव का नहीं है। ('चालो आजे फरवा जईशुं ?' 'ना, आजे तो थाकी गई छूं!' यह मधुर संवाद भी, केवल पढ़ने पर कटाव में लिखा गया लगेगा। लेकिन दम्पती बोलेगा। अलग ही लय में—सिवा कि वह हमेशा साहित्य परिषद् के विश्रामगृह में रहता हो!)

वैसे भी, पाठक साहब 'बृहत् पिंगल' में लिखते हैं कि "कटाव को किसी पिंगल ने छन्द के रूप में स्वीकार नहीं किया...कारण यह कि पिंगल पाद के बिना पद्य अशक्य मानता है और कटाव में केवल दो चतुष्कलों का अथवा द्वैतियीक अष्टकल का सतत अविराम प्रवाह है"। इसलिए, यद्यपि "यह छन्द लम्बे अखण्ड वर्णनों के लिये अनुकूल है।" फिर भी जिस कविता में लम्बे अखण्ड वर्णन नहीं, किन्तु विविध मोड़वाला चिन्तन और चित्तवृत्तियों का नाट्यात्मक निरूपण हो (एलिअट जिसे 'थर्ड वोईस ऑफ़ पोएट्री' कहते थे, यह सुनायी देता हो) उसमें छन्दोलय कटाव की चाल पर न चल नहीं सकता। (रा.वि. 'बृहद् पिंगल', संस्करण : १९९३, पृ. ६७३)

पाठक साहब 'नाटक की उक्तियों के लिये मैं के.ह. ध्रुव की वनवेली को समर्थ मानता हूँ', यह लिखकर 'वह मनहर घनाक्षरी के चतुरअक्षर सन्धि के आवर्तनों से बना है', ऐसा उसका माप देते हैं। तद्नुसार की गयी वनवेली-गत वाक्य-रचना गद्य के क्रम को यथेच्छ अनुसरण कर सकती है, उतना ही भाव के अनुकूल सभी वाक्यभंगी को भी धारण कर सकती है।' ऐसा विधान पाठक साहब करते हैं (वही पृष्ठ ६८३) उसका सबूत के.ह. ध्रुव के बाद स्वयं पाठक साहब से लेकर राजेन्द्र शाह पर्यन्त कतिपय कवियों के अनुवाद और मौलिक काव्यों में प्राप्त होता है। 'शोध' में उमाशंकर उन सबके जैसा और उनसे भी कुछ निराला काम छन्दोलय से लेते हैं या नहीं, यह तो उनकी कविता ही जता सकती है।

'महाप्रस्थान' – के नाट्यधर्मी प्रसंग काव्यों में उमाशंकर ने ध्रुव-ख़बरदार-पाठक द्वारा विकसित उस लय का उपयोग किया है और उसे खिलाया है। 'शोध' कविता में उन्होंने वनवली के रास्ते छन्दगन्धी अछान्दस् की ओर "भोमिया बिना" (बिना राहबर) भ्रमण किया हो ऐसा लगता है। 'शोध' काव्य का मेरा अपना पाठ कुछ ऐसा है : "पृथ्वीना सौ पदार्थोमां ए पदार्थ' (पृथ्वी के सभी पदार्थों में वह पदार्थ) 'क्यारेक तो शब्दोमां ज सरस्वती लुप्त थती' (कई बार तो शब्दों में ही सरस्वती लुप्त हो जाती) 'हुंये मारी आंख बड़े चड़ाबतो ओप हतो' ('ओप चढ़ावतो हतो'—एम

नहीं।) (मैं भी अपनी आँख द्वारा ओप चढ़ा रहा था।) आदि असंख्य पंक्तियों में कवि समानतापूर्वक वनवेली का प्रयोग करता है, यह स्पष्ट सुनायी देता है और बाद में वनवेली के पिंगल-संविधान को तोड़कर अन्य पंक्तियों में कवि अन्छान्दस लय का प्रयोग करता है : 'गर्भ मां रहेला बाळक नी बीडेली आँखो'... इत्यादि। (गर्भस्थ शिशु की मुँदी हुई आँखें...)।

'एक शर / णाईवाळो / सात वर्ष / सुधी शीखी / राग रात्रि। णी वगाड / वामां वख / वाणो छे—(एक शहनाईवाला सात वर्ष तक राग-रागिनी बजाने में प्रसिद्ध हुआ है।) इस दलपत काव्य से 'बीजी वार / गाडीमां हुं / जतो हतो, / एक लो ज / अडधिया / डब्बामां, व्यां / नवुं नवुं / युगल को / प्रवेश्युं, प्र/भु ए ताजां / नववधू / ना चहेरामां गुलो छल / काव्यां हतां।' (दूसरी बार गाड़ी में मैं जाता था अकेला ही अड़घिया डिब्बे में, वहाँ कोई नया-नया युगल दाख़िल हुआ, प्रभु ने नये नववधु के चेहरे में गुलाब छलकाये थे।) उमाशंकर के इस काव्य तक आते गुजराती काव्य-बानी ने जो सशक्त कौशल और निरी कमनीयता विकसित की है, इससे उमाशंकर की वनवेली-प्रमुख (वनवेली की सहेली जैसी) अछान्दस काव्य-बानी प्रथम दृष्टि में प्रेम में पड़ने लायक बनी (छनी) है। आज, गुजराती साहित्य के वैश्विक युग में, (यदि ऐसा नामकरण ठीक लगता है तो) कोई कवि की क़लम में छन्द हैं या नहीं, यह सवाल न होने पर भी एक कवि के कान में, उसके कण्ठ में मूल गुजराती और मात्रिक और वार्णिक छन्द, नरसिंह-प्रेमानन्द-कान्त-ठाकोर-सुन्दरम्-उमाशंकर-राजेन्द्र-निरंजन आदि की काव्यबानी में विकसित मात्रिक और वार्णिक छन्द सिद्ध हैं या नहीं, यह सवाल भी यदि एक तरफ़ रख दें, तो कदाचित् आत्मरति की गम्भीर बीमारी से ग्रस्त दर्दी के लिये हमारी काव्यबानी डायेट का काम करेगी।

५

मानव-इतिहास में ऐसे बहुत कम लोग मिल पायेंगे, जिनको याद करने से एक प्रजा अपने आपको भूलने से बच पायी। अर्थात् जैसे इस शताब्दी वर्ष पूर्व वैसे तत्पश्चात् भी गुजरात नहीं, समग्र भारत, बल्कि इससे भी अधिक व्यापक विद्याजगत और काव्यजगत उमाशंकर जोशी को याद

करेगा और जिसे आपने अभी पढ़ा ऐसे लेख को (पढ़ने के बाद) परछत्त पर रखकर, बिना राहबर, अपनी 'शोध' जारी रखेगा।

अक्टूबर, २०१०
वडोदरा

गुजराती से अनुवाद : तुलसीभाई पटेल

आलेख का रचना-वर्ष : २०११

घनश्याम देसाई : सरस्वती का धवल स्मित

नाम सुन्दर था, लेकिन गुणानुरूप नहीं था। उनकी युवावस्था की छवि आज भी मुझे जीती-जागती दिखायी देती है। वे ठीक-ठीक गौरवर्ण थे। स्वास्थ्य की (और स्वभाव की) लालिमा से झिलमिल श्वेतवर्णी युवक। गौरांग—सुन्दर। चपल देहयष्टि। सब कुछ क्षण भर में परखने वाली, फिर भी सबका स्वीकार करने वाली नज़र। चालबाजी से बिलकुल शून्य, फिर भी सतर्कता से पूरी तरह दीप्त आँखें और सहज-साधारण किन्तु मर्मपूर्ण (मानो कोई सवाल न कर रहे हों, ऐसे) स्मित से दीप्तिमान चेहरा—हमारे ये घनश्याम देसाई, आँख मूँदने पर भी आज नज़र समक्ष दिखायी देते हैं।

मानो शरद के आकाश का चन्द्र था वह; लेकिन बिन मौसम के काले बादलों ने उसे असमय ग्रस लिया। महावर के नठोर पानी में शरद पूनम की हमारी मेज़बानी उस मज़ेदार मित्रवर के साथ, जो ऊष्मापूर्ण किन्तु कठोर सम्पादक था उसके साथ होती थी। गत शती के एक उत्तम कहानीकार के साथ हमारी महफ़िलें अचानक बिखर गयीं। अनोखे, धैर्यपूर्ण और आहिस्ता-आहिस्ता अस्त हुए। अन्तिम समय तक वही सच्ची और सहज गरिमा। शारीरिक व्याधि से बिखरी हुई भीतरी देह को, निरन्तर हेत और परिश्रम करने वाली साथी-सखी-पत्नी (शिक्षिका) ऊर्मिबहन के साथ में जतनपूर्वक समेटते रहे। फिजियोथेरेपिस्ट ध्रुव मेहता की सतत जागृत और बिलकुल स्नेहपूर्ण सुदीर्घ सहाय द्वारा जतनपूर्वक समेटते रहे।

अब तो उनके स्मरण वेदना और आनन्द के ताने-बाने से बुनी गयी, बारीक़ फिर भी मज़बूत बुनाई वाली कोई केसरी धजा की तरह चिदाकाश में फर-फर लहराते हैं! मिलन का आनन्द तो पारावार है : कई बार उस नवदम्पति के घर, छोटा-सा बेटा निरामय रो-रोकर सारी रात और हँसकर सारा दिन

किस तरह परेशान करता है, उसकी रसभरी बातें सुनने के लिए, ग्रांट रोड के कांग्रेस हाउस कम्पाउण्ड के मकान में हम सभी दोस्त, तब मणिलाल देसाई भी होते, सब पहुँच जाते थे। बाद में केंडी पर उनके सुन्दर फ़्लैट में नयी गुजराती कहानी-कविता के 'शब्द-शब्द' पर 'महफ़िल' होती थी। प्रबोध होता था, मैं...नीतिन होता था। घनश्याम! आज उन संस्मरणों के तराजू में सुख के पलड़े से शोक का पलड़ा नीचे जाता था। लेकिन तब तो हाथ में तराजू नहीं थी, तलवारें थीं। जीवन के उस तबके में मित्रों के बीच, उस कहानीकार-भाषाविज्ञानी दम्पति के वहाँ ऐसी मारकाट चर्चाएँ होती थीं। बाद में मक्के के व्यंजनवाला सुगन्धित पंचमहाली भोजन होता था। कई बार भारतीय विद्याभवन की 'समर्पण' की और बाद में 'नवीन-समर्पण' की ऑफ़िस में चाय पीते थे। कई बार चौपाटी के समुद्र के सामने वाली 'न्यू आराम'—की प्रथम मंज़िल बाल्कनी में कई कटोरियों में परोसा जाता संख्या-अबाधित भोजन होता था। कभी-कभी नीचे के रूम में घनश्याम को रुचिकर आइसक्रीम खाते थे। तब अन्नमय कोष और आनन्दमय कोष के बीच बिलकुल कम अन्तर रहता था—और व्यक्ति तथा समाज के शारीरिक एवं मनोवैज्ञानिक जगत के बीच भी कितनी निकटता होती है, यह बात हमारी कविता और कहानियों में व्यक्त होती रहती थी।

'गोकळजी' और 'टोळुं' ('झुण्ड') (प्रथम व्यक्ति स्तर पर दूसरी व्यापक रूप से)—में और अन्य अनेक कृतियों में घनश्याम देसाई ने शरीर तथा मन की परस्परता की बात जिस ढंग से आलोकित की है, उनके उजाले उनकी कहानियों को भारतीय कथा-साहित्य की प्रथम पंक्ति में ससम्मान स्थान दिलाती हैं—उपरान्त गुजराती भावक के दिल में भी।

मुम्बई और गुजरातभर में तब होने वाले परिसंवादों में सभागृह-मण्डप में अन्तिम पंक्ति में (और सरेआम मंच पर भी) (कौंस तो अब किया है!) मज़ाक़-मस्तियाँ होती थीं। आदिल मण्डपों में और घनश्याम मंच पर उसके सच्चे अग्रणी रहते। चन्द्रकान्त बक्षी के साहित्य के बारे में किसी (बक्षी सेण्ट्रिक) 'थियरी' पर घनश्याम ने एक असरकारक सर्जीकल स्ट्राइक भवन के गीता हॉल में की थी, इसका स्मरण आज भी आनन्द देता है। उस आनन्द का अपरनाम पेशन! साहित्य के बारे में, संस्कृति के बारे में, जीवन के बारे में (न कि स्वयं अपने अथवा अपने स्थान के बारे में) प्रबल पैशन।

उस भरपूर आनन्द को अब, अचानक आने वाली बीमारी और असमय आ

पहुँचे अवसान की सुनसान पीड़ा से अलग नहीं कर सकता।

२

घनश्याम देसाई की बिनंगत, कायमी पहचान एक अनोखे कहानीकार के रूप में प्राप्त होती है। लेकिन यह पहचान आसान नहीं है; जल्द प्राप्त होने वाली नहीं है, एक बार प्राप्त होने के बाद भी नये-नये पठन पर नयी-नयी लगती रहती है। अर्थात् कैसी है?

समुद्र के सुन्दर दिखायी देते बीच पर कई बार सरकारी तख़्ते लगे होते हैं : 'सावधान! यहाँ तैरना जोख़िमभरा हो सकता है। डेंजरस करंट्स इन द वाटर।' घनश्याम देसाई की कहानियाँ मुझे बहुत पसन्द हैं, और बहुत जोख़िमभरी लगी हैं। पुख़्त वय के पाठकों को अपनी पुख़्त समझ के बारे में मनपसन्द भ्रम होते हैं। जीवन अर्थात् क्या, साहित्य अर्थात् क्या; इन सबके बारे में अपनी परिपक्व समझ, यही सच्ची समझ, यह ख़याल बद्ध हो चुका होता है। इससे घनश्याम की कहानियाँ उन पक्व पुख़्तों को अकल्पित रूप से अचानक ही कहीं अनजान गहराइयों में घसीट ले जाती हैं। संस्कृति और शुभाशुभ के विषय में प्रजा को जो ख़याल दे दिये गये हैं, उन्हें घनश्याम देसाई की कहानियाँ (और बाल कथाएँ भी) अचानक पलट देती हैं। लेकिन जिस विनोद से, चोटदार ढंग से, फिर भी 'सटल अण्डरटोन्स' द्वारा वह काम करता है, उसका मज़ा अजोड़ है। और स्थगितता के पुरस्कर्ताओं के लिये उसके जोख़िम भी भारी होते हैं।

•

लेकिन घनश्याम देसाई की पहचान, व्यक्ति के रूप में, कहानीकार के रूप में तथा सम्पादक के रूप में, विद्रोहशील व्यक्ति-कहानीकार (रेबेल) के रूप में जितनी है, उससे अधिक अनुकम्पाशील कहानीकार के रूप में सम्पन्न हुई है। उन्हें याद करता हूँ, उनकी कृतियों को बार-बार पढ़ता हूँ, तब रवीन्द्रनाथ के काव्य के बारे में उमाशंकर द्वारा पूछा गया एक सवाल उनको भी पूछने का मन होता है : 'मनुष्य को पहचानने पर भी / प्रेम कैसे

कर सके, कवीन्द्र?' घनश्याम 'कवीन्द्र' नहीं थे, अन्य किसी स्वर्ग में इन्द्र होने की कोई इच्छा उनको नहीं थी। बल्कि कल्पतरु के तले बैठकर भी कुछ नहीं माँगने वाले वे मनुष्य थे। लेकिन 'मनुष्य को पहचानना' वे बराबर जानते थे और तत्पश्चात् भी मनुष्य को प्रेम कर सकने की उदार दिल सहजता, ऊष्मा उनके दिल में थी।

'हूंफ' (ऊष्मा) कहानी में यह सब अद्‌भुत रूप से, बिनंगत कलारूप से प्रगट हुआ है।

३

यह कहानी 'टोळुं' (झुण्ड) (१९७७) संग्रह के मुश्किल से चार पन्नों में समाविष्ट है, लेकिन कहानीकार, इन पन्नों की इंच-इंच जगह का प्रत्येक वाक्य का कयास निकालता है। सरिता, रोहित और अनिल : इन तीनों की बात है। सरिता का विवाह रोहित के साथ होने वाला है, लेकिन विवाह होने से पहले सरिता, अनिल के साथ भागकर विवाह करने वाली है। यद्यपि कहानी का पूरा पट तो यह घटना घटित होने से पहले सरिता ने रोहित के साथ एक शाम व्यतीत किये कुछ ही घण्टों का है।

'अगले खिड़की वाले रूम में रोहित बैठा है। सविता के साथ उसका विवाह आगामी सोमवार होने वाला है। सरिता लगभग तैयार हो गयी है। पाउडर लगाये और बाली पहने इतनी ही देर'—इस तरह बात शुरू होती है। एक भीगा-भीगा बरसाती दिवस है। (पैरा-१)। पूरी कहानी में सरिता और रोहित मानो विवाहोन्मुख प्रेमी युगल हो, इस तरह ही बातें करते हैं : "बारिश के दिन थे। काँच की खिड़की पर बरसात की बूँदें टकराती थीं और धीमी तड्-तड् आवाज़ आती थी। इसके सिवा सब कुछ शान्त था। वातावरण स्वप्नमय हो गया था। कुछ याद आ गया हो, ऐसे सरिता ने पूछा : 'क्या सोच रहे हो?' मधुर वाग्दत्ता का मनपसन्द भावी पति के साथ प्रेमालाप मानो, शुरू होता लगता है। रोहित भी ऐसा ही रोमांटिक उत्तर देता है : 'कुछ नहीं...यह बारिश हो रही है और मेरे मन के वृक्ष पर असंख्य पत्ते फूट निकलते हैं। मैं अस्वस्थ हो जाता हूँ।' 'विचार आना यह भी कैसा सद्‌भाग्य है?' सरिता रोहित को उकसाने लगी।" (पैरा-३)

टिपिकल लव-टोक!—लेकिन घनश्याम की कहानी-कला की विशेषता यह है कि वह प्रेमालाप पैरा-१ ('इतनी ही देर' वाला पैरा) के बाद तुरन्त नहीं आता। वह तो आता है कहानी के पैरा-३ में!! और दूसरे परिच्छेद में जो प्रस्तुत होता है यह है मेकअप करके रोहित को मिलने के लिये तैयार होने वाली सरिता की अपने आपसे बातचीत। इस तरह कहानी का दूसरा परिच्छेद उसके तीसरे परिच्छेद का छेद उड़ा देता है। तीसरे पैराग्राफ़ में आने वाले डॉयलॉग को दूसरे पैराग्राफ़ का इंटर्नल मोनोलोग पहले से ही इरेज कर देता है। लिखना यही मिटाना है, राइटिंग एज एन इरेजर—ऐसा कर दिखाने वाली यह लेखन-शक्ति घनश्याम देसाई का वर्तमान भारतीय कथन-कला में महत्त्वपूर्ण प्रदान सिद्ध करती है।

कहानी के इस तीसरे परिच्छेद में निरूपित रोहित और सरिता के इस रोमांटिक प्रेमालाप की सुन्दर सुबह के नीचे सरिता के मन में जो हो रहा है, इसे यह कहानीकार बाद में किसी रहस्य के रूप में प्रस्तुत नहीं करेगा। यह बात तो कहानी के दूसरे ही परिच्छेद में प्रगट कर दी गयी है : रोहित को मिलने के लिये अन्दर के रूम में तैयार होने वाली, श्रृंगार सजने वाली सरिता, ख़ुद बाहर आयेगी तब रोहित 'उसे देखकर सोफ़ा से आधा खड़ा हो जायेगा' और बहुत बोलने लगेगा, यह ('अन्दर के कमरे में' बैठी हुई सरिता) बराबर जानती है और (उस बावलेपन की घृणाकर, न कि प्रेमपूर्वक) 'मुँह पर पालव रखकर हँस पड़ी', मन-ही-मन कुछ सोचती है : 'उसे अनिल याद आ गया।' किस तरह? 'शाम को अनिल मिलेगा...उसकी ऊष्मापूर्ण सौर में मैं छिप जाऊँगी...पवन से उड़ते हमारे बाल एक-दूसरे में गुम्फित होंगे...रोहित की याद आने पर हम दोनों हँस पड़ेंगे।'' (पैरा-२)

इस तरह प्रथम तीन परिच्छेद खुलते रहे हैं। जैसे लिखे जाते वैसे मिट जाते।

•

इस छोटी-सी कहानी के प्रथम तीन परिच्छेद पढ़ने के बाद चार पृष्ठ की इस कहानी का पाठक आगे क्या पढ़ने के लिये तैयार होगा? अब के बाद ढाई पृष्ठ में सरिता के 'त्रियाचरित' पर व्यंग्यपूर्ण हँसने के लिये अथवा बेचारे मुग्ध रोहित की दया खाने के लिये या तो कोई अचानक आने वाले कहानी

के मोड़ की प्रशंसा करने के लिये पाठक तैयार हो जाय...अनिल अन्तिम क्षण पर ट्रेन में नहीं आयेगा? सरिता अपने बापूजी को कमरे में क़ैद कर देगी? दोनों सुखपूर्वक भागकर किसी मन्दिर में शादी कर लेंगे? ऐसे सवाल किसी पाठक को होंगे? घनश्याम की कहानी किसी का उत्तर नहीं देती है।

यह कहानीकार तो मनुष्य को पहचानने पर भी उसे (ये जो भी हो, जैसा/जैसी भी हो, उसका) स्वीकार कर चाहने वाले सर्जक हैं। अतः पाठक की तैयारी सरिता को कंडेम करने की या रोहित पर दया खाने की या कहानी का अचानक मोड़ देखने की हो तो इन अपेक्षाओं का यह कहानीकार अपेक्षा भंग करता है। इस अपेक्षा भंग में घनश्याम देसाई की कहानी कला की विशेषता समाविष्ट है।

यह कहानी तो दिखाती है वाग्दत्ता के बाहर के कमरे में आकर बैठे हुए रोहित को मिलने के लिये अपने घर के अन्दर के रूप में मेकअप करती हुई सरिता को। अन्दर के कमरे में सरिता, मन-ही-मन अनिल के साथ आगामी शाम गुज़ारने वाली है, उसकी कल्पना करती है : "बाद में उसकी ऊष्मापूर्ण सौर में छिप जाऊँगी"—'सौर' संज्ञा का विशेषण देखिये : 'ऊष्मापूर्ण'। निर्बल विशेषणों के वश होता है। विशेषण उत्तम कहानीकार के अधीन रहकर कामयाब होता है। यहाँ अनिल की सौर सरिता के लिये उत्तेजक नहीं है, 'स्वप्निल' नहीं है, 'सुरभित या मज़बूत' नहीं है। 'ऊष्मापूर्ण' है। उस 'ऊष्मापूर्ण' सौर को सरिता चाहती है। कहानीकार यह जान सकता है और पाठकों को (चुपचाप) बता सकता है। इसमें कहानीकार की कहानी-कला का (अर्थात् जीवन सम्बन्धी तथा कथन-कला विषयक उनकी स्वकीय समझ का) परिचय प्राप्त होता है।

•

रोहित बहुत बोलता है, अपने बारे में, अपने अरमानों के बारे में, अपनी शादी के बारे में बोलता ही रहता है। वह सरिता से कहता है : "मैं तब (आगामी सोमवार के दिन) मेरे घर में तुझे लाऊँगा।" कहानीकार ने इस वाक्य की रचना जिस ढंग से की है, यह बहुत ध्यान से पढ़ने योग्य है! वाक्य का कर्ता 'मैं' वाक्य में प्रथम क्रम पर है। 'मैं...लाऊँगा' 'तू' को बनता है 'तुझे'। 'तुझे'

यह इस वाक्य में कर्म के स्थान पर है। कर्ता द्वारा करवायी गयी क्रिया का जिस पर असर होने वाला है। (जिसका क्रियापद के साथ साधिकार या सक्रिय सम्बन्ध नहीं है) ऐसी इकाई। 'तू' (सरिता) शब्द, इस वाक्य की रचना जिस ढंग से हुई है, इसके फलस्वरूप 'तुझे' (सरिता को) कर्मपद हो जाता है। अर्थात् 'मैं' (रोहित) क्रियापद के प्रभाव नीचे आ जाता है, और क्रियापद ? 'लाऊँगा'। मूल वाक्य है : 'मैं लाऊँगा।' किसे ? 'तुझे'। रोहित के लिये शादी उसकी उपलब्धि और मिल्कत है। उसका प्रसंग है। इस प्रसंग में सरिता का योगदान इतना कि उसे इस प्रसंग पर उपस्थित रहना है (जो इस कहानी के सन्दर्भ में वह नहीं करने वाली, ऐसा सूचन कहानी में है। यद्यपि यह 'दिलधड़क घटना' इस कहानी में घटित नहीं होती है।) और रोहित की मिल्कत हो जाना (जो वह नहीं होती है)। इस कहानी में घटनाओं की भरमार नहीं है, नैतिक-सामाजिक मूल्यों का बोलबाला नहीं है, नारीवाद के नारे नहीं हैं। फिर भी घटना का, मूल्यों का, नारी (और नर) का मनुष्य होने का तात्पर्य क्या है, इन सवालों के गहरे तल यहाँ खुलते हैं।

'मैं तब (आगामी सोमवार के दिन) मेरे घर में तुझे लाऊँगा' यह वाक्य वैसे तो भावना के उफान में मानो बोला गया है। लेकिन इस वाक्य में 'मैं' और 'तू' ('तुझे' में परिवर्तित 'तू') के बीच सम्बन्ध में ज़ुल्म है, हिंसकता है, कर्तापद की सत्ताशीलता और कर्मपद की पराधीनता है, जो 'लाऊँगा' क्रियापद में चोरदार ढंग से प्रगट होती है। उपरान्त यह वाक्य सरिता के घर में बोला जाता है, यह भी (जिसे ध्वनि-विचार में 'स्थल-वैशिष्ट्य कहते हैं, ऐसी) अर्थसंकेत करने वाली बात है। इस वाक्य में 'घर' संज्ञा के पूर्व एक संज्ञा-विशेषण है : 'मेरा'। रोहित चाहे प्रेमालाप करता हुआ लगे, लेकिन उसकी यह एक उक्ति, कहानी का यह एक वाक्य कुछ अलग ही बात को प्रगट कर देता है : घर मेरा, रोहित का है, नहीं कि हमारा, सरिता-रोहित का।

चारों पृष्ठों में आलेखित ऐसे समग्र उक्ति-विशेषों से इस कहानीकार की कला का सशक्त अण्डरटोन गुंजरित होता है। अभिधा के तारसप्तक के नीचे व्यंजना का एक मन्द्रसप्तक झनझना रहा है। भाषा की समतल दिखती सतह के नीचे प्रवाहित संकेतों के ये जोख़िमभरे, सशक्त अचानक ही कहीं खींचने वाले प्रवाह, यह घनश्याम का सर्जकतापूर्ण भाषाकर्म है। 'टोळुं' (झुण्ड) कहानी संग्रह के चार ही पृष्ठों में जो एक विशाल समुद्र घनश्याम देसाई ने फैलाकर दिखाया है, इसीलिए उसके तट पर एक ऐसा तख़्ता लगाना होगा

जिस पर लिखा हो : पाठक, सावधान : 'डेन्जरस करंट्स इन द वाटर।'

संरचना और संकेतन (स्ट्रक्चर और सिग्निफिकन्स) दोनों प्रकार से इतनी सावधानी और सर्जकता से सहज लगे इस तरह लिखा गया यह वाक्य गुजराती कहानियों में कदाचित् विशेष नहीं मिलता। 'मैं मेरे घर में तुझे लाऊँगा'—यह एक वाक्य लिखने के बाद कहानीकार को सरिता की शादी सम्बन्धी अभिगम समझाने के लिये अन्य कुछ लिखना पड़ेगा?! या कहानीकार का सरिता का बर्ताव सम्बन्धी अभिगम समझाने के लिए?!

अलबत्ता, बहुसंख्य लेखक-झुण्ड का तारस्वर सुनकर जिनके कान बहरे हो गये हैं, ऐसे श्रोता-पाठक को ध्यान में रखकर इस कहानीकार ने सरिता के मन की बात ज़रा जोर से भी की है : ''बापूजी ने तो मेरा संसार जला दिया। मैंने कितना मना किया...लेकिन बिलकुल माने नहीं। बेचारी बा की क्या चलेगी? लेकिन कुछ नहीं, मेरा रास्ता मैं ख़ुद ढूँढ़ लूँगी। मुझे अनिल का साथ है; फिर दुनिया झख मारती है।' 'रविवार को सुबह में ही हम भाग जायेंगे।—इस तरह सरिता 'मन-ही-मन' बोल लेती है, कहानीकार यह सुनकर—सुना देता है।

और अनिल? सरिता और अनिल एक ढलती शाम नारियल के वृक्ष के नीचे बैठे थे, लम्बे पत्तों की परछाइयाँ हिला करती थीं। सरिता को स्थिरता चाहिए, वह अनिल से यह पूछती है : 'अनिल, तू इस परछाईं को स्थिर कर सकता है?' प्रेम करने वाली युवती अपने युवक से पूछे, ऐसे इस सवाल का जवाब तो क्या होगा? ''कुछ देर तो अनिल इन वृक्षों की ओर देखता रहा, फिर दृढ़ आवाज़ में कहा : 'तुझे मेरी ऊष्मा चाहिए फिर चाहे चारों ओर परछाइयाँ नाचती रहें'।'

'ऊष्मा' शब्द कैसे सहज रूप से इस कहानी में मन्द्र-से ध्रुवपद की तरह गूँजता रहता है!

कहानी के अन्तिम परिच्छेद में वह बातूनी रोहित फिर सरिता से कहता है : 'मैं हँसता हूँ—बार-बार हँसता हूँ—लेकिन वह मेरी निराशा और अकेलेपन को दूर करने के लिए...वास्तव में तो मैं अकेला ही हूँ। मुझे ऊष्मा की ज़रूरत है। एक साथी चाहिए, मुझे...—रोहित को भी...।'

—लेकिन उस बातूनी का वाक्य अधूरा रह जाता है और कम बोलने वाले कहानीकार की चार पृष्ठ की दीर्घ कहानी समाप्त होती है; रोहित सहित

सभी पात्रों के प्रति समभाव, समसंवेदन की गूँज के साथ।

•

जो पाठक इस अनोखे कहानीकार के प्रत्येक वाक्य को पढ़ सकता है वह पाठक अब इस कहानी के एक भी पात्र को दोष नहीं दे सकता। न अनिल को, न सरिता को, न तो रोहित को। बल्कि इन तीनों व्यक्तियों के प्रति समभाव ही नहीं, प्रत्येक वाक्य पर विशेष समझदारी पाता जाता है। इन तीनों से आगे निकलकर (बल्कि उन प्रत्येक के भीतर पहुँचकर) मनुष्य मात्र के एकाकीपन को और ऊष्मा की आवश्यकता को कुछ विशेष समझ—और अनुभव कर सकता है।

अलबत्ता, घनश्याम देसाई की यह एकमात्र कहानी नहीं है, जो हेमिंग्वे या काम्यु की किसी कहानी की याद दिलाती है।

•

स्मित और अश्रु का, हास्य और करुण का रसायण यह कहानीकार जिस ढंग से करता है यह जानने के लिये 'लाल बोपट्टी'—वाली रमा को (और विनायक को और कथाकार 'हुँ' को) कभी मिलना चाहिए। और इस कहानी में बरसती हुई बरसात को भी। इस छोटी-सी कहानी के अन्तिम परिच्छेद में 'आजे' बरसती बरसात समय के कितने लम्बे विस्तार को बींधकर एक बार छोटी-सी रमा की लाल बोपट्टी का रंग कैसे धो डालती है, यह तो उसका निमज्जन-पठन ही पाठक को कह सकता है।

घनश्याम का नियति-निरूपण कई बार तो 'कान्त' का स्मरण करा सके इस तरह व्यापक-करुण होता है। इस विषय में फिर कभी।

४

'कहानी में घटना ह्रास का मतलब क्या है?' इस विषय में जाने-अनजाने

ग़लतफ़हमी करने का फ़ैशन एक समय गुजरात में था। अब तो समझने वाले–ग़लतफ़हमी करने वाले दोनों को अफ़सोस हो, ऐसी बालिशता का राज चल रहा है; इसलिए 'थीम', 'फीलिंग' और 'फोर्म' के बारे में, विषयवस्तु, अनुभूति और रूपनिर्मिति के विषय में गम्भीर, तटस्थ और गहन विचार करने का समय फिर आ गया है।

घनश्याम देसाई की कहानियाँ कथागत विषयवस्तु को जिस तरह प्रस्तुत करती हैं और जिस तरह लाँघ जाती हैं, यह पद्धति रोंदा जैसा शिल्पी 'द थिंकर' जैसे शिल्प में ये दोनों चीज़ कर दिखाता है, इसकी याद दिलाता है। रोंदा शिल्प जिसमें से बना है ये धातु को प्रस्तुत भी करे : उसकी सघनता और नमनीयता, उसकी रंगझलक, उसका वजन, स्पर्श सभी को अकबन्ध रख पाता है और साथ ही उस धातु की वास्तविकता को लाँघकर एक विचार मग्न मनुष्य की देह में, देहभंगिमा में, यह मनुष्य स्वकीय वास्तव में, उसके मनोमय जगत में देखने वाले को ले जाता है—ऐसी ही हैं घनश्याम देसाई की कहानियाँ।

उत्तम कवि जैसे मुख्यार्थ को, अभिधेयार्थ को सांगोपांग मोहक रूप से व्यक्त करने के बाद वहीं ही न रुक जाकर आगे बढ़कर व्यंग्यार्थ को, ध्वनि को शक्य बनाकर और ध्वनित करता है, उसी तरह उत्तम कहानीकार घटना को इस तरह प्रस्तुत करता है कि कहानी केवल घटना न रह जाय, इसके आगे किसी को ध्वनित करती रहे।

इन सभी मुद्दों को ध्यान में रखते हुए पठनीय कहानियों में एक कहानी है : 'गोकळजीनो वेलो।' (गोकलजी का वंश)।

'गोकळजीनो वेलो' (गोकलजी का वंश) किसकी कहानी है? कहानी का कथन गोकलजी का वंशज है। गोकलजी और गटीदादी का वंशज है। गटीदादी गौरवर्ण–सुन्दर नहीं हैं, इसलिए यह भाई, वंशज–कथक भी ख़ास गौरवर्ण–सुन्दर नहीं है। यह पहचान उन्हें पसन्द तो नहीं है, लेकिन क्या हो सकता है? यद्यपि, वंशज–कथनकार (सर्वज्ञ कथक के रूप में नहीं, लेकिन परिवार में प्रचलित बुजुर्गों की बातों के रूप में) जानता है कि वह सुन्दर पहचान, वह मनपसन्द आइडेंटिटी धारण करने का कभी चांस था। इस विषय पर यह कहानी है : एक मनुष्य की स्वकीय पहचान बाबत : आजीवन हमेशा के लिये अखण्ड आइडेंटिटी कैसे किसी क्षुद्र घटना से निश्चित हो जाती है :

अरे, कहीं ज़रा इधर से उधर हो गया होता तो एक मनुष्य की स्वकीय पहचान बाबत—तो मेरा यहाँ कैसा और कितना फ़र्क़ पड़ गया होता, यह बाबत! और आख़िर तो "आ ऐश्वर्ये" (इस ईश्वर निर्मित और शासित विश्व में) ऐसा कोई फ़र्क़ कर सकने की कोई गुंजाइश नहीं है—न तो 'मेरे' लिए, न 'मेरे' बुज़ुर्ग गोकलजी के लिए, न किसी के लिए—आख़िर तो इस बाबत यह कहानी है।

इस कहानी की 'आज' इस वंशज की आइडेंटिटी के बारे में चाहे कोई कुछ भी नहीं कर सकता है, फिर भी यह वंशज 'आज' एक नये रोल में है, एक नयी शक्ति लेकर आता है। आज यह वंशज कहानी का कहने वाला है, केवल (जेनेटिक्स का एक ग़ुलाम) वंशज नहीं है, लेकिन कहानी कहने वाला एक 'सृष्टा' है। वंशज जानता है और जानने पर भी कुछ नहीं कर सकता। लेकिन कथनकार यह जानने के बाद कुछ कर सकता है। वह अपने पूर्वज को, दादा गोकलजी को, कन्धे पर हाथ रखकर समझा सकता है। जीवन जड़ बेसालक है, कला नमनीय है। इस नमनीयता पर यह कहानी आधारित है।

वंशज जानता है कि गोकलजी दादा की सगाई पहली बार तो पड़ोस की एक सुन्दर कन्या के साथ हुई थी। लेकिन एक बरसाती दोपहर में पकोड़े खाकर सोये हुए गोकलजी, पड़ोस में रहने वाले भावी ससुर (ऐसे ससुर जो आख़िर में ससुर नहीं हुए) के शोरगुल करने पर भी जगे नहीं; बरसात का पानी उस पड़ोसी के बाड़े में घुस गया। आख़िर जगे हुए गोकलजी को सुन्दर कन्या के पिता बुज़ुर्ग पड़ोसी की डाँट पड़ी और गुस्से में आकर गोकलजी ने यह सगाई तोड़ डाली। इस प्रकार बाद में गटीदादी वंशज-कथक की दादी हुईं, और गटीदादी, जो ख़ास सुन्दर नहीं थी, उसके वंशज के रूप में 'ख़ास सुन्दर नहीं' यह पहचान आजीवन मिली।

—अपना रूप, अपना रंग, अपनी आइडेंटिटी; आख़िर एक बरसाती दोपहर में ज़्यादा पकोड़े खाने से गोकलजी को नींद आ गयी; यह नींद क्या इन सबका निर्णय करेगी?! यह एक विचार कथक का हँसा देता है और मन-ही-मन वह गोकलजी के कन्धे पर मैत्रीपूर्ण हाथ रखकर उनसे कहता है : 'भले आदमी, समय पर जगना था' न?—न कोई चीत्कार, न कोई फ़लसफ़ा कुछ भी नहीं। बस मैत्रीपूर्ण हाथ उनके कन्धे पर, कुछ ही शब्द और घनश्याम ही दे सके ऐसा (शोक और समझदारी और कुछ विशेष रूप से

झलकता) स्मित।

'गोकळजीनो वेलो' (गोकलजी का वंश) यह कहानी अन्ततः 'मैं'—के स्मित के बारे में है।

५

कहानीकार घनश्याम स्वयं सरस्वती के मुख पर ऐसा स्मित थे।

वाग्देवी सरस्वती का स्मित अपने पिता ब्रह्मा द्वारा निर्मित ऐसी (गोकलजी के वंश) जैसी सृष्टि को स्वथतापूर्वक देखकर आने वाला स्मित होगा—शोक के पर्याय जैसा, ज़्यादा समझ और थोड़ा-सा विडम्बनापूर्ण और वाणी की वैकल्पिक सृष्टि की अनन्य शक्ति की आत्म-सजगता का, जो शक्ति भुलक्कड ब्रह्मा के कन्धे पर हाथ रखकर यह कह सके कि 'भले आदमी...'

गुजराती से अनुवाद : तुलसीभाई पटेल

आलेख का रचना-वर्ष : २०१०

व्यक्तिगत विवरण (संक्षिप्त बायो डाटा)
फ्रेंकफर्ट उत्सव प्रश्नोत्तरी

व्यक्तिगत विवरण (संक्षिप्त बायो डाटा)
फ्रेंकफर्ट उत्सव प्रश्नोत्तरी

नाम	: सितांशु यशश्चन्द्र
जन्म से नाम	: सितांशु यशश्चन्द्र मेहता
जन्म-स्थान	: भुज, कच्छ, गुजरात, भारत
परिवार	: अंजनी ढोलकिया से विवाहित, पुत्री : विपाशा, पुत्र : आरण्यक
ईमेल	: sitanshuy@yahoo.com/sitanshuy @ gmail. com
भाषा	: गुजराती
शिक्षा	: गुजराती व संस्कृत में स्नातकोत्तर एवं पी.एच.डी. (बम्बई विश्वविद्यालय, भारत); तुलनात्मक अध्ययन में स्नातकोत्तर एवं पी.एच.डी. (इण्डियाना विश्व-विद्यालय, संयुक्त राष्ट्र अमेरिका)
व्यवसाय	: प्रोफ़ेसर, एम. एस. यूनिवर्सिटी ऑफ़ बड़ौदा; कुलपति, सौराष्ट्र विश्वविद्यालय, राजकोट
विदेश यात्राएँ	: अनेक। तीन बार जर्मनी, अनेक बार अमेरिका और फ्रांस, स्विट्ज़रलैण्ड, इटली, पूर्व रूसी गणतन्त्र और दक्षिण कोरिया।

व्यावसायिक प्रसंग

आप किस भाषा (किन भाषाओं) में लिखते हैं और क्यों?

1. गुजराती। यह मेरी मातृभाषा है। 2. अँग्रेज़ी में भी। शोध और आलोचनात्मक अध्ययन के लिए। और अपनी कविताओं का अनुवाद करने के लिए। क्यों? अँग्रेज़ी बोलने वाले शोधार्थियों और पाठकों से संवाद करने के लिए।

इस भाषा (इन भाषाओं) में आपके लेखन के लिए विशेष क्या है?

गुजराती भाषा मेरे लिए ध्वनियों और अर्थों के एक संसार को लेकर आती है जो मुझे आकर्षित करता है और मुझे कई तरह से सशक्त बनाता है। मिसाल के लिए, 1. यह मुझे आकृष्ट करती है और अपनी सबसे पुरानी स्मृतियों तक पहुँचने में मदद करती है। 2. यह मुझ आगाह करती है और सशक्त बनाती है कि मैं सार्वजनिक स्पेसेज़ के उन ''शोरों'' और ''बातचीतों'' को सुन और समझ सकूँ जिनमे मेरे सबसे नज़दीकी जीवित संसार का निर्माण करने वाले बाशिंदे रहते हैं और मेरे साथ संवाद करते हैं। 3. यह मुझे गुजरात क्षेत्र के कोई नौ शताब्दियों के रचनात्मक लेखन, उसके इतिहास, संस्कृत भाषा के साथ उसके सम्बन्ध और प्रमुख भारतीय साहित्य के रूप में उसके विकास के साथ सीधा राब्ता कायम करने में मदद करती है। गुजराती गाँधी के लिए पर्याप्त सक्षम थी (जिन्होंने अपनी आत्मकथा और तक़रीबन अपना सारा लेखन पहले अपनी इसी मातृभाषा में किया) और मैं भी इसे पर्याप्त सक्षम पाता हूँ।

लिखने के लिए आपके पास क्या कारण हैं?

समझने, अनुभव करने और इमारत का अहसास करने के लिए। ज़रूरी नहीं ये बातें इसी क्रम में हों।

आप किन महत्त्वपूर्ण विषयों पर लिख रहे हैं और क्यों?

मेरे लिए ध्वनियों और सम्वेदनाओं की संरचनाओं के निर्माण का कार्य महत्त्वपूर्ण है। उतने ही महत्त्वपूर्ण और अत्यावश्यक मेरे सरोकार हैं; किसी भी तरह की सत्ता (राजनैतिक, आर्थिक, धार्मिक या किसी भी और प्रकार की) की तिकड़मों से मेरी और दूसरों की स्वतन्त्रता का सरोकार और अस्तित्वमान बने रहने, समझने और निर्माण करने की मेरी या दूसरे की इच्छा की अभिव्यक्ति के लिए एक संवादमूलक स्पेस के होने/निर्मित करने की स्वतन्त्रता। मेरी कविताओं और नाटकों की विषय-वस्तुएँ इन्हीं दो चीज़ों से उभरती हैं जो कि मेरे लिए महत्त्वपूर्ण है।

क्या आपका लेखन एक विशिष्ट विधा से सम्बन्ध रखता है?

कविता और नाटक। यहाँ मैं स्पष्ट करना चाहूँगा कि ''विधा'' की धारणा एक जटिल और समस्यापरक धारणा है। जब एक भारतीय (गुजराती, २०वीं/ २१वीं शताब्दी) व्यक्ति (रचनात्मक/ आलोचनात्मक; किसी एक विशिष्ट सामाजिक-मनोवैज्ञानिक वर्ग में सीमित न होने का प्रयास करता हुआ) अँग्रेज़ी भाषा में चल रहे एक विमर्श में ''कविता'' या ''नाटक'' शब्द का प्रयोग करता है तो वह भारतीय व्यक्ति एक विचलन (सम्भवतः एक बिलकुल ही अलग स्थान अथवा कार्यस्थल) की तरफ़ संकेत कर रहा होता है जिसका उस से केवल अप्रत्यक्ष और सतही सम्बन्ध हो सकता है जिस तरह से एक जर्मन या फ्रेंच या अँग्रेज़ी बोलने वाला व्यक्ति ''कविता'' या ''नाटक'' को समझेगा। जब मैंने सिल्विया प्लाथ या यूजीन आयोनेस्को या मार्केज़ या रिल्के, मान, काफ्का और ब्रेख्त को पहली बार पढ़ा (अधिकतर अँग्रेज़ी अनुवाद में या एक समय आयोनेस्को और अन्य को फ्रेंच में) तो मैंने अपने आप को पश्चिमी संसार की साहित्यिक संस्कृति के इतिहास में आत्मिक स्तर पर अपने आप को लोकेट करने का प्रयास किया। किसी भी समकालीन जर्मनभाषी व्यक्ति के लिए गुजराती कविता/नाटक को जर्मन अनुवाद में पढ़ना वैसा ही एक प्रयास करने का प्रारम्भ होता है।

आपने लिखना कब शुरू किया?

१९५० के दशक के अन्त में और १९६० के दशक की शुरुआत में—

भारत के लिए सपनों और विनाश के सालों में। और सच तो यह है कि मेरे लेखन के लिए (और मेरी संस्कृति के लिए) कई प्रारम्भ हैं। ठीक जिस तरह कई सारे अन्त-बिन्दु होते हैं। यही बात उन्हें दिलचस्प बनाती है!

आपको प्रेरणा किस से मिलती है?

जानने और समझने की इच्छा से। बनाने की इच्छा से। अपना जीवन किसी भी दूसरे को दे देने की असम्मति से। कविता और नाटक लिखने से, उनमें फ़िक्शन और नैरेटिव पैदा करने से मुझे ऐसा करने की ताक़त मिलती है।

क्या आप जो चाहें उसे लिख और कह सकने के लिए अपने को स्वतन्त्र महसूस करते हैं?

नहीं। कौशल और संकल्प की मदद से मैं उस स्वतन्त्रता को हासिल करता हूँ और उन "प्रारम्भों" के विविध पड़ावों पर उसे नये सिरे से बनाता हूँ जिनका ज़िक्र मैंने पहले किया था।

आपकी कौन सी रचना आपकी सर्वप्रिय है और क्यों?

मुझे सभी रचनाओं की ज़रूरत महसूस हुई है; इसीलिये मैंने उन्हें निर्मित करने का कष्ट उठाया है। और वे मुझे उनकी समग्रता में चाहिए ताकि मैं समग्र बना रह सकूँ, ताकि मैं मैं बना रहा सकूँ; ताकि मैं अपने आप से एक अजनबी बनने से बच सकूँ। ये रचनाएँ, चाहे वे एक दूसरे के साथ साम्य में हों या संघर्ष में, मेरे व्यक्तिगत इतिहास का निर्माण करती हैं। एक पाठक चाहे तो इनमें से किसी एक या सभी रचनाओं के साथ अपने आप को अलग तरीक़े से सम्बद्ध कर सकता है और अपनी सर्वप्रिय रचना या रचनाएँ निर्धारित कर सकता है।

क्या आपका कोई प्रिय जर्मन लेखक है?

कई हैं। शुरुआत करें तो काफ्का और नीत्शे। लेकिन काफ्का के ही साथ

टॉमस मान। रिल्के लेकिन ब्रेख्त के साथ। होल्डरलीन मगर गुइटे भी। नीत्शे लेकिन शौपेनआवर भी। अल्त्यूसर। मैं एक घालमेल करने वाला आदमी हूँ। घालमेल क़िस्म का शायद?!

जर्मन कविता के बारे में आप क्या जानते हैं और उसमें आपको क्या पसन्द या नापसन्द है?

पसन्द : कांट–लूथर–नीत्शे का स्वतन्त्रता और अथक छानबीन का जज़्बा। मनुष्य के लिए एक बहुसांस्कृतिक लिविंग–स्पेस को जानने और उसका निर्माण करने की गुइटे जैसी इच्छा और क्षमता। भाषा में वास्तुशिल्प पैदा करने की होल्डरलीन–सरीखी या मान–सरीखी योग्यता। ऊपर की हर चीज़ और बाक़ी चीज़ों की एब्सर्डिटी का सामना करने को काफ्का–सरीखा साहस।

जर्मनी आते हुए आप की क्या प्रत्याशाएँ हैं?

1. भारतीय और गुजराती साहित्य के प्रति सम्भवत: एक दीर्घकालिक दिलचस्पी की शुरुआत करना।
2. समकालीन जर्मन कवियों और नाटककारों से मिल सकना और उनके साथ सम्भवत: एक दीर्घ संवाद कायम कर सकना।
3. दक्षिण एशियाई अध्ययन के लेखकों जैसे प्रोफ़ेसर आलोक रंजन दास गुप्ता, प्रोफ़ेसर लोठार लुत्ज़े और कई दूसरों से संवाद करना। अफ़सोस प्रोफ़ेसर Sonthymer अब नहीं हैं।
4. आज के जर्मनी के जीवन को देखना—पुराना–नया जर्मनी।

अपने लेखन, अपनी मातृभूमि और अपनी भाषा के बारे में आप जर्मन लोगों को क्या बताना चाहेंगे?

आपको जानना मज़ेदार है, मुझे जानना भी मज़ेदार हो सकता है! मज़े से मेरा अभिप्राय उस सक्रिय प्रसन्नता के बोध से है जो उन अनुभवों से परे जाने में मिलती है जिसके मैं और आप इस क़दर आदी हो चुके हैं। यक़ीन

मानिए मेरा लेखन, मेरा घर और मेरी भाषा आपको हैरान कर सकते हैं। एक मज़बूत अजनबीपन और एक और भी मज़बूत अन्तरंगता से आपको हैरान कर सकते हैं! आप ख़ुद ही देखें, हो सके तो?!

भारतीय साहित्य के बारे में क्या जानना आवश्यक है? या क्या उसका सम्बन्ध एक विशिष्ट भारतीय परम्परा से है?

सबसे बड़ी बात तो यह है कि भारतीय साहित्य इतना सारा और इतना वैविध्यपूर्ण है कि सबसे अच्छा तो ये होगा कि आप अपना प्रवेश-बिन्दु छाँट लें। और ऐसा आप कैसे करेंगे? किसी ऐसे व्यक्ति से बात करें जो भारतीय साहित्य को जानता हो और जर्मनी में रहता हो। मिसाल के लिए शालिनी राजेन्द्र। एक समकालीन लेखक प्रवेश-बिन्दु हो सकता है—उदाहरण के लिए मैं! या उदाहरण के लिए के. सच्चिदानन्दन। या वह कोई संस्कृत कविता या महाकाव्य हो सकता है। उनमें से कई सारे जर्मन अनुवाद में उपलब्ध हैं—अभिज्ञान शाकुन्तलम; गुएटे को उसे पढ़ने में आनन्द आया था। या वह गाँधी हो सकते हैं। *माई एक्सपेरिमेंट्स विद ट्रूथ, या हिस्ट्री ऑफ़ सत्याग्रह इन साउथ अफ़्रीका*।

भारत की साहित्यिक और सांस्कृतिक परम्परा की एक अद्वितीय पुरातन पहचान है जिसने बिलकुल प्रारम्भ से विविध समुदायों के रहने और बढ़ने के लिए स्पेस का निर्माण किया है। और वास्तव में संस्कृत और आधुनिक भारतीय भाषाओं (जैसे गुजराती) में "साहित्य" का अर्थ होता है साहचर्य। इस बात ने ही भारत को स्थायी और विकासशील बनाया है।

क्या आपका लेखन भारतीय साहित्य की नयी प्रवृत्तियों का प्रतिनिधित्व करता है?

यह भारतीय आधुनिकता की खोज को साकार करता है, जो मेरे लिए एक समकालीन स्पेस है जहाँ आज हमारी व्यक्तिगत और सामूहिक ज़िन्दगियाँ बग़ैर अभिभूत या अकेला हुए स्वतन्त्रतापूर्वक दूसरे समयों और दूसरे स्थानों से संवाद कर सकती हैं।

क्या आप जर्मन साहित्य/लेखकों से प्रेरित हुए हैं?

एक दफ़ा इमानुएल कांट के लेखन ने मुझे नयी शुरुआत करने में मदद की है। पहले एक और दफ़ा काफ्का ने। रिल्के, मान और नीत्शे भी मदद करते हैं।

आपके सबसे प्रिय विषय क्या हैं और क्यों?

राजनैतिक स्वतन्त्रता और राजनैतिक-आर्थिक रूप से स्वतन्त्र (राष्ट्रीय) स्पेस में रहने के तरीक़े। एक "कॉस्मोपॉलिटन" स्पेस को समझना। दक्षिण एशिया के इतिहास में साहत्यिक संस्कृति जो एक ऐसा विषय है जिसके बारे में मैं शिकागो/कोलम्बिया के प्रोफ़ेसर शेल्डन पोलक के साथ लम्बे समय तक संवाद कर पाया हूँ जो एक गम्भीर और ज़ोरदार विचारक और सिद्धान्तकार हैं।

व्यक्तिगत प्रसंग

आपकी सबसे प्रिय फिल्में, पुस्तकें, लेखक, संगीत, कलाकार (राष्ट्रीय और अन्तरराष्ट्रीय) कौन से/सी हैं?

आइन्स्टाइन, बुनुएल, बर्गमैन, सत्यजित रे, गोबिंद निहलानी, केतन मेहता की फ़िल्में। *कलाकार :* साल्वाडोर डाली, अतुल डोडिया। *किताबें :* कालिदास की कुमारसंभव, दान्ते की डिवाइन कॉमेडी, शेक्सपीयर/आयोनेस्को का मैकबेथ/मैक्बेट, १९वीं शताब्दी के एक गुजराती कवि कान्त की पूर्वालाप, गाँधी की हिन्द स्वराज। *लेखक :* नरसिंह मेहता, १४वीं/१५वीं शताब्दी के एक गुजराती कवि, और कई अन्य।

मित्रों के साथ बातचीत के आपके सबसे प्रिय विषय क्या हैं?

हाल की हमारी यात्राओं में देखे गये और मिले हुए स्थान और लोग; बहुसांस्कृतिक स्पेस जिसमें हम बाहरी और उन भीतरी लोगों के साथ निवास करते हैं जो एकल संस्कृति के हामी हों; आने वाला कल और कल और कल...

आपका धर्म क्या है?

''हिन्दू'' जैसा कि जाना जाता है। मुझे जीवन का उपनिषदीय-भक्ति मार्ग पसन्द आता है जो ''एक पुस्तक/एक टीकाकार'' ''एक-सत्य-धर्म'' जैसी धारणाओं को नहीं मानता, जैसा कि विवेकानन्द ने बहुत अच्छी तरह समझाया है।

आपके अपने फ़्लैट (घर) में आपकी सबसे पसन्दीदा जगह कौन सी है और क्यों?

कभी-कभी काम करने का शान्त कमरा; कभी बातचीत से भरा हुआ बैठक का कमरा। जैसे कि ए. के. रामानुजम और यू. आर. अनन्तमूर्ति ने इशारा किया है, भारतीय घर में भीतरी (अहम) और बाहरी (पुरम) परस्पर विनिमेय होते हैं।

जर्मनी में आप किससे मिलना और बातचीत करना चाहेंगे?

उस अज्ञात जर्मन कवि से (वह जिसे मैं जानना शुरू कर सकता हूँ या जो मुझे जानना शुरू कर सकता है।)

आपके व्यक्तिगत लक्ष्य क्या हैं?

अपनी बहादुर बेटी विपाशा (कवि और पी. एच. डी.) की (कठिन सेरेब्रल पैल्सी के बावजूद) अमेरिका और भारत की एक रचनात्मक एवं सहयोगी नागरिक की हैसियत से अर्थपूर्ण जीवन जी सकने के उसके साहसपूर्ण प्रयासों में सहायता कर सकना।

अँग्रेज़ी से अनुवाद : अशोक पाण्डे
आलेख का रचना-वर्ष : २००६

॥ साक्षात्कार ॥

दृश्य और ध्वनियाँ

ई.वी. रामकृष्णनन एवं के.एम. शेरिफ के साथ संवाद

दृश्य और ध्वनियाँ

ई.वी. रामकृष्णनन एवं के.एम. शेरिफ के साथ संवाद

ई.वी. रामकृष्णन : आपने एक बार कहा था कि आपकी पीढ़ी के गुजराती लेखक या तो सुरेश जोशी से जुड़े हुए थे या उमाशंकर जोशी से। जहाँ तक मैं जानता हूँ आप उमाशंकर जोशी के अधिक नज़दीक थे। क्या आप विस्तार से बता सकते हैं ?

दोनों का मिला-जुला प्रभाव था, जो मैं दोनों से जुड़ा, दोनों से मुक्त रहने में सहायता करता था। अपने प्रारम्भिक करियर में जब वे कराची और वल्लभ विद्यानगर में रह रहे थे, सुरेश जोशी संस्कृत काव्य-शास्त्र के बड़े अभ्यासी एवं आलोचक थे। जब सुरेश जोशी 'सुरेश जोशी' बने, उन्होंने गुजराती में पाश्चात्य साहित्य विशेषत: आधुनिक पाश्चात्य साहित्य का सघन परिचय कराया। उमाशंकर एक अलग तरह के कवि थे। वे एक गांधीवादी थे, जिन्होंने स्वतन्त्रता संग्राम में हिस्सा लिया था। अलबत्ता जिस समय उन्होंने 'छिन्न-भिन्न छुं' लिखी, पचास के दशक में, तब भारत की प्रवर्तमान राजनैतिक और आर्थिक प्रक्रियाओं और शक्तियों से उनका अलगाव हो चुका था। उन्होंने नयी तरह की कविता लिखना शुरू किया। इसने हम में से कुछ को आकर्षित किया क्योंकि वह हमारे निकटवर्ती वास्तव के अन्वेषण की एक प्रक्रिया थी। सुरेश जोशी ने यह किया कि हमें गांधी काल की निबन्ध जैसी कविता से उखाड़कर अलग किया। ये दोनों ही गांधी युग से आगे जाने वाले

प्रस्थान थे। लेकिन हम में से अनेक को उमाशंकर वाला प्रस्थान अधिक प्रामाणिक लगा क्योंकि वह निकटवर्ती वास्तविकता को देखने की प्रक्रिया से उपजा था।

> के.एम. शेरिफ : केरल का प्रगतिशील साहित्यिक आन्दोलन मार्क्सवादी विचारधारा से गहरे प्रभावित था जबकि गुजरात में उसी पीढ़ी के लेखक गांधीवाद के प्रति रुझान रखते थे। क्या आपको लगता है कि इस अन्तर ने बाद के समय के कवियों को प्रभावित किया?

सुन्दरम, स्वप्नास्थ और अनेक बाक़ी कवियों ने दरअसल एक प्रगतिवादी साहित्यिक आन्दोलन (प्रगतिवादी कविता) प्रारम्भ किया था और वे कार्ल मार्क्स से आकर्षित थे। उमाशंकर जोशी ने एक बार कहा था कि मार्क्स एक ऋषि थे। एक विशिष्ट प्रकार के मार्क्स की उनकी स्वीकृति थी। जो वास्तव में गांधी के रेडिकल विचार से प्रभावित थी। जब उन्होंने मार्क्स को एक ऋषि बताया था तो मार्क्सवादी विचार को एक विशिष्ट नज़रिये से देख रहे थे। निश्चित ही इसकी अपनी सीमाएँ हैं। यदि गांधी को रेडिकल गांधी के रूप में स्वीकार नहीं किया गया और यदि उनके दूसरे नॉन-रेडिकल आयामों को ही स्वीकार किया जाता है, उस स्थिति में मार्क्स को भी अस्वीकार करने पर आप ख़ाली हाथ रह जाते हैं। लेकिन भाग्यवश उमाशंकर के पास रेडिकल गांधी की ताक़त थी। आपातकाल के समय उनके द्वारा लिये गये स्टैंड से यह तथ्य सिद्ध हुआ। राज्यसभा के एक नामित सदस्य के रूप में वे इन्दिरा गांधी के ख़िलाफ़ खड़े हुए और उन्होंने आपातकाल की भर्त्सना की।

जब इस बारे में विचार करता हूँ तो यह मसला सुरेश जोशी के अस्वीकार करने और उमाशंकर को स्वीकार करने का नहीं रहता। मार्क्स को अस्वीकार करने और गांधी को स्वीकार करने का था। हमारी (या कहूँ, मेरी) ख़ुद की पहचान, स्वयं बोध, जैसे-जैसे बनती चली, वैसे-वैसे ये दो समर्थ पुरोगामियों के साथ का जुड़ाव दो भावों से अंकित होता चला : अस्वीकार अथवा उदासीनता। उमाशंकर के साथ हमारा सम्बन्ध अस्वीकार का था। लेकिन किसी को अस्वीकार करने और किसी के प्रति उदासीन बने रहने में अन्तर है। अन्ततः आकलन किया जाय तो हम सुरेश जोशी के प्रति उदासीन बनते

चले थे और हमने उमाशंकर को अस्वीकार करना शुरू किया।

ई.वी.रा. : क्या आप कहना चाहेंगे कि जिस प्रकार के अनूदित और अति-पाश्चात्यीकृत मुहावरे पर सुरेश जोशी जोर देते थे, उसमें अप्रामाणिकता की एक लकीर थी?

यदि मैं मलार्मे या बोदले'र की परम्परा में होना चाहता हूँ तो पहला काम मैं करूँगा वह होगा फ्रेंच सीखना। जब वे ५८ के थे, निरंजन भगत ने आधुनिकता की जड़ों को समझने के लिये फ्रेंच सीखना शुरू किया। इस प्रकार के प्रयासों से फ्रेंच लेखकों के साथ एक गम्भीर और प्रामाणिक रिश्ता बनता है। गुजराती में छन्दहीन कविता के प्रारम्भ को कई स्रोतों में खोजा जा सकता है। सुरेश जोशी की पत्रिका 'क्षितिज' में जो लेखक लिखा करते थे उनके भीतर यह प्रवृत्ति फ्रेंच संकेतवादी कविताओं के अनुवाद पढ़ने से आयी। वे फ्रेंच कविता को अँग्रेज़ी अनुवाद में पढ़ते थे, उन्हें एक ऐसे मुहावरे में अनूदित करते थे जो छन्दहीन था। ग़लत पाठ का यह एक सुघड़ उदाहरण है। शुरुआती फ्रेंच संकेतवादी कविता में छन्द की बड़ी उपस्थिति थी। निश्चय ही यह एक रचनात्मक कुपाठ था और इसने कुछ बेहतरीन कविता की रचना की, ख़ासतौर पर ग़ुलाम शेख की जिन्हें लय का उत्तम ज्ञान था। जो भी हो, जिस तरीक़े से सुरेश जोशी ने अपने आपको पाश्चात्य परम्परा से जोड़ा उसमें कुछ तो चीज़ ग़लत थी।

ई.वी.रा. : जब आपने अपनी कविताओं की पहली पुस्तक लिखना शुरू किया आप अस्वीकार की प्रक्रिया में संलिप्त थे और एक नये मुहावरे की खोज कर रहे थे?

हम उमाशंकर जोशी, सुन्दरम्, निरंजन भगत या राजेन्द्र शाह (जो एक महान गीतकार थे) के पूर्णतः अनुयायी नहीं थे। ये कुछ कवि थे जिन पर हमने प्रतिक्रिया की। राजेन्द्र शाह सौन्दर्य-बोध की तरफ़ प्रवृत्त थे और उन्हें 'सौन्दर्यानुरागी कवि' कहा गया। लेकिन उनकी कई रचनाएँ उपदेशात्मक हैं। उमाशंकर कह सकते थे कि 'मैं बिखरा हुआ हूँ' लेकिन उसमें तुरन्त जोड़ देते थे, 'कई घरों में रोटी के टुकड़े की तरह, अभी नहीं रखा गया हूँ भिखारी के कटोरे में।' यह एक दिलचस्प इमेज है। इसमें वे अलग-अलग घरों से

भोजन के टुकड़े एकत्र कर रहे एक पवित्र भिक्षु का वर्णन करते हैं। लेकिन कवि एकत्रित करने के पहले के क्षण को छाँटता है। उस विशिष्ट क्षण में हरेक वस्तु बिखरी हुई है, भोज्य भोजन नहीं है। हरेक चीज़ अस्वीकार है। उनके कहने का अर्थ है कि आदर्श यह सारा अभक्ष्य भोजन पवित्र भिक्षु द्वारा इकट्ठा किया जायेगा और एक सम्पूर्ण और पवित्र भोजन में बदला जायेगा। भविष्य में जो कि घर के भोजन से बेहतर होगा, क्योंकि वह पवित्र भिक्षु का भोजन बन जायेगा। वास्तविकता की उनकी अन्तिम परिकल्पना पवित्र और एकीकृत है। एक और कविता में उमाशंकर कहते हैं—'हर चीज़ बदलती है लेकिन पर्वतमाला वहीं रहती है।' उन्होंने मुझे एक दफ़ा बताया था : 'यदि मैं ईश्वर पर विश्वास न करूँ तो मैं कुछ भी नहीं हूँ।' यह वास्तव में उनका अन्तिम सत्य है। उनकी कविताएँ इस बात का प्रमाण देती हैं। यह वो चीज़ है जिसे हम (मैं)कभी समझ नहीं सकेंगे। उमाशंकर में जिस संकट को हम देखते हैं, वह अनुभव और अभिव्यक्ति के बीच के तनाव से उपजा है। जहाँ उनकी अभिव्यक्ति बहुत आधुनिक दिखायी देती है, उनका अनुभव क्लासिकल, एकीकृत और समवेत था। सो मैंने उमाशंकर के इस क्लासिकल प्रयोगवाद, राजेन्द्र शाह की उपदेशात्मक गीतात्मकता और सुरेश जोशी के मूलहीन आधुनिकतावाद को अस्वीकार कर दिया, तीनों के पास साहस के लिये अपनी-अपनी एक ख़ास योजना थी, और हम उस खाँचे में फिट नहीं बैठते थे। और हमारे लिये इन तीनों का योजनाबद्ध साहस स्काउट लड़कों द्वारा ख़ज़ाना खोजे जाने जैसा था। हमारे लिये खोज का मतलब स्काउट लड़कों वाली खोज नहीं थी।

> के.एम.शे. : साहित्य के संक्रमण कालों में एक पितृ-छवि की हत्या की जानी होती है। अन्य भारतीय भाषाओं में इसके समानान्तर उदाहरण हैं; मिसाल के तौर पर मलयालम में वल्लतोल एक पितृ-छवि थे।

सुरेश जोशी एक अग्रज जैसे बड़े भाई थे, जबकि उमाशंकर एक पितृ-छवि थे। राजेन्द्र शाह वत्सल थे, पर मूलतः वो केवल कवि थे। इसीलिए हमने उन्हें अस्वीकार किया और इसी अस्वीकार के माध्यम से उनके साथ अपना सम्बन्ध बनाया। सुरेश जोशी का अग्रज वाला भाव हमारे भीतर शैल्य पैदा करता था और हम ख़ुद को उनके साथ जोड़ नहीं पाते थे। मधु राय,

लाभशंकर ठाकर, चीनू मोदी, आदिल मन्सूरी—हमने अपने आपको सुरेश जोशी से नहीं जोड़ा।

ई.वी.रा. : अपनी प्रारम्भिक रचनाओं में आपने अनुभव और अभिव्यक्ति के द्वन्द्व का समाधान किस तरह किया?

जब आप लिखना शुरू करते हैं तो बड़ी उलझनें रहती हैं। साफ़-साफ़ की अक्षमता के कारण आप भावुक और तनावग्रस्त हो जाते हैं। हमने पचास के दशक के अन्तिम और साठ के दशक के शुरुआती वर्षों में लिखना शुरू किया था। बहुत सारे मानक थे और अस्वीकार के उपकरण द्वारा ही आपने नयी चीज़ें प्राप्त करनी थीं। निर्मम अस्वीकार रचनात्मक प्रक्रिया का हिस्सा है। कुछ शुरुआती गीत हैं जिन्हें मैंने लिखा और अस्वीकार कर दिया। इन गीतों ने मुझे विविध रूपों से उस समय के कुछ महत्त्वपूर्ण लेखकों के साथ सम्बद्ध किया—उमाशंकर का मानवतावाद और सुरेश जोशी का अस्तित्ववादी विचार। मुझे इन्हें अस्वीकार करने से पहले इनके साथ जुड़ने की प्रक्रिया से होकर गुज़रना था। आप कुछ नया लिखकर अपने पुराने लेखन को अस्वीकार करते हैं। बीते समय को नकारने का यह प्रामाणिक तरीक़ा है। साठ के दशक की शुरुआत में उत्तरवर्ती कविताएँ लिखकर मैं अपने पुराने रूमानी गीतों और प्रारम्भिक छन्दबद्ध कविताओं को नकार सका।

ई.वी.रा. : नयी काव्य-भाषा की खोज को, उसके लिये किये संघर्ष को मूर्त करने में क्या आपके काव्यसंचय, 'ओडिस्यूसनुं हलेसुं' (ओडिस्यूस का डाँड/चप्पू)—का सिंटेकस, वाक्यविन्यास सफल रहा?

वाक्य की संरचना, भाषा की मूर्तिकरण शक्ति, शब्द विन्यास की विविध लय, ये ही इसके इकलौते उपकरण हैं। आप सिद्धान्तों की मदद से तनाव को पकड़ नहीं सकते। उस काल-खण्ड के कई अन्य कवि हैं जो विषय और सिद्धान्त के हिसाब से मज़बूत थे, पर जिन्होंने एक नयी गुजराती काव्य बानी का निर्माण नहीं किया। मिसाल के लिये कवि उशनस्। ओडिसिसनुं हालेसुं में इस तनाव का सामना और अनुभव करने के लिये मेरे पास इकलौता उपकरण था एक-दूसरे का पीछा कर रहे शब्दों से बने वाक्यों का एक

विक्षिप्त, न्यूरोटिक बहाव। उदाहरण के लिये कवि आदिल मन्सूरी को मेरी कविता 'मृत्यु : एक सररियल अनुभव' की यह पंक्ति बहुत पसन्द है, 'खशी यधाजी, पुच्छ उछाली दोडया'—यानी अश्वों ने अपने खुरों को पटका, पूँछ झाड़ी और दौड़ पड़ा'। इसमें एक बड़ी पशुवत लय है। 'दौड्या' में हवा में लहराई जाती पूँछ को अगली पंक्ति में आने वाले चित्र के माध्यम से ही देखा जा सकता है। विषयवस्तु के लिहाज़ से यह एक महत्त्वपूर्ण पंक्ति नहीं है। यह इस मायने में महत्त्वपूर्ण बन जाती है कि इसमें भाषा किस तरीक़े से गतिमान है।

ई.वी.रा. : आपके पहले संग्रह की अनेक कविताओं के शीर्षक में 'सुररियालिस्ट-अतियथार्थवादी' विशेषण का इस्तेमाल किया गया है। आपकी एक विशिष्ट अतियथार्थवादी कविता के संगठन का ठीक-ठीक सिद्धान्त क्या है? क्या आप ध्वनियों द्वारा निर्देशित होते चलते हैं या क्या आप एक दृश्य प्रभाव पैदा करने की कोशिश कर रहे हैं?

वे रचनाएँ श्रव्यात्मक अधिक थीं। फ्रेंच अतियथार्थवादी परम्परा में प्रारम्भ में, ब्रेतों आदि कवि, 'ओटोमेटिक राइटिंग' या स्वतः प्रवृत्त लेखन की मदद से अचेतन का अनुसन्धान करते थे। स्वतः प्रवृत्त लेखन विक्षिप्त वाणी जैसा होता है जिसमें तेज़ी के साथ शब्द एक-दूसरे का पीछा करते हुए आते हैं। शब्दों की कड़ियाँ बहुत महत्त्वपूर्ण होती हैं। इस तरह के एसोसियेशंस से मैं गुजराती काव्य-परम्परा की आख्यान जैसी कविता तक पहुँच गया। १७वीं शताब्दी के गुजराती आख्यान-कवि प्रेमानन्द के कथाकाव्यों में परम्पराप्राप्त वनवर्णन मिलते हैं, जिनमें न कोई तर्क होता है न कोई प्राकृतिक पैटर्न; उनमें केवल आवाज़ों का पीछा किया जाता है। आधुनिक अतियथार्थवादी रचनाओं में पर दौड़ अवचेतना के वनों में हमें ले जाती है। अतः एक विशेष तरह की ध्वनियों से विशेष प्रकार की दृश्यात्मकता तक मैं पहुँचा।

के.एम.शे : आपकी एक-दो कविताएँ हैं जिनमें केवल ध्वनियाँ हैं और कोई शब्द नहीं। एक हो ची मिन्ह पर है दूसरी चे गुएवारा पर। उनमें न कोई रूपक है न वाक्य। आप शब्दों को अर्थ का बोध कराने देते हैं।

जी हाँ। यह सच है 'पोलिटिकल अन्कोंश्यस' या 'राज्यसत्ता संकलित' प्रजासमूहगत अवचेतना तक जाने का एक मार्ग ऐसी काव्य-भाषा है। कगेर शासन की व्याकरण दृढ़ भाषा को मानो प्रजासमुदाय की किलकारियाँ, कोलाहल एक चैलेंज फेंकता हो, विस्थापित करता हो।

> ई.वी.रा. : एक बार आपने कहा था कि ये शुरुआती कविताएँ शहर के बारे में थीं और यम (मृत्यु) की विषयवस्तु उनके केन्द्र में थी। यहाँ तक कि आपने जो पहली कविता लिखी थी वह भी मृत्यु के बारे में थी—पिता की मृत्यु की बाबत एक विवाद। विषयवस्तु के लिहाज़ से आप इन कविताओं को किस तरह चिह्नित करेंगे?

अपने लेखन को अपने बायो-डाटा से सम्बद्ध करना सरल नहीं होता। दूसरी तरफ़ अपने जीवन को अपने लेखन से अलग करना भी सम्भव नहीं। मैं वास्तव में अपने अनेक सम्बन्धियों की मृत्यु के अनुभव के साथ जी रहा था। पिताजी की मृत्यु हुई, फिर एक मामा (माता के छोटे भाई) डूब गये। मेरी नानी हमारे साथ रह रही थीं। चूँकि वे बहुत बूढ़ी थीं और मैं युवा था, मेरे मन में उनके विरुद्ध काफ़ी विद्वेष था। मैं निश्चित रूप से नहीं कह सकता कि वह विद्वेष उनकी मृत्यु हो जाने की इच्छा से सम्बद्ध था या नहीं। बाद में इसका अपराधबोध जमा होता चला गया। इतनी सारी नदियाँ हैं और मेरे मामा गंगा में डूबे। सो मृत्यु की मिथकीयता। जब मैं छोटा ही था मेरे पिताजी की अचानक मृत्यु हो गयी और हम लोग भुज का सामन्ती माहौल छोड़कर बड़ौदा आ गये। पहले हमारे पास पचास से अधिक कमरों वाला एक हवेलीनुमा घर था। जब हम बड़ौदा आये तो वह तीन कमरों वाला एक अपार्टमेंट था—एक मंज़िल पर एक कमरा। पिताजी की मौत ने हमारे रहने के तरीक़े को पूरी तरह बदल दिया। मेरे मामा की मृत्यु से हर कोई हैरान था और मुझे शक है अपनी नानी को मरा देखने की मेरी इच्छा का अपराधबोध मेरे अवचेतन पर जमा होता चला गया होगा। इस तरह जीवन के अनुभव के माध्यम से मैं मृत्यु से सम्बद्ध हुआ। फिर अपने लड़कपन में आपको स्थितियों को सँभाल पाने की अपनी अयोग्यता का सामना करना पड़ता है और एक बेहद व्यक्तिगत स्तर पर आप दुखी रहते हैं। यह मृत्यु को लेकर कोई दार्शनिक नज़रिया नहीं, बेहद व्यक्तिगत स्तर का अवसाद होता है। मृत्यु के

बारे में मेरी कुछ शुरुआती कविताएँ ब्लैक ह्यूमर से भरपूर हैं। वे दार्शनिक और अनासक्त नहीं बल्कि बेहद न्यूरोटिक हैं। यह सब तमाम विजुअल छवियों से आता है। एक कविता है जिसमें एक कुएँ की छवि है जो उसके नीचे है, जिस पर आप हल चला रहे होते हैं। मृत्यु का शुरुआती अनुभव गीतों की लयों से घुल-मिल जाता है। जीवन का विकास और मृत्यु का अनुभव मिल जाते हैं और न्यूरोटिक तनाव पैदा करते हैं।

ई.वी.रा. : शायद लड़कपन के स्तर पर शहर का प्रवेश मृत्यु के साथ-साथ होता है?

मैं जब पाँच या छह साल का था, कच्छ के छोटे से शहर भुज से हम बड़ौदा आ गये थे। जो बम्बई के मुकाबले काफ़ी शान्त नगर है। एक युवक भुज, जो एक छोटा-सा प्रान्तीय कस्बा है, से बड़ौदा आया था, जो कि चालीस के दशक के अन्तिम और पचास के दशक के शुरुआती सालों में एक सामन्ती नगर था। उसके लिये बम्बई न सामन्ती था न प्रान्तीय था। एक निर्वैयक्तिक, अज्ञत, अमेय बिखराव। सो मृत्यु उस उलझन का एक वृहत्तर आयाम अख़्तियार कर लेती है।

ई.वी.रा. : आपने बम्बई को मोहनेजोदड़ो की तरह एक उत्खनन किये गये शहर की तरह वर्णित किया है।

जीवन और मृत्यु को अलग नहीं किया जा सकता। मोहन-जो-दड़ो (मृतकों का टेकड़ा)—की मिथकीयता यूरोपियन नहीं है। न ही मध्यकालीन भारतीय है। यह प्रागैतिहासिक है।

ई.वी.रा. : मैंने महसूस किया है कि भय नगरीय अनुभव का एक अहम हिस्सा होता है।

भय एक शारीरिक संवेदन है। उसकी बाबत कोई सैद्धान्तिक अथवा दार्शनिक बात नहीं कही जा सकती।

के.एम.शे. : आपकी एक कविता है जिसका स्वर बहुत अनिष्टकारी

है। वह कुछ इस तरह है—बॉम्बे-पौम्पेई-मुम्बई। यह मुझे कुछ एब्सर्डवादी नाटककारों की याद दिलाती है।

जब मैं १९६८ में फुलब्राइट स्कॉलरशिप के लिये अमेरिका के रास्ते होनोलूलू में था तो मैंने काफ़ी हवाईयन गाने सुने थे। उनकी धुनें ग़ज़ब होती हैं। मैंने उन धुनों को अपने दिमाग़ में रख लिया और उन्हें सुनने के कुछ सालों बाद इनमें से कुछ कविताओं की रचना की। आपने जिस रचना का उल्लेख किया उसमें एक खण्ड, 'भालु भालु भालु'—खाईयन ट्यून वाला है। दूसरे ट्यून्स भुज, बड़ौदा और बम्बई के रास्तों पर प्राप्त मनोरंजन के हैं, यथा मदारी का खेल, पहलवान का खेल।

ई.वी.रा. : क्या आपने अपने दूसरे संग्रह 'प्रलय' में इनमें से कुछ धुनों का इस्तेमाल किया था? इसमें एक अनुष्ठान का माहौल रचने के लिये आपने बार-बार 'रक्षा' शब्द का प्रयोग किया है। मैं समझता हूँ कि आपने अपने दूसरे संग्रह में 'प्रलय' जैसी कविताओं में श्रव्य छवियों को नये रूप में इस्तेमाल किया है।

'जटायु' पहले संग्रह से बहुत भिन्न है। ओडिसियसानु हालेसुं में ऐसे तत्त्व हैं जो अनुष्ठानों या रिच्युअल्स को लेकर आते हैं। रिचयूअल्स और चेंटिन्गा, अनुष्ठान और लयभरा बोलना, जपना, आपस में गहराई से जुड़े हुए हैं।

ई.वी.रा. : क्या पहले संग्रह 'ओडिसियसानु हालेसु' से 'जटायु' तक का यह संक्रमण सचेत था?

इसके पहले संशय का, उलझन का एक काल था। मैं उसी एक कविता को लिखते रहना नहीं चाहता था और मुझे मालूम नहीं था कि मैं क्या लिखूँ। मेरे काव्य-करियर में बहुत सारे शान्तिकाल या चुप्पी का अन्तराल है। इन मूक अन्तरालों में वास्तव में बहुत सशंकित या उलझा-उलझा रहा हूँ। मुझे नहीं मालूम होता कि मैं क्या लिखूँ; मैं असहाय हो जाता हूँ और उसकी वजह से तनाव पैदा होता है। जब आप अपने एक्सप्लोरेशंस, अन्वेषण, अपनी छानबीन कर चुके होते हैं, सामाजिक यथार्थ और वह जो सामाजिक से परे है, सब जगह, तो बाद में अब क्या बचा रहता भी है, तुम्हारे पास? ऐसे भी लेखक

हैं जो एक जगह की छानबीन पूरी कर लेने के बाद यह दिखावा कर लेते हैं कि वे वहाँ कभी गये ही नहीं! और फिर दुबारा वहीं जाते हैं! अपनी कमज़ोरियों का सामना करने का साहस और ईमानदारी आप में होनी चाहिए।

> ईवी.रा. : ऐसा कैसे हुआ कि कविताओं के अपने लिखे नये समूह के लिये आपने दो पंक्तियों वाले छन्द, दोहा, चौपाई आदि मात्रिक छन्दों को आपने चुना? यह छानबीन किस बारे में थी?

पहले संग्रह की कई कविताओं में न्यूरोसिस मौजूद थी। फिर मेरे अपने जीवन में एक गम्भीर व्यक्तिगत संकट था। जब मेरी बेटी पैदा हुई वह साँस नहीं ले सकी और उसे पेरेलिसिस हो गया। जब आपके पहले बच्चे को लकवा मार जाय तो आप ख़ुद को बेतरह नाकाफ़ी समझने लगते हैं। मैंने कुछ समय के लिये लिखना छोड़ दिया। मैं एक चिकित्सकीय संकट से भी गुज़रा। मुझे नहीं पता था कि अपने आपके, अपने बच्चे के और अपने लेखन के बारे में क्या किया जाय। मेरे मन में सबसे पहले भक्ति का विकल्प आया। मैं भक्ति के कोई ख़ास ख़िलाफ़ नहीं हूँ, पर वह कुछ काम न आयी। इससे बस आप अपने बच्चे की समस्या भूल सकते हैं। आप मानने लगते हो कि एक उच्चतर शक्ति है जो आपके बच्चे का ख़याल रखेगी। इसे अगर मेरी भाषा में अनूदित किया जाय, तो कुछ ऐसा अनुवाद होगा : 'बच्चे, देखो, देखो, मैं इस मामले में अधिक कुछ कर नहीं सकता, मुझे अफ़सोस है।' और मैं अपनी बच्ची से 'मुझे अफ़सोस है' नहीं कह सकता था। मैं लड़ना चाहता था। सो, मेरी काव्यबानी में यह जो बदलाव आया, मात्रिक छन्दों वाला, उसे मेरे रास्ते में आये उस बेहद भारतीय विकल्प से गहरा सम्बन्ध है, जो विकल्प जब मैं एक पिता के रूप में एक असम्भव किन्तु अनिवार्य चुनौती के सामने खड़ा था। मात्रिक छन्द मध्यकालीन गुजराती भक्ति-काव्य का छन्द है। मैंने ख़ुद को बहुत भक्ति-मार्ग के शरणागति भाव के, क़रीब पाया, क्योंकि मैं व्यक्तिगत रूप से उस रास्ते से गुज़रा था। और मैंने उसे अस्वीकार कर दिया था। यह उमाशंकर को अस्वीकार करने के बाद उन्हें स्वीकार कर लेने जैसा था। जब मुझसे उमाशंकर भाई ने अपनी पत्रिका के लिये मेरी सबसे प्रिय कविता के बारे में लिखने को कहा तो मैंने प्रेमानन्द की एक कविता को चुना। सो मैं प्रेमानन्द को काफ़ी क़रीब महसूस करता हूँ। वह एक बेहद आकर्षक और आरामदेह संसार है। एक महान भावनात्मकता और

आसक्ति के साथ मैंने उसे अस्वीकार किया। वास्तविकता से जूझने का उनका रास्ता मेरा नहीं हो सकता। लेकिन उन्होंने मुझे एक डिक्शन दे दिया जिसका मैं इस्तेमाल कर सकता था। हालांकि उसका प्रयोग उस उद्देश्य के ठीक उलट होना था, जैसा मध्यकालीन कवियों ने किया था। मात्रिक छन्दों का प्रयोग मेरी कविता में भक्ति-काव्य के उद्देश्यों से ठीक विपरीत उद्देश्यों को उजागर करने के हेतु किया गया है : शरणागति नहीं, संघर्ष। स्नेह सही, पर परात्पर के प्रति नहीं, प्रत्यक्ष के लिए।

ई.वी.रा. : क्या हम कह सकते हैं कि आपने उस डिक्शन को सेक्यूलर बना दिया?

या तो कहो कि दैवी दिलासों का, आधिभौतिक आश्वासनों का अस्वीकार मैंने किया। जो भाषा और छन्दों द्वारा धर्म-संलग्न और पुराकथा-संलग्न आश्वासन प्रजा को दिलाये जाते थे, उन्हीं भाषा एवं छन्दों के माध्यम से उन्हीं आश्वासनों को, खुलासों को स्वीकारने से इनकार किया। ऐसी कविताओं की शृंखला में 'जटायु' कविता बहुत बाद में आयी। इससे पहले शबरी को लेकर 'लक्कड़ बाज़ार' शीर्षक से एक कविता लिखी थी, वो मेरा 'ब्रेक थ्रू' था, प्रस्थान था।

'लक्कड़ बाज़ार में लग गयी आग, और बगुले उड़े चटुगम,
राम ने कहलवाया शबरी को, 'यदि हो सका, तो आयेंगे राम'।

राम का इससे बड़ा अस्वीकार नहीं हो सकता। राम कहते हैं कि न तो उनका आना निश्चित, न तो न आना। वे जिस तरह मैंने इसे लिखा है, वह सम्पूर्ण अस्वीकार है। क्योंकि यह भक्ति-काव्य की धरोहर को हिलाता है।

ई.वी.रा. : यह राम को हाशिये पर डाल देता है।

हाँ, और इसमें त्रासदी की कोई गरिमा नहीं है! इसमें ब्लैक कॉमेडी जैसा कुछ है। यह कविता एक नयी शुरुआत थी। तब तक कई लोगों ने छन्दहीन, छन्दोमुक्त कविता लिखना शुरू कर दिया था, क्योंकि उन्हें छन्द आता ही नहीं था। वास्तविकता की कविता लिखने के लिये भाषा ही इकलौता उपलब्ध साधन है।

जब तक आप अधिक और अधिक वास्तविकता नहीं देख लेते, आप अपने जीवन को अनजिया जीते हैं। और मैं जीवन को पूरी तरह जीना चाहूँगा। वे लोग जो नये विषयों को पैदा करते हैं और ख़ुद को किसी सुदूर क़िस्म की सामाजिक वास्तविकताओं से सम्बद्ध करते हैं, अन्ततः किसी और के दुःख का शोषण करने लगते हैं। इसी वजह से मैं आजकल लिख रहे कुछ सामाजिक यथार्थवादियों से पूरी तरह सम्मत नहीं हूँ। वास्तविकता का समसंवेदनशील और सम्मानपूर्ण तरीक़े से सन्धान करने से, जिसमें दूसरा भी उतना ही हिस्सेदार होता है जितने कि आप, हम चौकन्ना रहेंगे कि एक-दूसरे के दुःख का शोषण न करें। दूसरे लेखक का आदर करने वाले लेखक के सामने इकलौता साहस, एकमात्र साधन, वाणी, भाषा शैली का होता है, न कि विषयवस्तु का। इस लिहाज़ से शैली, छन्द और भाषा के प्रयोग महत्त्वपूर्ण बन जाते हैं।

> ई.वी.रा. : क्या आप 'जटायु' कविता की उत्पत्ति के बारे में कुछ कहना चाहेंगे ? ख़राब अनुवाद के बावजूद यह कविता किसी भी भारतीय भाषा में अपनी ताक़त बरकरार रखेगी। निस्सन्देह अनुवाद करने के लिये यह एक कठिन कविता है।

कविताओं की वह श्रेणी जो मुझे 'जटायु' तक ले गयी, 'प्रह्लाद की प्रार्थना' और 'लक्कड़ बाज़ार' जैसी रचनाओं से शुरू होती है। हमारी वैयक्तिक्ता एवं सामाजिक ज़िन्दगियों में 'रामायण' और 'महाभारत', दोनों महाकाव्यों का असाधारण स्थान है। बड़े होने के साथ ही आप इन महाकाव्यों का बोझ अधिक-से-अधिक महसूस करना शुरू करते हैं, और आप उनसे पीड़ित रहते हैं। वे हमसे हमारा वास्तविकता-बोध छीन लेते हैं। जब मैं इण्डियाना मध्य अमेरिका के इलाक़े में कुछ वर्ष रहा था, मैंने देखा किस तरह बाइबिल ने लोगों से उनकी बीसवीं सदी छीन ली थी। बाइबिल हो, ओल्ड टेस्टामेंट हो, 'महाभारत' या 'रामायण'—सभी मिथकों में हमें अपने वर्तमान वास्तव से परोक्ष कर देने वाली बड़ी क्षमता भी रहती है। तो अपने आपको मेरे समय से सम्बद्ध करने के लिये मैंने इन मिथकों को तोड़कर उन्हें पुनर्रचित करने की आवश्यकता महसूस की। 'प्रह्लाद की प्रार्थना' में यह एक ख़ास इमेज थी। मूल मिथक में जब प्रह्लाद दहकते खम्भे से लिपटने को झिझकता है, भगवान चींटियों की एक लकीर को उस पर चढ़ने को उकसाते हैं, जो इस

बात का संकेत होता है कि विश्वास उसे बचा लेगा। मेरी कविता में युवा प्रह्लाद इस तरह मनाये जाने इनकार कर देता है। बहुत विडम्बनापूर्ण तरीक़े से वह कहता है कि यदि वह दहकते खम्भे से लिपटने जा रहा है तो किसी चींटियों को देखकर नहीं, बल्कि किसी भीतरी विवशता के कारण। हमारे लिये भगवान कोई नया खिलौना नहीं है। हाँ, वह हमारे कोई नये खेल का हमारा साथी या तो स्वयं एक नया खेल हो सकता है। तो यह थी सफलता।

इसके अलावा एक बेहद व्यक्तिगत प्रेम कविता भी उस संचय में है। भारतीय परिस्थितियों में प्रेम की असम्भाव्यता के दर्द ने मुझे सूफ़ी कविता की तरफ़ भेज दिया (उस अर्थ में जैसे ऑडेन येट्स के बारे में कहते हैं—'द्वीप के दर्द ने उसे कविता में भेज दिया')। गुजराती में भक्ति और सूफ़ी कविता की लम्बी परम्परा रही है—भक्ति पदों में भक्ति-काव्य और उन्नीसवीं शताब्दी की ग़ज़लों में सूफ़ी काव्य। हाल के समय में गुजराती ग़ज़ल परम्परा का ह्रास हुआ है और वह एक बनावटी और जनता का ध्यान खींचने वाले उद्यम में बदल गयी है। पद कविता भी बहुत पतनोन्मुख है। लेकिन मुझे भक्ति और सूफ़ी कविता की आत्मा से प्रेम है। वह एक नयी वास्तविकता की तलाश करती रहती है। मैंने कई सूफ़ी *दोहर* लिखे हैं और नया मुहावरा मेरे पास ग़ज़ल और पद के अस्वीकार के रास्ते से ही पहुँचा। सो 'जटायु' एक तरफ़ तो महाकाव्यों के साथ सम्बन्ध और दूसरी तरफ़ पद और ग़ज़ल की काव्य परम्परा में फ़िलहाल पतनशील वास्तविकता के अस्वीकार, की परिणति है। ये दोनों रास्ते अचानक 'जटायु' में आकर मिल जाते हैं। मुझे आशा है कि मैं अश्वत्थामा पर कविता लिख सकूँगा, यानी उस हाथी पर जो मनुष्य की जगह मारा गया था। और सम्भवतः मिथकों के विषय पर लिखी जाने वाली कविताओं की श्रृंखला में यह अन्तिम होगी।

> ई.वी.रा. : आप साहित्य अकादेमी से भी जुड़े हुए हैं और अन्य भारतीय भाषाओं के अनेक लेखकों से भी। क्या आप कहना चाहेंगे कि भारतीय अनुभव संसार तक आपकी पहुँच ने आपकी रचना में नयी सम्भावनाओं को खोला है?

भारतीय साहित्य हम सब तक दो रास्तों से आता है। पहला, दूसरी भाषाओं के लेखकों, उनकी रचनाओं से सम्पर्क और उनकी साहित्यिक और

आलोचनात्मक परम्पराओं के हमारे ज्ञान के कुल विशिष्ट माध्यम से। दूसरे, हमारे अपने प्रदेश या इलाक़े के हमारे अपने गहरे अनुभव से। पहले अज्ञेय या उमाशंकर जी जैसे लेखक भारतीय अनुभव की तलाश अपने तात्कालिक परिवेश के बाहर खोजते थे और सोचते थे कि अपने घर के उनके अनुभव शायद पर्याप्त रूप से भारतीय न थे। इस तरह की खोज से अलग भी भारतीयता की एक खोज है : अरुण कोल्हटकर बहुत मराठी हैं, अनन्तमूर्ति बहुत कन्नड़ हैं और शक्ति चट्टोपाध्याय बहुत बंगाली हैं। लेकिन यही बात उन्हें खालिस भारतीय भी बनाती है। सो मेरे लिये मेरे मोहल्ले का अनुभव सबसे मज़बूत भारतीय अनुभव है। लेकिन अरुण, अनन्तमूर्ति, अशोक, शक्ति और अनेक अन्य लेखकों के साथ पहचान होने के कारण मैं अपनी रोम-स्पेस, अपनी जगह को उनकी आँखों से भी देख-समझ सकता हूँ। ज़रूरी नहीं कि मैं कर्नाटक को अनन्तमूर्ति की निगाहों से देखूँ, लेकिन अनन्तमूर्ति मुझे इज़ाज़त देते हैं और मुझे उकसाते हैं कि मैं गुजराती भारत को कहीं बेहतर देख सकूँ। इस गुजराती भारत की कुछ ऐसी सतहें हैं, जो मेरे लिये उपलब्ध ही नहीं होतीं, अगर मैं अरुण के द्वारा महाराष्ट्र को देखे जाने का गवाह न होता। बहुत सारी साझेदारी और देखने के अलग-अलग तरीक़े हैं जो हमें इस अखिल भारतीय सन्दर्भ में उपलब्ध हैं।

ई.वी.रा. : भारतीय कविता में एक साथ अनेक धाराएँ अस्तित्वमान दिखायी देती हैं। उदाहरण के लिये मराठी में दलित कविता एक समानान्तर धारा है जो मुख्यधारा जितनी ही महत्त्वपूर्ण है। क्या आप गुजराती कविता की प्रवृत्तियों पर कुछ कहना चाहेंगे?

इस अस्सी की दहाई के समकालीन गुजराती साहित्य में लेखन की कई धाराएँ हैं। ऐसे लेखक भी हैं जो हर समय जनता की निगाह में बने रहना चाहते हैं। वे जो लिखते हैं वह गुजराती पाठक का अपमान है। वे बेवक़ूफ़ी भरी चीज़ें लिखते हैं और पाठकों पर दोष मढ़ते हैं। इसके अलावा एक और दुर्भाग्यपूर्ण लेखन प्रवृत्ति है, जो लेखकों द्वारा पत्रकार की भूमिका अपना लेने से उपजती है। सच्चे पत्रकार की जिम्मेदारियाँ समझे बिना और कोई जोख़िम उठाये बिना। ऐसे पत्रकारनुमा लेखकों, दैनिकों और साप्ताहिकों में नियमित कॉलम लिखते हैं। पेशे के अलावा एक तीसरी धारा है जिसके मुग्ध लेखकों में शुरुआती रोमांटिसिज़्म की निश्छलता है। नन्हे फरिश्ते जैसे ये मुग्धजन जो

ग़ज़ल, गीत वग़ैरह लिखा करते हैं। उनके भीतर आध्यात्मिक निश्चितताओं का अपार भण्डार होता है। मुझे नहीं पता वह उन्हें कहाँ से मिलता है। मेरी मंशा अहमदाबाद के बाज़ारों की खोज करने की है। किसी-न-किसी मण्डी में कोई-न-कोई आध्यात्मिक निश्चितताओं को बेच रहा होगा। राजेन्द्र शुक्ल जैसे अच्छे कवि ऐसी दार्शनिक चीज़ें लिखते हैं। आज का विद्रोही साहित्य इन तीनों से अलग है। मैं लाभशंकर जैसे कवियों या मधु राय जैसे गद्य लेखकों की नयी रचनाओं की प्रतीक्षा किया करता हूँ क्योंकि इन लेखकों में नये तरीक़ों और अर्थों की स्वतन्त्र और परिपक्व खोज देखने को मिलती है। 'एस्टाब्लिशमेंट' और 'पेट्रोनेज' की खोज में न हो, ऐसे ये लेखक हैं।

के.एम.शे. : जिस तरह मराठी में है, गुजराती में दलित कविता किसी भी तरह का प्रभाव नहीं बना सकी। इसे एक स्वतन्त्र धारा के रूप में नहीं देखा जा सकता।

मैं समझता हूँ कि ऐसा चालीस के दशक के गांधी-प्रेरित आन्दोलनों के समय की ताक़तवर कविता और गद्य के कारण हुआ। दलितों के अधिकार के लिये किये गये संघर्षों में गुजरात के लोगों की भागीदारी बड़े पैमाने पर रही थी, इस कारण गुजरात में परिप्रेक्ष्य अलग है। इसके अलावा महाराष्ट्र में स्वीकार कर लिया गया गांधी-अम्बेडकर वाला द्विभाजन गुजरात में उपस्थित नहीं है। हमारे पास ऐसे अनेक लेखक हैं जो समाज के दलित हिस्से से आते हैं या जो दलित हिस्से के प्रति गहरी सहानुभूति रखते हैं। वे दलितों की राजनैतिक समस्याओं की छानबीन में संलग्न हैं, लेकिन उनमें से अधिसंख्य गांधीजी के लिये गहरा सम्मान रखते हैं। दलित अनुभव के बारे में लिखने वाले आधुनिक लेखक स्वयं को घवेरचन्द मेघाणी जैसे लेखकों के नज़दीक पाते हैं। यह तथ्य आज के सामाजिक यथार्थ के लेखन को एक नया महत्त्व प्रदान करता है।

के.एम.शे. : मैं सभी भारतीय भाषाओं में अस्तित्वमान मौखिक-साहित्यिक द्विभाजिता की बाबत भी सोच रहा था। लोक अथवा मौखिक काव्य की परम्परा भारतीय साहित्यिक लेखन के सह-अस्तित्व में है। और मौखिक परम्परा को आमतौर पर जनता के लोक या दलित अनुभव से जोड़कर देखा जाता रहा है।

संयोग से, बोला गया शब्द गुजरात में हमेशा से काव्य-रचना का हिस्सा रहा है। आख्यान और भजन परम्परा के चलते बोले गये शब्द का महत्त्व बनता गया। शुरुआती गुजराती गद्य बोले गये शब्द के अधिक क़रीब था, बजाय लिखे गये शब्द से। छन्दबद्ध रचना के अस्वीकार को मुक्तछन्द की तरफ़ जो आज रुझान है, उसने भी इस मौखिक परम्परा को बल दिया। जिस मौखिक कविता की अभी आपने बात की वह भी विरोध का साहित्य है। कंड-परम्परा को और विद्रोहशीलता को, आज की, छठे दशक से शुरू हुई गुजराती कविता के 'नॉन-फोक' अथवा अर्बन इडियम में भी सुना गया है।

ई.वी.रा. : क्या इस प्रकार से यह अधिक रूपवादी नहीं हो गयी—क्योंकि लोक तत्त्व में प्रदर्शन का एक शक्तिशाली मूल्य होता है?

आपके इस प्रश्न द्वारा आज घट रही सबसे रोमांचक बात हमारे इस संवाद में दाख़िल होती है वह है गुजराती थिएटर के नये दौर के एक्सप्लोरेशंस। इस दौर में लाभशंकर ठाकर, मधु राय, भूपेन खख्खर, चीनु मोदी आदि ने नाटक लिखे हैं। मेरा जुड़ाव भी रंगभूमि से है। लोक-साहित्य में जो 'परफोर्मन्स' का तत्त्व है, वो आज के गुजराती रंगमंच पर अपनी जगह नये सिरे से बना रहा है।

ई.वी.रा. : क्या पहले इस तत्त्व को दबाया गया था?

सांस्कृतिक विधि-निषेधों के और विधि-विधानों के सामने, रिस्ट्रिक्शंस और रिच्युअल्स के ख़िलाफ़, साठ के दशक में गुजराती लेखकों की नयी पीढ़ी द्वारा 'परफॉर्मन्स' प्रकार के कई कार्य किये गये। 'मोक सेंटिनरी सेलेब्रेशंस' मंचित किया गया, मुम्बई में। अहमदाबाद में युवा लेखकों ने अपना 'लिटल मेगेजिन' चलाने के पैसे जुटाने सरेआम बैठकर लोगों के जूतों को पॉलिश करके पैसे एकत्र किये। मेरे एक नाटक में सूत्रधार ग्रह-देवताओं को चुनौती देता है। इस विविध प्रकार से संस्कृति की आज्ञाशीलता के सामने विद्रोह होता रहा, लेकिन संस्कृति की दमनशीलता के विरुद्ध खड़ा रहना और रचनाशीलता में नयी पहल करते रहना, ये दो मूल बातें, इन प्रयोगों में प्रकट होती थीं। 'फोक-एक्सपीरियंस' स्वयं कोई प्रदर्शन की बात नहीं थी। नगर में रहते हुए लेखकों और पाठकों को अपरोक्ष ढंग से 'फोक'—का अनुभव

मिलता नहीं है—लोक-नाट्य, नृत्य, संगीत आदि जब नगर-निवासियों के सामने लाये जाते हैं, तब वो तमाशा-सा बन जाते हैं। उनका नाता न तो जनजीवन की सच्चाई से, समस्याओं से टिका रहता है, न तो नगरजीवन की सच्चाई से, समस्याओं से जुड़ सकता है। बल्कि, ऐसे 'फोक-परफॉर्मन्सीज' का इस्तेमाल जब इस तरह किया जाता है तब सभी मानवीय वेदना और संघर्ष से एक दूरी बनाने के साधन मात्र वो बनकर रह जाते हैं। जीवन के हर अनुभव की सच्चाई उस अनुभव के अपने सन्दर्भ में ही रची जाती है और टिक सकती है। अन्यथा वो एक दिखावा बनकर रहती है। इन तीन दशकों का गुजराती साहित्य ऐसी दमनशीलता और ऐसे दिखावे—दोनों के सामने विद्रोह और प्रतिकार करता रहा है।

गुजराती से अनुवाद : अशोक पाण्डे

आलेख का रचना-वर्ष : १९९१

॥ साक्षात्कार ॥

माटी और पानी से ख़ुशबू तक

रणवीर रांग्रा से संवाद

माटी और पानी से ख़ुशबू तक

सितांशु यशश्चन्द्र को आधुनिक गुजराती कविता को सर्रियलिज्म से परिचित करवा कर एक नये काव्य-बोध की रचना करने के कारण जाना जाता है। वे कहते हैं कि हम में बहुत सारा ऐसा है जिसे समाज स्वीकार करने से इन्कार कर देता है। सर्रियल कविता उसे अभिव्यक्त करने का एक ऐसा माध्यम है जो समाज के नियम-निषेधों से परे रहता है। ठीक जिस तरह बीज फूटते हैं और एक जंगल का निर्माण करते हैं, उसी तरह हमारे मस्तिष्क में अनेक विचार प्रविष्ट होते रहते हैं और समय समय पर नये और विचित्र संसारों की रचना करते रहते हैं। उन्हीं के प्रकट होने के रास्ते को सर्रियल कविता कहा जाता है। वे कहते हैं : "पूरी तरह जीने और संसार को एक सूक्ष्मदर्शिता के साथ देखने के लिए मैं अलग तरीक़ों से कविता लिखता हूँ।"

दो माह पहले जब वे दिल्ली आये थे, मैंने उनसे उनके लेखन की बाबत बातचीत की थी और उसी के आधार पर मैंने उन्हें एक पूरक प्रश्न-सूची भेजी। उन दिनों गुजरात में आरक्षण-विरोधी आन्दोलन अपने चरम पर था; उन्होंने अपने उत्तर देने के लिए कुछ समय लगाया, लेकिन जिस खुलेपन से उन्होंने मेरी शंकाओं के उत्तर दिये उनसे मुझे लगा जैसे मैंने उसकी भरपाई से अधिक पा लिया हो।

मेरा पहला सवाल था, "आम तौर पर ऐसा माना जाता है कि कविता भीतर से पानी के किसी सोते जैसी फूटती है और कवि को लबालब कर

देती है जिसे वह फ़क़त दर्ज कर लेता है। क्या आप इस विचार से सहमत हैं? कृपया एक कवि के तौर पर अपने अनुभवों के बारे में बतायें।''

उन्होंने उत्तर दिया, ''आपने 'सोते जैसी' का इस्तेमाल किया है जो कि एक उपमा है। मेरे रचनात्मक काम के लिए 'पेड़ जैसी' उपयुक्त उपमा होगी। जिस तरह सोते का सम्बन्ध भूमिगत जल से है वैसा ही पेड़ का भी होता है। सोते के रूप में फूटने के बाद भूमिगत पानी यहाँ-वहाँ बहने लगता है जबकि एक पेड़ से गुज़रता हुआ पानी ऊपर आसमान तक ऊँचा चढ़ता है और अंततः एक फूल की महक में या एक तीख़े काँटे या टहनी की चुभन में समाप्त होता है। कविता माटी और पानी से ख़ुशबू तक की यात्रा है। जब भूमिगत पानी का प्रवाह अपने आप को पेड़ की एक लम्बी टेढ़ी-मेढ़ी शाखा में तब्दील करता है तब कविता अपना आकार लेती है। कवि कोई रेकॉर्डिस्ट या क्लर्क नहीं होता। वह एक सर्जक होता है।''

मैंने आगे पूछा, ''आपको अपनी कविता के लिए प्रेरणा कहाँ से मिलती है - किसी घटना से, किसी विचार से या किसी बिम्ब से? उसे अन्तिम आकार देने में किस क़िस्म के और कितने धैर्यपूर्ण श्रम की आवश्यकता होती है। क्या आप अपनी किसी एक कविता के सन्दर्भ में इस पर प्रकाश डाल सकते हैं?'' उन्होंने उत्तर दिया, ''नहीं, किसी घटना से नहीं, घटनाएँ घटती रहती हैं। जीवन एक सतत शरद में बदल जायेगा यदि घटनाएँ न घटें। तथापि एक कविता के सन्दर्भ में सारी घटनाएँ बराबर होती हैं। घटनाओं का मूल्य पत्रकार के लिए होता है। लेकिन कविता कोई हैडलाइन नहीं होती। कविता किसी घटना के घटने का इन्तज़ार नहीं करती। कविता तो सच्चाई का वर्णन भी नहीं होती।''

''नहीं, किसी विचार से भी नहीं। सोचने की क्षमता एक मनुष्य की विशेषता होती है और उसकी अपनी महत्ता होती है। मैं विचार के ख़िलाफ़ नहीं हूँ। लेकिन यदि एक कविता किसी विचार का पीछा करने लगती है तो वह कविता नहीं रहती। विचार के लिए कविता के भीतर जगह हो सकती है लेकिन कविता की क़ीमत पर नहीं। कविता किसी विचार या विचारधारा का नतीजा नहीं हो सकती। कविता कोई उत्पाद नहीं है बल्कि अपने आप में एक प्रक्रिया होती है—परिणाम नहीं प्रक्रिया।''

''बिम्ब? हाँ, निश्चय ही कविता किसी बिम्ब से सम्बद्ध होती है। किसी

बिम्ब के निर्माण के बाद कविता का सृजन होता है। जिसे किसी भी और तरीक़े से समझा नहीं जा सकता—न सामाजिक साधनों से, न धार्मिक, आर्थिक या राजनैतिक साधनों से—कविता उस अनुपलब्ध को कल्पना की मदद से अनुभव के संसार में लेकर आती है। मेरी कविता *मृत्यु : एक सर्रियल अनुभव* में घोड़ों के बिम्बों की एक शृंखला है। मज़बूत पिछवाड़ों और उठी हुई पूँछों वाले काले घोड़े विकट रफ़्तार में तेज़ी से भागते हुए एक दरवाज़े से टकराते हैं और अन्दर घुस आते हैं। यह शुरुआती बिम्ब है, न कि आख़िरी, और घोड़ों के बिम्बों की एक शृंखला मृत्यु की सघन अनुभूति को अभिव्यक्त कर पाती है।''

''मेरी कविता *हो ची मिन्ह के लिए एक गुजराती कविता* में यह बिम्ब बदलती हुई ध्वनियों का आकार ले लेता है। युद्ध के मैदान में एक टैंक आगे बढ़ रहा है और एक आदमी उसके आगे दृढ़ता से खड़ा हो जाता है। यह अनुभव ध्वनि-बिम्बों की मदद से बन सकना सम्भव हुआ। कविता को गहनता और स्वतन्त्रता दोनों की दरकार होती है। काव्यात्मक बिम्ब से एक ही समय में गहनता और स्वतन्त्रता दोनों सम्भव हो पाते हैं। बिम्ब की अनुपस्थिति में आप को या तो गहनता के लिए स्वतन्त्रता की बलि देनी पड़ती है या स्वतन्त्रता के लिए गहनता की।''

अगला प्रश्न फॉर्म के बारे में था : ''आपने कविताओं के अलावा नाटक भी लिखे हैं। आप फॉर्म का चुनाव कैसे करते हैं—नाटक, कविता या फ़िक्शन—ताकि अपनी भावनाओं और अनुभवों को पूरी तरह अभिव्यक्त कर सकें ? क्या कभी ऐसा भी हुआ कि आपके कुछ अनुभव एक कविता में अभिव्यक्ति पाने के बावजूद पूरी तरह ख़र्च न हुए हों और उन्होंने किसी नाटक या फ़िक्शन में आगे अपनी जगह बनायी हो ?'' उन्होंने उत्तर दिया, ''मेरे लिए कविता और नाटक न तो एक दूसरे के समतुल्य हैं, न ही विकल्प और न ही पूरक। जब एक कविता अपने सृजन की प्रक्रिया में होती है तो उसमें कुछ दिन या कुछ महीने लग सकते हैं, यदि उसी फॉर्म की अर्थात् कविता की तकनीकें इस्तेमाल की जायें। नाटक भी इसी तरह रचे जाते हैं। सो मैं कह सकता हूँ कि मेरा रचना-बोध द्रौपदी की तरह वफ़ादार है। हालाँकि उसके पाँच पति हैं लेकिन वह एक समय पर एक ही के लिए वफ़ादार होती है। जब वह काव्यार्जुन के साथ होती है वह पूरी तरह से कविता में डूबी होती है और जब नाट्य भीम के साथ होती है तो

वह केवल नाटक को प्रेम करती है। मेरे लिए इस तरह का अनन्य रचनात्मक कार्य सम्भव हो सका है क्योंकि मेरे लिए कोई कलावस्तु किसी अनुभव का पीछा नहीं करती। बल्कि यह अनुभव की उस प्रभावोत्पादकता की *रस* के रूप में रचना या यूँ कहिये उस की परिणति होती है।

सितांशु को एक सर्रियलिस्ट कवि के रूप में जाना जाता है। सो मैंने उनसे पूछा, ''आपको गुजराती में सर्रियल कविता के संस्थापक के रूप में जाना जाता है। एक सर्रियल कविता से ठीक-ठीक आपका क्या आशय है? क्या आप इस बात को अपनी कविता *मृत्यु : एक सर्रियल कविता* के विशिष्ट सन्दर्भ में समझा सकेंगे?'' उन्होंने उत्तर दिया, ''यह आलोचकों की अपनी मनमर्ज़ी है। सच तो यह है कि मैं किसी *वाद* का हिस्सा नहीं हूँ। मैंने इस काव्य-कर्म में 'सर्रियल' शब्द का इस्तेमाल कुछेक उपशीर्षकों में किया है, या उसे एक काव्यात्मक मुखौटे के सन्दर्भ में प्रयोग किया है। सर्रियलिज़्म की स्थापना करने की मेरी कोई मंशा नहीं थी। यह अप्रकट या अज्ञात को प्रकट करने की इच्छा भर थी जो इस कविताओं की सूरत में बनकर आयी।''

''सर्रियलिटी के प्रति मेरे भीतर गहरा आकर्षण था जो अब भी बना हुआ है। मुझे अस्तित्व के हर पहलू को ग़ौर से देखना होता है। *''नाभावो विद्यते सत:''*वह जिसका अस्तित्व है, उसके अनस्तित्व का प्रश्न ही नहीं उठता। अस्तित्व के बारे में अनेक कविताएँ हैं और सर्रियलिटी उनमें से एक है— महा-प्राकृतिक वास्तविकता। हमारे मस्तिष्क में इतना सारा है जो समाज को स्वीकार्य नहीं। इस अस्वीकार्य का सम्बन्ध आदिम भावनाओं से है जैसे भय, घृणा, अचरज, यौन इच्छा। मेरी सर्रियल कविता उस मानवता की अनुगूँज है जो समाजीकरण और समुदाय के हितों को सुरक्षित रखने के नियम-निषेधों से परे है। यह अनुगूँजें मेरी उन कविताओं में भी हैं जिन पर सर्रियल का लेबल चस्पां नहीं है। मेरी लम्बी कविता *जटायु* पर काफ़ी बहस-मुबाहिसे हुए हैं लेकिन किसी ने भी उस पर सर्रियल का लेबल नहीं चिपकाया, तो भी *जटायु* अप्रकट से प्रकट की तरफ़ यात्रा करती है। वह हमारे अस्तित्व के सबसे गहरी, सबसे चौड़ी और सबसे बारीक़ आकृतियों को समझने की मेरी इच्छा की परिणति है। सो अपने अस्तित्व के छिपे हुए फॉर्म को उसके तमाम स्तरों पर ग़ौर से देखे बग़ैर मैं आराम कैसे कर

सकता हूँ?''

यशश्चन्द्र की *मगन-काव्य* की भी काफ़ी चर्चा हुई है। उसके बारे में मेरा प्रश्न था, ''इस रचना में मगन नामक आपका पात्र अपने दहला देने वाले वक्तव्यों से हमारे सामाजिक ढाँचे के अनगिनत झूठों को अनावृत्त करता है। आपको इस की प्रेरणा कहाँ से मिली और आपने इसे कैसे विकसित किया? इस कविता का मगन किस सीमा तक स्वयं आपकी अपनी परछाई है?'' उन्होंने जवाब दिया, ''मगन बहुत शरारती है। यहाँ तक कि सन्त कवयित्री मीरा भी आनन्द में नृत्य करते हुए मगन हो जाती हैं : *मगन होए मीरा नाची*। यह कोई चमत्कार नहीं है कि प्रसन्न होकर मगन अपने आप में व्यस्त रहता है। यही कारण है कि कोई नहीं जानता मगन है कौन। तब भी आप मगन को गुजरात के हरेक गाँव और हरेक गली में ढूँढ़ सकते हैं। अन्ततः 'मगन' अथवा 'मगा' का अर्थ जगह भी होता है, एक छोटी सी स्पेस (मैं आपके कान में फुसफुसाकर कह सकता हूँ कि मगन अभिमान को कुचल देने वाला एक मंचूरियन है।)''

''आज मुझे लगता है कि *मगन-काव्य* का जन्म मेरे लड़कपन में वयस्क व्यवस्था के नकार से हुआ था। कभी-कभार कविता के बारे में निर्मित परिकल्पना एक सीमा तक स्वायत्त होती है। मैं इस फन्दे से बचता रहा हूँ। *मगन-काव्य* को उसी सीमा तक आत्मकथात्मक कहा जा सकता है जिस तरह *वन्दे मातरम्* बांग्लादेश का भी राष्ट्रीय गीत बन सकता है। उस देश के जन भी अपने देश को सलाम करना चाहेंगे जो निर्मल जल और स्वस्थ अन्न से भरपूर है। इसी तरह *मगन-काव्य* में मेरी अभिव्यक्ति मेरे आन्तरिक जीवन की पवित्र कथा है।''

इसके बाद मैंने उनकी काव्य-रचना *जटायु* का रुख़ किया और उनसे पूछा, ''आपकी *जटायु* एक शक्तिशाली रचना है जिसमें जटायु जैसा एक साधनहीन व्यक्ति अन्याय के ख़िलाफ़ उठ खड़ा होता है और रावण जैसे ताक़तवर और भयंकर राक्षस राजा रावण पर भली-भाँति यह जानते हुए भी आक्रमण कर देता है कि उसकी तुलना में वह कुछ भी नहीं है और उसकी मृत्यु निश्चित है। उसे इस सम्भावना का भान नहीं था कि राम स्वयं वहाँ पहुँचेंगे और उसका उद्धार कर देंगे। रामायण की इस घटना को आधुनिक सन्दर्भों में पुनर्रचित कर आपने किसी भी तरह के अत्याचार के ख़िलाफ़—चाहे वह धार्मिक हो, सामाजिक हो अथवा राजनैतिक—एक व्यक्तिगत संघर्ष

की भूमिका को महत्त्व दिया है। जटायु के पुनर्निर्माण के पीछे आपका क्या उद्देश्य था?''

उन्होंने उत्तर दिया, ''वह संघर्ष जिसकी आप बात कर रहे हैं, इस काव्य-रचना का एक आवश्यक हिस्सा है। जटायु बहादुर है और साहसी, और उसमें एक दुर्लभ दृढ़ता है। लेकिन जंगल का वर्णन भी इस रचना का एक महत्त्वपूर्ण उद्देश्य है। जंगल के पारम्परिक वर्णन के बावजूद मैंने जंगल के एक विशिष्ट बिम्ब का निर्माण किया है। राम और रावण के साथ-साथ जंगल भी इस रचना का एक अभिन्न हिस्सा है—प्राकृतिकता, अज्ञान, प्यास और भुखमरी, मृत्यु, सुरक्षा—ये सारे सिद्धान्त हैं, सिद्धान्तों का बोझ कविता को गहरे पानी में डुबो सकता है। बिम्ब से जन्मी ध्वनियाँ कविता को चेतन से जोड़ती हैं। जटायु का मर्म चेतन की कविता को जीने में है।''

मैंने उन का ध्यान साहित्य पर विभिन्न 'वादों' का लेबल लगा देने की प्रवृत्ति में अन्तर्निहित ख़तरों की तरफ़ दिलाया और पूछा, ''क्या आपको नहीं लगता कि किसी भी रचना की अपील सीमित हो जाती है जब वह किसी 'वाद' का लेबल उकेरने लगे? इसी तरह क्या आप इस सम्भावना के बारे में नहीं सोचते कि कवि का मूलभूत प्रयोजन तब विकृत हो जाता है जब वह उसे किसी 'वाद' या बैनर के तले रचने का प्रयास करता है? आपके संचयन *'Odysseusnun Halesun'* की अनेक कविताओं के शीर्षकों में इस्तेमाल हुए 'सर्रियल' शब्द ने मुझे यह प्रश्न पूछने को प्रेरित किया है।''

उनका उत्तर था : ''लेबल और विशेषण आपके प्रयोजन को बाधित करते हैं। 'सर्रियल' ही नहीं, शीर्षक भी कविता को सीमित कर सकता है। इस विचार के तहत कई कवि, चित्रकार और कलाकार शीर्षकों के इस्तेमाल के विरुद्ध रहते हैं और अपने रचनाओं के आगे संख्या लिख देते हैं, मतलब जैसे 1, 2, 3, ... वग़ैरह। दूसरी तरफ़ बाक़ी लोग शीर्षक देने का जोख़िम उठाया करते है। शीर्षक कई तरह के होते हैं। यह खोज निकालने का ऐसा कोई नियत फ़ॉर्मूला नहीं है कि कौन सा शीर्षक बोझे का काम करेगा, कविता पर लद जायेगा या उसके प्रयोजन को सीमित कर देगा। मुख्य प्रश्न काव्य-रचना का है, शीर्षक या हैडिंग गौण होते हैं। मूलभूत प्रश्न यह है कि शीर्षक में 'सर्रियल' शब्द का स्वयं कविता से क्या सम्बन्ध है; कविता को वह सीमित कर भी सकता है, नहीं भी। उदाहरण

के लिए मेरी कविता *'Hayatini Tapasano : Ek Surreal Ehwal'* समूचे कार्य की वक्रोक्ति का हिस्सा हो सकती है। 1971 तक की मेरी कविता में आत्म-विडम्बना की महत्ता को समझे बग़ैर इन कविताओं को (और उनके शीर्षकों पर हुई टिप्पणियों को) पूरी तरह नहीं समझा जा सकता। शीर्षक और कविता के बीच के सम्बन्ध के बारे में केवल 'सर्रियल' शब्द की उपस्थिति या अनुपस्थिति के सन्दर्भ में बातचीत नहीं की जा सकती।''

इसके पश्चात् मैंने बातचीत का रुख़ नाटकों और उनके प्रस्तुतीकरण की दिशा में किया और पूछा, ''आपने कुछ नाटक भी लिखे हैं और वे लोकप्रिय रहे हैं। मुझे यह जानने की उत्सुकता है कि *'ग्रहण'* नाटक को मंच पर प्रस्तुत करने में आपके क्या अनुभव रहे थे। अपने नाटक के प्रस्तुतीकरण को लेकर नाटककार का कितना सरोकार होना चाहिए या क्या उसे सब कुछ निर्देशक की मर्ज़ी पर छोड़ देना चाहिए?'' उन्होंने समझाया, ''नाटक लिखते समय सबसे मूलभूत प्रश्न भाषा की उपस्थिति या अनुपस्थिति से जुड़ा हुआ है। नाटककार के पास एक ऐसी भाषा होनी चाहिए जो पार्श्व में जा सकने की काबिलियत रखती हो और नाटक के चाक्षुष-बोध के समय अदृश्य हो सकती हो, तथापि उसमें कलाकारों और स्टेज पर की हर चीज़—पर्दों, लाइट्स और फ़र्नीचर वग़ैरह—के साथ चलने की क्षमता होनी चाहिए। यदि लेखक की भाषा मंच से दो मिनट के लिए भी अनुपस्थित हो जाय तो यही अनुपस्थिति नाटक के चरम आरोह और अवरोह की तरह महसूस होनी चाहिए। एक नाटककार की भाषा में इतनी ताक़त होनी ही चाहिए।''

''मैंने श्री उमाशंकर जोशी के सामने अपने नाटक *ग्रहण* के मात्र एक हिस्से का पाठ किया था। नाटक की नायिका मंच पर मुखौटा पहने हुए एक भयंकर देवी के रूप में प्रवेश करती है। हवा में भय के साथ-साथ भक्ति और सघन लालसा का बोध भी है। जब ये तीनों अपने चरम पर पहुँचते हैं, देवी अपना मुखौटा उतार देती है, नायिका का चेहरा माध्यम के प्रति आसक्ति का भाव दर्ज करता है, भय पैदा करता है। न कोई संवाद, न कोरस, न एकालाप—बस दृश्य है और उसके साथ उपस्थित-अनुपस्थित भाषा। जोशी ने स्वतःस्फूर्त ढंग से प्रशंसा करते हुए टिप्पणी की थी : 'ये है नाटक।'

''नाटक के मंचन में अभिनेताओं और अभिनेत्रियों का एक महत्त्वपूर्ण

स्थान होता है। लेखक एक ऐसा नाटक लिखना चाहता है जिसमें उनके शरीर और ध्वनि का पूरा उपयोग किया जा सके। यदि मंच पर अभिनेताओं का पूरा उपयोग न हो सके तो कहा जायेगा कि लेखक अपने कार्य में असफल रहा है। निर्देशक लेखक का सहकर्मी होता है—लेखक अपने नाटक में अन्तर्निहित एकाधिक सम्भावनाओं को प्रक्षेपित करना चाहता है। निर्देशक एक ऐसा सह-कलाकार है जो इन अन्तर्निहित संकेतों को बचाये रखता है, शब्द की प्रत्येक सम्भावना को सुरक्षित रखता है, दृश्य वग़ैरह के माध्यम से उसके संघटकों को ठोस सूरत देता है, विभिन्न रंगमंचीय उपकरणों और अभिनेताओं के प्रदर्शन की मदद से उसकी प्रभावोत्पादकता को सुदृढ़ करता है—उससे इन तीन कार्यों को करने की दरकार रहती है। मैं भाग्यशाली रहा कि प्रवीण जोशी, अरविन्द ठक्कर, अरविन्द जोशी, शफी ईनामदार, महेन्द्र जोशी, उत्कर्ष मजुमदार और निमेश देसाई जैसे निर्देशक मेरे सह-कलाकार रहे। सत्य दुबे के रूप में मेरे पास एक बेहतरीन कलाकार था। *ए मानस मद्रासी लागे छे* उनके द्वारा निर्देशित किया गया मेरा इकलौता गुजराती नाटक है। यदि एक नाटक अच्छी तरह लिखा गया है तो निर्देशक लेखक का सह-कलाकार बना रहता है। अगर ऐसा नहीं होता तो यह इस बात का संकेत होगा कि निर्देशन की उसकी कला में कोई खोट है।''

अपने लेखन को लेकर उनकी प्राथमिकताओं के बारे में जानने के लिए मैंने उनसे पूछा, ''क्या आप अपनी कुछ रचनाओं का नाम बता सकते हैं जिन्हें पूरा करने के बाद आपको पूर्ण सन्तुष्टि का बोध हुआ हो।'' उन्होंने उत्तर दिया, ''किसी भी रचना का निर्माण किसी अनुपलब्ध, अज्ञात शक्ति पर सफलतापूर्वक आक्रमण होता है। इस मायने में कोई भी कला आक्रामक होती है। कविता (या नाटक) में ख़त्म होने वाले लेखन असमतल नहीं रह पाते, क्योंकि आत्म-अस्तित्व का सारा बोध परमानन्द की दिशा में ले जाता है। *घेरो* मेरी सबसे प्रिय कविता है। इसे लिखने से पहले मेरे लेखन में एक तरह का गतिरोध आ गया था। *घेरो* के साथ मेरे प्रवाह ने गति पकड़ी। मेरी कविता *प्रलय* के साथ भी यही बात हुई। यह प्रसन्न होने वाली बात है कि अचेतन की शक्तियाँ समय-समय पर बड़े आक्रमण करती रही हैं। *घेरो* और *प्रलय* बड़े आक्रमणों की तरह सामने आयीं। दूसरी तरफ़ कभी-कभी कविताओं के समूह निकल कर आये। पहले

कुछ कविताओं पर काम करने का प्रयास होता है, अगर वे कविताएँ बन जाती हैं तो परमानन्द की स्थिति बनी रहती है, लेकिन शृंखला की अन्तिम कविता जैसे सिम्फनी के *क्रेसेन्डो* का निर्माण करती है और सभी पिछली कविताएँ अपनी परिणति पर पहुँच जाती हैं। मेरी लम्बी कविता *जटायु* ऐसी ही है।''

लेखक और उसके लेखन के मध्य के संवाद के विषय पर आते हुए मैंने पूछा, ''क्या आपके किसी लेखन की वजह से आपकी सोच या जीवन शैली या जीवन के प्रति आपके रवैये में कोई मूलभूत आये? यदि हाँ तो कृपया उस लेखन और उससे आये बदलावों के बारे में बतलायें।'' उनका उत्तर था, ''लेखन से काफ़ी फ़र्क़ एक दूसरे तरीक़े से आगामी गूँजें और पुनर्गूंजें ज्ञात को एक ऐसी अवस्था में लेकर आ जाती हैं जो दो तूफ़ानों के बीच की शान्ति जैसी होती है, दो लेखनों के बीच की वह अस्वीकार्य अस्वस्थता। यह अज्ञान से आशा की तरफ़ बहना है। यह अपने आप में एक बदलाव होता है।''

मैंने प्रतिबद्धता के विषय पर कई दफ़ा उठाये गये मसले को सामने लाते हुए पूछा, ''एक लेखक की प्रतिबद्धता के बारे में आपके क्या विचार हैं? क्या उससे किसी चीज़ से प्रतिबद्ध होना चाहिए? यदि हाँ तो किस से?'' उन्होंने प्रति-प्रश्न पूछते हुए कहा, ''क्या सहवास कर रहे हर जोड़े के लिए कू-कू की आवाज़ निकालनी अनिवार्य है जैसे बालकनी की छत पर कबूतर निकालते हैं? प्रतिबद्धता का प्रदर्शन केवल एग्ज़ीबिशनिस्ट को लाभ पहुँचा सकता है—न जन को न विचार को। कविता पाठक-श्रोता को उसकी खोयी हुई पहचान से जोड़ने में कभी असफल नहीं होती।''

एक दूसरे विषय की तरफ़ मुड़ते हुए मैंने पूछा, ''कुछ लोग कहते हैं कि रचनात्मक लेखन एक पूर्णकालिक कार्य होता है, जिसे किसी भी अन्य क़िस्म के रोज़गार के साथ नहीं जोड़ा जा सकता। क्या आप इस विचार से सहमत हैं और महसूस करते हैं कि यदि आपने बजाय अध्यापन-सम्पादन में अपनी ऊर्जा खपाने के अपने आपको पूरी तरह लेखन में लगाया होता तो आप अपनी रचनात्मकता के साथ पूरा न्याय कर पाते?'' उन्होंने उत्तर दिया, ''रचनात्मक लेखन निस्सन्देह एक पूर्णकालिक कार्य है, लेकिन अपने अनुभव के आधार पर मैं कह सकता हूँ कि इसके लिए अपने पेशे को छोड़ने की आपको कोई आवश्यकता नहीं। कविता रचने

में लगाने वाला समय उस समय से अलहदा होता है जो आपको आपके काम में व्यस्त रखता है—एक तरह का स्थायी वर्तमान, जैसे कि कविता एक 'ब्लैक होल' है - एक अलग शै, जो बावजूद स्पेस के केन्द्र में होने के उस से अलग है। हालाँकि वह समय से जुड़ी हुई है, पर कविता सेल्फ़-टाइम्ड होती है। सतत संवेदनशीलता कविता की प्रकृति है। अतः काम करने में बिताया गया समय कविता के लिए किसी तरह का दुरुपयोग नहीं होता। लेकिन इत्तफ़ाकन अगर काम बुरा हो तो मसला पूरी तरह अलग हो जाता है। तब वह ग़ैर-साहित्यिक कारणों से समय का दुरुपयोग होगा। ऐसी कोई भी चीज़ नहीं, चाहे वह बुरी हो या अच्छी, जिसके लिए कविता की रूपान्तरण प्रक्रिया में जगह न हो।''

अब मैं साहित्यिक आलोचना के विषय पर आया और मैंने पूछा, ''साहित्यिक आलोचना की वर्तमान स्थिति की दृष्टि से क्या आपको लगता है यह लेखक या पाठक के लिए किसी भी मतलब की होती है? आप भी अपने समकालीनों द्वारा अभिप्रेरित आलोचना के शिकार हुए होंगे? ऐसी आलोचना पर आप कैसे प्रतिक्रिया देते हैं?'' उन्होंने उत्तर दिया, ''आजकल पत्रकारिता दो तरह के काम कर रही है—पत्रकारिता से सम्बन्धित इसका अपना काम और साहित्यिक रचना और आलोचनात्मक अध्ययन का काम। अपना काम करते हुए पत्रकारिता समाज की अच्छी सेवा कर रही है। लेकिन वहीं यह चालाकी से पाठक के सामने उस चीज़ को पेश करते हुए धोखेबाजी कर रही है जो साहित्य तो नहीं होता पर उसके जैसा दीखता है—ठीक जिस तरह अश्वत्थामा की माता उसे आटा मिला पानी पिलाकर सुलाया करती थी जो दूध जैसा दिखता था। मास मीडिया नाम की उस आकर्षक सुन्दरी ने आज के पाठक-श्रोता-दर्शक को इसी दयनीय स्थिति में ला खड़ा किया है। कमज़ोर होने के कारण आलोचना ने अपनी स्थिति खो दी है। बेचारा आलोचक व्यापार में लिप्त उन सम्पादक मण्डलों के सामने पूरी तरह खो गया है जिनके भीतर बड़े लोग, पैसे के मारे, संगीत उत्पादन करने वाले फ़ैक्ट्री-मालिक, विशाल छातियों वाली आँटियाँ—जैसे फ़िल्म उद्योग—भरे पड़े हैं। केवल रचनात्मक लेखक ही है जो इन सब के ख़िलाफ़ मैदान में खड़ा होने में सक्षम है।''

गुजराती से अनुवाद : अशोक पाण्डे

आलेख का रचना-वर्ष : १९८५

पूर्णता से परे
डॉ. दर्शन सेठी के साथ संवाद

डॉ. दर्शन सेठी : बचपन की आपकी कुछ मुख्य स्मृतियाँ क्या हैं ?

सितांशु यशश्चन्द्र : जीवन के पहले छह साल कच्छ के भुज गाँव में गुज़रे। जब सन् १९४७ ई. में पिताजी का देहान्त हुआ तो हम सपरिवार बड़ौदा आये। यहीं मेरी शिक्षा का श्रीगणेश हुआ। पिताजी का देहान्त एक गहरी असर करने वाली घटना थी।

दोनों स्थानों के परिवेश में आप को क्या अन्तर महसूस हुआ ?

कच्छ में घर का माहौल सामन्तीय था। ७० कमरों का बड़ा मकान, घर में ही गोशाला थी। चौक थे और कुआँ था। सुबह-सुबह राज्य के नियमानुसार घर में क़ैदी भी आते थे। उनकी जंज़ीरों की बड़ी आवाज़ होती थी। वातावरण में एक स्वस्थ पुरानापन था। पिताजी बड़े अफ़सर थे। लेकिन परिवेश में कोई छीछरापन न था। बल्कि जैसे बाद में मुझे माताजी से पता चला पिता उन उदार मतवादी और मानवतावादी अफ़सरों में एक थे, जिनकी भी एक परम्परा है। प्रपितामह बड़ौदा और कच्छ के मुख्य प्रधान थे। १९वीं शताब्दी में, बड़ौदा के राज्य कुटुम्ब से संलग्न एक अमीर को किसी हत्या-काण्ड के सिलसिले में निरपराध छोड़ देने का दबाव तत्कालीन शासन की तरफ़ से हुआ। और यह आदेश दिया गया कि या तो सामन्त को निर्दोष घोषित कर

छोड़ दो अथवा २४ घण्टों में मुख्य प्रधान पद तजकर राज्य की हद से बाहर निकल जाओ। प्रपितामह—श्री मणिभाई जयभाई—अपना इस्तीफ़ा दे, २४ घण्टों में राज्य से बाहर निकल गये। इसके बाद वह कच्छ के मुख्य प्रधान बने। पिताजी ने इसी परम्परा को आगे बढ़ाया होगा, न कि सामन्तीय ठाट-बाट को, क्योंकि उनके अवसान के बाद जब परिवार के पास यह ठाट-बाट न रहा, तो यह न रहने का विषाद या रुदन मैंने कभी नहीं सुना। पिताजी के देहान्त के बाद उस कड़े समय में, मुझे याद है। घर में मुख्य बातें दृढ़ चरित्र, साफ़ मूल्य-बोध और दुःख में भी स्वस्थ और गौरवपूर्ण रहने की ही होती थीं। पिताजी ने, जिनका देहावसान हृदय-रोग से हुआ था, अपने पहले हार्ट-अटैक के बाद यह भूमिका स्वस्थता के साथ बनायी थी और माताजी ने अगले दशक में अतिवीरतापूर्वक इस भूमिका को परिवार में दृढ़ किया। स्वस्थ, साफ़ मूल्यों की भूमिका! किन्तु बड़ौदा में एकाध साल तो केवल तीन कमरे के मकान में हम रहे। भौतिक चकाचौंध के प्रति माताजी की आसक्ति नहीं थी। वह सादे तथा स्वाभिमानपूर्वक जीवन के प्रति आस्थावान हैं। आज भी वीरता तथा अनुकम्पा के गुण उनकी जीवनरीति का लक्षण हैं।

इस सारे परिवर्तन का आप पर क्या प्रभाव पड़ा?

ऐसा लगा जैसे एक युग समाप्त हो गया और सहज से दूसरे में परिवर्तित हो गया। मुझे इस परिवर्तन से शायद एक बच्चे को जिस रूप में हो सके, उस रूप में जीवन की क्षण-भंगुरता का बोध हुआ होगा। कदाचित ये सब मेरे लिये है, मेरा नहीं है—इस तथ्य की तीव्र अनुभूति हुई होगी—अब तो वह सब मन के अन्तराल में चला गया है, वह समग्र।

इस प्रखर अनुभूति के साथ आपकी अभिव्यक्ति भी अवश्य प्रभावित हुई होगी?

तब तो काव्याभिव्यक्ति का प्रश्न नहीं था। लेकिन यूँ ही भाषा के साथ एक अजीब-सा सम्बन्ध जुड़ा। इस परिवेश-परिवर्तन के कारण, भाषा का उच्चारण जो सौराष्ट्र में मधुर माना जाता था, बड़ौदा में उन्हीं शब्दों के उच्चारण का उपहास होने लगा। उदाहरणार्थ हिन्दी शब्द 'क्यों' के अर्थ में (जिसका शिष्ट गुजराती रूप 'केम' है), सौराष्ट्र में 'कां', बड़ौदा में 'केमबे' बोला जाता है।

बम्बई में एक और विवर्त्त! लघु उच्चार 'के' वाला 'केम'। अब आयु के पहले बारह सालों में ही मुझे तो ये तीनों विवर्त्तों का सामना करना पड़ा और एक स्थान के उच्चारण के लिये अगले स्थान में उपहास भी सहना पड़ा। बड़ौदा में 'कां' न चलता था, बम्बई में 'केमबे'! ऐसे तो अनेक भाषागत विवर्त्तों का हर नये स्थान के निवासी गम्भीर और दृढ़ आग्रह के साथ 'एकमेव सत्य' मानते थे और आहिस्ते-आहिस्ते मुझे ये मेरे उपहास करने वालों पर हँसी भी आने लगी और अन्त में, भाषा (और मानव-योजनाओं) की संरचना में जो एक अस्थायित्व है, भंगुरता है, उसका भी ख़याल आने लगा। मानव के सभी सत्य कैसे क्षण-भंगुर हैं और जो सत्य हमें दृढ़ रखते हैं, उन्हें हमें यत्नपूर्वक कैसे दृढ़ करना पड़ता है, इसकी कुछ झाँकी हुई।

शिक्षा-काल में कतिपय ऐसे व्यक्तित्व अवश्य रहे होंगे, जिन्होंने आपके रचनाकार पर अमिट प्रभाव अंकित किया हो?

बम्बई में एक साधु चरित्र और प्रजाशील प्राध्यापक मिले—श्री गौरी प्रसाद झाला, उल्लास और संयम का अनोखा मेल उनके व्यक्तित्व में था, इसी काल में मेरा परिचय गुजराती साहित्य में रोमानी काव्य-धारा के प्रसिद्ध कवि श्री राजेन्द्र शाह से हुआ, जिन्होंने मुझे प्रभावित किया।

इन प्रभावों से सम्बन्धित क्या कोई सन्दर्भ उल्लेख्य है?

डॉक्टर साहिब, एक ऐसी सरल बातचीत है, जिसे मैं कई बार याद करता हूँ, इसका सम्बन्ध श्री गौरी प्रसाद जी से है। वे बम्बई के ग्राण्ड रोड स्टेशन के पास रहते थे। वहाँ से निकलकर मेरीन लाइन्स स्टेशन पर उतर जाते थे और वहाँ से विक्टोरिया टर्मिनस के कुछ समीप एक कोलतार की सड़क पार कर सेंट जेवियर कॉलेज में पढ़ाने आते थे। यह उनका नित्यक्रम था। वह कहा करते थे—"जब ग्रीष्म का कड़ा मध्याह्न हो, तार पिघलता हो, शरीर में पसीना होता हो, तब सड़क क्रास करने से पहले मेरे ही लौकिक अस्तित्व से एक पग पीछे हट, जब मैं विक्टोरिया टर्मिनस के मीनारों में गोथिक सौन्दर्य निहारता हूँ, तब इन मीनारों में एक अद्‌भुत स्थापत्य सौन्दर्य का मुझे अनुभव होता है।" लोकोत्तरता की ऐसी सरल फिर भी सौन्दर्य-मर्मज्ञ व्याख्या मैंने कम ही सुनी है, इन दोनों महानुभावों के प्रभाव से मुझे नया दृष्टिकोण प्राप्त

हुआ। इससे आभिजात्य तथा स्वच्छन्दतावादी अभिव्यंजना शैलियों के सन्तुलित सामंजस्य का मुझे ख़याल आया। मैं तथाकथित आभिजात्यवादी और तथाकथित स्वच्छन्दतावादी आडम्बरों से बच निकला।

एक रचनाकार के नाते जीवन के प्रति आपकी क्या दृष्टि रही है?

मैं किसी एक रूढ़ स्वरूप धारण किये हुए दर्शन में सीमित नहीं होना चाहता। जीवन असीम है, मानव मात्र में अपार विविधता का सौन्दर्य है, रूढ़-दर्शन भी एक व्यवधान है। मैं प्रतिबद्धता और व्यवधान से रहित जीवन की सहजता में विश्वास करता हूँ, केवल सच्चाई के प्रति प्रतिबद्ध हूँ। अन्र्स्ट केसिरर (Ernst Cassirer) विरचित 'प्रतीकात्मक रूप-दर्शन' (The Philosophy of Symbolic forms) में निरूपित—मिथ, भाषा, धर्म, कला तथा विज्ञान—इन पाँच माध्यमों की समीक्षा की गयी है। इन पाँचों में भाषा मूलभूत है। भाषा का अर्थ यहाँ समग्र वाग्- व्यवहार है, न कि केवल शैली—इस बृहद 'भाषा' को निरोगी और बलवान रखना 'कवि' का काम है।

प्रकृति के प्रति आपकी क्या धारणा है?

मेरी दृष्टि में प्रकृति के तीन अर्थ हैं—कुदरत, आन्तरिक प्रकृति तथा माया। वस्तुतः नीति का कोई सार्वभौम मानदण्ड नहीं, हाँ, किसी की भावना को ठेस न पहुँचाना एक सार्वभौम नीति हो सकती है, पर हमारी अपनी सीमाएँ हैं। प्राचीन गुजराती के अख्खो (अक्षय—१७वीं शती) मेरे प्रिय कवि हैं। उन्होंने माया को 'नटी' कहा है। कुदरत या तत्त्व के प्रति मैं व्यवधान रहित बोध को ही उचित समझता हूँ। लेकिन वस्तु का, किसी का भी व्यवधान रहित साक्षात् अनुभव ऐसा सरल नहीं है। जर्मन तत्त्वचिन्तक 'काण्ट' की इस उक्ति का मैं कायल हूँ कि 'चित्त की संरचना तथा ग्रहण करने का तरीक़ा ऐसा है कि वस्तु वास्तविक रूप में उसमें अंकित नहीं हो पाती। हम आभास ही ग्रहण कर पाते हैं' भारतीय दर्शन में इसे 'अध्यास' संज्ञा दी गयी है, जो उचित ही है। शंकुक का चित्र-तुरंग-न्याय भी इसी तथ्य को ध्वनित करता है।

क्या आप आस्तिक हैं, धार्मिक अर्थ में?

इस अवस्था में आस्तिकता और नास्तिकता की चर्चा करना मैं उचित नहीं समझता।

आपने साहित्य सर्जन कब से प्रारम्भ किया?

विद्यार्थी जीवन से ही मैंने लिखना प्रारम्भ कर दिया था। मेरी प्रथम कविता सन् १९५९ ई. में श्री राजेन्द्र शाह द्वारा सम्पादित गुजराती द्विमासिक पत्रिका 'कवि-लोक' में प्रकाशित हुई थी।

कविता के प्रतिपाद्य और प्रतिपादन शैली के प्रति आपकी क्या दृष्टि रही है?

प्रारम्भ से ही मेरे मन में और रचनाओं में समग्रता की खोज तीव्र रूप से चलती रही है।

साहित्य में प्रतिबद्धता के प्रति आपका क्या विचार है?

प्रतिबद्धता कोई बहस बन जाय या लेखक की उत्कट और निर्भय खोज के स्थान पर उसे केवल अनुवादक (एवं गुणानुवादक!) बना दे, तो वह एक दुर्घटना है। मुख्य प्रश्न 'अनुकम्पा' का है—सामयिक मानव स्थिति (Human-Conditions) के प्रति अपने मन की उत्कटता से लेखक संलग्न न हो, तो उसकी संवेदनशीलता कैसी? लेकिन यह 'अनुकम्पा' या 'लगाव' किसी सैद्धान्तिक विचारधारा से सम्बद्ध होने चाहिए, ऐसा नहीं है।

हमें हर पल जीना पड़ता है, अपनी जात में, और जगत में, उससे निकलने के सस्ते रास्तों में मेरी निष्ठा कभी नहीं रही। मैं निरन्तर खोज में विश्वास रखता हूँ। यह खोज मेरे लिये वाङ्मय सर्जन के रूप में है।

क्या आप किसी विशिष्ट काव्य-दर्शन को स्वीकारते हैं?

इस सन्दर्भ में मैं जर्मन विचारक फ्रिड्रीश नीत्शे (Friedrich Nietzsche) को उद्धृत करना चाहता हूँ। "When Apollo finally speaks the language of Dionysus, great art is born." अपोलो अनुभवों को स्वरूप देता है

और 'डायोनिसस' उस रूढ़ रूप में ताज़गी तथा गति लाने का काम करता है।

इसका यह अर्थ हुआ कि आप 'नीत्शे' के सामंजस्यवाद में विश्वास रखते हैं?

वह एक आरम्भ-बिन्दु है—अन्तिम बिन्दु नहीं! मैं रूप (Form) और गति (Flow) के केवल सामंजस्य को उचित नहीं मानता। "I believe in Constant and Constantly direction finding journey between the two gods, Apollo and Dionysus i.e. form and flow."

आप वस्तु को महत्त्व देते हैं अथवा वस्तुगत सौन्दर्य को?

सर्जन यान्त्रिक अनुभव नहीं, वस्तु और वस्तु के भीतर जो है वह एक ही है या भिन्न और भिन्न हो, तो क्या विरोधी है या परस्पर के सूचक या पूरक अथवा तो सचमुच 'भीतर' में कुछ है या केवल शून्य—ये सब प्रश्नों के साथ में अभी भी बरसों तक उत्कटता से जीना चाहता हूँ—न कि उनको तत्काल 'निपटाना'!

काव्य के सम्बन्ध में आपका क्या मत है?

काव्य एक सम्पूर्ण कला है। काव्य-कला अन्य सभी ललित कलाओं के उपकरणों को अपने में समाहित करने में समर्थ होनी चाहिए। यदि कवि की क़लम में चित्रकार की तूलिका, शिल्पी की छैनी और हथौड़ी न हो, तो वह समय आने पर एक 'अपोलो' के सामने कलाकार के रूप में कैसे खड़ा होगा? और साथ ही कवि के शब्द में नृत्यांगना के पैरों की तरलता और संगीत के सुरों की निरपेक्षता न हो, तो वह समय आने पर—'डायोनिसस' के सामने अपनी कलाकार की हस्ती लेकर कैसे खड़ा रह सकता है? इसलिए कविता एक 'सम्पूर्ण कला' (Total Art) होनी चाहिए और नाटक इस प्रकार की कविता में से आना चाहिए।

गुजराती के कतिपय ऐसे आधुनिक कवियों के नाम बताइये जो अन्य भारतीय भाषा-भाषियों के लिये पठनीय हों?

श्री उमाशंकर जोशी के बाद इस सन्दर्भ में श्री निरंजन भगत, सुरेश जोशी, ग़ुलाम मोहमद शेख, लाभशंकर ठाकर महत्त्वपूर्ण हस्ताक्षर हैं।

आपका हस्ताक्षर भी तो कम महत्त्वपूर्ण नहीं, उसे किसके साथ जोड़ें?

(अधरों पर सुहास लिये सविनय और ससंकोच डॉ. सितांशु ने कहा) मेरे ख़ुद के साथ और मानव-सृष्टि के साथ जुड़ने का मेरा यत्न अभी तो चल रहा है—दूसरे जुड़ान की बात क्या?

अन्त में केवल एक प्रश्न और—क्या शब्दार्थ की इस साधना का कहीं अन्त है?

डॉक्टर साहब, आचार्य जगन्नाथ ने कहा है न, कि शब्द और अर्थ की रमणीयता काव्य है। रमणीयता के भी मूल में संज्ञा है—'रमण'। यह संज्ञा अनन्त यात्रा की बोधक है। सो अनुभव और अभिव्यक्ति की यह यात्रा बड़ी लम्बी है। पूर्णता से परे है।

गुजराती से अनुवाद : तुलसीभाई पटेल

आलेख का रचना-वर्ष : सत्तर के दशक में

शब्द की शक्ति द्वारा वस्तु की अनन्तविधता का अनुभव

यशवन्त त्रिवेदी के साथ संवाद

॥ साक्षात्कार ॥

शब्द की शक्ति द्वारा वस्तु की अनन्तविधता का अनुभव

सितांशु! आप अमेरिका, फ्रांस आदि देशों में aesthetics का अध्ययन कर लौटे तब बहुत आनन्द हुआ कि हमारी आनन्दमीमांसा में बुनियादी काम कर सके ऐसा एक तेजस्वी मित्र फिर से मिला! (पिछले कुछ सर्जन को बाद में किया जाय तो युवा श्रीकृष्णलाल श्रीधराणी को हमने अमेरिका में ही खो दिया था न!)

सितांशु! कलाकृति के आकार और सौन्दर्यमीमांसा के बारे में बाद में बात करें, प्रथम तो कवि-सर्जक सितांशु को जल्द मिलना है! यार, उस 'सररियलिज़्म' को खिलवाड़ के लिए खुले में छोड़ दिया और आप 'सररियलिज़्म' मार्का के आला दर्जे के कवि माने गये! कइयों को तो आपकी इस छाप की पट्टी पर रोष आया; बहुत हुआ। लेकिन गुजराती प्रजा बीती हुई बातों को भूल सके इतनी उदार है। आपको कोई आपत्ति नहीं होगी।

आपने सन् १९६१-६२ के आसपास गुजराती कविता में सररियलिज़्म के दार्शनिक अभिगम को और उसकी विशिष्ट पद्धति को अवतरित करने का कार्य किया है, इसका मैं सानन्द उल्लेख करता हूँ। लघु काव्य-गीत या 'मोहें-जो-दडो : एक सररियल

अकस्मात्' (संस्कृति : अगस्त-७०) जैसे दीर्घ काव्यों में अवचेतन मन के अनेक स्तर पर सररियल काव्यानुभव प्रकट होते रहे हैं। एतदर्थ आपने नयी भाषा का गठन किया है, जो एक पलड़े उल्लेखनीय है। (दूसरे पलड़े की चर्चा दूसरे प्रश्न में।) किसी अज्ञात प्रदेश से उद्‌भूत मन्द प्रकाश और छाया का आभास प्रकट कर सके वैसी असचेत, संकल्प-रिक्त मानसिक अवस्थाओं को अलग-अलग स्तर पर प्रकट कर सके वैसी, असमान शब्दों के बीच या अलग-अलग सन्दर्भों के बीच रासायनिक संयोजन और समन्वय की सम्भावना सिद्ध कर सके वैसी भाषा का आपने गठन किया है—गुजराती कविता में यह महत्त्वपूर्ण कार्य हुआ है।

सितांशु! आपके सर्जन को सररियलिज़्म के इस दार्शनिक अभिगम का आकर्षण कैसे हुआ? अपने काव्य सर्जन की प्रक्रिया के बारे में detached होकर बताओगे? अपनी कविता के सन्दर्भ में image और symbol के फंक्शन के बारे में कुछ इस तरह बताइये कि जिसमें 'सररियल' कविता 'in making' की बात का भी समावेश जो जाय!

क

प्रश्नों का रीतिविशेष, उत्तरों की सम्भावना को अति मर्यादित कर देता है। यशवन्त! इसलिए मेरा अपना उत्तर सम्भावित हो इसलिए आपके सवाल के प्रथम दो प्रस्ताव-परिच्छेदों की पद्धति के साथ मैं अपना बुनियादी मतभेद स्पष्ट करूँगा।

आपके प्रस्ताव-परिच्छेदों के साथ मेरा मतभेद इस प्रकार है : विदेश से मैं लौट आया, इससे मैंने किसी समूह पर उपकार नहीं किया है और सररियल कविता लिखी तथा इस कविता को सररियल यह कहकर मैंने किसी समूह का अपराध नहीं किया है। मेरे अंगत जीवन की इन दो महत्त्वपूर्ण घटनाओं को आपके प्रथम दो परिच्छेद एक सामूहिक सन्दर्भ में एक साथ रखकर देखते हैं, यह मुझे नामंजूर है। इन दोनों को मैं अपने एकान्त जीवन के बहुत गहन सन्दर्भ में देखता हूँ।

इसीलिए, सर्वप्रथम मैं यह कहना चाहूँगा कि आपके 'गुजराती लोग' यह सररियल कविता लिखने के लिए मुझे दरगुज़र करने की चेष्टा न करें। 'गुजरातियों' की उदारता के अनुलक्ष में मेरी कविता नहीं रची जाती। मैं कोई चुनाव में खड़ा नहीं हूँ कि मुझ पर 'आपत्ति नहीं आयेगी' इस प्रकार की गुजरातियों की उदारता की मुझे ज़रूरत हो। कविता के साथ समाज का और सामाजिकों का व्यवहार कुछ अलग ही होना चाहिए।

दूसरी ओर, विदेश से लौटकर मैंने किसी समूह-विशेष पर अनुग्रह नहीं किया है, मैं अपनी मतलब से आया हूँ। कई ओष्ठों पर नयी-नयी छटायें दिखाकर क्रीड़ा करनेवाली, अनपेक्षित क्षणों में मुझ अकल्पित रूपों का साक्षात्कार करानेवाली, गुजराती भाषा के बिना मुझे कुछ प्रभाव लग रहा था इसलिए मैं लौट आया हूँ। गुजरातियों से यदि मुझे कोई अपेक्षा है तो (उदारता कहीं नहीं) गुजराती भाषा की अनेक छटायें; इससे कम मुझे कुछ भी नहीं चाहिए। इससे विशेष मुझे किसी से प्राप्त करने योग्य भी क्या है?

नाट्यशास्त्र के प्रथम ही अध्याय में भरताचार्य ने एक सरस बात की है। प्रथम नाट्यकृति का प्रथम प्रयोग भरत की मण्डली ने किया। दर्शक ख़ुश हो गये। हर एक ने कुछ-न-कुछ भेंट नटमण्डली को दी। इन्द्र ने ध्वज दिया, ब्रह्मा ने घुँघराला दण्ड, वरुण ने सुवर्ण का घड़ा, शंकर ने सिद्धि, विष्णु ने सिंहासन, विनोदी मुनि जोड़ते हैं कि सूरज भगवान ने छाता दिया और वायुदेव ने पंखा दिया! लेकिन दर्शकों में अन्य गौण देवताओं; गन्धर्व, यक्ष, राक्षस, नाग आदि भी थे। इन 'नाना जाति गुणाश्रयान्' लोगों ने क्या दिया?

भरत कहते हैं :

> अंशांशैर्भाषितान् भावान् रसान् रूपं क्रियाबलम्।
> दत्तवन्तःप्रहृष्टास्ते मत्सुतेभ्यो दिवौकसः॥

(जो प्रसन्न थे इन सभी ने मेरे पुत्रों को उनके अलग-अलग पाठों को अनुकूल हो ऐसी भाषा दी। भाव, रस, रूप, क्रिया, शक्ति और सुन्दर अलंकार दिये।)

''अंशांशैभाषितान्''—यही क्या सर्वोत्तम दान नहीं था? मुझे स्थितिस्थापक भाषा का यह दान प्रत्येक गुजराती भाषी से प्राप्त होता रहे!

ख

मेरे विचार से, कविता भाषा की अनुभवप्रद शक्ति द्वारा वस्तु की अनन्तविधता का अनुभव प्राप्त करने की सतत प्रक्रिया है।

पूर्ण निर्णय और विचारधाराओं के नियमन के बिना वस्तु का (theme का नहीं किन्तु thing का) पुनः-पुनः परीक्षण करना मुझे पसन्द है। सामान्यतः भाषा स्वयं भी हमारे वस्तु-अनुभव पर अपनी मर्यादा अंकित करती है, लेकिन उसी भाषा को वस्तु-अनुभव की सीमाओं का विस्तार करने में प्रयोजित करना यह कवि का कर्म है। Automatic writing से आरम्भ करके लयलीला के प्रत्येक प्रयोग में अस्तित्ववादी कविता यह काम करती है। मेरी कविता में लय का यही काम है।

अतिवास्तव की कविता का जन्म वास्तव के प्रति गहन प्रीति से ही होता है। वस्तु को पाने का जानलेवा गेरीला प्रयास अर्थात् सररियल कविता। हमने विचार-संस्थाओं के नाम पर वस्तु और मन के बीच एक चीनी दीवार खड़ी कर दी है, और बुरज पर व्याकरण, नीति के विधि-निषेध, रूढ़ि, आदत आदि के चौकीदार खड़े कर दिये हैं। इस दुर्ग में कवि जब सररियल छेद कर देता है तब दुःसह युद्ध पैदा हो जाता है, इस समय बेकाबू, चिल्लाते और सबको काटने के लिए दौड़ते शब्द-ऊँट पर हम प्रयत्नपूर्वक आसन टिकाये रखते हैं, तभी इस जंग में पराक्रम किया जा सकता है। वीरगति तो अनिवार्य है। प्रत्येक सररियल कविता अर्थात् हमारी यथा-तथता की मृत्यु।

वास्तव के प्रति गहन प्रीति और यथातथता की मृत्यु—ये दो वस्तु विरोधाभासी लगती हैं, फिर भी ये दोनों एक अखण्ड प्रक्रिया के अंश हैं। यथातथता तो वस्तु की अनन्तता का एक छोटा टुकड़ा है, एक मर्यादित आकार है। इस आकार से मुक्ति पाकर, आकार से आगे जाकर वस्तु की अखण्डता का अनुभव करना हो तो अलग ही प्रकार का साहस अनिवार्य हो जाता है। इस सररियल में आकार का (एक प्रकार से देखते हुए सौन्दर्य का भी) मोह छूटना चाहिए। आकार से आगे बढ़कर वस्तु का अनुभव करने का परिश्रम और भाषा द्वारा इसे पाने की बेचैनी सररियल कविता के केन्द्र में है। गुजराती साहित्य में आकारवादी स्तर से अगला स्तर, इस तरह सररियल कविता में प्राप्त होता है। आकारवादी विवेचन

के मीटर से उसे नहीं नापा जा सकता।

> आपकी कविता की भाषा और तकनीक के बारे में एक तटस्थ भावक की दृष्टि से आप क्या मानते हैं? वैसे तो आप भाषा का प्रयोग सजगतापूर्वक करने के लिए सतत्, सचेत हैं, फिर भी आपकी भाषा में 'अलग-अलग प्रकार की एक-विधता' का आभास होता है; और ऐसा भी लगता है कि भाषा mannerism धारण करती है। सितांशु! आपकी कविता की भाषा पर 'कई बार किसी discursive thought को ही gratuitous mystery के रूप में प्रस्तुत करने की युक्ति दिखायी देती है' ऐसा आरोप किया गया है। यहाँ गहन आध्यात्मिकता की खोज में कुछ बाक़ी रह जाता है; आप यह स्वीकार करते हैं? संक्षेप में, आप अपने सर्जन में अलग-अलग स्तर पर अपनी कविता का विकास देख पाते हो कि?

'अलग-अलग प्रकार की एकविधता' की बात करनेवालों को मुझे इतना ही कहना है कि 'नामूलं लिख्यते किंचित्।' 'मोहें-जो-दडो' में अख़बारी भाषा से लेकर सार्वजनिक भाषण की भाषा तक mass media की अनेक रीतियाँ प्रायोजित हैं। इसके पीछे 'उदा. मुम्बई और यमदूत' (केसूडां संपा. मधु राय) जैसे काव्यों में प्रायोजित बिलकुल अंगत जैसी बालकथाओं की और तुकबन्दी की भाषा पर दृष्टिपात कीजिए। उपरान्त 'मगन काव्यों' की भाषा इससे बिलकुल अलग ही है। 'हंसबाळ' या 'मन के मायावी मैदान' जैसे विगीतों में न्हानालाल से प्रारम्भ किये गये गुजराती गीत के प्रलम्ब लयों को एक वक्रोक्तिपूर्वक प्रायोजित किया है। 'यार्ड' जैसे पुराने या 'गाय' जैसे नये काव्यों में या 'पडेलां' पर्णोना समूह महीं वायु हिबकतो' ('क्षितिज' में) जैसे अछांदस् काव्य में इन सभी भाषा-प्रयोग से अलग under statement का संयमी भाषा प्रयोग भी किया गया है, फिर भी mannerism का आक्षेप करना चाहो तो शौक़ से कीजिये।

दूसरी ओर, discursive thought की बात। कवि मध्यम कक्षा की ही बुद्धिशक्ति धारणकर्ता होना चाहिए, जाने-अनजाने इस प्रकार की मान्यता रूमानी कवि-विवेचक रख सकते हैं। मेरी दृष्टि से कवि मेघारहित नहीं हो सकता।

एस्किमो की भाषा में भिन्न-भिन्न प्रकार के बर्फ़ के लिए अलग-अलग शब्द हैं। विषववृत्त के पिग्मी के लिए ये सभी शब्द या तो अर्थरहित हैं अथवा तो अधिक से अधिक एक ही पदार्थ के पर्याय है। logical और discursive thought से लेकर intellectual intuition और metaphysical wit तक के विस्तार की संज्ञाओं में बुनियादी भेद समाविष्ट हैं। मैं इस प्रदेश का एस्किमो हूँ और आप भी विषुववृत्त के पिग्मी कब थे?

मुझे 'आध्यात्मिकता' शब्द पसन्द नहीं है। मेरी खोज समग्रता की है— न केवल दैहिकता की, न केवल आध्यात्मिकता की। मुझे 'वस्तु' में गहरी रस है और उस रस का अंश मेरी आध्यात्मिकता है।

> उस 'Source'—Strange Aurora borealis के वर्तुलाकार प्रकाश प्रदेश की वतन प्रति अभिमुखता सररियलिस्टों की झंखना मानी जाती है। यह अनामता और परिब्रह्म के अनन्त प्रकाश के किरणों की Searing Flame को—रीम्बो अपने भीतर जलते अनुभव करता है। उपरान्त सररियलिस्ट किसी द्वन्द्वरहित ऐकात्म्य के केन्द्र को पाने की खोज में निकले हैं। देखिए : आन्द्रे ब्रेतो का manifesto :
>
> Everything suggests the belief that there is a certain point of the mind where life and death, the real and the imaginary, the past and the future, the communicable and the incommunicable, the high and the low are no longer perceived as contradictions. It would be vain to look for any motiv in surrealist activity other than the hope of determining that point.
>
> तब अर्थात्, उसका सातत्य और बुद्धिप्रधानता—ये आपकी कविता के दोषस्थान लगते हैं। सररियल कविता तो सन्त कवियों के कैफ़ की—मस्ती की कविता है; इसके साथ बुद्धिप्रधान समानता का मेल कैसे बैठ सकता है?

क्या ऐसा नहीं होगा कि द्वन्द्वरहितता तो बिना केन्द्र के व्याप में ही सम्भवित है? 'Point'—बिन्दु सही, लेकिन 'centre' केन्द्र नहीं है। सररियलिज़्म की खोज समग्रता की खोज है। इस प्रकार की समग्रता की खोज कि जिसके केन्द्र में धार्मिक ईसाइयों की पृथ्वी तथा आजकल के

नये-नये वैज्ञानिकों के सूर्य को नहीं रखा जा सकता। जिसकी सीमाएँ अकल्पित रूप से विस्तृत होती हैं, ऐसी समग्रता की खोज यहाँ हो रही है। यह विस्तरण एक ही केन्द्र की परिधियों के विस्तार जैसा नहीं है। नये-नये केन्द्र प्रस्फुटित होते रहते हैं, यह है अतिवास्तव की कविता।

सन्त-कवियों की कैफ़-मस्ती के साथ प्रज्ञा की तीव्रतम सजगता के विरोध का अनुभव आपने किया? मैंने तो कभी अनुभव नहीं किया। तद्-लीनता और केवल सुषुप्ति के बीच भेद यह है कि तल्लीनता में तीव्रतम सजगता होती है, जबकि सुषुप्ति में केवल नशा होता है। गुजराती साहित्य की वर्तमान स्थिति में आधे-अधूरे समझे गये रोमाण्टिसिज़्म की कदाचित् एक मदहोशी है। मेरी कविता जिस रूप से सररियल है, उसकी प्रथम शर्त यही है कि उसमें एक सजग मस्ती है—बुद्धि भावना, सेक्स सभी के साथ मेरी सफलता की तीनों आँखों से जाग्रत मस्ती है। ब्रेतों, दाली, पाज़—किनमें यह नहीं है?

नीत्शे अस्तित्व के चार स्तर की बात करता है। आकार शुद्ध अपोलो संयतता का देव है। मस्त डायोनिसस उर्वरता का और कैफ़ का देव है। लेकिन अपोलो को जब विजय का—आकार के विजय का नशा चढ़ता है तब वह स्पार्टा के राज्य की जड़ता-क्रूरता धारण करता है और दूसरी तरफ़ डायोनिसस के नाम पर एकत्रित लोगों को भ्रमित करता आधा भेड़ आधा मनुष्य ऐसा सेटिर सिर्फ़ कामुक इन्द्रियमयता में निमग्न रहता है।

सन्त और सेटिर के बीच भेद को वर्तमान गुजराती विवेचन भूल तो नहीं गया है न?

मस्ती सेटिर की भी हो सकती है और सन्त की भी हो सकती है। एक की अक़्लहीन और दूसरे की प्रज्ञावान होगी।

और सच्ची कला तो डायोनिसस और अपोलो की साझीदारी का सर्जन है। अथवा तो अखा के शब्दों में कहा जाय तो बड़े-बड़े बुन्दों वाली अनुभव-जल-बरखा तो तभी बरसती है जब ज्ञान की घटा, तर्कों के क्रम-क्रम से नहीं किन्तु प्रज्ञा की आकस्मिकता से, हमारे आकाश में मस्त होकर घिर आती है।

वर्षों पहले, शायद एक दशक पहले, मेरी कविता के मर्म को कोई समझ पाया था तो वे थे (आप जिन्हें केवल मस्त-कवि कहोगे वे) श्री वेणीभाई

पुरोहित। 'जन्मभूमि-प्रवासी' के काव्यविभाग में इन्होंने मेरी एक कविता और अखा की एक कविता तुलनात्मक रूप से पास-पास प्रकट की थी। मुझे इस बात का आनन्द है कि तथाकथित बुद्धिजीवी प्रोफ़ेसरों-डॉक्टरों ने नहीं, किन्तु मस्ती और कैफ़ के (उतनी ही गहन प्रज्ञा के) एक सच्चे कवि ने इतनी जल्द क़द्र की।

यशवन्त! मस्ती और मेधा प्रथम दृष्टि से लगते हैं इतने दूर नहीं हैं, बल्कि एक ही हैं।

> काव्य में 'दीर्घता' का कौन-सा concept आपके मन में है? 'मोअें-जो-दड़ो : सररियल अकस्मात्' जैसे दीर्घ काव्य में यह 'दीर्घता' क्या सिद्ध करती है?

'मोअें-जो-दडो : एक सररियल अकस्मात्' काव्य में दीर्घता जिस रीति से रची गयी है, यह रीति 'मकान', 'मनु, यम और जल' और 'दा.त. मुम्बई' जैसे काव्यों की दीर्घता रचने की रीति की सहस्थिति में देखने से कुछ स्पष्टता होगी।

'मकान' काव्य में कटाव के आवर्तनों से दीर्घ काव्य के लिए अनिवार्य गतिमयता सर्जन का प्रयत्न किया था। 'दा.त. मुम्बई' में एक छन्द का स्वीकार न करते हुए अनेक लयावर्तन—छन्द के, अछान्दस् के और गीत के ही नहीं अपितु बालवार्ता और लोककथा के भी—पासपास रखे। 'मोअें-जो-दडो' में इससे भी आगे बढ़कर केवल एक कोलाज लय-अर्थ-आकार का रचा। इसमें एक अकस्मात् को उसकी वस्तु-Theme—की छिन्न-भिन्नता से साक्षात् करने का प्रयत्न है। 'मकान' काव्य की सुबद्धता के साथ तुलना करने से मेरे काव्यों में दीर्घता की परिवर्तित विभावना का ख़याल आयेगा।

मेरे लिए दीर्घता तो आकार और अर्थ की सुबद्धता से प्रारम्भ करके अनार्किस्ट-सररियल आकार-मुक्ति की ओर जाने का साधन है। आकार-मुक्ति अर्थात् केवल वस्तु the thing-की अनार्किस्ट झंखना।

अभी इस समय तो मेरे लिए दीर्घता the thing-in-itself की संदिग्ध और अनन्त अस्तित्व को पाने की प्रक्रिया है। इसीलिए वह कोलाज है।

कुछ समय पहले श्री भृगुराय अंजारिया ने मेरे हाथ में पेंग्विन की 'Longer Contemporary Poems' पुस्तक रख दी। उसकी संक्षिप्त किन्तु उत्तम प्रस्तावना में लिखा है कि दीर्घ कविता, कीट्स कहता है तद्नुसार, 'a place to wander in' होती है। दीर्घ कविता पढ़ने के लिए एक नयी ही सज्जता की आवश्यकता है, ऐसा कह पायेंगे?

> आपके 'एक सूफ़ी रोमांस' (संस्कृति : जुलाई '६९) के चार काव्यों का गुच्छ और 'यारस्ते' (कविलोक : नव.-दिस.-६९) के पाँच काव्यों के गुच्छ द्वारा Sex और प्रेम के विषय में नया अभिगम प्रकट होता है। मुझे ऐसा लगता है कि Self की वैश्विकता, Self के अन्धकार से उत्पन्न सुन्दर राक्षस,—यहाँ खोखली और सघन व्यापकतायें, 'स्व' के आसपास की अनैतिहासिक समस्यायें—आख़िर सब कुछ 'स्व' में ओतप्रोत होकर दृश्यता की रंगलीलाएँ धारण करता है और जीवन के पूर्ण आधार को 'काम' के रूप में प्रकट करता है। आप प्रेम की reality को किस तरह प्रतीत करते हो? प्रेम के साथ solitude को juxtapose करके सोचते हो? आप कहीं वास्तव और आदर्श के संघर्ष का अनुभव करते हो? प्रेम को एक cosmic drama के रूप में अनुभव करते हो? क्या मानते हो? क्या अनुभव करते हो?

नहीं। मैं वास्तव और आदर्श के संघर्ष का अनुभव नहीं करता। प्रेम मेरे लिए एक myth है, और फिलिप व्हीलराइट कहता है तद्नुसार myth अन्तिम एक हो जाते हैं। सभी विरोध एक उच्चतर स्तर पर अविरोधी हो जाते हैं। 'दरिया रस्ते त्राटकनारो जीत्यो ज़मीन आडो गढ़' (समुद्र के रास्ते से आक्रमण करनेवाला ज़मीन पर का गढ़ जीता।)—ऐसी एक पंक्ति 'यारस्ते' प्रणयकाव्य में (या विकाव्य में) आती है। प्रेम का गढ़ नये ही ढंग से आक्रमण करके जीतना होता है। यह जीत प्रत्येक मनुष्य में राम की जीत की तरह mythical होती है।

प्रेम और सेक्स, ये दो अलग वस्तु नहीं हैं। न्हानालाल की तरह सेक्समुक्त प्रेम पाने की लालच मुझे नहीं है। लेकिन sex है क्या? फ्रायड दो देवताओं की बात करता है। इरोस और थानाटोस—एक प्रेम—काम का देवता और दूसरा मृत्यु—निर्वाण का देव। मैं प्रेम को केवल काम के

सन्दर्भ में नहीं, मृत्यु के सन्दर्भ में भी अनिवार्यतः मानता हूँ। इरोस और थानाटोस की उपासना एक साथ चलती है। इसीलिए प्रेम एक अशक्यता के रूप में मेरे पास आता है। 'एक सूफ़ी रोमांस' में इस अशक्यता की ही बात प्रस्तुत की गयी है। अशक्यता अर्थात् अन्य स्तर की शक्यता। वास्तव और अतिवास्तव के बीच यही सम्बन्ध है। इसलिए मैं अवश्य कहूँगा कि 'एक सूफ़ी रोमांस' में इस प्रकार की शक्यता की बात प्रस्तुत है।

शब्दों को उछालने पर कौन-सा पहलू ऊपर आयेगा, यह नहीं कहा जा सकता। मैं जादूगर की तरह शब्दों को सतत उछलते नहीं रख सकता। मैं तो जुआरी की तरह शब्द को केवल एक बार उछालकर अपना सर्वस्व होड़ में रख देता हूँ।

लगभग छह साल पहले आपने 'Indian Committee for Cultural Freedom' के परिसंवाद में 'कृति और चित्त' शीर्षक एक लेख का पठन किया था। उस पर हमने गरमागरम चर्चा की थी।

'चित्त अपने ही नियम उत्पन्न कर उस आभासी वस्तु से अपनी अंगत, रवानगी कलाकृति अपने ही फलक में उत्पन्न करता है।' और

'कलाकृति भावक के चित्त में ही रची जाती है, अतः इससे निरपेक्ष, स्वतन्त्र ऐसा कलाकृति का जहाँ अस्तित्व ही नहीं है, तब उसके नियम अन्यत्र कहाँ से खोज सकते हैं?'

उपर्युक्त आपके अवतरणों में आपने भावक के चित्त को ही प्रधान माना है। सर्जक अपने भीतरी विश्व की—एक आभासी जगत की रचना करता है इसका तो आप छेद ही उड़ा देते हैं! सर्जक 'मैं-पद' से रहित हो यह अच्छी बात है। वैसे तो हमारे अनाम लोककवियों ने स्व-नाम की चिन्ता कब की थी? लेकिन सितांशु! कलाकृति का जिस चित्त से सर्जन होता है उसका सर्वथा प्राधान्यलोप इष्ट है क्या? उपरान्त इसी समय हम इतने तो कृतिनिष्ठ हो गये हैं कि हम 'मुष्ठि' दिखाकर कवि के बारे में कुछ भी सुनने से इनकार कर देते हैं। नरसिंह मेहता की कविता के उपलक्ष्य में कोई विद्वान नरसिंह का जीवन, तत्कालीन समाज, राज्य, धर्म, मुसलमान, भाभी आदि पर विचार कर सांसारिक

जीवन की विफलता और नरसिंह की भक्तिपरायण तथा कविता में उसके विनियोग की, भूमिका के रूप में उल्लेख करता है तो हमारी भ्रमर ऊँची हो जाती है (हाँ; कविता अन्ततः कलाकृति के रूप में सिद्ध होनी चाहिए, वरन् 'भाभी' के उपालम्भों का उपयोग कविता की भूमिका रूप में भी नहीं, यह भी सही!) लेकिन पेंग्विन की Modern European Poets की सीरीज़ में पूर्व जर्मनी के दो कवि : Bobrowsk और Bienek को पढ़ने से पहले बैंक पर जब पढ़ते हैं कि इन दोनों कवियों ने देशनिकाला के एकाकीपन का अनुभव किया है, और उसमें भी Bienek ने तो चार-चार वर्ष Prison Camp की पीड़ा में गुज़ारे हैं और तत्पश्चात् Bienek का 'The Brutal Fact of Death' पढ़ते हैं तब?

—पूर्व भूमिका का और काव्य सर्जन की पीड़ा के काव्यानुभव का

—उसके प्राधान्य का छेद कैसे उड़ाया जा सकता है? और इस पीड़ा के नक्शे के बिना भावक के चित्त में कौन-सा आकार उभरेगा?

ब्लेक मूर ने 'Language as Gesture' में सर्जक में निहित भीतरी इंगितों के बारे में जो लिखा था; यहाँ प्रस्तुत करता हूँ—

That is an example of the gesture that comes before language...

The great part of our knowledge of life and of nature-perhaps all our knowledge of their play and interplay–comes to us as gesture, and we are masters of the skill of that knowledge before we can ever make a rhyme or a pun, or even a simple sentence.

शब्दों के बीच अर्थता की और इंगितों की जिस लीला की रचना सर्जक करता है, यह एक सर्वजनीन सेतु द्वारा भावक के चित्त में पुनः रची जाती है। गणितिक रूप से सर्जक के चित्त में जो था, यह उसी frame में और उतने ही गुणाकार-भागाकार में नहीं किन्तु...

सितांशु! अमेरिका में अध्ययन करने के बाद अब सर्जक-भावक के सम्बन्ध के बारे में आपने aesthetically कुछ सुधार किया या नहीं?

यशवन्त्! एक बुनियादी समस्या बाक़ी है : सर्जक के चित्त का ख़याल, भावक के चित्त में कृति अंकित हो जाय, इससे अलग ढंग से कहाँ से प्राप्त कर सकोगे?

उपरान्त, आपके प्रश्न में दो मुद्दे तार्किक रूप से अलग नहीं प्रस्तुत किये गये : सर्जन प्रक्रिया के रूप में कलाकार के चित्त में उत्पन्न गतिविधियों की एक बात है, जबकि कलाकार के जीवन में सामाजिक स्तर पर उत्पन्न घटना दूसरी बात है। 'सर्जक, भावक के भीतरी विश्व को—एक आभासी जगत की रचना करता है' यह प्रक्रिया एक बात है। 'नरसिंह मेहता की कविता के उपलक्ष्य में विद्वानों द्वारा उल्लेखित बातें' नरसिंह का जीवन, तत्कालीन समाज, राज्य, धर्म, मुसलमानों, भाभी इत्यादि'—यह दूसरी ही बात है। आप इन दोनों की मिलावट करते हैं; इसमें मेरा विरोध है।

अब इन दोनों में से कलाकार के चित्त में जो सर्जनप्रक्रिया चलती है इसके प्रति मेरे ICCF लेख में बिलकुल विरोध नहीं है। लेकिन इसके बारे में यह कहना है कि : कलाकार के चित्त में उत्पन्न सर्जनप्रक्रिया भावक को तो भावक के चित्त में उत्पन्न भावनप्रक्रिया के रूप में ही प्राप्त होती है। इससे अलग ढंग से सर्जनप्रक्रिया को प्राप्त करने की बिलकुल सम्भावना नहीं है। मेरे पास एक 'कलाकृति' आयी। अब मैं इसे पढ़ता हूँ या देखता हूँ और इसके निर्विघ्न आस्वाद द्वारा अपने चित्त में एक रसमय अनुभव करता हूँ, तभी यह 'कलाकृति' मेरे लिए अनुभवप्रद होगी, अर्थात् 'कलाकृति' और 'मेरे चित्त का रसमय अनुभव' ये दोनों एक ही होंगे। इसीलिए कहना चाहूँगा कि कलाकृति और भावक के चित्त का (भावक के चित्त की प्रक्रिया का भावक द्वारा किया गया) अनुभव (न कि भावक के चित्त द्वारा किया गया अनुभव) एक ही है।

भावक के चित्त की प्रक्रिया के एकमेव स्वीकार में ही विवेचक, कलाकार की सर्जनप्रक्रिया की थाह पाने का उपक्रम कर पायेगा।

[और सामाजिक घटनाएँ मुग्धावबोध के लिए अगर उपयोगी होती हैं तो मुग्धरसिक जन चाहे इसे उत्साहपूर्वक पढ़ें।]

'आनन्द' अर्थात् क्या? कविता या अन्य साहित्य प्रकार आनन्द प्रदान क्यों करता है? पूर्व और पश्चिम की आनन्दमीमांसा के बारे में, और विशेषकर दोनों के तुलनात्मक अध्ययन के बाद,

कुछ 'विशिष्ट' ('दर्शन' जैसे शब्द का प्रयोग नहीं कहूँगा) बताने योग्य लगता है?

आनन्द अर्थात् 'वस्तु'—The thing-in-itself की यथातथ्य पहचान और आर्थर शोपनहावर के अनुसार यह पहचान केवल एक प्रकार से ही होती है : हमारे अंगत अस्तित्व की गहन और निजी भूमिका के स्वाभिमान द्वारा। The thing in-itself और The will का हमारा अपना वैयक्तिक प्रकटीकरण, ये दोनों एक ही हैं; इस प्रकार का स्वाभिमान यही है आनन्द।

कला आनन्द प्रदान करती है, इस घटना को रस की परिभाषा में समझें या काण्ट की परम्परा की भाषा में, अन्ततः अपने अंगत जीवन के सन्दर्भ में ही इसे समझ सकते हैं। स्थायी भाव तो वासना की केवल वैयक्तिक सम्भावना है, यह सच्चा अंगत तत्त्व नहीं है। इसी तरह राम आदि की कथा 'वस्तु-ता' (Objectivity) का एकमात्र अंश है। यह भी सच्चा 'वास्तविक' तत्त्व नहीं है। रस, जो आनन्द का दूसरा नाम है, यह तो स्थायी भावों की और राम आदि खण्ड-वस्तुताओं की पकड़ से छूटने का उपक्रम है। मर्यादित वैयक्तिकता और मर्यादित वास्तविकता : दोनों की पकड़ से छूटकर जब हम विशुद्ध चिन्मय वस्तु का अनुभव करते हैं तब आनन्द का अनुभव होता है। कला में अस्मिता और अस्मिता के मर्यादित रूपों को लाँघकर केवल 'अस्' तक अर्थात् 'वस्तु' तक जा सकते हैं।

और यह कविता में ही हो पाता है, भाषा की नयी ही रीति की घटना द्वारा! जो भाषा वास्तविकता के अंश मात्र को पहचानने में ही अपनी तमाम शक्ति ख़र्च कर देती है, यह भाषा 'अस्मि' (मैं हूँ) और 'अस्ति' (वह है) इन दोनों से अलग स्तर पर जाकर जो काम करती है यह है कला। Thing और Will, इन दोनों को नये ही स्तर पर, नयी एकता में कविता प्रायोजित करती है, और इन दोनों की ambiguous unity का अनुभव भावक को कराती है। जैसे कि हमने पहले कहा तद्नुसार यह अनुभव, मस्ती और मेधा का संयुक्त अनुभव है। कविता का आनन्द केवल 'अस्मि' और केवल 'अस्ति' की अपूर्णता से आगे जानेवाला मेधावी मस्ती का अनुभव है, जो शब्द की संदिग्धता के सुरक्षित उपयोग में सम्भवित होता है।

आपकी 'आकार' की विभावना क्या है ? गुजराती काव्यविवेचना में वालेरी के 'शुद्ध कविता' विषयक मत की ठीक-ठीक विचारणा हुई। मणिलाल का 'रातवन' शुद्ध कविता के रूप में बिलकुल स्वच्छ लगा, लेकिन उमाशंकर का 'निशीथ' छठवें खण्ड से शुद्ध कविता के jurisdiction के बाहर लगा। विशेष रूप से गाँधी युग के कवियों को 'उकरडा' (घूरा) और 'भंगड' (मेहतरानी) के मिलावट वाले काव्य लिखनेवाले कहकर हमने उनकी इतिश्री कर दी। उस समय पाब्लो नेरुदा 'अशुद्ध कविता' का मेनिफेस्टो लेकर आये :

"हम जिस कविता की खोज में हैं, सो यह कविता हो : जो काम हाथ से करने पड़े, ऐसे कामों से घिसी हुई, मानो तेजाब से न हो, पसीने और धुएँ से तराबोर, विष्ठा और मूत्र की दुर्गन्ध वाले हमें आजीविका देनेवाले व्यापार-धन्धों से चारों ओर रँगी हुई, क़ानूनन या क़ानून के विरोध के..."

"यह कविता हमें धारण किये कपड़े अथवा तोराब से लपेटी गयी या हमारे शर्मनाक आचरण से मलिन शरीर जैसी अशुद्ध होनी चाहिए, हमारी झुर्रियाँ, उजागर और स्वप्न से, अवलोकन, और भावकथन से, घृणा और प्रेम की घोषणाओं से लपेटी होनी चाहिए। कविता और पशुता, युद्ध के आघात, राजकीय वफ़ादारियाँ इनकार और आशंकाएँ, स्वीकृतियाँ और कर—यह सब इसमें आना चाहिए।

प्रेमगीत के पवित्र मन्त्र, स्पर्शगन्ध स्वाद दर्शन श्रवण के आदेश, न्याय के लिए उत्साह, कामवासना, मानवमन की थाह जो स्वैर रूप से किसी का स्वीकार या इनकार नहीं करता है। प्रेम की आनन्द-समाधि में होनेवाला वस्तुओं का गहन हार्द का ज्ञान, इन सभी का समावेश कर सके; कविता ऐसी सिद्ध होनी चाहिए। जो कबूतर के पंजे से सनी हुई, बर्फ़ के दाग़वाली, दाँत के निशान वाली और कदाचित् हमारे पसीने के बूँद और उपयोग से घायल हो; पुष्प और पानी तथा गेहूँ का मैदा—इन सबके बीच एक मूल्यवान संगति है और यह है "स्पर्श की समृद्ध अपील"

(संस्कृति : अनुवाद : भोलाभाई पटेल)

> यह ‘शुद्ध’ और ‘अशुद्ध’ आकार के बारे में पुनः परीक्षण करना चाहिए, ऐसा नहीं लगता?

आकार से आगे जाना होगा। गाँधी युग सामग्री-प्रधान युग था। वास्तविकता के स्थान पर अर्थात् ‘वस्तु’ (the thing) लक्षिता के स्थान पर, उस युग में symbolic forms अर्थात् विचार संस्थाओं द्वारा प्राप्त ‘सामग्री’ का ही महत्त्व था। ‘अद्यतन’ युग में सामग्री के स्थान पर आकार का स्वीकार किया गया लेकिन आकार –form– भी अन्ततः हमें ‘वस्तु’ से दूर रखता है। कारण कि ‘आकार’ तो ‘वस्तु’ का एक अंश ही प्रस्तुत करता है, ‘भंगड़ी’ (मेहतरिन) और ‘त्रण पाडोशी’ (तीन पड़ोसी) जैसे काव्य यदि विचार संस्था द्वारा प्राप्त ‘सामग्री’ के स्तर का उल्लंघन नहीं करते हैं, तो ‘अद्यतन’ युग के अधिकांश आकारवादी काव्य ‘वस्तु’ की सन्दिग्ध और mythical अनन्तता से एक मात्र ‘आकार’ का आश्रय ग्रहण करता है। नीत्शे कहता है कि ‘वस्तु’ की संदिग्ध mythical अनन्तता शायद मानवचित्त के लिए अतिभयजनक है, यह सही है। लेकिन अद्यतनोत्तर कविता, आज की कविता, जो साहस करती है, यह साहित्य ‘वस्तु’ the thing-in-itself को प्राप्त करने का साहस है। आकार युग के और गाँधी युग के भी अपने साहस थे। जिस प्रकार गाँधीयुगीन साहस की कसौटी द्वारा अद्यतन युग के साहस को कुण्ठित नहीं मान सकते; अर्थात् जिस प्रकार ‘सामग्री’ विषयक साहस की कसौटी द्वारा ‘आकार’ के साहित्य को कुण्ठित नहीं मान सकते; उसी तरह अद्यतनोत्तर साहित्य के ‘वस्तु’ लक्षी साहस को भी आकारवादी साहित्य की कसौटी द्वारा नापकर ‘कुण्ठित’ का लेबल नहीं लगा सकते।

इन मुद्दों की सविस्तर चर्चा दाहोद की ‘नवजीवन आर्ट्स कॉलेज’ के उपक्रम में प्रस्तुत एक व्याख्यान में की गयी है और व्याख्यान जल्द ही छपकर उपलब्ध होगा, इसलिए यहाँ तो मुख्य मुद्दों का ही उल्लेख किया गया है।

गुजराती से अनुवाद : तुलसीभाई पटेल

आलेख का रचना-वर्ष : १९८६

साक्षी नहीं, हमें हिस्सेदार भी होना चाहिए
हर्षद त्रिवेदी के साथ संवाद

॥ साक्षात्कार ॥

साक्षी नहीं, हमें हिस्सेदार भी होना चाहिए
हर्षद त्रिवेदी के साथ संवाद

> एक कवि के रूप में आपने सर्रियलिज़्म के स्प्रिंग-बोर्ड का उपयोग करके रचनाओं की ऊँचाईयों को पाया है, ऐसा कहा जाता है। इस बारे में आप क्या कहना चाहेंगे?

हर्षद, वर्ष १९२०-१९३० के दशक में पेरिस स्थित आन्द्रे ब्रेन्तां इत्यादि फ्रांसीसी युवकों ने जो सर्रियलिस्ट घोषणा-पत्र प्रकाशित किया था, कविताएँ लिखी थीं उसके अपने आधे-अधूरे अध्ययन के आधार पर इस ''इज़्म'' के विषय में अपना एक मंतव्य बना लेने के बदले, सर्रियलिटी अर्थात् ''परायथार्थवाद'' को यदि हम मूलगामी और व्यापक दृष्टिकोण से देखने का प्रयत्न करें, तो कैसा रहेगा?

आज १९९८ में मेक्सिकन-कवि ऑक्तावियो पाज़ के अवसान के वर्ष में, पिछले लगभग ८० वर्ष के अन्तराल में सर्रियलिटी और मैज़िक-रियालिटी का अन्दाज़ लगाने के अनेक और विविध प्रयोग कविता, कहानी, चित्र सहित नाटक-रंगभूमि और चलचित्र में हो चुके हैं। लुई बुन्युएल के चलचित्रों की हिंसकता, सल्वादोर डॉली के चित्र और शिल्पों का शिशु-सहज विनोद, मारियो वर्गास लोसा (Mario Vargas Llosa) और गार्सिया मारक्वेज़ की कथा-सृष्टि की जादुई वि-संस्कृति और आयोनेस्को अथवा ज्यां ज़ेन (Jean Genet) के नाटकों के परस्पर टकराते-उलझते-गूँजते दृश्य, इन सभी की एक जीवन्त एवं बृहत्तर परम्परा आज देखने को मिलती है।

इन सब के मूल में स्थित लगन, इन्हें एकजुट करता दर्शन, आख़िर क्या है?

हर्षद, मैं तो यह समझता हूँ कि इस के अनुसार 'स्व' के ऊपर चल रहे 'पर' के शासन के सामने विद्रोह, यही इन कविता-कहानी-चित्र-शिल्प-नाटक-सिनेमा के मूल में है। और 'स्व' की स्वायत्तता की लगन भी। हमें 'पर' के द्वारा जो थमा दिया गया है या हमारे ऊपर लाद दिया गया है उस यथार्थ को अस्वीकारते हुए हमें एक अधिक व्यापक, संतोषजनक, मुक्त-यथार्थ का आग्रह रखना चाहिए।

ऐसा विद्रोह और आग्रह मेरी कविता और नाटकों के मूल में है। यह सर्रियलिटी अथवा परा-यथार्थ का दर्शन (अर्थात् इसे देखने, ग़ौर करने का प्रयत्न) यह मेरे सर्जक का नित्य-सलिला स्त्रोत है,'स्प्रिंग्ज' है। मैं *ब्रेतां-बद्ध* नहीं हूँ। ब्रेतां स्वयं *ब्रेतां-मुक्त* थे इसीलिए वे पहले से लेकर दूसरे मेनिफेस्टो तक पहुँच सके थे।

हर्षद, चलो इस मुद्दे को कुछ विस्तार से समझते हैं। *'स्व'* के ऊपर *'पर'* का शासन जो कि हर क्षेत्र की सच्चाई है, इसके स्थान पर *'स्व'* की स्वायत्तता के लिए सतत संघर्ष मनुष्यता की ''सर्वश्रेष्ठ हक़ीक़त'' है। पहली हक़ीक़त के सामने यह 'सर्वश्रेष्ठ हक़ीक़त' है अर्थात् सर्रियलिटी, अति-यथार्थ है।

मेरी आरम्भिक कविताएँ जिनमें सर्रियल अथवा सर्रियलिस्ट जैसे शब्द कविता के शीर्षक में आये हैं वे रचनाएँ ही नहीं परन्तु 'घेरो', 'दुकाल', 'मगन और गाजर', 'होचिमीन्ह', 'सूरजमुखी', 'जटायु', 'सिंह वाहिनीहिंस्त्रोत', 'रणाख्यान' और 'भे' तक की काव्य-कृतियों में *'स्व'* और *'पर'* के बीच के संघर्ष की कथा होने के अतिरिक्त विविध रचना वक्रोक्तियों द्वारा विविध सम्भावनाओं को रचते हुए आगे बढ़ती हैं।

इस *'स्व'* के तीन स्वरूप हैं—व्यक्ति, समाज और जनता। वैयक्तिक, सामाजिक और राजकीय-आर्थिक-यथार्थ और परा-यथार्थ के बीच लगातार संघर्ष चलता है। हर्षद, हम सभी लोग इसके साक्षी ही नहीं, हिस्सेदार भी हैं।

व्यक्ति शैशव-अवस्था से वयस्क-अवस्था में पहुँचने तक की बहुत सारी

मानव-सहज वृत्तियों और इच्छाओं पर 'यह करें- यह 'ना करें' का नियन्त्रण बन जाता है। यह नियन्त्रण-तन्त्र व्यक्ति के 'स्व' द्वारा निर्मित नहीं बल्कि आयातित होता है। यह व्यक्ति में दम्भ और अन्य विकृतियाँ पैदा करता है। इस नियन्त्रण-तन्त्र में व्यक्ति की संवेदनशीलता और विचारशीलता की संकीर्ण सीमाएँ बँधी होती है और उस नाकाबन्दी के अन्दर उसका एक लघु किन्तु सलामत-यथार्थ तैयार किया हुआ होता है। इसमें उलझन महसूसते प्रत्येक व्यक्ति के चित्त में एक दूसरा यथार्थ होता है जो कि व्यापक, मुक्त और जोख़िमभरा यथार्थ होता है, वह व्यक्ति का परा-यथार्थ होता है।

समाज बहुधा अनेक स्तरों में विभाजित होता है। उसमें भी विशेषकर हमारे भारतीय समाज में तो समाज का एक स्तर या उसका एक अंश, उसके दूसरे स्तर या अंश का दमन करता रहता है। इससे समाज के भीतर ह्रास पैदा होता है। दमनकारी स्तर का यथार्थ अजगर की तरह लिपटा पड़ा है। दलित स्तर के अपने विविध यथार्थ अर्ध-व्यक्त रहते आये हैं। इन सभी परा-यथार्थों की अपनी व्यापकता, मुक्ति और जोख़िम होते हैं।

तीसरा अर्थात् राजकीय-आर्थिक जनसंख्या घटक है। इसमें परस्पर राजकीय-आर्थिक (एवं आध्यात्मिक) स्वायत्तता के ऊपर दूसरी जनता आक्रमण करके अपनी सत्ता कायम करती है। पर-चक्र की (अर्थात् विदेशी—विधर्मी-परभाषी—परसंस्कृतियुक्त शासन की) परिस्थिति उत्पन्न होती है। या तो ऐसी ही स्व-ह्रासकारी संस्थानवादी शासन की परिस्थिति खड़ी होती है या उभय परिस्थितियों में *'स्व'* और *'पर'* के बीच की मुक्त-विनिमय की मानव-गौरवपूर्ण व्यवस्था नष्ट होती है। *'स्व'* के यथार्थ का ह्रास होता है।

परकीय यथार्थ के इस उत्पीड़न के सामने स्वकीय-यथार्थ आख़िरकार *'रिवोल्ट'* करता है, विद्रोह करता है तब सर्जक-परिस्थिति का निर्माण होता है। हर्षद, मुझे इस प्रकार की सर्जक-परिस्थिति में निरन्तर रुचि रही है। मैं इसके प्रति प्रतिबद्ध हूँ। बल्कि यह मेरा दृष्टिकोण रहा है।

सर्रियलिज़्म के साइकोएनेलेटिक, सोशियोलॉजिकल और पॉलिटिकल— इस प्रकार के तीन परिमाण इस दृष्टि से देखे जा सकते हैं। परा-यथार्थ के इस मनोविश्लेषणयुक्त, समाजमीमांसायुक्त और राज्यमीमांसायुक्त

परिणाम मेरे मन को छूते हैं। इस प्रकार 'एक सर्रियल-यात्रा' और 'काले हल' से आरम्भ हुआ संघर्ष, 'रणाख्यान' और 'भे' तक आगे बढ़ता है। हर्षद, आपने ढाँचाबद्ध और एकरूपता वाले प्रश्न न पूछकर, मेरी कृतियों के अध्ययन के दौरान उठे विशेष प्रश्न पूछे हैं अर्थात् इस प्रकार से विस्तारपूर्वक जवाब देने में मुझे अवकाश और ख़ुशी प्राप्त हुई है।

> सर्रियल-कविता से दूर जाकर आपने मध्यकालीन साहित्य की परम्परा को सामग्री के रूप में उपयोग करते हुए आधुनिक-चेतना से युक्त काव्य 'जटायु' की रचना की है। इसके बाद हाल ही में, 'सिंह वाहिनी स्त्रोत' की रचना की है। कविता के क्षेत्र में इसका विशिष्ट परिमाण के रूप में मूल्यांकन किया जा सकता है। गद्य में, विशेषकर कहानियों में, इस प्रकार के प्रयोग के लिए आप कैसी सम्भावनाएँ देख पाते हैं?

'प्रहलाद की प्रार्थना', 'लक्कड़ बाज़ार', और 'जटायु' जैसी रचनाओं का वक्रोक्ति-प्रभाव 'मोड, मृत्यु एक सर्रियल-यात्रा' जैसी रचनाओं के वक्रोक्ति-प्रभाव 'मोड' से अलग ढंग का है। इस अर्थ में हर्षद, आपका कथन सही है। मुक्त-छन्द की रचना-रीति उसके साथ आते आरोह-अवरोह, काकू-उक्ति वैशिष्ट्य आदि और मात्रा-मेल छन्द में चलती भाषा तथा उसके साथ आती मध्यकाल के गुजराती कवियों द्वारा निर्मित अभिव्यक्ति की लीलाएँ, प्रयुक्तियाँ—इन दोनों के बीच पारम्परिक-छन्द और कटाव जैसी पुनरावर्तित-छन्दों की एक कड़ी है। बाल-गीतों की पदावली, विज्ञापनों की भाषा की लय-लीला, स्ट्रीट शोज़ गलियारों में होते सपेरे, जादूगर के खेलों की लयान्वित लचीली बोली—यह सभी सतत बनते रहे हैं। हर्षद, तुम मेरी कविता में, 'उदाहरण के लिए मुम्बई', 'पोम्पई...,' 'काला-हल' आदि अनेक कविताओं में 'दुकाल' तथा 'यार्ड' में से आरम्भ होती हुई तथा 'जटायु' 'सिंहवाहिनीस्त्रोत' 'रणाख्यान' तथा 'भे' तक की कविताओं में बन रही लय-यात्रा की परतों को देख पाओगे।

हर्षद, आप सम्पादक होने से पहले एक सर्जक हैं इसलिए स्वानुभव के आधार पर जानते हैं कि कविता एक ऐसी यात्रा है जो पैदल चलकर ही करनी पड़ती है, वह भी अपनी ज़रूरत की चीज़ों का थैला कन्धे पर

उठाकर चलते हुए, एक कविता से दूसरी कविता तक की यात्रा। कविता की इस यात्रा को इसके भीतर सोये हुए बीच के पूरे अटलांटिक को उड़ते हुए पार करके किया जा सकता है। इसके लिए एरोप्लेन किसी कवि को नहीं मिलता है। यदि एक ही कविता बारम्बार न लिखना न हो तो नयी कविता तक का अन्तर कवि को स्वयं पाटना पड़ता है। इस प्रकार एक कवि का गतिशील-सातत्य कवि स्वयं रच लेता है।

आपने अपने इस प्रश्न की रचना में कविता की सामग्री और कविता में रची जाती चेतना के बीच के भेद को बहुत स्पष्ट ढंग से पहचाना है। सामग्री का काव्यगत रूपान्तरण हो सके तभी भावक कवि की विशिष्ट-चेतना का अनुमान लगाया जा सकता है और अनुभव किया जा सकता है।

हर्षद, आपने 'आधुनिक-चेतना' का उल्लेख किया है। यह 'आधुनिकता' या 'मॉडर्निटी' क्या है, इसके बारे में मतान्तर हो सकते हैं। मुझे ऐसा लगता है कि यथार्थ का दो तरीक़े से आकलन हो सकता है—श्रद्धापूर्वक अथवा संशयपूर्वक। श्रद्धापूर्वक किये गये आकलन का आधार प्रमाता की स्वकीय, मानवीय समताओं के परे का होता है, वह आकलन प्रमाता जिनका सत्यापन न कर सके ऐसे विधान या विधानों पर रहती है। इस प्रकार के आधार को हम 'प्रदत्त प्रबन्ध (या कथ्य)' (गिवन टेक्स्ट) कह सकते हैं। यह कोई व्यक्ति हो, सिद्धान्त हो, ग्रन्थ हो अथवा कोई अन्य प्रकार का प्रबन्ध (टेक्स्ट या कथ्य) हो सकता है। किन्तु इनका सत्यापन नहीं हो सकता और यदि होता है तो केवल श्रद्धापूर्वक स्वीकार्य।

इस प्रकार का आकलन 'प्री-मॉडर्न', 'आधुनिक पूर्व' (या पूर्व-आधुनिक')आकलन है। जहाँ इस प्रकार के 'दत्त-प्रबन्ध' (या 'प्रदत्तकथ्य) को सर्वथा अस्वीकार करके प्रमाता जब आकलन की जवाबदारी स्वयं स्वीकारता है तथा स्वकीय-क्षमताओं और संसाधनों से प्रत्येक प्रमाण का संशयपूर्वक सत्यापन करते-करते आगे बढ़ता है, तो प्रमेय का, यथार्थ का, उसका इस प्रकार से किया गया आकलन 'मॉडर्न' अथवा 'आधुनिक' है। आकलन की एकता जब असम्भव बन जाय अथवा एक ही प्रमेय के अनेकानेक आकलनों की सम्भावना को स्वीकारने लगे तो उसका आकलन 'पोस्ट-मॉडर्न', 'उत्तर आधुनिक'(अथवा अनेकाकलन) आकलन माना जाता है।

मेरी सृजन-यात्रा आधुनिक, मार्डन रही है—सामग्री भले ही मध्यकालीन या प्राचीन रही हो, सृजन-यात्रा आधुनिक रही है। 'भे' 'घर'..... हाल ही में लिखी गयी कविताओं में उत्तर-आधुनिकता का रुझान रह सकता है। 'रणाख्यान' में गंगा और सरस्वती के बीच भेद करती कुछ पंक्तियाँ है। 'मैं मानता हूँ कि सरस्वती, तुम मेरी अपनी ज़मीन की चट्टानों के दबाव में से निकलकर आओगी,न कि गंगा की तरह देवों के आकाश से...' कुछ इस तरह की पंक्तियाँ हैं। सरस्वती, 'स्त्रोत' में एवं 'आख्यान' में, काव्य रचित शक्ति का प्रतीक है न कि दत्त-प्रबन्ध की कोई इमेज।

संक्षिप्त में, आधुनिक चेतना से (इस अर्थ में) मेरी कविता (दोनों संग्रह तथा उसके बाद की कविता में) (आपके शब्दों में कहूँ तो) युक्त है।

कहानियों में और उपन्यासों में इस आधुनिक चेतना को मधु राय, किशोर जाधव, घनश्याम देसाई जैसे सर्जको में देखा जा सकता है।

मुझे कविता के अतिरिक्त नाटक और फ़िल्म जैसी विधाएँ अधिक पसन्द है—रेडियो नाटक और टीवी रंगभूमि में भी रुचि है—यदि उसमें कोई सर्जक-चेतना रखने वाला निर्माता-निर्देशक हो तो।

> अँग्रेज़ी के माध्यम से आपका एक से अधिक साहित्य से परिचय है। अन्य साहित्य के मुक़ाबले में गुजराती-साहित्य कैसा लगता है?

पर्याप्त किन्तु आवरण से ढका हुआ।

हर्षद, पर्याप्त लगता है। कवि नरसिंह और कांट जैसे जीवनमूलगामी कवि कितनी भारतीय भाषाओ में हैं? प्रेमानन्द और गोवर्धनराम जैसे स्व-विश्व-सर्जक कहानीकार कितनी भाषाओं में हैं? अखा और लाभशंकर जैसे एक नज़र में संस्कृति के आरपार देखकर खट्टी-मीठी हँसी लेनेवाले ज्ञानी कितनी भाषाओ में हैं? हेमचन्द्र से हिन्द स्वराज तक के आठ सौ वर्ष के विस्तार में, मध्यकालीन तथा अर्वाचीन-युग में, इतनी गहरी व व्यापक सर्जकता भारत के गिने-चुने भाषा-साहित्य में देखने को मिलती है। अलबत्ता कहीं आडवार, आणदाल, तुलसी, कबीर, तुकाराम, शंकर देव, शाह लतीफ़, अल्लम प्रभु, लल दे, मीरा मिल जाते हैं और मध्यकाल उस

भाषा का प्रकाशित हो उठता है। तो कहीं बंकिमचन्द, रवीन्द्रनाथ, प्रेमचन्द, महाश्वेता देवी,वल्लथोल, ग़ालिब मिल जाते हैं और 19वीं अथवा 20वीं सदी इन्हीं से समृद्ध बनी हुई है। समग्रतया, विस्तृत विस्तार में प्रबल-सर्जकता जैसी गुजराती भाषा में देखने मिलती है वैसी कुछ ही दूसरी भारतीय भाषाओं में है। बंगाली भाषा का अर्वाचीन-युग प्रबल है किन्तु मध्यकालीन-युग सामान्य है। तमिल भाषा का प्राचीन युग समर्थ है, किन्तु अर्वाचीन साहित्य निस्तेज है। मराठी का साहित्य दोनों में लगभग ठीक। अवधी, बृज और राजस्थानी जैसी मध्यकालीन भारत की अतिसमृद्ध साहित्य-भाषाओं का सत्ता-अभिमान से जो ह्रास करते हिन्दी-साहित्य के आज के लिखे जा रहे इतिहास को पढ़ने के बाद गुजराती नाम की (सत्ता की भाषा में कहिये तो) 'क्षेत्रीय भाषा' के भाषिकों को समझना चाहिए कि देश की सत्तासीन 'राज्यभाषा'-'राष्ट्रभाषा' हिन्दी के ठीक पड़ोसी बल्कि ग़रीब साथी होने का मतलब क्या है? हमारी विरासत पर्याप्त है, फिर भी वर्तमान समय जोख़िमभरा है। कारण यह है कि आज हम भुलक्कड़ हो गये हैं, यही है न?

गुजराती तो गाँधी-गिरा हैं(फिर भी आज सम्पूर्ण भारत और यूरोप अमेरिका में गाँधी-जीवन और गाँधी-विचार पर पुस्तकें लिखने वाले विद्वान गुजराती सीखे बग़ैर ही पुस्तकें लिखे जा रहे हैं। जून 1998 में पेरिस के सोरबान विश्वविद्यालय में मुझे '19वीं सदी का गुजराती साहित्य और मोहनदास करमचन्द गाँधी की शिक्षा' विषय पर व्याख्यान करने थे तब वहाँ एकत्रित पाश्चात्य और ग़ैर-गुजराती भारतीय गाँधी-विचार-विश्लेषक विद्वानों को कहना पड़ा था कि जर्मन-भाषा जाने बिना गोथे के बारे में, फ्रेंच भाषा जाने बिना रूसो के बारे में, इटालियन भाषा जाने बिना दांते के बारे में किसी अन्तरराष्ट्रीय-स्तर के विद्वान एक क़दम भी कतई नहीं उठाते हैं, तो वहीं गुजराती भाषा जाने बिना गाँधी के विषय में लिखने का चलन, लगभग अपवाद बिना, आप कैसे चला लेते हो? हर्षद, ला-फ्रांस में यह प्रश्न सभी साहबों को ला-जवाब लगा था।

सब चलता है क्योंकि हमारे ही, अर्थात् गुजराती साहित्यकार, गुजराती जनता और गुजरात के आर्थिक-राजकीय-प्रशासनिक शासक सब कुछ चला लेते हैं। भारतभर में तेजस्वी-बुद्धि रखने वाले युवक-युवती आज तीन पीढ़ियों से आई.ए.एस. की कसौटी को पार करके गुजरात में प्रशासन

सँभालने के लिए आ रहे हैं। आयें, उनका स्वागत है...उनमें कई बहुत उत्तम प्रशासन चलाते हैं। कई तो अन्य जगहों से निवृत्ति लेकर गुजरात की विधान-संस्थाओं का संचालन सँभालने के लिए, गुजरात के निमन्त्रण पर आते हैं। विश्वविद्यालयों में अँग्रेज़ी, हिन्दी, मराठी, रूसी, जर्मन, पर्शियन, उर्दू इतिहास,समाजशास्त्र आदि अनेक विभागों में भारतभर से विविध भाषा-भाषी युवक-युवती और प्रौढ़ व्यक्तियों की नियुक्तियाँ अलग-अलग जगहों पर होती हैं। फिर भी कितनी गुजराती पुस्तकों का अनुवाद, पंजाबी, सिन्धी, तमिल, कन्नड, बंगाली, फ्रेंच, अँग्रेज़ी, रूसी, जर्मन आदि भाषाओं में हुआ...उसका सर्वेक्षण अन्य भाषा-भाषी होने के बावजूद भी गुजरात-प्रेमी अध्यक्षश्री, कुलपतिश्री, सचिवश्री अथवा मन्त्रीश्री को करवाना चाहिए। आओ, अवश्य आओ किन्तु इस तरह आधे-अधूरे नहीं, पूरे-पूरा गुजरात में आओ न।

रोबर्ट फ्रोस्ट ने गोरेअमेरिकन को सम्बोधित एक काव्य पंक्ति लिखी है : The Land belonged to us. Before we belonged to the Land.

गुजरात की राज्य-शक्ति, प्रशासन-शक्ति और वाणिज्य-शक्ति क्या ऐसा तन्त्र खड़ा नहीं कर सकती है कि जिसमें उत्तम गुजराती कृतियों के, भारत की अन्य भाषाओं में और विदेशी भाषाओं में स-रस और असरकारक अनुवाद होते रहें तथा सभी जगह पहुँचते रहें? इसके लिए गुजराती-भाषा, साहित्य और संस्कृति के वास्ते, सच में भी, मन में आदर होना चाहिए। इस काम के लिए रस और प्रतिबद्धता होनी चाहिए। आज तो ज्ञानपीठ का पुरस्कार हो या कि राष्ट्रीय साहित्य अकादेमी की सर्वोच्च फ़ैलोशिप हो, गुजरात तो गिनती में ही नहीं है।

गुजरात की शक्ति काम में लगे तो ही अन्य भारतीय भाषाओं के साहित्य से उसकी तुलना करना योग्य है। तभी (गुज्जुगिरा नहीं बल्कि गांधी-गिरा) गुजराती का साहित्य आम गुजरात के बाहर केवल मुँह-ढँकने जैसा, पर्दानशीन स्त्री जैसा, असूर्यंपश्य सुन्दरी जैसा, अनजाना-अनजाना नहीं रहेगा।

परन्तु कहाँ है हेमचन्द्रानुरागी राज्यकर्ता सिद्धराज जयसिंह? कहाँ है सहृदयचूड़ामणि वस्तुपाल-तेजपाल जैसे सचिव? अरे, परदेशी होने के बाद भी अधिक स्वदेशी जैसा आज एक फारबस भी?

हर्षद, कवि उमाशंकर की प्रसिद्ध पंक्तियों में कुछ फेर-बदल करके पूछता हूँ कि 'वह कैसा गुजराती, जो होए ही नहीं गुजराती?'

> आपने 'क्यों मकन जी कहाँ चले?' से लेकर 'तोखार', 'यह मनुष्य मद्रासी लगता है' इत्यादि नाटकों की रचना की है अथवा इनको रूपान्तरित किया है परन्तु मंच-दक्षता, भाषा-प्रयोग, नाट्य-वस्तु और रचना-रीति के सन्दर्भ में ऐसा कौन सा नाटक है कि जिस पर आप यह नाटक सम्पूर्णतः गुजराती है की मुहर लगा सकते हैं?

आप केवल गुजराती-नाटक के बारे में मुझे प्रश्न पूछे होते तो रसिकलाल परीख का 'मैना गुर्जरी' नाटक तुरन्त मुझे याद आ जाता। यह गुजरात का और गुजराती-भाषा का उत्तम नाटक है। इस नाटक की मंचन-क्षमता तो ऐसी थी कि जिन्होंने इसका मंचन देखा है उस प्रत्येक प्रेक्षक के मन की इस नाटक की एक छवि बन गयी होगी। आज भी अगर वह आँखें बन्द करके देखो तो नज़र के सामने 'मैना गुर्जरी' का दृश्य सामने आने लगता है। रसिकभाई की जन्म-शताब्दी-वर्ष के उपलक्ष्य में अगर गुजरात विद्यासभा अथवा गुजरात विधानसभा में जो कोई सज्जन समूह 'सभा' कहलाने लायक है तो उसे इस नाटक को फिर से मंचित करने का संकल्प लेना चाहिए।

हर्षद, मेरे नाटकों पर आपका यह प्रश्न है तो अपने नाटकों पर अब मुझे जवाब देने कि नौबत आये तो ये इतनी ख़राब परिस्थिति नहीं है। गुजरात में कितने ही तेजस्वी रंगकर्मी हैं। जितने मौलिक नाटक मैंने लिखे हैं, उतने तो उन्होंने मंचित किये हैं। उत्कर्ष मज़मूदार ने सत्यदेव दुबे जैसे साहसी और भारत-ख्यात दिग्दर्शक के साथ रहकर, 'यह मनुष्य मद्रासी लगता है' नाटक दो दशक पूर्व मराठी रंगभूमि की अन्तर्वेदी जैसे मुम्बई के छबीलदास स्कूल के रंगमंच पर मंचित किया था और इसका मंचन दिल्ली के श्रीराम सेंटर में भी हुआ था। फिर इस वर्ष न्यूयार्क की सीमा पर नन्दनी शाह ने अपनी अद्वितीय-शैली और सर्जकता के साथ अमेरिका में पले-बढ़े युवक-युवतियों को लेकर नाटक मंचित किया है। 'खग्रास' नाटक का कल्पना-कौशलयुक्त मंचन महेश चंपकलाल ने वडोदरा के कलाकारों द्वारा किया

था। 'केम मकनजी क्यां चाल्या?' नाटक निमेष देसाई ने अहमदाबाद और भोपाल में मंचित किया था। नाटक के लिए तो नाट्यविद् एवं मंचमस्त रंगकर्मियों द्वारा किया मंचन ही इस पर लगी एक मुहर है। दूसरी मुहर तो, सत्ता की या अपने आपके और मेरे जैसों के पास कहाँ है, हर्षद।

मेरे अपने लिए तो किसी उत्पल भायाणी जैसा नाट्यमर्मज्ञ प्रेक्षक बनकर कभी किसी एक नाटक का प्रयोग स्वयं देखें और उसकी सराहना करे (मद्रासी के प्रथम मंचन के बारे में उत्पल का अवलोकन उपलब्ध है।) तो ऐसी घटना मेरे लिए तो फ़रमाइशी-व्यावसायिक प्रेक्षक-मण्डलों के सोल्ड-आउट किसी नाटक के सौ-दो सौ शो से कहीं अधिक महत्त्व की है। अथवा जब बकुल टेलर जैसे सहृदय को मेरे नाटक पढ़ने का मन हो जाय तो यह बात पुस्तक की हज़ार प्रतियाँ बिक जाने से भी अधिक महत्त्व की बात है।

> आप शिक्षण, साहित्य-शिक्षण से एक विद्यार्थी, अध्यापक, विभागाध्यक्ष और उपकुलपति के रूप में कई तरह से वाबस्ता रहे हैं। आपका सबसे सुखद और सबसे त्रासद अनुभव क्या रहा है? उदाहरण देकर बात करेंगे तो अच्छा रहेगा।

सुखद/त्रासद। हर्षद, यह प्रश्न तो प्योर पत्रकार का लग रहा है। तो जवाब देता हूँ, चलो। उसी तरह।

वर्ष 1995, मुम्बई, चौपाटी पर। एम.ए. का परिणाम आने के बाद पहली नौकरी की तलाश शुरू हुई। इण्टरव्यू शुरू हो चुकी है और बड़े बुज़ुर्गों से, प्यार से मिले बोध को भाई मगन भूल चुके हैं। यह भारतीय विद्या-भवन का सोमानी कॉलेज है। पार्ट-टाइम लेक्चरर का महत्त्व का पद है। पूछे गये प्रश्नों का बड़े रौब से मगन ने उत्तर दे दिया है। और लग रहा है कि सकारात्मक निर्णय सम्भवतः अब मिल ही जायेगा। तभी, इण्टरव्यू के अधबीच चेम्बर में जिन्होंने प्रवेश किया है, वे कौन हैं? (सत्य या कि द्रोण?) नहीं, यह तो स्वयं भुवनेश्वर, भव्य, मोहक कन्हैयालाल माणेकलाल मुंशी स्वयं सामने आकर खड़े हो गये हैं। इण्टरव्यू पैनल के सारे लोग उनके सम्मान में खड़े हुए। कहा गया बैठो, तो बैठे। अब एक्सपर्ट जो-जो प्रश्न पूछते हैं वह प्रत्येक प्रश्न मुंशी को (न कि मगन) को सुनाने

(अथवा इंप्रेस करने के लिए) के लिए होंगे। इण्टरव्यू पैनल का सर्व सामान्य विचार यही था। (इसमें एक या दो अपवाद थे) किसी ने पूछा 'बताओ, मगन, मुंशी की कहानियों के बारे में आपका क्या विचार है?' मगन है तो बुद्धू का बाम, होने वाला था कंगाल, फिर भी मान कर चल रहा स्वयं को निहाल /कृतार्थ। जैसा कि आज है वैसा तभी भी वह था सुरेश जोशी का एकतरफ़ा चाहक, तो वह कहता है कि 'यदि मुंशी जी के पात्र उदात्त, भव्य भावनाओं वाले, उत्तंग आदर्श वाले, उनका गद्य, चाहे जब उलट-सुलट कर दे ऐसा गद्य,गद्य-प्रवाह पाठक को अवाक् बना दे ...परन्तु इन सभी बातों को आज दुनिया भर में होती चर्चा के नये अर्थ में 'कहानी' नहीं कहेंगे। हो गया। (पहले दो-तीन अपवादों से मन में लगा कि इस लड़के का इण्टरव्यू गया) पर पूरा हॉल अवाक चुप। परन्तु मुंशी जी धीरे से मगन से पूछते हैं कि दुनिया में कहानी की चर्चा का नया अर्थ क्या है। बताओ। (बता बताकर अब क्या बताऊँ?) (कोई सोच रहा और कौन यह बतायेगा?) (ऐसे में कोई सोचता है यह तो गया, कोई गिड़िगड़ाए, दोपहर के डेढ़ बज गये हैं, अब लंच करेंगे और कुछ आराम करेंगे) तभी परन्तु मुंशीजी जिनका नाम, आँख में जिनके बिजली की चमकी, आवाज़ में जिनके उमड़ आया जिनके जलभरा बादल और वे कहते हैं : 'आज ही इस लड़के को इसका अपोईंटमेंट पत्र दे दो'। फिर एक मिनिट का अन्तराल उसके बाद फिर वे कहते है कि 'देखो पार्ट-टाईम नहीं, फुल-टाईम'। मगन तो दोस्तोवयस्की से पूछता है, 'अरे, यह कैसी सज़ा और कैसा अपराध। मगन तो मगन-मगन हुआ। उसको मिल गयी थी पूरे समय की मज़ा। हर्षद, क़िस्सा कैसा लगा?

...यह वार्ता सत्य-घटना पर आधारित है...जो आज 33 वर्ष बाद भी मगन-चित्त को आहलादित करती है।

...किन्तु, आज यहीं तक।

मुंशी बिना की चेम्बर से इण्टरव्यू के बाद, कोई नन्हा सा, नया नवेला मगन जब रखता है छिपा निश्वास।

तब मुझे होता है त्रास।

गुजराती से अनुवाद : नरेश चन्द्रकर | आलेख का रचना-वर्ष : १९९७

लहरों पे लेखनी
'ओडिस्युसनुं हलेसुं' की प्रस्तावना
(स्वरचित काव्यों का संचय, प्रथम प्रकाशन वर्ष 1974। यह प्रस्तावना 2009 की आवृत्ति में)

लहरों पे लेखनी

'ओडिस्युसनुं हलेसुं' की प्रस्तावना

(स्वरचित काव्यों का संचय, प्रथम प्रकाशन वर्ष 1974। यह प्रस्तावना 2009 की आवृत्ति में)

१

पाब्लो नेरुदा के जीवन की एक बात है। उनके एक घर की, उस घर की एक राइटिंग टेबल की। ईस्वी १९५० के बाद नेरुदा और उनकी पत्नी मटील्डे उरुशिया, चिली देश के, प्रशान्त सागरतट पर बसे हुए आईला नेग्रा में रहे। वे जिस घर में रहते थे, उस घर को उन्होंने बड़े शौक़ से बनवाया था और वहीं पर उनके जीवन के शायद सर्वोत्तम साल बीते। नेरुदा उन सालों को 'ओटम' के नाम से पहचानते थे। उस शिशिर का सौन्दर्य बसन्त से अधिक था। उस घर के निर्माण के समय का एक प्रसंग है : कवि के लिखने-पढ़ने के कमरे का काम हाल ही में पूरा हुआ था और उसमें सजावट हो रही थी। तब एक सुबह उन्होंने पत्नी से कहा कि 'मटील्डे, मुझे अब एक ख़ास तरह का टेबल चाहिए, कुछ अलग ही प्रकार का राइटिंग टेबल! पता नहीं कैसा, पर एकदम अलग'। पत्नी ने बहुत सुझाव बताये; खिड़कियों की फ्रेम, पुराने बड़े दरवाज़े...मेज़ मानो आने-जाने की जगह! सुन्दर सुचन थे, पर कवि को कुछ रास नहीं आया। एक दिन, जब कमरे का प्रायः फ़र्नीचर आ गया था (टेबल सिवा), तब

समन्दर की ओर देखते ही नेरुदा बोल उठे, 'मटील्डे! मटील्डे! मेरा मेज़! मेरा मेज़!'

दोनों घर से निकलकर प्रशान्त महासागर की उस तट की रेत में आसन जमाकर बैठ गये—पानी में तैरता, डूबता, घसीटता किसी पेड़ का एक तना, जो अब कवि पाब्लो नेरुदा के कविता लिखने का टेबल बनने वाला था, उसको समन्दर की कोई एक लहर कब तट पर लाकर रख देती है, उसकी धीरज से आतुरता से प्रतीक्षा करते हुए!

सपाट वास्तव को लाँघती कविता, ऐसे ही कोई मेज़ पर लिखी जाती है, वह मेज़ कहाँ से मिल जाय यह कहा नहीं जाता। उसके स्थान पर दूसरी और कोई मेज़ रख नहीं सकते। समन्दर जब उसको डुबाता, तैराता, हमारे तट पर रख देता है तब उसी मेज़ को देखकर, पहचानकर, अध्ययनकक्ष में लाना चूकना नहीं चाहिए।

तो अब देखते हैं, वह समन्दर, वह मेज़ और अतिवास्तव की कविता का यह खण्ड।

२

हमारा यह दुमंज़िला / तीन मंज़िला 'मकान यानि घर'

यह तुम, यह मैं, यह जो कोई भी आदमी जैसा दिखता है, बल्कि जैसा दिखना चाहता है, वैसा सरल होता नहीं। सरल जीवन और सरल कविता की बिलबिलाती माँग करने वाला वाचक और समाज समूचा थका-हारा और परास्त आदमी / समाज होता है। जीवन को और कविता को उसकी समृद्ध संदिग्धता में छूना चाहता बीड़ा उठाने वाला समाज जो रसानुभव करता है, सो तो वो ही जाने। नरसिंह से नर्मद तक या और बहुत सारे निर्भय मनुष्य ने जीवन की बहुलता, उसके अन्तर्विरोध, उस समरभूमि का आनन्द क्या नहीं लिया? इतना सब कुछ ख़याल में रखते हुए हम कौन-सा समुद्र? कैसी मेज़? और अतिवास्तव की कविता का कौन-सा खण्ड? इन सवालों के जवाब की ओर मुड़ते हैं।

•

कौन-सा समन्दर ?

ज़रा विस्तार से पूछें तो कवि मात्र के अपने आईला नेग्रा की चारों ओर फैला हुआ प्रशान्त (या एट्लांटिक या हिन्द) महासागर, अतिवास्तव की कविता के सन्दर्भ में (बल्कि कविता मात्र के सन्दर्भ में) कौन-सा समन्दर है ?

समन्दर तो एक ही है, पर कहो कि उसके दो रूप हैं : अन्तःसमुद्र और बाह्य समुद्र। मन के भीतर का महासागर और वास्तव के भीतर का महासागर। मनुष्य मात्र के मन की गहराई में कुछ जाने कुछ अनजाने ऐसे बहाव हमेशा बहते रहते हैं। यह तो हम सभी की सजग प्रवृत्तियों का, सभी की नज़र में आते उसके वर्तन का, कुछ अगम्य तरीक़े से नियन्त्रण करते हैं। संवर्धन भी करते हैं। दूसरी ओर वास्तव के (समाज, अर्थ कारण, राज्यसत्ता, धर्म के) पर सतह नीचे के, मनुष्य की सामान्य पहुँच बाहर के, प्रभावी घटक हमेशा कार्यरत होते हैं। वह भी मनुष्य की वैयक्तिक प्रवृत्तियों का नियन्त्रण, संचालन, संवर्धन करते हैं। इस प्रकार मनुष्य जिसको जाग्रत रूप से 'मैं' कहता है, वह तो 'आईला नेग्रा' है : एक नहीं, दो ज़बर्दस्त समन्दर के बीच का द्वीप।

'द्वीप' और 'समुद्र' यह यहाँ रूपक है। अन्तःसमुद्र और बाह्य समुद्र इस रूपकों से यहाँ जो सूचित है वह तो है, मन की भीतर के और बाह्य वास्तव की भीतर के घटक। वह घटक सपाटी पर दीखते नहीं। अदृश्य रह के नियन्त्रित करते हैं। तभी तो उसकी पकड़ इतनी मज़बूत और व्यापक है। आदमी (व्यक्ति या समाज) उसकी उपस्थिति को परख तो लेते हैं, इसकी प्रबल और व्यापक असर का अनुभव तो करते हैं, परन्तु इसको जान-पहचान समझ सकता नहीं है। तो फिर उसकी आक्रामक ताक़त से बचकर, उसको (चे गुवेरा या हो-चि-मिह्न जैसे लड़कर, कुछ स्वतन्त्र होने की बात ही दूर)।

मेरे लिये अतिवास्तव की कविता वह ऐसी पहचान, परख, समझदारी पाने की तालिम के लिये धैर्यपूर्ण आतुरता का एक रूप है। मेरी सजग अस्तित्व की स्वतन्त्रता पाने की गौरिल्ला लड़ाई है। मेरा सत्य के लिये सत्याग्रह है।

•

कौन सी राईटिंग टेबल?

समन्दर तो हो सकता है बल्कि है भी। पर पानी पर क़लम चलाएँ तो स्याही फैल जाये और काग़ज़ रखें तो वो भी लिखने लायक न रहें। लिखने के लिये मेज़ चाहिए—वह भी राईटिंग टेबल। कवि सररियल/परावास्तव की कविता लिख रहा हो या कोई भी आदमी नींद में सपना देख रहा हो—सपने या काव्य का प्रकट होना, वह स्वयं संचालित है पर बेपरवाह होकर गाड़ी चलाने जैसा नहीं। ऐसा लेखन धर्म, राज्य और धन सत्ताओं की आज्ञा या निषेधात्मक परिबलों के हाथों में फँस न जाय इसकी परवाह सर्जक को रखनी ही चाहिए।

तो अब देखते हैं कि इस रचना की भूमिका कौन-सी और कैसी? यानी कि वो अद्वितीय मेज़ कौन-सी?

सिग्मण्ड फ्राइड ने मनुष्य के मन को पहचानने-समझने के लिये उपयोगी ऐसी दो कल्पना प्रस्तुत की हैं : पहली कल्पना में वह मानव-चित्त के दो भाग, उसकी दो अवस्थाओं को देखते हैं। कोंशयस माइण्ड और अनकोंशयस माइण्ड। इसको हम सम्प्रज्ञात और असम्प्रज्ञात चित्त या सभान चेतना और अवचेतना ऐसे नाम से पहचान सकते हैं। बचपन के सालों में ही व्यक्ति अपनी कुछ इच्छाओं को अपने बुजुर्ग लोग से शर्मजनक छुपाने जैसी और दबाने जैसी गिनते हैं। यह बात समझ लेते हैं, बड़े होते बच्चे इन इच्छाओं को अपने मन की गहराई में दफ़ना देते हैं और इस गहराई में उसकी अवचेतना, उसके अनकोंशयस को बनाता है। इस अवचेतन की इच्छाओं को प्रकट करके अनुभूत करना उनको हमेशा पसन्द है। 'भय और इच्छा की एक समान शकल है।'

दूसरी कल्पना के आधार पर फ्राइड चित्त के तीन भाग की कल्पना करते हैं। ईड, ईगो और सुपर ईगो। इड (जर्मन में 'इड', अँग्रेज़ी में 'इट', गुजराती में 'ते') अर्थात् अवचेतना। ईगो (अहम-भाव, मैं—भान) उस व्यक्ति की सभान चेतना। सुपर ईगो वह विवेक का ज्ञान, सारासार निर्णय, सामाजिक स्वीकृति-अस्वीकृति का व्यक्ति न आत्मसात् करके अपनाकर किया हुआ स्वीकार।

यह जो अनकोंशयस है, इड है, वहाँ पहुँचना, वहाँ दबी हुई, दफ़नाई हुई इच्छाओं-वृत्तियों को देखना-पहचानना। उसको सजग चित्त तक लाना—

यही है अतिवास्तव की कविता का युगधर्म। सुपर ईगो की पहरेदारी, निषेधों को, फरमानों को लाँघकर अनकोंशयस में से इच्छाएँ-वृत्तियों को सजग चित्त तक लाने के लिये कवि को यह निषेध सामग्री का रूप बदल देना पड़ता है, उसको व्यंजनासभर, कल्पन प्रतीक के रूप में प्रस्तुत करना पड़ता है। यह है अति वास्तव की कविता का कविधर्म। बोलचाल की भाषा का आरोह-अवरोह, काकु, लहज़े यह कवि-कर्म के साधन हैं। आगे चलकर सपेरे की वाग्छटा, नाच-गान की बोली, बाल कहानियों का लहज़ा, तुकबन्दी की सुरावली यह सब भी कवि-कर्म को उपयोगी बनाता है। हज़ार यत्न करें तब अवचेतन की इच्छाएँ, बल्कि, अवचेतन की प्रबल ऊर्जाएँ व्यक्ति के और समाज के सभान चित्त के सामने, वह निषेध टेबुओं को हाथताली देकर प्रत्यक्ष कर सकते हैं।

'ओडिस्युस नुं हलेसुं' के काव्य में यह कविधर्म, यह कवि-कर्म उचित तरीक़े से होता है या नहीं, यह सहृदयी को देखना है। यह कविधर्म। कवि-कर्म ये ही वो पाब्लो नेरुदा के लहरों से आयी हुई मेज़!—जिसके बदले में कवि ने कितने समय तक दूसरा कुछ स्वीकृत नहीं किया था। जिसकी प्रतीक्षा एक निष्क्रिय सावधानी के साथ की थी। जिसको आने के साथ ही पहचान लिया था और समन्दर की रेत में आसन लगाकर जिसको आने दिया था—वह मेज़!

•

पूरा कमरा

बीसवीं सदी के दूसरे-तीसरे दशक में लिखने वाले फ्रेंच सररिआलिस्ट जैसे फ्राइड के मनोविश्लेषण से, अनकोंशयस की उसकी समझ से प्रेरित हुए थे, वैसे मार्क्स के अर्थव्यवस्था के विश्लेषण से, आर्थिक-राजकीय-सामाजिक क्षेत्र में होती मनुष्य के दमन और स्वविच्छेद (रिप्रेशन और एलिएनेशन) की मार्क्स की समझदारी से भी प्रेरित थे। उसके बाद के दशक में, बीसवीं सदी के उत्तरार्ध में मैजिक रियालिटी के उपन्यासकारों के इस साइकोलोजिकल अनकोंशयस एवं पोलिटिकल अनकोंशयस के ताने-बाने ज़्यादा बारीक़ और मज़बूत बुने। मेरी अतिवास्तव की कविताओं

का कमरा यह दोनों अवचेतनाओं के व्याप को समा सके, ऐसा कमरा है। इसके बीच लकड़ी का पार्टीशन नहीं है।

इस कमरे की जगहों की विगत देखते हैं : सिग्मण्ड फ्राइड ने जैसे मानव-चित्त के संचालनों का विश्लेषण किया, वैसे कार्ल मार्क्स ने मानव समाज के संचालन का विश्लेषण किया। मनुष्य की कुछ सहज इच्छाओं-वृत्तियों को निषिद्ध जानकर अवचेतन में दबाकर-दफ़ना देने से, अन्त में तो मनोविकृति होती है और अति संस्कृत दिखता मनुष्य अपनी ही आदिम और गहन जात से अलग हो जाता है, आत्म-विच्छेदित होता है। मार्क्स के विचार में भी मनुष्य के आत्म-विच्छेद की जाँच की गयी है। मार्क्स बताते हैं कि मनुष्य जब अपने परिश्रम के साधन पर से अधिकार खो देते हैं, मूडीवादी मालिक की मालिकी से यन्त्र इस्तेमाल करके उस मालिक की शर्तों पर परिश्रम करते हैं तब वह अपने परिश्रम के फल या परिणाम के साथ भी संलग्न नहीं हो पाते। और साथ ही आत्म-विच्छेद भी महसूस करते हैं।

फ्रेडरिक जेम्सन, जो मार्क्स विचार के एक अग्रिम विश्लेषक हैं और फ्राइड विचार की कुछ बुनियादी सूझ-समझ को साथ लेकर चलते हैं, उन्होंने साइकोलोजिकल अनकोंशयस के साथ ही पोलिटीकल अनकोंशयस की संकल्पना प्रस्तुत की है। फ्राइड का मनोविश्लेषण विचार जैसे मनुष्य की वैयक्तिक मनोवैज्ञानिक अवचेतना को पहचानने-समझने की क्षमता देते हैं, वैसे मार्क्स का आर्थिक-राजकीय परिबल और संरचनाओं का विश्लेषण समाज की सामूहिक राजसत्तापरक अवचेतना को जानने-पहचानने की क्षमता दे सकता है।

आन्द्रे ब्रेतों ने बीसवीं सदी के पहले चरण में जो अतिवास्तववाद प्रस्तुत किया, वह मुख्यतः साइकोलॉजिकल अनकोंशयस की इच्छा-वृत्तियों की अभिव्यक्ति के कविधर्म-कवि-कर्म के साथ जुड़ा था। उसके बाद के दशक में, ख़ास वो दक्षिण अमेरिका के उपन्यासकारों ने प्रस्तुत किये हुए मैजिक रियालिज्म में एवं दक्षिण अमेरिका के कुछ कवियों के काव्य में व्यक्त हुए अभिनव अतिवास्तववाद में, सिर्फ़ साइकोलॉजिकल अनकोंशयस का नहीं, पोलिटकल अनकोंशयस का भी पूरा सन्दर्भ है।

यह है काले द्वीप पर आये हुए उस घर के लेखन खण्ड की एक झलक।

३

अतिवास्तव की कविता, न कि अतिवास्तववाद की कविता ब्रेतों के हो, नेरुदा के या ओक्तोविओ पाज़ के—उत्तम काव्य अतिवास्तव के होते हैं, अतिवास्तववाद के नहीं। यह बात रस या ध्वनि और काव्य के सम्बन्ध जैसी है। रीतिकाल के कोई ब्रज / हिन्दी कवि, 'नवरस' की कविता में एक के बाद एक रस का निरूपण कर दिखाते हैं, इसमें सहृदय वाचक को कदाचित ही रसानुभूति होती है। कालिदास के 'कुमारसम्भव' जैसे कोई काव्य में स्वैरगति से कविता आगे बढ़ती हो तब यथावकाश किसी एक रस की अनुभूति का आरम्भ हो और उत्कर्ष हो, (और शान्त में शम होता है) तब ही सच्ची रसानुभूति का आनन्द मिलता है। जैसा रस-रियालिटी का वैसा ही सर-रियालिटी का समझना।

•

'ओडिस्युसनुं हलेसुं' की दीर्घकृतियाँ ('मनु, यम अने जळ', दा.त. मुम्बई', पोम्पाई अर्थात् बोम्बाई' आदि में) फ्रेडरिक जेम्सन का बताया पोलिटिकल अनकोंशयस का सन्दर्भ कितना अंश और कई तरीक़े से काव्यपरिणाम पाता है, यह भी वाचक स्वयं कह सकता है। 'जटायु' संग्रह की 'मोंएं-जो दड़ो' नामक दीर्घ कविता में इसका सातत्य है। 'वखार' इस संग्रह की 'वखार', 'साँढू का सिंग सडे' जैसी कविता भी इस सन्दर्भ से देख सकते हैं। 'हो ची मिह्न' से 'इब्राहिम रुगोवा' एवं 'युसुफ महेरअली, एक्सक्यूज मी...' तक की रचनाएँ भी अपने तरीक़े से इस तार को आगे बढ़ाती है या नहीं, यह भी जाँचना होगा। कवि आन्द्रे ब्रेतों की चित्रकार साल्वाडोर डाली के लिये वैयक्तिक वफ़ा रखनी चाहिए या नहीं, यह एक बात हुई। पर बीसवीं सदी के उत्तरार्ध के या उसके बाद हुए अतिवास्तव के निर्माण के कला प्रयोगों को इस तरक़ीबों के प्रति की वफ़ा के माध्यम से ही आँकना उचित नहीं। बात असल में अलग ही है : वह है वैयक्तिक, मनोवैज्ञानिक एवं सामूहिक, राजसत्तापरक अवचेतना को कलामूलक दृष्टि से देखने का प्रयास और इस अवचेतना के परिबलों को सर्जनात्मक तरीक़े से मुक्त करने का प्रयास भी है। ऐसी समझदारी पाना, ऐसी कला-रचना

करना और ऐसी मुक्ति साध्य करना—यह तीनों एक ही घटनाओं के तीन नाम हैं, यह क्रमिक होती तीन घटनाएँ नहीं हैं।

'सररियालिस्ट' यह फ्रेंच शब्द थोड़ा-सा समझ लें। फ्रेंच भाषा में 'sur' पूर्वग का अर्थ होता है 'ऊपर'। 'सुर ला ताब्ल' यानि 'टेबल ऊपर'। तर्क के वास्तव की ऊपर, सुपर ईगो के वास्तव की ऊपर जो अलग वास्तव, तर्क के पार का है, इररेशनालिटी का, अनकोंशयस का है। वह सुर-रियालिटी। अँग्रेज़ी में सर-रियालिटी। अँग्रेज़ी पुर्वग 'सर' का यही अर्थ है।

जो कि मेरे पूरे अध्यापन काल के सबसे ज़्यादा तेजस्वी-शरारती विद्यार्थी 'सररिआज़्म' की विनोद व्याख्या, 'सर कहे वह रियालिज़्म अर्थात् सर रियालिज़्म' ऐसी करते थे। उसकी यही शरारतों में ही, जो कि निषेध इच्छासभर अवचेतना ने निषेध करने वाले सुपर ईगो को (कहे तो शरारती विद्यार्थिओं के अक्खड़ अध्यापक को) फेंका हुआ पडकार (अलबत्ता विनोदपूर्ण और इसलिए ही सबसे ज़्यादा तेज़ पडकार) उसके पीछे है और प्रकट भी होता है। इस छद्म वेश में हाजिर होना, यह विनोद के मुखौटे में पडकार फेंकना, इस 'सर' के सामने ही हँसते-हँसते शरारत करना—यह सब ही तो है अतिवास्तव की, अवचेतना की कविता का सही अर्थ! इसलिए ही यह सबसे ज़्यादा शरारती विद्यार्थी मुझे सबसे ज़्यादा तेजस्वी जान पड़े हैं।

•

फिर तो 'ओडिस्युस नुं हलेसुं' की कविता पढ़ने-समझने-अनुभूत करने की एक रीत ऊपर की लिखावट में सूचित की गयी है वही सही तरीक़ा है, ऐसा कहने का बिलकुल इरादा नहीं, पर जो सूचित है वही तरीक़े से इस संग्रह की कुछ कविताओं को समझने का यत्न करते हैं।

निषिध इच्छाएँ-वृत्तियाँ और निषेधकारी परिबलों के बीच के सम्बन्ध की कविता के विभिन्न रूप हो सकते हैं। मनोवैज्ञानिक अवचेतना के छोर पर यह सम्बन्ध इरोटिक पोएट्री (कामना की कविता) और रोमंटिक पोएट्री (रूमानी कविता) में व्यक्त होती है। 'हृदय त्रिपुटी' की कविता कौन किशोर-किशोरी को न पसन्द आये? डब्ल्यू बी येट्स की कुछ कविता

('लेडा एण्ड ध स्वान' जैसे) पुख्त चेतनशील वाचक को भी आस्वाद्य लगे। राजकीय अवचेतना के छोर पर क्रान्तिप्रेरक कच्ची-पक्की कविता और 'गुलाग आर्किपेलागो' जैसे महान उपन्यास देखने को मिलें।

जब मानव अवचेतना के ये दोनों परिणामों की सभानता विकसित करने का कवियत्न हो, तब शायद यह कुछ लिरिकल और कुछ डायडेक्टिक काव्य सुर के बदले में टी.एस. एलियेट जिसको कविता का तीसरा स्वर कहते हैं, वह ड्रामेटिक वॉइस की आवश्यकता होती है। इसके लिये काव्य में पात्र, मुखौटे, अलग-अलग प्रकार की उक्तियाँ, बातचीत के विविध लहज़े और तराहों, संवाद, प्रश्नोत्तर, विवाद की भाषा आवश्यक होती है। 'ओ. ह.' के बहुत सारे काव्य में इन सभी की उपस्थिति है, प्रयोग है या नहीं यह देखने का अधिकार सहृदय पाठक का है।

'पोम्पाई अर्थात् बोम्बाई नगर में एक खेल याने वहाण नामे भूल' ऐसा मस्त लम्बा शीर्षक वाला काव्य, इस तरीक़े से मन-ही-मन में जोर से पढ़ने जैसा है। नगर चेतना की स्किझोफ्रेनियाछिन्न मनोविकृति को नाट्य, अभिनेय बानी में यह कृति प्रस्तुत करती है। साइकोलॉजिकल और पोलिटिकल अनकोंशयस को व्यक्त करने के लिये उसमें अनेक प्रकार के वाणी स्वरूप रचे गये हैं। आज अब दशकों से नाटक और सिनेमा, दोनों मेरे रस के—अभ्यास के विषय रहे हैं। 'एक सररियल सफ़र में' चलचित्र जैसा आलेखन है। लूइ ब्युन्युएल और इन्गमार बर्गमन के कुछ चलचित्र ने अपनी मोहिनी मुझे लगायी थी। 'दा.त. मुम्बई' के पात्र और बातचीत का लहज़ा अवचेतना की इच्छाएँ-वृत्तियों को पहचानने-रचने-मुक्त करने के प्रयास को प्रस्तुत करता है।

इस मन्थन में से ही सर्जन हुआ है मगन का पात्र। विद्रोह को विनोद रूप में और विनोद को विद्रोह स्वरूप में भाषा के रंगमंच पर जो ले आता है वह केरेक्टर ना नाम मगन। जिद्दी है। हँसता है पर झुकता नहीं; लड़ता है पर हँसना नहीं बन्द करता। 'मगन अने गाजर' में ख़ुद बोले बग़ैर कुछ ऐसा करता है जो कि दूसरों को बुलवाता है, बुजुर्गों को बोलना पड़ता है। मगन गूँगा होकर सुनता है पर उसके सुनने का तरीक़ा ऐसा है कि वह बोलने वाला मानो बाजी हार जाता है।

वक़्ता चेतना के काव्य बहुत सारे हैं। इसका काव्य शास्त्र भी सुन्दर रचा

गया है। श्रोता चेतना के काव्य विरल। 'ओ.ह.' में कदाचित ऐसे काव्य जो सहृदय को मिले, तो इसका काव्य शास्त्र रचने का किसी विवेचक को शायद मन हो। कविता, जो कविता हो तो सहज रूप से कालजयी बन जाती है।

•

वैसे भी, महिमा प्रश्नों की (प्रश्न पूछने वाली चेतना का) होती है, उत्तरों की (अधिकृत निर्णय करती प्रभुचेतना का) नहीं, अगर परिस्थिति सर्जकता और स्वतन्त्रता की हो तो।

सर्जकता और स्वतंत्रता का आग्रह जहाँ रखा गया है ऐसे 'ओ.ह.'—के भाव जगत का प्रवेश द्वार इस काव्यसंग्रह में शामिल की गयी रचनाओं की काव्य भाषा में पाया जाता है—केवल पढ़ कर नहीं, सुन कर।

'पथ्थरो तळे' काव्य इस सन्दर्भ में इस तरह पढ़ने जैसा है। सवाल-जवाब का काव्य है ('संवाद' का नहीं—शासित और शासक के बीच 'संवाद' कहाँ से हो? इड और सुपर ईगो बीच?) पत्थरों के बारे में है। विषय-चयन में जितनी जिज्ञासा-वृत्ति उतनी ही विनोद-वृत्ति। जवाब देने वाली आवाज़ की जोहुकमी और लगातार सवाल पूछने वाली आवाज़ की अचलता, दोनों को कविता की आवाज़ के आरोह-अवरोह, घुमाव, बुनावट में जो सुन नहीं सकता, वह इस काव्य की अनुभूति नहीं कर सकता। कान बिना कविता कहाँ?

जो वाचक सुन-सुनकर इस विस्तार में आगे बढ़ता है वही समझ सकता है, आनन्द उठा सकता है कि यहाँ और अन्यत्र, सवाल सही लगे और जवाब झूठे लगें ऐसा देश इन रचनाओं की सर्जकता का वतन है। सवाल-जवाब की ऊपर की पंक्तियों में गुजराती भाषा स्वयं ही जवाबों को ग़लत साबित करके सवालों की ताक़त से और अपनी उच्चार लीला की लय के द्वारा आगे बढ़ती रहती है। यही है भाषा का स्वयं संचालन।

और 'पथ्थरो तळे' यह कृति की अन्तिम पंक्ति में सवाल पर सवाल है—फिर अनुत्तर मौन।

इस अनुत्तरित चुप्पी को, अनिवारणीय अस्तिता को, यह झूठी आश्वासक

उत्तर न स्वीकारती प्रश्न गूँज को सुन, अनुभूत करने के साहस को जो तैयार नहीं, उसके लिये 'ओ.ह.' की रचनाएँ जोख़िम से बाहर नहीं हैं।

पर यह अपार कुतूहल और ढेर सारा संशय, जो 'ओ.ह.' की रचनाओं में है, असल में यहाँ जीवन की उदासीनता या द्वेशभावना नहीं बल्कि जीवन के प्रति उत्कट स्नेह है। तभी तो तैयार और उतावले उत्तर यहाँ अस्वीकार्य हैं। इसमें ही जीवन का, कविता का साहसिक स्वीकार है।

मगन की भी यही तो तीन हठ हैं न? 'मुझे जीना है, मुझे प्यार चाहिए, मुझे कविता लिखनी है।'

४

इस काव्य संग्रह के सभी जीव समष्टि (पक्षी, सरीसृप, पशु, जीव-जन्तु, बीज-बोना) बिना देखे-परखे इन काव्यों को पढ़ना-समझना सम्भव नहीं। अवचेतना के अनन्त जगत के ये सब निवासी हैं। 'दुकाळ' काव्य के मगर, कछुआ, हिपोपोटेमस, चपल चीता, समुद्री घोड़ा, चमगादड़, बिल्ली, ज़िन्दा व्हेल और चींटियाँ-ही-चीटियाँ हैं। 'मनु, यम, अने जळ' इस दीर्घकाव्य में भी चींटियाँ हैं। यह व्यग्र चींटियाँ है। बाढ़ के पानी में बहते पत्ते पर वह बचने के उपाय (बालमुकुन्द) की खोज करती हैं। यकायक पत्ता पलटकर पानी में खो जाती है। एक आवाज़ चिन्ता से पूछती है, 'चींटी कहाँ?' दूसरी आवाज़ निष्ठुरता से सामने सवाल फेंकती है, 'चींटी क्या?' समुद्री घोड़े फिर 'जळघोड़ा' नामक कविता में आते हैं। 'मृत्यु एक माने सररियल अनुभव' (१९६४) के बलवान घोड़ों से यह बिना खुरों के 'जळघोड़ा' (१९७२) तक, यह भी एक सफ़र है। जो रुकती नहीं। बीच में आती है १९७१ की अंगत साल। 'दा.त.' मुम्बई की भी अपनी प्राणी-सृष्टि है। पागल हाथियों का झुण्ड, चन्द्र के भीतर मरा हुआ बास मारता खरगोश, उसका दोस्त तोता (जो छवि में चित्रित है वह छवि में से उड़कर हरे अंगूरवाले जगत में जाने के लिये पंख फड़फड़ाता है।) 'शियाळ' रचना तो 'अकारण इस तरफ़ झूले हुए' 'जंग के सियार' की ही तो कहानी है। 'बिना पगडण्डी का जंगल' यह हिंसक प्राणी 'इस तरफ़' आता है तब अपने परिचित भूगोल को मिटा देता है। हमारे मार्गदर्शक चिह्न, लेण्ड

मार्क्स को तोड़ देता है। अवचेतना वाले एनकाउंटर कितने जोख़िमभरे होते हैं उसका यह काव्य है। 'दुकाळ' कविता दूसरे तरीक़े से, ऐसे अनुभव को साकार कर देती है। और, अलबत्ता वह 'ग़ज़ब का है मेरा बेटा / इधर दोनों ओर घेटा / जिसे मानो कि ख़ास, हरा पसन्द है घास!' अपने आप के साथ, अपनी अवचेतना के साथ और निषेधयुक्त ऊपरी-अहम, शासक अहम के साथ, कूटता-लड़ता वह घेटा तो शहर की सीमेंट फ़ैक्ट्रियों को नगर संस्कृति रचने की साधन सामग्री देता है।—'ओ.ह.' के काव्य अवचेतना के एवं नगरीय चेतना के काव्य हैं : एक साथ, अलग-अलग नहीं इस काव्य के प्राणी घुसपैठिये हैं, आक्रामक हैं, भयानक हैं। चिड़ियाघर या एक्वेरियम के जानवर नहीं हैं।

•

बारीक़ाई से पढ़ने वाले सहृदय को इस किताब में जिस प्रकार प्राणी, उस प्रकार पुल भी जगह-जगह पर देखने को मिलेंगे। फिर भी, अलबत्ता, वह देखेगा कि 'एक दीवार की दोनों तरफ़ खड़ा हुआ मैं अपने को कभी भी मिल पाता नहीं।' 'ओ.ह.' के पुल इस तरह से 'सेतु' से अलग होता है, है तो वह पुल, पर व्यक्ति की और समूह के भीतर पड़ा हुआ कुछ अन्तर लाँघ सकते नहीं। उसकी सभानता (वेदना-विनोद-सभर सभानता) को प्रस्तुत करते हुए वह पुल है। है तो वह खाई के ऊपर, फिर भी जाने यह 'खाई' शब्द को अधोरेखांकित करता है, वह शब्द की अण्डरलाइन बन जाता है।

'दा.त. मुम्बई' का पुल देखो : 'यह नीचे गहरी नदी है, यह ऊपर है वह सँकरा पुल है। यह फक्कड़ है वह किनारा है' देखा? और देखो, 'यह दायें तट पर है वह घास है। यह बायें तट पर है वह घास है। इस घास में खड़ा है वह घेटा है।'—बाद की पंक्ति जो मोनालिज़ा सुन ले तो वह चित्र में अंकित है ऐसा ही स्मित करेगी, 'है तो एक ही ओर दोनों तरफ़ खड़ा है, नदी की दोनों तरफ़। बेबीलोग! ग़ज़ब का है मेरा बेटा, यह दोनों तरफ़ घेटा'।

एक पुल आरम्भ से ही ज़रा भयानक दिखायी पड़ता है। 'शियाळ' कविता

का पुल। रीढ़ की हड्डी की कमान मुड़ जाय, भय से, इस प्रकार वह पुल पर से पगडण्ड़ी मिटे वन के जंग का सियार चलता है।

कुछ पुल 'पोम्पाई अर्थात् बोम्बाई' के इलाक़े के छोर पर आये हुए हैं। यह है 'बाती सुलगते डाइनेमाइटी पुल' मुम्बई द्वीप है न? 'मन के मायावी मैदान' में तो 'लाखों लोहे के पुल यत्र-तत्र, जोडुं, लाँघु, खोजाखोज' पर जो खोया हुआ है वह मिलता नहीं।

जो कि यहाँ का एक पुल मूलतः उस्ताद है 'रिवर्स ब्रिज' वह आता है 'मकान याने घर' कविता में। इंजिन की दौड़ने की दिशा ही चुपचाप बदल डालें। इंजिन को आँख भी दे और अन्धापा भी दे।

पाब्लो नेरुदा का, ब्रेतों का या पाज़ का घर आईला नेग्रो पर आया हो या कहीं भी, 'ओ.ह.' की इस सर्जक चेतना का घर (अलबत्ता मकान यानि घर) वह यही रिवर्स ब्रिज पर आया हुआ है कभी का भकभक-भकभक-भकभक किया करता है! 'मगर / ना इस ओर ना ऐसे देखो ना टगर-टगर / भाइयो, यह है मेरा मकान यानि...'

क्योंकि इस कविता-संग्रह की कविता पुलों की नहीं, पानी की है। उस पानी में ('मनु, यम अने जळ' में लिखी हुई) चींटियाँ, पीले जीर्ण पत्ते का सहारा लेकर डुबाने वाले पानी में तैरती और 'पादपद्म मुख पद्मे लीधा बालमुकुन्द' का (जो प्रलयजल में भी तैरते रहते हैं, ऐसी कथा सुनी है।) ऐसे बालमुकुन्द का पता लगाने को घूमती रहती है। वाचक देखेगा कि इनमें से एक भी चींटी के पाँव में नेपुर नहीं और यह चींटियों को देखने वाला वह डूबती चींटियों को बारीक़ी, ग़ौर से और निस्बत से देख रहा है, 'अरे' बोल उठता है पर झाँझर की झनकार सुनने की ग़लती नहीं करता। इस किताब का पानी गहरा और निरीश्वर है।

'दुकाळ' में पानी, अभाव के रूप में उफनता है। वहाँ वह अभाव चींटियों के रूप में उफनता है। जैसे कि वह 'मनु, यम अने जळ' में डूबती चींटियाँ, अपने तरीक़े से पानी के साथ प्रतिशोध ले रही हैं।

'काळुं हळ, एक सररियल मरशियो' यह जितना मृत्यु का उतना ही जन्म का काव्य है, मरसिया है पर उसकी लय लोरी जैसी है। उसमें जो जल है वो 'कुएँ का गहरा जल' है। उसमें तो 'डूबा जो-जो वह-वह बीज। पूरी वन उगी सृष्टि'। अवचेतना का रूप क़िस-किस तरीक़े से निरूपित किया

जा सकता है। 'शियाळ' और 'मारा पुनर्जन्मो नुं सरसियल काव्य' दोनों में पानी दिखायी देता है, वह खींचता है, डुबाता है, तैरने की जगह भी बनाता है। इन कविताओं में पानी एक एंबिग्युअस एवं एनिग्मेटिक लोकेशन है। वहाँ जो लोकेट होता है, उसका वैविध्य अपार है। रचना रचना पर 'ओ.ह.' में पानी अलग-अलग तरीक़े से आ पहुँचता है। जैसा मनु के साथ वैसा यम के साथ। इस प्रकार है कि सिर्फ़ मनु के साथ या सिर्फ़ यम के साथ चलने की सुविधा यहाँ मनुष्य को गँवानी पड़ती है। यह कविता कहती है, 'चलो मनु के साथ, यम साथ, ना यम, मनु, मनु, यम / यमनु यमनु / मुनयम मुनयम चलो दक्षिण की ओर'—यम की दिशा वह दक्षिण दिशा, पर उसकी तरफ़ भी, जो यम और मनु के बीच का भेद मिटा डालने की सररियल क्षमता बनायी हो तो 'मुनमय मुनमय' आनन्द से चल सकें!

५

'अ ग्लीफुल रिवोल्ट', 'ओडिस्युसनुं हलेसुं' की कविता की पहचान 'अ कन्फ्रन्टेशन 'ओर' अ रिवोल्ट' (सामना और विद्रोह), इस शब्द में दो काव्यज्ञों ने दी है।

गुजराती कवि विवेचक प्रवीण दरजी ने इस संग्रह के प्रथम प्रकाशन समय पर, १९७५ में एक अवलोकन में 'अ ग्लीकुल रिवोल्ट' जैसे शब्द में इस कविता का परिचय दिया था। विनोद और विद्रोह का मनोविश्लेषणात्मक सम्बन्ध बराबर जानने वाला सर्जक का यह प्रतिभाव था। 'अ कन्फ्रन्टेशन' यह संज्ञा फिलिपाइन्स के कवि आलोचक आन्द्रे क्रिस्तोबल कृत, उन्होंने 'दुकाळ' कविता के ऊपर के एक पेपर में प्रयोजी थी। १९७८ में उस समय के सोवियत यूनियन के (और वर्तमान लेट्विया देश के) रीगा शहर में आयोजित एक परिषद में मैंने कुछ कविताएँ अनुवाद के साथ पढ़ी थीं। आन्द्रे क्रिस्तोबल को इस रचना में मज़ा आया। रात जागकर उन्होंने उसके बारे में एक लघु निबन्ध लिखा। 'इट इज इन अ कन्फ्रन्टेशन...विद द सेंट्रल क्राइसिस ऑफ़ हिज बीइंग, एण्ड (देट ऑफ़) हिज सोसायटी, देट इज हाउ दिस इण्डियन पोएट इज रिवील्ड'। (अर्थात् 'अपनी वैयक्तिक अस्तित्व की और अपने समाज की केन्द्रीय कटोकटी का सामना करने में यह भारतीय कवि प्रस्तुत होता है।') ऐसे शब्द में उन्होंने इस काव्य को

निरूपित किया।

फ्रेंच मनोविश्लेषक और चिन्तक जाक लाकां असम्प्रज्ञात की पहचान नये ढंग से देते हैं। लाकां कहते हैं, 'द अन कोंशयस इज द डिस्कोर्स ऑफ़ द अदर' यह द अदर अर्थात् 'अन्य' कौन है? शासक चेतना जिसे 'सब्जेक्ट' की स्वायत्तता में से हटाकर, केवल प्रभाव झेलता 'ओब्जेक्ट' बना देता है वह।

शासक और शासित बीच के सम्बन्ध का मनोविश्लेषण और राज्यविद्यागत परिणामों को समझने में लाकां का उपर्युक्त विश्लेषण उपयोगी हो सकता है।

इस प्रकार देखें तो फ्राइड के विचार से और ब्रेतों की रचनाओं—सविशेष प्रेरित ऐसे अतिवास्तव की कविता के प्रयोग भारत को फ्रांस के साथ जोड़ देते, पर लाकां की सोच और ओक्टोवियो पाज़, गाब्रिएल मार्कवेज, मारियो योसा जैसे 'मेजिक रियालिटी' के सर्जक से विशेष उत्तेजित ऐसे प्रयोग भारत को संस्थानवाद से दलित ऐसी प्रजा के साथ सविशेष जोड़ देते हैं।

१९८५ में फ्रांस के ज़्योर्ज़ पोपिन्दु सेंटर में और १९८८ में बर्लिन में काव्य वाचन के लिये निमन्त्रण आया। नाइजीरिया के एक उत्तम और विख्यात सर्जक, उपन्यासकार शिनुआ एशेबे को इस काव्य में आनन्द आया। ८-१०-८८ की शाम, बर्लिन की एक होटल के उसके निवासखण्ड में उन्होंने मुलाकात तय की। डेढ़-दो घण्टे बातें हुई, फिर कविताएँ सुनीं और संस्थागतवादी परिबलों को भारत और नाइजीरिया के प्रजागत अनुभवों के परिप्रेक्ष्य में समझने का उद्यम किया। उनकी विख्यात नवल त्रयी, 'द अफ्रीकन ट्रिलोजी' मैंने पढ़ी थी। उसकी एक प्रतिलिपि उस शाम एशेबे ने मुझे दी, इस लेखन के साथ : 'For Sitanshu Yashaschandra with whom I had a memorable meeting and discussion in Berlin, October 1988. May this be the beginning of 'Conversation' between India and Africa.' 8-10-88. उस दिन की देर शाम, एशेबे के वह हस्ताक्षर, वह पुस्तक—तीनों मेरे पास सुरक्षित है।

विडम्बना यह है कि अक्टूबर '८८' में बर्लिन से भारत लौटते ही मुझे एक तरह की राजकीय सत्ता के प्रतिरोध में, व्यक्ति को 'ओब्जेक्ट' बना देने के उपक्रम का सामना करने में, साल-सवा साल बिताने पड़े। 'ग्लीफुल रिवोल्ट' भी एक उत्कट 'रिलेशन' है। 'भारत' को उसका 'अफ्रीका'

समय-समय पर मिलता रहे, उसके लिये की यात्राएँ बाहर की और भीतर की, दोनों समन्दर में ओडिस्युस बनकर करते रहें यही कवि-कर्म। जात की और जगत की तालियाँ बजती रहें, दो हथेलियों की या दो तलवारों की (बहुत फ़र्क़ नहीं होता) और मण्डल घूमता रहे यही हमारी राससहस्त्रपदी।

६

और अन्त में (अर्थात् की नये आरम्भ से)

'ओडिस्युसनुं हलेसुं' का काव्य-पुरुष ओडिस्युस है—अथक मुसाफ़िर, अडिग योद्धा। इसलिए काव्य नये, अलग, दूर-दूर के निरूपित होते रहें। 'होना', 'जानना', 'महसूस करना' और 'आलेखित करना'— यह चारों एकाकार होकर आते ही रहें। गुजरात के काव्य रसिक को स्नेह सभर सलाम इसलिए कि चप्पा देखकर उन्होंने महासागर को पहचाना। कच्छी-काठियावाड़ी-गुजराती प्रजा जैसी आज हज़ारों साल से सात सागर पार करने वाली समुद्रयात्री प्रजा और कितनी ? इसी गुजराती प्रजा की तो एक बिटिया भी सिन्धिया स्टीम एण्ड नेविगेशन कम्पनी का सुकान सँभालकर, विदेशी राज्य सत्ता की राजनीतियों के तूफ़ान से ग्रस्त सागर में भी उस शिपिंग कम्पनी की नैया को पार उतार सके। गुजराती वाचक भी ऐसा ही साहसिक है। बाहर के और भीतर के महासागर को पार कर सकता है। 'ओ.ह.' के बाद 'जटायु' और उसके बाद 'वखार' तक जो अलग-अलग कविता आती रही उसको वह अपनी ताक़त से पढ़ना जानता और चाहता रहा। ऐसे गुजराती वाचक को स्नेह सलाम।

और स्नेह सलाम मेरे तीन सन्मित्रों को : नौशिल महेता को, उसकी दृष्टिवन्त डिज़ाइन विद्या का एक विद्यार्थी मुझे बनाते हुए, २००९ के तीनों प्रकाशनों की डिज़ाइन करने के लिए अतुल डोडिया का, उसकी एक सर्जकता सभर चित्रकृति 'वखार' संग्रह के मुखपृष्ठ पर (मान सकते हो ?) चित्रांकित करने के लिए; उदय मजुमदार का, इन तीनों संग्रह के लिये घनांकिता (अर्थात् सी डी) बनाने का काम स्नेहपूर्वक सम्पन्न करने के लिए, तीनों होनहार कलाकार ने, बल्कि प्यारे दोस्तों ने यह काम दिल

से—सिर्फ़ दोस्ती से किया। इस बात का तो कोई मोल ही नहीं। साथ ही मेरे बड़ौदा के साथी शशांक फडनिस के कलामय स्टुडियो में लगातार पाँच सुबह तक किया हुआ ध्वनिमुद्रण याद आता है और नयी दोस्ती का रोमांच होता है। और स्नेह वन्दन डॉ. नीलकण्ठ भाई धोळकिया का, 'ओ.ह.' के नये मुखपृष्ठ पर रिपीट होती उसकी सुन्दर छबिकला के लिए।

'ओडिस्युसनुं हलेसुं' की इह दूसरी आवृति के प्रसंग पर कुछ पानी से आतंकित लोग जो कि उसके प्रकाशक श्री भगत भाई सेठ और चिन्तन सेठ को पूछेंगे कि 'ओ.ह.'! दुबारा?' पूछने दो। १९७६ में जैसे भगत भाई ने, वैसे २००८ में चिन्तन ने; सिरफिरे मल्लाहों के जर्जरित जहाज़ में लम्बी मज़ल काटने का साहस और उत्साह दिखाया है। दोनों जानते हैं कि यह तो स्नेह का सौदा है और मुनाफ़े में प्यार!

ऐसे जिज्ञासु, साहसिक, जीवनरसिक-काव्यरसिक वाचक और प्रकाशक की गुजरात में कभी कमी न हो, ऐसी शुभकामनाएँ। ऐसी गुजराती प्रजा की गहन-अगम्य-स्वातन्त्र्य प्रीति, उसके लिये कि इतिहास प्रदत्त शान्त अचलता, अविरत परिश्रम की तैयारी, और उन सबमें से मिलते निरतिशय आनन्द के छप्पन भोग—हमारी मेना गुर्जरी की पाकशाला में कभी कम न हो!

गुजराती से अनुवाद : नीता जोशी

आलेख का रचना-वर्ष : २००७

बीप, बीप, बीप
'वखार' का प्रवेशक

बीप, बीप, बीप
'वखार' का प्रवेशक

अधिपति : गोदाम (वखार) का भी 'प्रवेशक'? हँसी आये और मान भी नहीं सकते!

लेखक : अन्दर घुसने के बाद ही ख़याल आयेगा कि पूरी-की-पूरी बात ही उसमें ना मानने की और हँसने की है।

अधिपति : भाई, तुम हास्यरस की कविताएँ लिखने लगे हो क्या?

लेखक : वह तो पहले से ही लिखी जा रही हैं, शुरुआत से...

अधिपति : शुरुआत से यानि कि तुम्हारे वही 'ओडिस्युस की पतवार' (ओडिस्युसनुं हलेसुं) से?

लेखक : मेरी बात करो तो वहाँ से, लेकिन...

अधिपति : तो तुम्हारी इस किताब में तुम्हारी नहीं तो और किसकी बात करने की?

लेखक : वही तो मुद्दा है, सोचने जैसा।

अधिपति : मसलन, आप कहना क्या चाहते हैं?

लेखक : आपने और मैंने साथ मिलकर कहा वही। मेरी किताब में मेरी नहीं तो और किसकी बात है, यह तो सोचने लायक मुद्दा है।

अधिपति : उसमें फिर सोचने का क्या ? तुम्हारी किताब है, तुम 'मैं मैं' हुए तो लिखते हो। इसलिए बात तो तुम्हारी ही हुई ना ?

लेखक : यह आप या मैं तय करें, इसके बदले कविता को ही तय करने दीजिए ना ? जैसे कि अखा की, मीरां की, नरसिंह की कविता को...

अधिपति : इसमें अखा और ये सब कहाँ से टपक पड़े ?

लेखक : वह हास्यरसवाली और ना मानने की बात आपने छेड़ी, फिर काट दी, वहाँ से आये।

अधिपति : कौन-सी बात— ? कहाँ काटी ?

लेखक : हास्यरस की कविताएँ पहले से ही लिखी जाती हैं, शुरुआत से ही, मैंने ऐसा कहा तब मेरा इशारा नरसिंह एवं अखा की ओर ही था, वीभत्सता की भी...

अधिपति : अरे ओ ? अखा 'हँसता फिलसूफ' वाली बात...वह तो श्रीमान, उमाशंकर जोशी ने कही थी...

लेखक : वीभत्सता की कवितावाली बात भी ? और 'मैं' 'मैं'— करके लिखने की बात भी ?

अधिपति : उमाशंकर जोशी और वीभत्सता ? हो ही नहीं सकता ? ऐसा सब कुत्सित और टेढ़ा-मेढ़ा तो तुम सब अछान्दसवालों ने ही घुसेड़ा है...इसी के चलते सब कुछ दुर्बोध-दुर्बोध हो गया।

लेखक : अखा के कारण।

अधिपति : क्या ? अखा कहाँ अछान्दस लिखता था, भले मानुष, तुम भी ना ?

लेखक : दुर्बोध।

अधिपति : अखा कहाँ... ? हाँ, वह सही, पर वह दुर्बोध अलग और यह दुर्बोध भी अलग; दुर्बोधता दो क़िस्म की नहीं हो सकती ?

लेखक : सात प्रकार की हो सकती है, फिर कहीं ऐसा ना हो कि

अखा की कविता में दुर्बोधता नहीं, एक प्रकार की संदिग्धता हो?

अधिपति : फिर यह क्या? अखा चोटदार या संदिग्ध?

लेखक : 'अकल कला खेलत नर ज्ञानी'! लेकिन मैंने बात तो वीभत्सता की छेड़ी थी।

अधिपति : यही तो दिक़्क़त है मुझे, आप सब मोरडन वालों से! उमाशंकर भाई ऐसी बात ना छेड़े, वीभत्सता वाली।

लेखक : लेकिन भरतभाई ज़रूर निकाले।

अधिपति : कौन भरतभाई?

लेखक : नाट्यशास्त्र वाले...

अधिपति : देखो लेखक, ऐसी मज़ाक़ ना उड़ाओ मेरी। मैं अधिपति हूँ। मैंने ठान ली तो तुम्हारी ख़ैर नहीं। तुम सब मोरडन वालों का हँसी-मज़ाक़ का खेल कब का ख़त्म हो चुका, समझे?

लेखक : लेकिन अखा का?

अधिपति : फिर से अखा? अखा कहाँ से आया इसमें?

लेखक : और नरसिंह भी। दोनों में अधिपतियों की खिल्ली उड़ाने की आदत नहीं थी क्या? और बड़े-बड़े अधिपतियों को ना कहने की भी?

अधिपति : अधिपति? उनके ज़माने में अधिप...समझा, आप छिपे हुए कम्युनिस्ट लगते हो।

लेखक : 'कम्युनिस्ट' ऐसा नहीं मानते। लेकिन अधिपति जी, हम हास्यरस की, वीभत्सता की, ना बोलने की, शुरुआतों की, संदिग्धता की और कविता में आते 'मैं' की बात करते थे। कुल मिलाकर छह मुद्दे हुए। सिक्स इस्युज इन सर्च ऑफ़ ए डिस्कशन!

अधिपति : रियली? आई मीन, सच में! मुझे सच में पूछें तो बातों-बातों में मुझे ख़याल नहीं रहा कि तुम कौन-सी बात करते हो।

तुम्हारी यही तकलीफ़ है, बुरा ना माने तो कहूँ!

लेखक : कहिए ना?

अधिपति : कहता तो हूँ! देखिए श्रीमान...

लेखक : सॉरी, मुझे अभी तक बुरा नहीं लगा। यानि मुझे लगा कि मुझे बुरा लगे ऐसा कुछ आप अब कहने वाले हो।

अधिपति : चलो, अच्छा हुआ कि तुम्हें सच का बुरा नहीं लगता।

लेखक : हालाँकि मुझे सच भी नहीं लगा।

अधिपति : और क्या?

लेखक : सिम्पल, आप के कहने का बुरा नहीं लगा, फ़िलहाल मेरा कहना सच भी नहीं लगा। नरसिंह—अखा ने गुजराती को सिखाया है यह कबसे...

अधिपति : किस गुजराती को? क्या सिखाया है कब का?

लेखक : यह हमारी गुजराती भाषा को। यूँ ही कहते-कहते सहज ही हँसाना सिखा दिया है। हँसने का, हँस लेने का, हँसी से उड़ाने का। इस तरह से ना कहने का, ना मानने का, कबका, मैं गुजराती सीखा उससे भी पहले का। बहुत-बहुत पहले का। इसलिए शुरुआत से पहले की शुरुआत, और उससे भी पहले की कई शुरुआतों की कुछ-कुछ समझ मिली है मुझे। आप भी लिटल ट्राय करोगे तो समझ में आ जायेगा आपको भी।

अधिपति : क्या? श्रीमान, तुम मेरे साथ लड़ने का तय करके आये हो?

लेखक : हाँ।

अधिपति : ठीक, तो हमारी बातचीत ख़त्म।

लेखक : ओहो, फिर लड़ाई किस तरह हो सके...

अधिपति : तुम अब चुप हो जाओ, लेखक महोदय! वरना फिर मेरा भरोसा नहीं।

लेखक : इसलिए तो मुझे बोलना पड़ता है इन कविताओं में।

अधिपति : वॉट डु यू मीन बाय देट?

लेखक : यही तो तय करना है आपको।

अधिपति : हाउ डेयर यू?

लेखक : देखा—ये दो सवाल आपने अँग्रेज़ी में किये। इसलिए ही मुझे 'गोदाम' कविता में बोली का उपयोग करना पड़ा। सवाल अँग्रेज़ी में, अँग्रेज़ों की तरह हो तो जवाब बोली में, देशियों की तरह देना पड़े। 'गोदाम' कविता में, 'दूध' कविता में भी, दूसरी कुछ कविताओं में। आया समझ में?

अधिपति : जाने भी दो...स्त्रोत तो तान में गाने लगे हो और वो भी भद्रंभद्र जैसी भाषा में—कहिये-कहिये।

लेखक : कभी अपने आप से निजी बात नहीं करनी होती? शुरुआत के पहले की शुरुआत से पहले या तो उसके भी पहले जो स्वयं है उसके साथ—दूर-दूर से? भीतर का अन्तर ज़्यादा पड़ गया हो, इसलिए ज़रा ऊँची तान में गाना पड़ता है। आपने इसे ठीक से पकड़ लिया। सार्वजनिक शान्ति में भंग हुआ हो तो माफ़ी माँगनी चाहिए मुझे।

अधिपति : एक मिनट-एक मिनट! लेखक महोदय! तुम एक बात स्पष्ट करो : इस 'गोदाम' में आप निजी बात करते हो या सार्वजनिक बातें? बोली में बोलने वाले हो या संस्कृत में? हमारे जैसों के साथ लड़ने-झगड़ने आये हो या पुत्री-पुत्र-सबके साथ प्रेमालाप करने? साफ़-साफ़ कहो, ताकि कुछ समझ सकें।

लेखक : ए.के. रामानुजन का नाम तो सुना होगा।

अधिपति : शिकागो वाले ही ना? पढ़े भी हैं, समझे? तुम जैसे कुछेकों का यही एक बड़ा दुःख—विदेशी नामों के बिना चलता ही नहीं...

लेखक : उन्होंने ठेठ कर्नाटक की बात कही है।

अधिपति : तो कही होगी, इसका यहाँ क्या लेना-देना—मैंने जो तुम्हारे कारनामे पकड़े उसमें?

लेखक : रामानुजन एक जगह अपने वतन के घर की बात कर रहे हैं, पूरे घर की।

अधिपति : फिर घर तो पूरा ही होता है ना, अपने यहाँ ठेठ में! आधा-अधूरा थोड़ा होता है, तुम्हारे मोरडन अछान्दस जैसा ?

लेखक : रामानुजन लिखते हैं कि पूरे घर में कई भाग होते थे। रसोई, बैठक, दालान, बरसाती, आँगन...

अधिपति : उसका मज़ा ही कुछ और होता है।

लेखक : और इन अलग-अलग हिस्सों की अपनी-अपनी बोली होती थी : रसोई में माँ अपने बच्चों को खिलाती हो और कन्नड़ में बातें करती है। बरसाती में पिताजी अपने दोस्तों के साथ दुनियाभर की बातें अँग्रेज़ी में करते हैं। दालान में कभी पूजा होती तो पण्डितजी संस्कृत में बोलते हैं...और दादाजी जब रामायण-महाभारत-पुराण की कहानी सुनाते थे—पूरा आँगन इकट्ठा हो जाता और पुरानी कन्नड़ भाषा से सब सराबोर हो जाते थे।

अधिपति : सीधा ही कहिए ना कि...

लेखक : और अधिपति जी, हमारे यहाँ मज़े की बात तो यह है कि अपने घर में क्या निजी, क्या सार्वजनिक, क्या प्राईवेट—क्या पब्लिक, उसका हिसाब भी दीये की तरह उज्ज्वल!

अधिपति : मैं भी वही तो...

लेखक : ना, आप वही नहीं कह रहे थे। रामानुजन शिकागो में बैठे-बैठे देखते थे और कहते थे कि हमारे उस घर में क्या अहम (निजी, प्राइवेट, पर्सनल) और क्या पुरम् (सार्वजनिक, पब्लिक), ऐसा कुछ स्थायी, निरन्तर, सीमाबद्ध नहीं माना जाता था। जब माँ रसोई में परिवार को खिलाती हो तब रसोईघर अहम और बाक़ी का घर पुरम्। जब रसोईघर में ढकने-सँवारने का काम चलता हो और सब दूसरे कमरे में बैठे हो तब, रसोईघर अहम और दालान आँगन पुरम्। जब दादाजी रात ढलते ही आँगन में कहानी शुरू करे और पूरा

आँगन इकट्ठा हो जाय तब अहम का विस्तार बढ़े, निजीपन व्यापक होने लगे। पर्सनल वर्ल्ड चौड़ा होने लगे। दादाजी की कहानी सुनते कोई पड़ोसी को प्यास लगे तो पानी पीने अपने घर ना जाय, इस घर के पनियारे तक अपनेपन से पहुँच जाय। फिर अगले दिन सुबह अहम और पुरम् के बीच की सीमाएँ तब्दील हो जायें।

अधिपति : उन्नीसवीं सदी के अँग्रेज़ों ने हमको बख़्श दी सख़्त और अपरिवर्तनीय सीमांकन की आदत, इंग्लैण्ड के अँग्रेज़ों ने तो बाद में उस आदत को छोड़ दिया, हम कब तक उन्हें अपने साथ ही रखेंगे?

आइए, हम अपने इस बड़े घर के कोने-कोने में कमरे-कमरे में पूरा-का-पूरा रहने लगें।

अधिपति : अरे लेखक, सच कहूँ तो शुरुआत में मुझे लगा था कि ये तेरा प्रवेशक है या प्रतिबन्धक? लेकिन अब धीरे-धीरे मुझे शायद ऐसा लग रहा है कि तेरी टेढ़ी तो टेढ़ी रीत से, तू मेरा स्वागत तो करता ही है।

लेखक : अरे, रसिकलाल, स्वागत तो है ही। लेकिन प्रवेश हो चुका ऐसा मानकर अभी से ढीले मत बनो! देखिए, प्रवेशक में आगे ही मेटल डिटेक्टर है!

अधिपति : मेटल डिटेक्टर? तुम हम को त्रासवादी समझते हो?

लेखक : ये तो आप ही जानें। लेकिन इस दरवाज़े में से पसार होने की शर्त एयरपोर्ट की सुरक्षा जाँच से बिलकुल उलटी ही है।

अधिपति : तुम्हारा तो सब कुछ उलटा : क्या शर्त है तेरी बोल तो!

लेखक : इस 'गोदाम' में घुसने की शर्त इतनी कि आप जब दरवाज़े में दाख़िल हो तब इस डिटेक्टर बराबर ऊँचे से 'बीप बीप बीप' करते जगमगा उठें : उसकी अन्दरूनी मेटल रसिकलाल में होनी चाहिए—रीयल मेटल।

गुजराती से अनुवाद : बारीन मेहता | आलेख का रचना-वर्ष : २००८

विमुक्त वर्तमान की तलाश में
गुजराती नाटक (१९४७-२००७)

विमुक्त वर्तमान की तलाश में
गुजराती नाटक (१९४७-२००७)

॥ क ॥

१

गुजरात के पास मौलिक नाटकों की कमी नहीं है। अलग-अलग प्रकार के, अपनी ही साहसिकता से शोभायमान, जितने नाटक एक परिपक्व प्रजा के पास हो सकते हैं, उतने पर्याप्त मात्रा में मौलिक नाटक, गुजराती भाषा में लिखे गये हैं : १९४७-२००७ तक के छह दशकों से इनको लें। दशकों में नाटक लिखे गये हैं, छपे भी हैं, पढ़े गये हैं, उनका मंचन भी हुआ है हालांकि समस्या रचना-विषयक क्रिटिकल डिस्कोर्स की (आलोचनागत प्रोक्तियों की) है।

अत्यधिक कमज़ोर अर्थघटन-शास्त्र ने, एक निराशाजनक हर्मेन्यूटिक्स ने, मानो गुजराती रंगमंच के सामने स्थायी रूप से एक अर्धपारदर्शी पर्दा डाल दिया हो। प्रयोगरूप से यदि लेखक का—गुजराती नाटक का—प्रजा के रंगमंच पर आगमन हो भी जाय तब भी उसके लिये अशक्त अर्थघटन-शास्त्र का स्थायी पर्दा बाधक बनता ही है। वही अर्धपारदर्शक पर्दा नाटक को गुजरात के सांस्कृतिक इतिहास तथा भारतीय रंगभूमि के इतिहास की नज़र से अदृश्य रखता है। रसिकलाल पारीख और चन्द्रवदन मेहता से, मधु राय एवं चीनू मोदी से गुज़रते हुए, प्रवीण पण्ड्या, नौशील मेहता और सौम्य जोशी आदि से विकासमान होती गुजराती नाटक की एक पूरी दुनिया, बहुस्वर

विलासिनी विविध रंगरूप धरकर विलसती है, पर उस पर्दे को गिराकर मानो गूँगी और अदृश्य बना दी गयी है।

यह आशय न लें कि सिर्फ़ गुजराती नाट्यालोचन की बात ही ऊपर कही गयी है। आलोचनागत प्रवृत्ति एक व्यापक प्रोक्ति का अंश है। ये अलग बात है कि निजानन्दी नाट्यकार वक़्त-बेवक़्त ऐसी शिकायत करते रहते हैं कि 'नाटक तो बहुत अच्छे रचे जाते हैं, परन्तु वाह-वाही करने वाली आलोचना कहाँ है?' ऐसे नाट्य-लेखक ख़ुद ही ऊपर उद्धृत स्थायी पर्दे के 'पोत' बुनते बुनकरों के मुखिया हैं। उदाहरण के रूप में, जैसे कपड़े का एक पर्दा नज़र-बन्द के तौर पर टँगे उससे पूर्व उसका उत्पाद खेत में कपास के रूप में, चरखे पर तार के रूप में, यन्त्र पर बुनावट के रूप में, कपड़े सिलने की मशीन पर भी सलीकेदार कपड़े के रूप में होता है, वैसा ही इन अवरोधों का है। उसकी उत्पाद प्रक्रिया, बेचारे नाट्यालोचकों की पहुँच से कहीं अधिक 'पहुँचे हुओं' के हाथों में होती है।

उस प्रोक्ति की रचना किस तरह होती है, ये समझ में आने पर उसकी विरचना किस प्रकार हो सके, उसका भी पता चल सकता है। ये कई सारे व्यापक सरोकारों की उपज है, इसीलिए ही उसकी संरचना एवं विरचना को धैर्यपूर्ण कोशिशों से जान पाते हैं। चलिए, कुछ ऐसी ही कोशिश करें।

२

इस संकलन में संग्रहित (ऐसे अन्य कुछ) रोचक नाटकों के सम्बन्ध में कुछ बातें : इस संकलन में देश की आज़ादी के पूर्व के छह दशकों में, प्रजा की मुक्त एवं स्व-तन्त्र अवस्था के विविध भावों-अभावों को उनके पूर्वापर के साथ, नाट्यार्थ को प्रस्तुत करने वाली रचनाएँ प्रस्तुत हुई हैं। यहाँ प्रस्तुत विभिन्न नाटक अपने समय-तबके में, अपने-अपने विशिष्ट नाट्य जगत में, इसके समान ही कुछ (यहाँ अ-प्रस्तुत) रचनाओं की दिशा में जाने के लिये पाठकों का मार्ग प्रकाशित करते हैं। ऐसा लगता है मानो उन छह दशकों के गुजराती नाट्याकाश में प्रकाशमान नक्षत्रों के समूह में से कुछ सितारों को इस नन्हे से अम्बर ने लोक लिया है। इसी अपेक्षा के साथ कि आकाश दर्शन के रसिक, मूलतः विशाल आकाश के नक्षत्रों के अन्य तारकों को खोजें, निहारें

और भोगने के लिये उत्तेजित भी हों। साठ वर्ष की इस कालावधि का (१९४७ के बाद, आज तक साठ साल के समयपट का) स्वरूप क्या? 'स्वातन्त्र्योत्तर' का अर्थ, 'स्वतन्त्रता-प्राप्ति' के बाद का किया गया है। फिर भी उस समास की उत्तर संज्ञा, 'उत्तर' चुभती है। 'उत्तर' (अँग्रेज़ी में पोस्ट) उपसर्ग के अर्थों में प्रयुक्त होकर अब अर्थहीन, बिना निश्चितार्थ का बन चुका है। अभी तो भारत के स्वातन्त्र्ययुग के छह दशक बीते हैं, उसमें भी स्वातन्त्र्य की अवस्था, उसके बाद की कोई उत्तर अवस्था आ जाने की अर्थछाया ने उस संज्ञा को संदेहास्पद बनाया है।

छह दशक के इस पट को दो भागों में बाँटा जा सकता है : १. समय के तीन तबकों में, २. नाट्य के वर्गीकृत रूप में। (कृति का नाट्यार्थ अर्थात् उसकी अभिव्यक्ति की रोचकता, विशिष्ट देखरेख, इतिहास-सजगता, संस्कृति-विचार, चरित्र-कार्य-संघर्ष-भाषा की समझ के सम्बन्ध में व्यंजित होता अर्थ या रचना का रसानुभव)

प्रथम दृष्टि से देखें तो रचना के तीन गुच्छ होते हैं : उस समय (स्वातन्त्र्योत्तर) के प्रारम्भ की कृतियाँ, मध्य-भाग की रचनाएँ तथा अन्तिम दस-पन्द्रह साल में रची गयी कृतियाँ। इस सन्दर्भ में भी यहाँ नाटकों का चयन किया गया है। साथ-ही-साथ नाट्यार्थ के विभाजन को भी ध्यान में रखा है। जिन कृतियों में एक विशेष नाट्यार्थ की या तो पहल अथवा तो परिणति है, उन रचनाओं को यहाँ अग्रताक्रम दिया है। विशेष नाट्यार्थ की स्पष्ट पहल या परिणति जिनमें न हो, ऐसी नाट्य-कृतियों को, उपर्युक्त नक्षत्र-न्याय से केवल उल्लेख किया है।

छह दशक के पहले तबके में रसिकलाल पारीख और चन्द्रवदन मेहता का ही नहीं, अपितु जयन्ति दलाल के त्रि-अंकी 'अवतरण' (१९४९) को भी इस संकलन में समाविष्ट किया है। तीनों को समझने वाला पाठक उस तबके के नाटक की त्रि-आयामिता को समझ सकेगा। जशवन्त ठाकर तो हैं महान रंगकर्मी; गुजरात उन्हें रंगभूमि के सन्दर्भ में याद करता है। किन्तु साथ ही 'कल्याणी' (१९५१) के नाट्य-लेखक के रूप में भी जशवन्त ठाकर को भूला नहीं जा सकता। शिवकुमार जोशी, प्रबोध जोशी, अदी मर्जबान, फिरोज़ आँटिया, चुनीलाल मड़िया—इन चारों का प्रवेश इस दौर में हुआ। ये चारों ही विविध रूप से स्मरणीय कार्य कर गये, जिनके विकल्प में वे सारे नाटक एवं उसके रंगमंच आये। वह पश्चाद्भू अर्थात् पुरानी रंगभूमि। पुरानी रंगभूमि

के उपकरण (मंच-सज्जा, संवाद-शैली, अभिनय-रीति आदि) और अन्त:उपकरण (देख-रेख, हेतु, अर्थकारण, प्रेक्षकवर्ग, लेखक और अन्य रंगकर्मियों का समूह आदि)—से अलग, सजग रूप से अलग ऐसे उपकरण (अर्थात् साधन, बाहर एवं अन्दर के औज़ार) लेकर नयी रंगभूमि के लेखक-रंगकर्मी आये।

दूसरे तबके की पूरी-पूरी बात करने के लिये एक अलग पुस्तक चाहिए। जिसके द्वारा मधुराय एवं चिनु मोदी को ही नहीं, अपितु 'मनसुखलाल मजीठिया' ('वृक्ष') को और लाभशंकर ठाकर को भी पूर्णत: समझने वाला पाठक, उस दौर की नाट्यसर्जकता की त्रि-आयामिता को भी समझ सके। विनायक पुरोहित और हँसमुख बाराड़ी, मनुभाई पंचोली और जयन्ति पटेल, रमेश पारेख और रघुवीर चौधरी, इन्दु पुवार, सुभाष शाह और हरीश नाग्रेचा, सतीश, व्यास और हरीश त्रिवेदी, रवीन्द्र पारेख और लवकुमार देसाई, वीरू पुरोहित और धीरूबहन पटेल, बकुल त्रिपाठी और वर्षा अडालजा 'विसामो देवाने ऊठ्या सारंगपाणि'! (विश्राम देने के लिये उठे सारंगपाणी) और निश्चय ही भूपेन खख्खर! इन सारे नाट्य-लेखकों की रचनाओं को समाविष्ट करने के लिये एक ग्रन्थ नहीं, अपितु एक ग्रन्थ-श्रेणी की आवश्यकता है।

नाट्य-लेखन का यह दौर समुद्र मन्थन का था। सागर-मन्थन से जो वैविध्य उपजा, वो है : फेन, सीपी और सुनामी जैसा भी, रत्न भी, जिन्हें पुराणों ने भी दर्ज नहीं किया है। गोताखोर की तो अंजुरी भर जाय इतने नाट्य रत्न इस मन्थन-काल के लेखकों ने सृजित किये हैं। मुम्बई, सूरत, बड़ौदा, विद्यानगर, अहमदाबाद, राजकोट, जामनगर, ऊंझा-पालनपुर आदि अनेक रंग-केन्द्रों की स्मरणीय और वन्दनीय जद्दोजहद ही इन लेखकों के गठन का हिस्सा है। उस महासागर के रत्नपुंज में से अलग-अलग झाईं तथा चमकयुक्त प्रकार के रत्नों को वर्गीकृत करना, प्रत्येक वर्ग में से किसी-न-किसी नाट्य-रत्न को इस मंजुषा में रखने के लिये चयन करने का यह कार्य जितना थकान देने वाला है उतना ही जीवन की थकान दूर करने वाला भी है।

दूसरे दौर के मनुभाई पंचोली (जन्म-१९१४), जयन्तीराम पटेल ('नाट्य-विद्या मन्दिर' के स्थापकों में से एक, १९४३-४४) और धीरूबहन पटेल (जिसका 'पहेलुं इनाम' प्रथम पारितोषिक, १९५५ में) को प्रथम तबके में रखने के कुछ कारण हैं, वैसे ही दूसरे तबके के सतीश व्यास, रवीन्द्र पारेख और वीरू पुरोहित जैसे नाट्यकारों को, सिर्फ़ समयानुक्रम से, तीसरे तबके

में भी रख सकते हैं। नाट्यकार की आयु उस व्यक्ति की उम्र से कुछ अलग भी हो सकती है।

तीसरे तबके को बहुआयामी न कहने की ग़लती नहीं करनी चाहिए। नाटक, वास्तव और जीवन सम्बन्धी उसकी समझ बहु-आयामी है। उत्तर-आधुनिक पाठक-दर्शक एवं अन्य कर्मशील अनेकता के दृढ़ आग्रही हैं। वे लोग सिर्फ़ तीन आयामी नाट्य-जगत के आग्रह को नहीं मानेंगे!

राज्यसत्ता, धनसत्ता, धर्मसत्ता को ये नाट्य-लेखक ज़बरदस्त और सीधी चुनौती दे सकते हैं। (यदि किसी को 'आकण्ठ' और 'रे' का माहौल याद आ जाय तो, माफ़ करें)। इन नाट्यकारों ने नाट्य-लेखन और मंच-सम्बन्धी, नाट्य-संस्थाएँ और रंगभूमि की अर्थ-व्यवस्था सम्बन्धी, मंच-सज्जा एवं मंच-स्थान के सम्बन्ध में नूतन प्रस्थान कर दिखाये हैं। नौशिल मेहता, प्रवीण पंड्या, सौम्य जोशी, कपिलदेव शुक्ल, मनोज जोशी, उत्तम गडा, इकबाल शेख, मिहिर भूता, परेश नायक, दलपत चौहान, विनीत शुक्ल, प्रज्ञा पटेल, रमेश पटेल... मेरी क़लम की स्याही ख़त्म हो जायगी (काया के दवात की भी) गुजरात के सारे नये नाट्यकारों के नाम मैं नहीं लिख पाऊँगा, इसका रोमांच अन्तिम समय तक रहेगा।[३]

बेशक रोमांच अपनी जगह और आलोचनागत विमर्श अपने स्थान पर, इस सोच से फिर त्वचा एवं मस्तिष्क के बीच का भेद दृश्यमान होता है : विभाग क-१ में उद्भवित सारे प्रश्न भी।

प्रश्न इस प्रकार हैं : स्वातन्त्र्ययुग के प्रथम छह दशक का इतना सशक्त नाट्य साहित्य गुजरात के पास है फिर भी विभाग क-१ में दर्ज हर्मेन्युटिक संकट क्यों है? इस आपातकालीन स्थिति की संरचना क्या है? इसकी विरचना कैसे सम्भव हो पाये?

गुजरात ने नाटक-रंगभूमि की बात करने की तीन पद्धतियाँ अख़्तियार की हैं : १. प्रबोध जोशी की वर्णनात्मक पद्धति, २. इस पद्धति के सामने चं.ची मेहता आदि की निदेशात्मक पद्धति, आदेशात्मक, बोधात्मक पद्धति। ३. हँसमुख बाराडी ने गुजराती थिएटर का इतिहास रचते समय उपर्युक्त दोनों पद्धतियों से अग्रसर होने का उपक्रम स्वीकार किया है। उन्होंने इतिहास को क्रमशः आने वाले तबके के कालक्रमानुसार रखा और प्रत्येक दौर में अथवा नाट्य-गुच्छ में रंगभूमि पर किसका अधिकार रहा है, इस मुद्दे को प्रमुख रूप

से दर्शाया है। रंगभूमि-सम्बन्धी इस सत्ताकरण का यह विश्लेषक रोचक है। बाराडी यह दिखा सके हैं कि किस प्रकार विविध तबकों में अथवा नाट्य-गुच्छों में थिएटर कम्पनी के मालिक, प्रमुख नट, दिग्दर्शक, नाट्य-व्यवस्थापक आदि अकेले, या दो-तीन लोग जुड़कर भी, रंगभूमि के सत्ताकरण को अपने अधिकार में रख पाते थे। नाट्य-व्यवसाय के लिये कौन-सा सत्ताधीश कैसे और कितना उपकारक या अपकारक होगा, इसकी मीमांसा बाराडी ने विस्तार से सोदाहरण की है। इस तरह की नाट्य-लेखक की स्थिति-परिस्थिति समझ में आती है।

वर्णनात्मक और आदेशात्मक प्रोक्तियों से विकसित होती यह विश्लेषणात्मक प्रोक्ति ही अधिक उपयोगी है। परन्तु बाराडी ने विश्लेषण का क्षेत्र रंगभूमि की अपनी सीमा तक ही सीमित रखा—मालिक, सराफ, नट, दिग्दर्शक, व्यवस्थापक, केवल एक्टर्स या फेक्टर्स तक सीमित रखा उसका एक परिणाम यह हुआ कि पिछले द्वार से उसमें वो वर्णनात्मक और आदेशात्मक प्रोक्तियाँ प्रवेश कर गयीं।

रंगभूमि में एकमेक होने वाला समीक्षक कभी रंगभूमि के बृहद सन्दर्भ को, थिएटर की दुनिया से बाहर की, उसका दिशा-निर्देश कर नियन्त्रित करने वाली या उसकी जड़ों को पुष्ट करने वाली शक्तियों तथा परिस्थितियों को अपनी प्रोक्ति में समाविष्ट नहीं कर पाता। यह बात नहीं भूलनी चाहिए कि—गुजराती प्रजा, गुजराती भाषा, गुजराती संस्कृति, किसी भी मानवीय संरचना की भाँति, अनवरत पुनः विचार की माँग करने वाली संरचनाएँ हैं। जिस अर्थघटन-शास्त्र का संकट, हर्मेन्यूटिक क्राइसिस, गुजराती नाटक, रंगभूमि के लिये बाधक बनती है, उसका सामना इस प्रकार की व्यापक विरचनाओं द्वारा हो सकता है, सीमित विरचना के माध्यम से नहीं।

॥ ख ॥

१

गुजराती प्रजा की स्वभावगत दो विशेषताएँ मानी जा सकती हैं : गुजराती प्रजा परिगणित रूप से बहुत साहसिक है। अतः साहसपूर्वक कई गिनतियाँ कर पाते हैं। साहसपूर्ण गिनती करने में उसकी बेजोड़ शक्ति कितनी, कैसे

विविध व्यक्तियों का सर्जन कर पायी है। अभी हाल की ही इस शताब्दी में देखें तो—जमशेदजी टाटा, प्रेमचन्द रायचन्द और गांधी को दक्षिण अफ्रीका बुलाकर, उनके नक़्शे क़दम पर बहुत कुछ करने वाले दादा अब्दुल्ला हाजी आदम जैसे अनेक का स्मरण होता है। उन सन्तानों को गुजरात ने उसी शक्ति द्वारा जन्म दिया, लालन-पालन किया। सुमति बहन मोरारजी इतना बड़ा सामुद्रिक व्यापार चलाये, ये तो कैसी गुजरातन! नरसिंह मेहता की हुंडी को स्वीकृत करने वाले परम साहसिक द्वारिका के शामळशा शेठ को और अहमदाबाद का सत्याग्रह आश्रम, हरिजन दम्पती के प्रवेश के कारण, रुपये की कमाई के अभाव में बन्द होने जा रहा था तब, ख़ुद का नाम बताये बिना ही, गांधी को आर्थिक सहायता करने वाले सेठ अम्बालाल साराभाई को भी गुजरात कैसे भूल सकता है? और दूसरे सिरे पर मज़दूर नेता अनसूया साराभाई को भी? तो यही सब है जिसके परिणामस्वरूप गुजराती प्रेक्षकों-रंगकर्मियों को गरियाया जाता है, यही है आपकी 'व्यापारी प्रजा' का गुजरात! गुजराती रंगभूमि ऐसी प्रजा के विविध समाजों की रंगभूमि है।

पूरे हिसाब-किताब से, संशयरहित होकर, बड़ा साहस करना और टिकाये रखना—यह भी गुजरात की प्रकृति है। उसका साक्षात्—विग्रह सरदार पटेल और बारडोली के सत्याग्रही किसान। ठीक वैसे ही थे कच्छ-काठियावाड़ के खलासी-मालम-नाख़ुद। ठेठ जावा-सुमात्रा और चीन के बन्दरगाहों तक, दूसरी ओर अफ्रीका के पूर्वी तट पर झाँझीबार से भूशिर की चोटी तक वे हमेशा लम्बी-लम्बी खेप लगाते। हाथों से बुने पालवाले ख़ुद के महाकाय स्वदेशी जहाज़ों में वे अगर सफ़र कर पाते थे तो, किसके बल पर? जलप्रवाह एवं मौसम के वायु-प्रवाहों की गहरी जानकारी और परिनिष्पन्न् गिनती के बल पर। गुजराती कवि कहते हैं—

> होडे-होडे युद्धे नव चढ़ीए, चढ़ीए तो कटका थई पड़ीए!
>
> (देखा-देखी के जोश में युद्ध न करें, अगर करें युद्ध, तो फ़ना होने की चाह रखें)।

समझपूर्ण साहस और साहसपूर्ण गिनती ये दो प्रजा-लक्षण गुजरात की उत्तम नाट्य प्रवृत्ति और रंगभूमि की प्रकृतिगत विशेषता है। अलबत्ता, गिनतीपूर्वक की बुज़दिली और अहंकारपूर्ण अविचारी साहस जैसे लक्षण भी गुजराती प्रजा में, वैसे ही उसके नाटक-रंगमंच में तो बिलकुल है ही नहीं, यह बात तो कौन विचारशील गुजराती मानेगा?

असाईत ठाकुर द्वारा प्रारम्भ किये गये गुजराती रंगमंच के ढाँचे का गठन गिनतीपूर्वक के साहस से हुआ है। असाईत, नरसिंह और गांधी के समान गुणी पुरोधा थे। उन तीनों द्वारा उठायी गयी चुनौतियों को गुजराती नाट्य साहित्य कितना और किस प्रकार ग्रहण करता है? असाईत पूर्व, चौलुक्य के स्वशासित गुजरात के प्रथम स्वातन्त्र्य युग में गुर्जरदेश का संस्कृत रंगमंच जीवन्त था। मोढ़ेरा के सूर्यमन्दिर के मण्डप रूपी रंगमंच पर 'मुद्रित कुमुदचन्द्र' जैसे नाटकों का मंचन होता था। उस नाटक में श्वेताम्बर जैन दिगम्बर जैन दर्शनों के बीच का विवाद रंगमंच पर प्रस्तुत हुआ है। कंटेस्टेशन चुनौती के उस मंच को प्रजा पसन्द करती थी। आज स्थिति क्या है? 'मुद्रित कुमुदचन्द्र' के रचयिता, नाट्यकार यशश्चन्द्र, भवाई वेशों के रचनाकार असाईत, आख्यानकार प्रेमानन्द, कथाकार शामल, पुराना रंगमंच, नये रंगमंच के रचनाकार स्वातन्त्र्य युग की प्रथम साठी का नाट्य-लेखक इनमें से किसकी विरासत का अनुसरण करता है, उसे बदलता है, उसे घटाता है या बढ़ाता है?

२

इस गुजराती प्रजा के इतिहास एवं भूगोल को समझे बिना उसके नाटक रंगमंच को समझना कठिन है। सन् १९४७ से २००७ के दौर के गुजराती नाटक-रंगमंच की बात का प्रारम्भ कहाँ से करें? उस साठ साल के व्यापक में प्रवेश करने का सही प्रवेश-द्वार कहाँ है? १९४७ में? इससे क़रीब १०० वर्ष पूर्व, जब मुम्बई में नये थिएटर में प्रथम गुजराती नाटक पारसी नट मण्डली ने मंचित किया, उन दिनों? या उससे भी पूर्व? अलग-अलग प्रवेश-द्वार से प्रवेश करने पर अलग-अलग ठिकाने पर पहुँचने का जोख़िम अवश्य है। उसका कोई प्रवेश-द्वार चौलुक्य युग के गुर्जर रंगमंच में, कोई द्वार असाईत के चाचर चौक में, तो कोई दरवाज़ा मुम्बई के प्ले हाउस में खुलता है? कहाँ? कौन-सा?

स्वाधीन भारत के छह दशकों में रचे गये, मंचित हुए नाटकों में से चयन करके इस संकलन में समाविष्ट हों, उतने नाटकों का प्रकाशन करने का उपक्रम नेशनल बुक ट्रस्ट (इण्डिया) का है। यह उपक्रम नाटक, रंगमंच और संस्कृति तीनों को स्पर्श करता है। तो फिर यह गुजरात क्या है?

उसके नाटक, उसका रंगमंच, उसकी संस्कृति क्या है? उसकी भाषा, बोली के इतिहास-भूगोल कैसे हैं? उसे समझने पर नाटक का श्वास अवरुद्ध करने वाला वह पर्दा उठ पाये और रंगमंच विषयक मन्थन दृष्टिगत हो।

आज जिसे गुजरात (राज्य और प्रदेश) कहते हैं, और जिसे गुजराती भाषा कहते हैं, यह स्थान हमेशा 'गुजरात' के नाम से नहीं जाना जाता था, उस क्षेत्र का वाङ्मय साहित्य 'गुजराती भाषा' में रचा नहीं जाता था। 'गुजरात' और 'गुजराती भाषा' उस प्रदेश के निवासी लोगों की आवश्यकता के कारण उपजी, उनके निर्णय से सम्भव हुई, उनके परिश्रम से क्रमशः गढ़ी गयी संरचनाएँ हैं। उस क्षेत्र में प्रवर्तमान समय-समय की आर्थिक, राजकीय और धार्मिक परिस्थितियों का, उन निर्मितियों से गहन सम्बन्ध रहा है : कभी पोषक, कभी सहायक, कभी मोड़ देने वाला, कभी कुचल देने वाला तो कभी विध्वंसकारी। आज भी वह नाता उतना ही घना है, आज भी गुजरात और गुजराती भाषा उस प्रजा की (प्रजागत स्वतन्त्र व्यक्तियों की) निर्मिति है, आज भी पोषक से विध्वंसकर्ता तक के विविध सम्बन्ध में वे परिस्थितियाँ उसके साथ गहनतम रूप से संकलित एवं प्रवृत्त हैं—इन सबको देखने-जाँचने के लिए स्ट्रोबलाइट पर्याप्त नहीं है, नरसिंह की मशाल चाहिए। उसके प्रकाश में ही अपनी रंगभूमि के ऐसे नाटक देखे जा सकते हैं।

३

गुजराती एवं अन्य अर्वाचीन भारतीय भाषाओं के उद्‌गम काल में (गुजराती सन्दर्भ में १२-१३वीं शताब्दी में) 'साहित्य' कृति को रचने का कार्य दुर्गम था। सन् ११५० से १३५० ई. तक के दो शतक के समय में आनर्त आदि प्रदेश के (आज के उत्तर गुजरात-दक्षिण राजस्थान प्रदेश के) किसी युवक को (उदाहरण के लिये वज्रसेन और शालीभद्र नामक जैन युवा यतियों को) अपने चारों ओर बोली जाने वाली वाणी में यदि 'साहित्य' कृति रचना चाहे, तो उसकी स्थिति त्रिमार्ग पर स्थित पथिक जैसी हो। कौन से तीन मार्ग?

प्रथम संस्कृत का राजपथ, जिस पर जिस तरह वैदिक (ब्राह्मण, हिन्दू) उसी तरह बौद्ध, जैन, लोकायत सब चलते थे। वह मार्ग पाटण में स्थित उस युवक को कश्मीर के साथ, त्रिविष्टप (तिब्बत) के साथ, सिंहलद्वीप के साथ,

कम्बोज-बाली द्वीप के साथ, और पूरे भारतवर्ष के साथ जोड़ दे।

फिर, प्राकृत, अपभ्रंश के विकल्प मार्ग, यह भी पूरे भारत में यात्रा करा सके। उसमें भी अपभ्रंश तो गुर्जरदेश का प्रिय मार्ग : 'अपभ्रंशेन तुष्यन्ति स्वेन, न्यान्येन, गुर्जराः'—'गुर्जर तो सिर्फ़ स्व अपभ्रंश से ही तुष्ट हो, अन्य के अपभ्रंश विवर्तों से नहीं', उस समय देश में ऐसा कहा जाता था।

त्रिमार्ग का तीसरा रास्ता? ये तो अभी बनाना था! वज्रसेन, शालीभद्र और उसके गुरुवर्ग (हेमचन्द्राचार्य, वादि देवसूरी आदि) उस लीक को बनाने वाले प्रथम पथिक थे। वे चले, उनके नक़्शे-क़दम पर उस समय की साहित्यिक-प्रादेशिक-भाषा (जो बाद में गुजराती कही गयी), दस कोस पर बदलती रहती बोलियों को जोड़ती, और उस मिलन से खुलती (निखरती), सृजित होती चली। (आज नयी नाट्य-भाषा सृजन का सपना भी किसी के पास है?)

वह शताब्दियों का गुजराती (गुर्जरदेश का निवासी) लेखक, ख़ुद पीसी हुई स्याही में क़लम डुबोकर, शायद ख़ुद ही घोंटे हुए काग़ज़ पर उसे सावधानी से रखकर, ख़ुद के द्वारा रची जा रही गुजराती भाषा में, अब क्या, किस प्रकार, क्यों लिखे, इस सोच में डूब जाता होगा!

स्वतः गढ़ी जा रही गुजराती में सन् ११७० के आसपास वज्रसेन और शालिभद्र ने दो राजवी बन्धुओं—भरतेश्वर और बाहुबली—के आपसी संघर्ष को, युद्ध और उसके उपशमन के रास लिखे, नाटक नहीं। परन्तु ये रास, अपनी शैली में मंचित होने वाले थे : आरोह-अवरोहयुक्त स्वर में, वाग्-अभिनयपूर्वक, कुछ कायिक (शरीरगत) अभिनय के साथ, संघर्ष-युद्ध-उपशमन की वह नाट्यात्मक कथा मुग्ध-रसिक प्रेक्षकों-श्रोताओं के समक्ष कही जाती। यतियों के विहार मार्ग पर उसका जनरंगमंच रच जाता—अग्रसर होता—बदलता रहता। सन् ११७० के बाद, १२-१३वीं शती के इस प्रकार के रासों का गेय-अभिनय गुजराती साहित्य में आया।

फिर १३वीं शती के उत्तरार्द्ध में तो असाईत!

गुजराती नाटक और रंगमंच के प्रखर पितामह ने, उदारदिल दादा ने, भारी साहसपूर्ण गिनती करके, जान को जोख़िम में डालकर, क्वचित ही करने वाला साहस किया पाटण के क़रीब स्थित ऊँझा गाँव के हेमाला पटेल की बेटी को, किसी मुसलमान सरदार के पड़ाव में उठा ले गये थे, वहाँ ख़ुद

जाकर, 'वो तो मेरी बेटी है', कहकर संगीत कला के बल पर, छुड़ा लाने का साहस किया। असाईत शास्त्रीय संगीत का निपुण गवैया था और वह सरदार संगीत का रसिया था।

वह असाईती साहस, असाईती अनुकम्पा, असाईती ट्रान्सग्रेशन–सीमोल्लंघन, असाईती सृजन गुजराती नाट्य–लेखन और गुजराती रंगमंच की नींव में है। उसी नींव के साथ आज की इमारत की भारी दीवारों ने सम्बन्ध रचा है?

पटेल की बेटी के साथ भोजन किया, उसे बेटी माना और उस तरह का व्यवहार किया, अतः सिद्धपुर के नाते तो वह यजुर्वेदी, भारद्वाज गोत्रीय, औदिच्य ब्राह्मण को जाति से बाहर कर दिया गया। असाईत के इसी नक़्शे-क़दम पर, सदियों तक, जूनागढ़ की जाति ने वड़नगरा नामक गृहस्थ नरसिंह की, तथा मुम्बई–पोरबन्दर की जाति ने विदेशगामी मोढ़ वणिक युवक मोहनदास गांधी की स्थिति कुछ इस प्रकार ही की थी। और इस प्रकार वह गुजराती नाटक लम्बा चला।

अपने समाज को पहचानने वाला, फिर भी अपने समाज को चाहने वाले असाईत ठाकुर ने, उस समाज का प्यार–भरा मज़ाक़ उड़ाते हुए, उनकी दुर्बल–सबल पूरी जाति को, आँखों के सामने नाट्यात्मक रूप में प्रस्तुत करते हुए तीन सौ साठ (३६०) लघु नाटक, भवाई वेश लिखे और गाँव–गाँव के नुक्कड़, खुली जगहों में, पब्लिक स्पेस में, चाचर चौक में, सस्ते कामचलाऊ मंचन स्थान पर मंचित कर दिखाये। यही तो गुजरात की युग की बही, ज़िन्दगी की बही, प्रजा जीवन में जो भला–बुरा, हँसने–रोने योग्य था, वह भवाई में नाटक के रूप में दिखायी देता था। जीवन–किताब में जो जीवन वास्तव में लिखा गया वही वास्तव भवाई में नाट्य रूप में पढ़ा गया! कुछ चिन्तक आज 'राज्य' ('स्टेट') और 'नागरिक समाज' ('सिविल सोसायटी') को स्वायत्त और परस्पर शक्ति के रूप में देखते हैं। असाईत के काल में तो राज्य और समाज, दोनों ही आज की अपेक्षा अधिक बलशाली, (अनब्रिल्ड–अनसिविल) अनियन्त्रित–असभ्य थे। भवाई के रचयिता ने दोनों को हँसते-हँसते अनवरत ललकारा—जैसे साल की तीन सौ साठ रातों तक!

प्रश्न होता है १९४७–२००७ के दौर में गुजराती नाटकों को, इस संकलन में से कुछ नाटकों को, उस भाषायी तिराहे के साथ, चौलुक्य के मोढेरादि मन्दीरवाले संस्कृत नाटकों के साथ, जैनों के यति–विहार के मार्ग में प्रस्तुत

होने वाले रासों काव्यों के साथ, और जाति बाहर किये गये असाईतों के चाचर चौक की भवाइयों के साथ कोई नाता है भी रंच मात्र का या जीवन्त?

॥ ग ॥

१

इस जानकारी के लिये चलो इतिहास को खँगालें।

गुजराती रंगमंच की शताब्दियों के महोत्सव हुए हैं। अपितु अपनी रंगभूमि के आयुष्य के विषय में, अन्य रीति से गिनती में कौशलपूर्ण गुजरात, धोखा खा गया हो ऐसा हो सकता है। शताब्दि प्रसंग पर भाषण के प्रारम्भ में ही जयन्ति दलाल ने इस मुद्दे का ज़िक्र किया था। आधुनिक भारत में काल की गिनती (कोलोनियल कन्स्ट्रक्ट) औपनिवेशिक संरचना, संस्थानवादग्रस्त संरचना बन गयी है। शक विक्रम और हिजरी सम्वतों की प्रारम्भिक रेखाओं को मिटाकर ईस्वी-सन् का आरम्भ अब समग्र कालगिनती हेतु प्रमाण रूप बन गया है। 'ऋग्वेद ईस्वी-सन् पूर्व किस सदी में रचा गया था' उस प्रश्न का विनोदी पक्ष हमारे ध्यान में नहीं आ रहा। 'दूसरे की रेखा छोटी करने के लिये अपनी रेखा बड़ी करना' पर यहाँ तो रेखा की लम्बाई का क्या कहना!

भारतीय संस्कृति का पट अनेक प्रारम्भों वाला है, ये समझकर गुजराती नाटक के सन्दर्भ में सोचता रहा। ये समझ लेना आवश्यक है कि आरम्भ कई सारे हैं, पर अन्त उसमें कम हैं। प्राचीन आरम्भ वाले पट नये प्रारम्भ के बाद भी यथावत् हैं यथा भारतीय संस्कृति में तथा गुजराती रंगभूमि एवं नाट्य-लेखन में भी। गुजराती रंगमंच और गुजराती नाट्य-लेखन पोथी, इसी कारणवश वैविध्य से भरी दिखायी देती है। जैसा कि रंगमंच पर सिंहासन और सोफासेट पास-पास रखे हुए दिखायी देते हैं किसे कहाँ बैठना है, ये सब समझते हैं।

सन् १८५३ ई. के नवम्बर की २९वीं (या अक्टूबर की तीसरी, या उनतीसवीं?) तारीख़ को, शनिवार की शाम को, मुम्बई के ग्रांटरोड के रॉयल थिएटर में 'यंग बॉम्बे' पारसी कौम की नाट्य रसिक मण्डली द्वारा मंचित गुजराती नाटक 'रुस्तम, जाबुली और सोहराब' गुजराती रंगमंच का प्रथम नाटक था, ये बात एकाधिक नाट्य-इतिहासकारों ने कही है। ये नाटक गुजराती नहीं पर

अँग्रेज़ी का था, ऐसा कहने की ग़लती नेशनल स्कूल ऑफ़ ड्रामा के अध्यक्ष, कन्नड़ लेखक चन्द्रशेखर कम्बार सार्वजनिक व्याख्यान में कर चुके थे, इस वास्तव को उत्पल भायाणी, जो गुजराती रंगमंच के श्रेष्ठ सी.ए. (चार्टर्ड एकाउंटेंट) की बारीक़ नज़र ने सख़्त अधो-रेखा के साथ पकड़ा है। कई इतिहासकारों को लगता है कि तेल की मशालें और कार्बाइड के दीपों से चमचमाता वह रॉयल थिएटर का स्थापत्य, मंच-सज्जा और दर्शकों की बैठक व्यवस्था आज तक के गुजराती थिएटर की जड़ में है। गुजराती थिएटर की काल गिनती उसी के आधार पर होती चली है।

चूँकि ये रॉयल थिएटर १८४६ में बनाया गया था उसमें प्रथम गुजराती नाटक खेला गया, उसके सात वर्ष पूर्व। शायद उससे भी पूर्व मुम्बई के होर्निमन सर्कल, फ़ोर्ट के पास १७५० में शहर के अँग्रेज़ों ने एक कच्चा थिएटर बनाया था, बाद में १७७० में उसे पक्का बनाया गया। तो क्या पुरानी (नयी) गुजराती रंगभूमि के लिये थिएटर पहले बना, और उस थिएटर में मंचन के लिये नाटक बाद में लिखा गया? ये तो ऐसी स्थिति हुई कि आदेश रॉयल थिएटर का, अमल करे गुजराती नाटक। पहले से बँधा हुआ अनाथालय (ऑर्फ़नेज) कहें? १८५३ में उसमें कोई एक अनाथ बच्चे को छोड़ गया। इस नाते गुजरात की रंगभूमि को अज्ञात-पैतृक गिनती रही। अतिरिक्त आज, बल्कि पिछले साठ या सौ वर्ष के गुजराती नाटकों की रचना में, संरचना में, मंचन में ऐसे कोई तत्त्व-सत्व-प्रयोग-सर्जन हो, ताकि वे रॉयल थिएटर वाले स्थापत्य को या तो नकार सके या स्वीकृत करके (सबवर्ट) उसे आन्तरिक रूप से पलट या बदल सके, या इसकी सर्वथा अवहेलना करके कोई नये मार्ग पर चल पड़े, सिंहुज, नन्दुरबार, चाचर चौक या मोढ़ेरा से गुज़रते हुए...।

इस संकलन में समाविष्ट चयनित नाटकों के पीछे ऐसी परीक्षणशील (क्रिटिकल) दृष्टि रही है। १९४७ में देश की स्वतन्त्रता के बराबर एक सौ एक वर्ष पूर्व १८४६ में रॉयल थिएटर बना था।

उस दौरान, विशेषतः उसके पूर्वार्द्ध में हमारे नगरों में दिखायी दे रही स्थापत्य-शैली का एक लक्षण ध्यान देने योग्य है। वह है उसमें दिखायी देती 'फॉल्स सीलिंग'। भव्य सार्वजनिक मकानों में, सुन्दर निजी बँगलों-महलों-हवेलियों में प्रमुख-प्रमुख कमरों में मूल छत के नीचे एक दूसरी छत बाँधने का चलन था, उसे गुजराती में भी फॉल्स सीलिंग कहते थे। कैनवस, प्लास्टर ऑफ़

पेरिस आदि से बनायी गयी वह छत खोखली रहती पर उसे रँगकर—चित्र बनाकर सुन्दर बना दी जातीं। फिर वह छत की शहतीरों, उसके बीच की धूल-मिट्टी, दरारों आदि को ढँकने का काम भी वह 'फॉल्स सीलिंग' ही करतीं।

'रॉयल थिएटर' की वे भव्य नक़ली छतें संस्थानवादी संरचनाओं के प्रमुख लक्षण को अँगुली निर्देश करके दिखाते हैं। वे नक़ली छतें एक कृत्रिम सुन्दरता को आँखों के सामने रख देती है और साथ ही एक असली कुरूपता को ढँकने का काम भी करती है। नक़ली छतें असली कमियों को छिपाती हैं और असली छतों को अदृश्य कर देती है। प्रजा की सदियों की जहमत से बनायी गयी संरचनाओं की रखवाली करने की अपेक्षा इन देशी-विदेशी शासकों ने उसे भारी नुकसान पहुँचाया था। भारतीय प्रजा का अपनी जान के साथ के परम्परागत सम्बन्ध को झूठा ठहराने वाला कौशल-छल उन्होंने बड़े चातुर्य और सलीके से खड़ा किया। यही थी उनके द्वारा रची गयी फॉल्स सीलिंग। वह छत खोखली थी, पर थी नयन-सुख देने वाली। 'रॉयल थिएटर' उसके कई अवतारों में, रेप्लिकाओं में और नवीकृत संस्करणों में हमारी प्रजा को नयन-सुख देने वाला थिएटर था। मूलतः ये मुम्बई में बना था, वह सहसा, अचानक नहीं है। संस्थानवादी शासन में जाने-अनजाने सुख-चैन से स्थायी हुए गुजराती समाज के 'उच्च' वर्ग को और उसके गुमाश्ताओं को एक रमणीय सांस्कृतिक भ्रमण में ले जाने वाला लुभावना प्रवेश-द्वार था। उस मोहमयी की मूल्य पत्रिका ख़रीदकर गुजराती रंगभूमि ग़लत सफ़र पर चढ़ गयी।

उस प्रवेश-द्वार में से आगमित गुजराती नाटक कम्पनियों के मालिकों और मैनेजरों, उसके अनुगामी फाइनेन्सरों और प्रोड्यूसरों, दिग्दर्शकों और रूपान्तरकारों, हीरो-हीरोइनों, सेट डिज़ाइनकर्ता-म्यूज़िक वाले—लाइट वाले—विज्ञापनकर्ता आदि, जैसे १८५३ में वैसे मध्य-समय में और आज भी दौड़-धूप कर रहे हैं। वे सब 'लोकप्रिय' रंगकर्मी एक या दूसरे प्रकार की संस्थानवादी, स्वातन्त्र्य विरोधी नक़ली छत के नीचे प्रजा को इकट्ठा करने के कार्य में जुड़े हुए हैं।

सही रंगभूमि दर्शक को भाव के सामर्थ्य और बुद्धि के बेधन में फाँसती है। नक़ली रंगभूमि प्रेक्षकों को भाव-वंध्यता और बुद्धिमन्दता में फँसा देती है। १९४७ से २००७ के दौरान सैकड़ों बल्कि हज़ारों गुजराती नाटक ऐसी गुजराती रंगभूमि के लिये लिखे और वहाँ खेले भी गये।

गांधी ने 'हिन्द स्वराज' में १९०८ में सावधान किया था कि हमें शेर नहीं चाहिए पर शेर की प्रकृति रखनी है। अँग्रेज़ी शासन को निकालना है पर संस्थानवादी शासन तो बनाये रखना है। रावी नदी के तट पर गांधी-जवाहर-सरदार का कल्पित 'पूर्ण स्वराज' १९४७ में मिला? सही गुजराती रंगभूमि ये प्रश्न कर सकती है और पूछती भी है।

मुम्बई-गुजरात की नक़ली रंगभूमि से गुजरात-मुम्बई की सही रंगभूमि को अलग करना ही होगा।

२

नयन-सुख देती इस नक़ली छत को गुजराती थिएटर में से तोड़ देने पर ही दिखेगा कि गुजराती रंगभूमि के शताब्दी, सवा शताब्दी महोत्सव मनाने के लिये हमारी काल-गिनती बतौर ग़लत थी। वह हमारी एकमात्र भूल भरी गिनती नहीं थी, बल्कि समयोपरान्त के दूसरे द्रव्यों की गिनती भी भूल से भरी हुई है।

नक़ली छत, ग़लत कालादि की गिनती, कारक प्रारम्भ बिन्दु, ग़लत प्रवेश-द्वार—इन चारों को समझ लेना आवश्यक है। इसके बाद ही गुजराती अभिनय कला के सही क्षेत्र में प्रवेश करने का सही प्रवेश-द्वार खुलेगा और हमारी सही छत दिखायी देगी—लेखक की निजी छत, प्रेक्षकों की सार्वजनिक छत। इस प्रकार अछत के जाने से, नाट्यसमृद्धि आयेगी।

भवाई उस 'रॉयल थिएटर' की फॉल्स सीलिंग के पीछे ओझल किया गया एकमात्र गुजराती अभिनय वाङ्मय प्रकार नहीं है। ऐसे ही फलदायी प्रकार हैं रासो, आख्यान और पद्यवार्ता। इन तीनों की अभिनेयता को, मंचन-क्षमता को, नाट्यात्मकता को आज उसकी शर्त पर समझने की आवश्यकता है। उसके बाद ही, एक ऐतिहासिक सन्दर्भ में से उसे मृदुता से निकालकर, आज के अलग ऐतिहासिक सन्दर्भ में उसे जोड़ने का काम, जो हार्टट्रांसप्लांट या न्यूरोसर्जरी से तनिक भी कम कौशल्यपूर्ण नहीं है, ऐसा कार्य कर सके।

भवाई, रासो, आख्यान और पद्यवार्ता के साथ चारणी कथाकथन की तथा इस्माइली खोजाओं के ज्ञान के पदों की कथा-कला की सम्भावनाएँ गुजरात के ध्यान में आ रही हैं। भील प्रजा और अन्य आदिवासी प्रजा की गेय-

अभिनय कथन-कला में बाधक बन रही नक़ली छतें भी टूटी हैं। ढाई सौ साल पूर्व की पारसी कविता के विषय में इकहत्तर वर्ष पूर्व एक पारसी अनुसन्धित्सु, जहाँगीर देसाई ने काम किया था। उस कथनात्मक काव्य की अभिनेयता की आज २५०७१ = ३२१ साल की, तीन सदी की परम्परा हुई, जिसके दौरान पारसी गुजरातियों ने गुजराती रंगमंच को अविस्मृत प्रदान किया है। इक्कीसवीं सदी का गुजराती नाट्य लेखक इस पारसी कथानात्मक अभिनय काव्य परम्परा को नयी तरह से काम में न लगा सके? २००७ में रखा गया यह संचय उपर्युक्त सारी सम्भावनाओं को हमारे सामने रखे, इसीलिए यह 'आवणुं'[३]।

इस चयन में रखे गये और उसके द्वारा सूचित नाटकों के विषय में संक्षिप्त टिप्पणी करने से पूर्व प्राचीन रंगमंच के विषय में एक विलक्षण बात रखनी अनिवार्य है।

३

विदेशी आक्रामक सत्ताएँ और भारतीय प्रजा के बीच का सम्बन्ध, किसी प्रकार असुरों के गुरु शुक्राचार्य और बृहस्पति के बेटे कच के बीच के सम्बन्ध जैसा रहा है। असुर गुरु के पास विद्या सीखकर कच से उस विद्या का उपयोग देवों के असुरों पर विजय पाने के साधन रूप में किया। कोलोनियल एवं अन्य आक्रामक शासकों ने भारतीय प्रजा को अपने पाठ पढ़ाने की सख़्त विद्या व्यवस्थाएँ और दूसरी संस्कृति संघटनाएँ भारत के सर पर जड़ दीं। उसमें हुआ यूँ कि गुरुजी एक पाठ का एक अर्थ करें और सामने पढ़ रहा शिष्य उसी पाठ को सुनकर, अपने मनोनुकूल आवश्यकतानुसार दूसरा ही अर्थ निकाले। कोलोनियल कन्स्ट्रक्ट-से पाश्चात्य रंगमंच का ऐसा ही नया, एंटीकोलोनियल, प्राचीन रंगमंच के एक दौर में, उपयोग करने का गुजराती नाट्यकर्मियों ने सोच लिया था।

'रॉयल थिएटर'—जाति का ऐसा (सबवर्सिव) उच्छेदक उपयोग १९१६ में गांधी के गुजरात में पुनरागमन के बाद, सत्याग्रह की लड़ाई के माहौल में पुराना रंगमंच करने लगा। उसके कई उदाहरणों में से एक उज्ज्वल उदाहरण है 'श्री लक्ष्मीकान्त नाटक समाज' के कुछ नाटक। संस्थानवादी सत्ता ने

गुजरात को दिये हुए वही पुराने रंगमंच के ढाँचे का उल्लंघन किये बग़ैर 'लक्ष्मीकान्त नाटक समाज' ने देशभक्ति के कुछ ऐसे नाटक खेले कि मुम्बई इलाक़े की ब्रिटिश सरकार के पुलिस तन्त्र ने नाटक खेलने का (लाइसेंस) परवाना ६ मास तक के लिये ज़ब्त कर लिया था। १९१६ में गांधी फिर से गुजरात (देश) आये। १९४२ में 'हिन्द छोड़ो' की लड़ाई संस्थानवादी-सल्तनत के साथ लड़ी।

पौराणिक या ऐतिहासिक नाटक के छद्‌मवेश में पुराने गुजराती रंगमंच के कुछ नाटकों में अँग्रेज़ तथा अन्य आक्रामक सत्ताओं के साथ भारतीय प्रजा की लड़ाई की सूचक प्रस्तुतियाँ होती थीं और इस बात को दर्शक एवं पुलिस, दोनों समझते!

साथ में ये भी कहना अनिवार्य है कि प्रि-कॉलोनियल, संस्थानवाद पूर्व, रंगमंच के स्वरूप, उदाहरण—भवाई के खेल आज खेलने से अपने आप स्वातन्त्र्यप्रिय, नवसंस्थानवाद या आन्तरिक संस्थानवाद विरुद्ध के रंगमंच का सृजन नहीं हो जाता। अपितु, भवाई के नाम से तो अब सत्ताधीशों और धनपतियों के, कारोबारीतन्त्र और व्यापारी संस्थानों का केवल प्रचारात्मक, विज्ञापनकर्ता मंचनों ने तो ग़ज़ब ढाया है! ये है भवाई आदि का सबवर्जन, सत्ता और व्यापार के संचालनकर्ता के संकेत पर होता टेक-ओवर!

इस प्रकार रंगस्थान के स्थापत्य का, नाटक लेखन और मंचन के साथ अन्तरंग फिर भी विचित्र सम्बन्ध है। मोढ़ेरा का मन्दिर हो, चाचर का चौक हो, रॉयल थिएटर हो या आज का कोई प्रांगण अथवा आज की कोई (शेरी) नुक्कड़ हो प्रत्येक की अपनी सांस्कृतिक शर्तें होती हैं, जो नाट्य लेखक और मंच के सभी रंगकर्मियों के समक्ष सख़्ती से रखी जाती हैं। मन्दिर के रंगमंच में नाटक देखने के लिये आये हुए राजा, चाचर-चौक में इकट्ठा हुआ समाज, रॉयल थिएटर वाले परदेसी शासक, जिसका प्रांगण है उस संस्थान के अधिपतियों, और अन्त में गली-नुक्कड़ के नाट्यात्मक उपयोग हेतु गिनती करने वाले तथा ये-वो ऐसी विचारधारा की चालबाजी कर रहे चतुर कई खिलाड़ी—इन सबके अपने मनसूबे-प्रभाव-शर्तें होती ही हैं। नाट्य-लेखक एवं रंगकर्मियों के समक्ष दो विकल्प होते हैं : सबमिशन या सबवर्जन, शरणागति या सामना, अन्त में बैठकर उछलाने की करामात या ताक़त। गुजराती लेखन ने क्या किया?

उद्देश्य से सम्बन्धित ईमानदारी, समझ से जुड़ी प्रज्ञाशीलता और नाट्य सर्जन विषयक प्रबल-कौशलपूर्ण सर्जन—इन तीनों का समान उदय जहाँ हुआ हो, ऐसी रचना की तलाश गुजराती प्रजा नित्य-प्रति, समय-समय पर करती आयी है। प्रजा की आवश्यकताओं में से उसके रंगमंच का जन्म और पोषण होता है। और वह रंगमंच, दूसरी ओर, प्रजा को नक़ली और घातकी आवश्यकताओं की लत लगाते पराधीनता के नाजुक शौक़ के रास्ते पर चढ़ाती; अन्दर-बाहर की शक्तियों के सामने प्रजा को सावधान करती, प्रतिरोध के लिये प्रेरित करती है, सामना करने के लिये शक्ति, साधन, कौशल देती है।

ये लड़ाई सिर्फ़ राजकीय हो, इस भ्रम में नहीं रहना चाहिए। ये लड़ाई समग्रतः सांस्कृतिक होती है। राजकीय, आर्थिक, धार्मिक, सामाजिक, मनोवैज्ञानिक, भाषागत, दृश्यानुभव-श्रव्यानुभव के जगत सम्बन्धी कई-कई मोर्चों पर अन्त तक लड़ा जा रहा लम्बा महायुद्ध है। पर ये कई महायुद्ध भी मूलतः निश्चित समय पर, निश्चित स्थान पर लड़ी जा रही लड़ाई लगते हैं। कितना ही व्यापक हो, प्रत्येक युद्ध एक व्यक्ति अकेला ही लड़ रहा होता है, आमने-सामने दो लोग लड़ें या दूसरा तबका। पहला तबका नाट्य-रचना का, दूसरा तबका रंगमंच का, तीसरा व्यापक प्रजा संचेतना का।

इस संकलन के सन्दर्भ में रसिकलाल पारीख से आज तक के गुजराती के अलग-अलग कई नाट्य रचयिताओं ने ऐसी लड़ाइयाँ, नाट्यार्थ के माध्यम से, नाट्यार्थ में किस प्रकार खेली हैं, आइये अब देखें।

इस दौर की गुजराती भाषा में रचित, अनुवाद रूप में प्राप्त नाट्य-कृतियों की एक सूची, गुजरात के एक उत्तम ग्रन्थपाल और भारत-भर में विख्यात सूचीकार-खोजकर्ता श्री मणिभाई प्रजापति ने तैयार की है, ये इस संकलन में जोड़ी गयी है, इसकी चर्चा के सन्दर्भ में सहायक होगी।

॥ घ ॥

१

नेशनल बुक ट्रस्ट, इण्डिया की नाट्य संचयों की ग्रन्थ श्रेणी में प्रत्येक भारतीय भाषा की नाट्य-कृतियों का संचय, पाँच सौ साल की सीमा में

रहकर, प्रकाशन करने की योजना है।

समयपट छह दशक का उसका आदि, मध्य और अन्त के तबकों का ख़याल पाठकों को मिले, इसी तरह से नाटकों का चयन करने का विचार किया। इसी कारण से मध्य तबके की कुछ रोचक, आकर्षक रचनाएँ यहाँ समाविष्ट नहीं कर पाये। दूसरा, रचनाएँ इस प्रकार चयनित की गयीं कि कृतिगत विशिष्ट नाट्यार्थों का और गुजराती रंगमंच की विविध क्षमताओं का समग्र चित्र सम्भवत: अधिक आलेखित हो। इस संचय का उद्देश्य यह है कि प्रस्तुति की प्रयुक्तियाँ, नाट्यभाषा की विशेषताएँ, पात्रों का रसानुगत और सामाजिक-सांस्कृतिक एवं ऐतिहासिक सन्दर्भ, नाट्य रस का वैविध्य, नाट्यगत संघर्ष का आन्तर्बाह्य स्वरूप, मानव सम्बन्धी नाट्यकार की विचारगत विविधता इन तमाम पक्षों की गहराई और व्यापकता को, छह दशकों में गुजराती नाटक-रंगमंच ने इसकी कितनी छान-बीन की और थाह ली, उसका पता पाठकों को भी चले। अत: इसमें से एक समान होने वाली एकाधिक रचनाओं की अपेक्षा वैविध्यपूर्ण कृतियाँ इसमें रखी गयी हैं। गुजराती नाट्य-लेखन की गहराई एवं विस्तार के अधिकतम विवर्तों को प्रस्तुत करने का प्रयत्न किया है।

२

इस दृष्टि से पड़ताल करने पर संचय के प्रारम्भ के लिये 'मेना गुजरी' (संवर्धित)—से अधिक सूचक एवं संतोषप्रदेय अन्य कौन-सी कृति को माने ? नूतन (जवनिका) 'स्वरूपों' में विस्तृत 'मेना गुजरी' नाटक का, इस संकलन में चयनित, 'विकसित स्वरूप पहली दफा, दि. ६/९/५३ शनिवार की शाम को छह बजे, प्रेमाभाई हॉल के मंच पर खेला गया।' (रसिकलाल पारीख। १९७७, पृष्ठ-८) पुस्तक रूप में इस रचना का प्रकाशन पहली बार सन् १९७७ में हुआ।

परन्तु इस नाटक के बीज का वपन लेखक की मनोभूमि में १९१९ से हो चुका था।'१९१९ में आचार्य जिन विजयजी के सहायक रूप में अप्रैल से जून तक पूना में भाण्डारकर ओरिएंटल रिसर्च इन्स्टीट्यूट ने मुझे काम के लिये रखा था...इसमें (इण्डियन एंटीक्यूटी की पुरानी फ़ाइलों में) एक दिन 'The ballad of the Gujari' शीर्षक से आलेख देखा। उसमें 'गुजरी नो गरबो'

शीर्षक से देवनागरी में 'वाचना' दी गयी है। उसे पढ़ते ही मैं प्रभावित हुआ और उसे एक पोथी में लिख लिया होगा।'

इस तरह १९१९ में नाट्यकर्ता के भीतर में रहे खोजी को नाटक के मूल में निहित गरबा मिला। परन्तु १९१९ भी भ्रामक प्रारम्भ बिन्दु माना जाय, ये बात भी ख़ुद रसिक भाई ने विनोदी शैली में समझ के साथ लिखी है : 'घर आकर मैंने माँ को ख़ुशी-ख़ुशी मेरे इस 'आविष्कार' के बारे में बताया और कुछ पंक्तियाँ पढ़कर पूछा, 'बहन! (हम अपनी 'माँ' को बहन कहते थे) क्या इसकी धुन आप जानती हैं?' माँ ने उत्तर दिया कि उन्हें ये गरबा जुबानी था, उन्होंने कुछ पंक्तियाँ गाकर सुनायी!' (वही, पृष्ठ-२) सन् १९५३ में गुजराती रंगमंच और सांस्कृतिक जगत की एक चिरस्मरणीय घटना के रूप में 'मेना गुजरी' नाटक पूर्व के एक मुकाम पर पूना की भाण्डारकर रिसर्च इन्स्टीट्यूट की पुरानी फ़ाइल में पड़ा था और उससे पूर्व एक गुजरातन के स्वरों में जतनबद्ध था। ओरल ट्रेडिशन, मेन्युस्क्रिप्ट ट्रेडिशन, रिसर्च जर्नल ट्रेडिशन कितनी सारी परम्परा में सहेजा हुआ यह नाटक अन्ततः स्वरूप-बद्ध होकर १९५३ में रसिकलाल पारीख की क़लम और दीना गांधी, प्राणसुख नायक, कैलास पंड्या, बाबू पटेल आदि के अभिनय एवं जयशंकर भोजक के दिग्दर्शन के संयुक्त शक्तिपुंज के प्रकाश में सराबोर, प्रकट हुआ। वो ही उस नरसिंह का चमचमाता हाथ।

सन् १९१९ और १९५३ के मध्य की एक घटना को भी लेखन-सन्दर्भ में लेखक ने टिप्पणी (नोट) की है। यह संकलन स्वातन्त्र्य पूर्व के छह दशक पूरे होने पर प्रकाशित हो रहा है, इस प्रसंग पर यह टिप्पणी सविशेष प्रस्तुत है। ये है गुजरात के बारडोली सत्याग्रह की ऐतिहासिक घटना। रसिकभाई टिप्पणी करते हैं, 'बारडोली की लड़ाई ने गुजरात में उत्कट वीर-भावना प्रकट की थी।' 'प्रस्थान' (रा.वी. पाठक द्वारा सम्पादित पत्रिका) के विक्रम सम्वत् १९८४ (ई. १९२८), दूसरे फागुन का अंक 'बारडोली अंक' के रूप में सम्पादित हुआ था। उसके मुखपृष्ठ पर सरदार वल्लभभाई पटेल के चित्र के नीचे ये पंक्तियाँ रखी गयी थीं : 'के केसरिया भाई वाघा पहेरो ने हो जाओ लाल गुलाल रे।' (केसरी रंग के कपड़े पहनकर हो जाओ लाल गुलाल)। वीर भाव जगाकर मर मिटने को हो जाओ तैयार। उस समय का वीर भाव अहिंसक था। उसमें ख़ुद फना होने की भावना उत्कट थी। फिर भी वह वीर भावना तो थी ही। गुजरातियों के इस वीर भाव ने भी शायद मुझे प्राचीन गुर्जरों

की वीरगाथा को 'मेना गुजरी' की दृश्य-कथा रचने हेतु प्रेरित किया हो!' (वही, पृ-३)

नेशनल बुक ट्रस्ट के लिये अधिक संतोषप्रद वास्तव ये है कि हिन्द की स्वतन्त्रता के साठ साल होने पर प्रकाशित हो रहे गुजराती नाट्यसंचय में जो रचना प्रारम्भ में रखी गयी, उसी कृति का प्रथम लघु स्वरूप, यही नेशनल बुक ट्रस्ट, इण्डिया—द्वारा प्रकाशित ग्रन्थ श्रेणी में, गुजराती एकांकियों के प्रतिनिधि संचय में, अनन्तराय रावल के सम्पादन में, रखा गया था।

रसिकभाई ने लिखा है कि १९४६ के जनवरी के दि. २६/२७/२८ की रात्रियों को 'मेना गुजरी' का मंचन, ख़ुर्शीद बहन ने इण्डियन नेशनल आर्मी के कैप्टन ढिल्लों के सम्मान हेतु किया था। (वही, पृ-६) यहाँ ये भी याद आता है, यह घटना १५ अगस्त, १९४७ की मध्य रात्रि से ठीक १ वर्ष, ६ मास, २० दिन पूर्व और १९४७ से ठीक एक साल पूर्व आरम्भ हुई।

इस प्रकार, 'मेना गुजरी' नाटक की सम्पूर्णता में एक अद्‌भुत बहुस्तरीय वास्तव समाया हुआ है, और उसके स्तर-स्तर पर स्वातन्त्र्य की अलग-अलग रंगछटा झलकती है।

'मेना गुजरी' नाटक और उसका मंचन, दोनों गुर्जर प्रजा के (प्राचीन-मध्यकालीन-आधुनिक इतिहास जिसका साक्षी है ऐसा) वीर-भाव को नाट्यार्थ रूप में प्रस्तुत करता है। ये अभिव्यक्ति इस नाटक को गरबा-रास-कण्ठ परम्परा के कथागीत आदि की संस्थानवाद पूर्व की संस्कृतियों के साथ एक अभिनय कलाओं के साथ जोड़ती है। अहमदाबाद के प्रेमाभाई हॉल की पाश्चात्य शैली की संरचना को भी ये अन्दर पैठकर उथलाती है, सबवर्ट करती है।

पर बात यहाँ से पूरी नहीं होती। इस प्रक्रिया का चरमबिन्दु संस्थानवाद के इतिहास में वैसे ही संस्थानवाद के पूर्व के इतिहास में भी नहीं है। इसके लेखक की प्रतिभा तो उस सिद्धि में दिखायी देती है कि उस प्रक्रिया का चरमबिन्दु संस्थानवाद के उत्तर के, बाद के इतिहासखण्ड में स्वातन्त्र्यकाल में निहित है। कोलोनियल थिएटर से हटकर यह नाटक प्रि-कोलोनियल थिएटर में भी सेट नहीं होता। लेखकीय प्रतिभा से यह नाटक पोस्टकोलोनियल, बल्कि उत्तर स्वातन्त्र्य-युग ('पोस्ट-इण्डिपेंडेन्स'!?) के रंगमंच पर जा पहुँचता है।

१९४७-२००७ के दौरान गुजराती नाटक के तीन तबकों में से आरम्भ के

तबके में सर्वप्रथम चन्द्रवदन मेहता का नाम शायद सबसे पहले याद किया जायेगा। चं.ची., सी.सी. अर्थात् गुजराती नाटक और रंगमंच के तल गुजरात से समग्र गुजरात का जाना-माना चेहरा! रंगमंच सम्बन्धी उन्होंने जो बेशुमार बातें लिख-बोलकर गुजरात को दी हैं, उसके माध्यम से महदंशे गुजरात के साधारण मनुष्य की रंगमंच सम्बन्धी सोच का गठन हुआ है। शायद कुछ क़िस्सों में तो रंगमंच में पाँव धरे बिना! चं.ची. की 'रंग गठरियाँ' अर्थात् पाठ्यरसिकों की गुजराती की नाट्यपोथी। 'नवुं नटघर' निबन्ध कितनी ही गुजराती छात्र-पीढ़ियों को विद्यालय की पाठ्य-पुस्तक में पढ़ाया होगा! चन्द्रवदन का वाग्सम्मोहन बेजोड़ था अपने लिए, दूसरों के लिये तथा सबके हितार्थ!

ऐसी बेजोड़ उनकी नाट्य रचनाएँ थीं क्या...इस विषय में मतभेद हो सकते हैं। इस संचय के समय के पूर्व १० साल से उनका नाट्य-लेखन और मंचन प्रसिद्ध था। इस संचय के समय के दौरान 'परम माहेश्वर' (लंकापति रावण को विद्वान ब्राह्मण और वैज्ञानिक के रूप में प्रस्तुत करने वाला नाटक) और 'कपूर का दीप' (गांधीजी के निजी सचिव महादेव देसाई के बड़े भाई छोटूभाई देसाई के व्यक्तित्व को अनूठी शैली में मंचित करने वाला नाटक) चं.ची. के लेखन कला की विशेषताएँ दिखाते हैं। पूर्व के 'आगगाडी' (रेल) नाटक में, वैसे यहाँ भी अँग्रेज़ी शासन की निशा में चल रहे रेलतन्त्र की हँसने-रोने जैसी बातें और उसके मध्य शूरवीर की भाँति खड़े मानवों का ठोस गठन आलेखित है।

चं.ची. का दूसरा सम्मोहक पक्ष था, वात्सल्य रस का, उसका नाम चाँदामामा। चन्द्रवदन मेहता का सम्बन्ध गुजरात की बाल-नाट्य भूमि के साथ भी था। 'ईला काव्यो' के यह कवि, हास्य-करुण-वीर रस की नाट्य कृतियों में कभी रसाभास के क़रीब पहुँचने वाली अतिशयता से, अधिक प्राकट्य से दूर न रह पाने पर भी वात्सल्य रस की कृतियों में सहजता और प्रभावकता से साध पाते हैं। भाव और भाषा दोनों में, उनके बाल-काव्यों की तरह बाल-नाटक भी वात्सल्य रस की रससिद्ध कृतियाँ बनती हैं।

गिजुभाई बधेका के युगान्तरकारी शिशु-शिक्षण कार्य के आत्मा समान गिजुभाई का बाल-रंगमंच और बाल-नाट्यों के बाद, मुम्बई, अहमदाबाद, राजकोट, बड़ौदा, ऊँझा तथा अन्य कर्मठ रंगकर्मियों-शिक्षाविदों ने इस परम्परा को आगे बढ़ाया है। 'प्रोफ़ेसर चन्द्रवदन मेहता' और 'चाँदामामा' की अनूठी

बुनावट से निपजे बाल-नाटककार के पास तो समग्र जगत के विविध रंगमंचों की अनेक मंचन शैलियों का प्रत्यक्ष अनुभव था। उसी के परिणामस्वरूप उनका नाटक 'अबोला रानी' लिखा गया।

चन्द्रवदन मेहता की उस रचना की अभिनय कलापरक एक सिद्धि यह भी है कि उन्होंने इसमें मध्यकालीन पद्यवार्ता के अभिनेय कथास्वरूप का अनुसन्धान साधा है। विख्यात मध्यकालीन सर्जक शामल भट्ट की कथाओं की जादुई सृष्टि के संग चं.ची. का यह नाटक जुड़ता है। शामल की कथाओं की दुनिया में आज के नारी-मुक्ति आन्दोलनों के कर्मशीलों को भी आश्चर्यकर्ता कन्याएँ, युवतियाँ, स्त्रियाँ पराक्रमपूर्वक, निर्बन्ध रूप से, निर्भयता से, चतुराईपूर्ण, पुरुष के समान नहीं अपितु पुरुष से बढ़कर रही हैं। 'अबोला राणी' नाटक, शामल के नाते, शिशु के नाते, सी.सी. के नाते एक सीमाचिह्न बन पड़ा है।

शिवकुमार जोशी और अदी मर्जबान के संस्थान, इस तबके में स्व-कमाई से ऊँचे उठे संस्थान हैं। इस समय फिरोज़ आँटिया और चुन्नीलाल मडिया की भी याद आये। परन्तु शिवकुमार के नाटक 'साहित्यिक' बनने के कारण रंगमंच के सम्मोहन में कुछ हद तक ओछे उतरते हैं, जबकि मर्जबान का उससे उलटा है। रंगमंच की माँग के अनुसार सम्मोहन स्वच्छ रूप से सिद्ध करने में, इनके नाटक पारसी-कौम के, गुजराती जीवन की गहराई की थाह लेने को नकारते (एवोइड) हैं। 'बहेरामजी मलबार' का सुन्दर चरित्र नाटक सी.सी. का लिखा है न कि किसी पारसी नाट्य-लेखक द्वारा, ये कैसी ट्रेजीकॉमेडी! आँटिया और मडिया के मंचों की धमाल भी कुछ इस प्रकार की सीमाचिह्न के रूप में गिनी जाय। रंगमंच की गहरी सूझ रखने वाले पारसी नाट्य-लेखकों ने क्यों एक भी मौलिक नाटक नहीं लिखा होगा?

गुजराती नाटक और कथा-साहित्य का एक अनूठा, कुछ उपेक्षापूर्ण स्वर है। जयन्ति दलाल। उनकी बौद्धिकता, उनका संवेदनतन्त्र और समसंवेदना, उनके बुद्धितन्त्र को अनूठे संगीत से झनझनाते रहते हैं। अन्वेषणशील साहसिक स्वतन्त्र सोच, जैसी जयन्ति दलाल की रचनाओं में दिखायी देती है, वह दर्शन या मूल्यों को, रिसीव्ड ट्रूथ्स को, स्वीकृत कर चल रही 'दर्शक' और उस परिवार के नाट्यकारों में कम दिखायी देती है। जयन्ति दलाल सत्ता और स्वीकृत सत्यों को ललकार सकते हैं, नर्मद कुल के सर्जकों की भाँति उनकी नाट्यकृति 'अवतरण' इस संचय की शोभा में अभिवृद्धि कर रही है।

३

मधुराय अर्थात् मैजिक आधुनिक भारतीय कथानात्मक अभिनय कला का एक चमत्कार। उनकी नाट्य-कला में कौशल (क्राफ़्ट्समेनशिप) नाट्य चमत्कार का सर्जन कर पाते हैं, थिएटर मैजिक की रचना कर पाते हैं। साथ ही मानव मन के अगोचर, डरावनी-लुभावनी गहराइयों को, रंगमंच के योग्य मंचनीय रूप दे पाते हैं। 'कुमार की अगाशी' को कौन-सा दर्शक जीवनपर्यन्त भूल पायेगा? 'सन्तु रंगीली' को तो, एक-दो बार देख-पढ़ने के बाद, पु.ल. देशपाण्डे भी भूल नहीं पाये, उसकी साक्षी पूर्ति करती है 'ती फूल राणी'।

एक ही नाटक के दौरान, लकड़ी के एक मंच पर मधुराय की क़लम अनेक रंगमंच रच देती है!—ये है मैजिक। 'किसी भी एक फूल का नाम बोलिये तो?' (कोई पण एक फूल नुं नाम बोलो तो) में दर्शक जिस मंच पर आते हैं वह कितने सारे मंच हैं! अभिनयों के अभिनय कर रहे मधुराय के पात्र यदि किसी गुजराती दर्शक को नरसिंह के आमने-सामने (लटका) नखरे मारते ब्रह्म की याद दिलाये, या कोई दूसरे प्रेक्षक को अखा के 'नीलपीतशुभ्रश्याम मन्दिर' की याद आये, तीसरा सामाजिक (दर्शक) आमने-सामने रखे दर्पणों में बिम्बित शून्यता के प्रतिबिम्बों की व्याख्या कर रहे सुरेश जोशी का स्मरण करे—तो कोई आश्चर्य नहीं। अनेक मंच पर, अनेक अभिनय करने वाले पात्रों के समक्ष, अनेक नाट्यानुभव कर रहे दर्शकों को एक ही थिएटर में ले आने का काम मधुराय की क़लम ही कर पाये। प्रोसिनियम आर्क को, दर्शन की कमान को धनुष की भाँति मोड़कर, उस पर ख़ुद की नाट्यरचनाकला का तेज़ बाण चढ़ाकर, यदि किसी ने नाट्य-कला कन्या की वर-माला पर विजय-अधिकार पाया हो, तो वह है मधुराय। नाट्य-लेखन और कृति-मंचन की अनेक प्रयुक्तियों को सहज सामर्थ्य से यहाँ अनवरत बरतते रहे हैं।

सिर्फ़ प्रोसिनियम आर्क के रंगमंच की थाह लेने वाले और मानव मन की गहराइयों को जाँचने वाले कुछ सामाजिक नाटक, इस तबके के कुछ दूसरे नाट्य-लेखकों की क़लम से रचे गये, इस नक्षत्रमाला के सितारे हैं। जो यहाँ सूचित हुए हैं, पर समाहित नहीं।

चिनु मोदी की क़लम, गुजराती भाषा की कुछ ढब-शैली (लढण) का आलेख पाती है अनेक नाटकों में! जैसे भाषा की वैसे मंचन की, प्राचीन रंगमंच से लोक रंगमंच तक की अनेक सम्भावनाएँ चिनु मोदी के नाटकों में

प्रकट होती हैं। ये उनका निथरा निर्वेद!

'ख़लीफ़ा के वेश माने औरंगज़ेब' मंच रचना में नहीं पर पात्र रचना में 'वेश' की विभावना का विनियोग करता है, इस बात की बारीक़ी दिलो-दिमाग़ को स्पर्श कर जाती है। ख़लीफ़ा का वेश जीवनपर्यन्त धारणकर्ता शहंशाह को यह नाट्य लेखक न तो उठाता है, न तो गिराता है : सजल सस्मित दृष्टि से उसका दीदार करता है, उसे समझता है। ऐतिहासिक नाटक गुजराती रंगमंच के इस तबके की विशेषता है। राजकीय, सांस्कृतिक, साहित्यिक इतिहास के कई चरित्रों के विषय में बहुत से नाटक उस समय लिखे गये हैं। उनमें से मुझे इस संचय में रखने जैसा नाटक यही लगा है, वह भी इस नाटक की साद्यन्त चल रही मंचन क्रीड़ाओं के कारण। मंच पर तो मानो नेत्रोत्सव चल रहा होता है (दृश्य, दृश्य पर पढ़ो और देखो)—परन्तु वह नेत्रोत्सव पाठक-दर्शक की आँखों को आँसू और स्मित से एक साथ भर देने वाला नाट्योत्सव बनकर यहाँ आता है, और इतिहास वर्तमान बनकर।

लाभशंकर ठाकर जैसे निर्भ्रान्त के निर्भय और सबल सर्जक आज की भारतीय कविता में कम दिखायी देते हैं। उनकी नाट्य-कला उनके कवि-कर्म को प्रस्तुत करती है। 'एब्सर्ड' का अनुभव द्वितीय विश्वयुद्ध, बाद के यूरोपीय मनुष्य को हो ऐसा मुग्ध भ्रम बहुतों को होता है। मनुष्य मात्र की हस्ती, इस अस्खलित फिर भी साधारण-सी सृष्टि में उसका स्थान यही एक ऐसी एब्सर्डिटी है, जिसे छिपा देने, न देखने, न याद करने हेतु मनुष्य जीवन-पर्यन्त मिथ्या कोशिश करता रहता है! उसी वास्तव को, बारीक़ साधारण बाबत के माध्यम से, लाभशंकर की नाट्य कृतियाँ, अनवरत हमारी आँखों के सामने रखती है, नीरव शान्ति से।

'पीळुं गुलाब अने हुं' (पीला गुलाब और मैं) बहुचर्चित नाटक होने के अतिरिक्त 'मनसुखलाल मजीठिया' को इस संचय हेतु चयन करने में प्रमुख कारण उस नाटक में ध्वनित होती लाभशंकर ठाकर की वास्तव सम्बन्धी, मानव सम्बन्धों की और भाषा सम्बन्धी विलक्षण समझ। मनसुखलाल मजीठिया (गुंटर ग्रास की 'टिन ड्रम' उपन्यास के वामन क़द के मुख्य चरित्र की भाँति) एक गहरी और सबल आवश्यकता से ('ओगळी जवा') पिघल जाने का तय करते हैं। यह आवश्यकता, एक स्तर पर, सिर्फ़ मनसुखलाल की अपनी, निजी, आन्तरिक, अन्य किसी को समझ न आने वाली आवश्यकता है। अस्तित्ववादपरक मनोविज्ञान की गहराई में, सिर्फ़ नाटक की तरह (तनिक

भी वाक्पुटता के बिना, सिर्फ़ दृश्यों और परिस्थितिजन्य संक्षिप्त संवादों के माध्यम से), दर्शकों को ले जाने वाला यह नाटक आज के भारतीय रंगमंच में भी विरल है।

श्रीकान्त शाह, हँसमुख बाराडी, रघुवीर चौधरी, मनुभाई पंचोली, सतीश व्यास, लवकुमार देसाई, 'नर्मद' नाटक के लेखक हरीश त्रिवेदी, 'मारी निगार सुल्ताना' नाटक के लेखक आर.वी. शाह, रवीन्द्र पारेख, हरीश नाग्रेचा, धीरू पुरोहित, धीरूबहन पटेल, वर्षा अडालजा बारह-तेरह नाटक तो इतने लेखकों की रचनाओं में से चयन करके किसी भी संचय में रखा जा सके। दूसरे बारह (द्वादश) भी किसी को मिल जाये। भूपेन खख्खर तो 'बार बहार' के या 'बावन बहार' के विलक्षण नाट्यकार हैं ही। कहीं वाक्पुटता, कहीं संस्कृति के कुछ मूल्यों हेतु परीक्षणहीन (अनक्रिटिकल) लगाव, कहीं अतिप्रकट मनोविज्ञान, कहीं मंचन की भाषा में हो रही कथाशाही या कविताशाही भाषा में मिला विट, कहीं मंचन की प्रयुक्तियों का (रंगमंच-साहित्य-जीवन सम्बन्धी गहरे मन्थन के अभाव को ढाँपता) अतिरेक। ऐसे कारण जहाँ दृष्टिगत हुए हैं, वैसी कृतियों को समाविष्ट, ऐसे दोष जिसमें नहीं या कम है ऐसी कृतियों के कारण, इस तबके के सन्दर्भ में, न करने का निश्चय, ये चयन के सम्पादक का उत्तरदायित्व है।

तीसरे तबके के नाटकों को, 'समय की कसौटी पर' चढ़ने देने का राजमार्ग तो सम्पादक के लिये खुला ही था। वो रास्ता लिया नहीं। इस तबके का, आज तक के, नये नाट्यकारों की संख्या भी काफ़ी है, फिर उनकी रचनाएँ तो आती ही रहती हैं। ये सारे कारण, इस संचय में उन्हें न लेने के लिये तो थे ही। पर ये निषेध स्वीकृत नहीं है, क्योंकि आज एक नया नाट्यार्थ रचता आ रहा है और ये रोचक लगा है।

इस तबके के नाट्य-लेखकों की नाटक एवं रंगमंच सम्बन्धी समझ अपनी, अलग, अर्थपूर्ण है। अपने समय के (जिसके प्रारम्भ और अन्त उनके ख़ुद के हैं)। राजकीय प्रश्न उन्हें अधिक सताते हैं, अपने समय के समाज को वे पूर्व पीढ़ी से अलग प्रकार से देखते हैं, उनका रंगमंच का सम्बन्ध, कुछ विचारधारापरक और कर्मशीलतापरक (आईडयोलोजिकल और सोशियल एक्टिविज़्म) आयोजनों के साथ, अपने अलग ढब का है। नाटक रंगमंच की उसकी भाषा में भी चिनु मोदी, लाभशंकर ठाकर आदि की नाट्य-भाषा के रसप्रद विवर्त दिखायी देते हैं। उस नाट्य विश्व को यहाँ, पृष्ठ सीमा होने के

अतिरिक्त स्थान दिया है।

४

'हाथी राजा' में प्रस्तुति के वैविध्य का आकर्षक गुम्फन हुआ है, उसकी अर्थवत्ता संतोषप्रद है। इस नाटक की मोहक सरलता वर्तमान प्रजा जीवन की पीड़ाप्रद संकुलता को, (कैंसर की गाँठों को) मंच पर हमारी नज़र के समक्ष रखते हैं। बालवार्ता, शिशुनाट्य, जोड़ी हुई कविता तीनों परिमाण 'हाथी राजा' नाम धारणकर्ता पुख़्त (बल्कि राजकीय रंगमंच के) इस नाटक ने उपयोग में लिया है। इसका 'संदेश' चेतावनीपूर्ण है। हमेशा प्रजा को शैशव में रखने वाली राजसत्ता अब तो तनिक भी चला लेने जैसी नहीं है। प्रवीण पंड्या का रंगमंच के साथ, विचारधाराओं एवं क्रियाशीलताओं के साथ तथा कवि के रूप में ख़ुद के अनेक 'स्व' के साथ का, सरलसंकुल सम्बन्ध इस नाटक में सार्थक सिद्ध हुआ है।

'दोस्तो' नाटक गुजराती रंगमंच के लोकेशन को बदल देता है। 'आकण्ठ साबरमती' के कुछ मंचन और विद्यालयों-कॉलेजों-संस्थानों के प्रांगण में, ओपन एयर थिएटरों में, मुम्बई-बड़ौदा-अहमदाबाद-ऊँझा-जामनगर, राजकोट—अन्य स्थानों पर 'प्रोसीनीयम आर्क' के बाहर हो रहे मंचनों के इतिहास के साथ इस नाटक का वर्तमान संकलित है और उस इतिहास को एक मोड़ भी देता है। मोड़ इस प्रकार कि पहले 'अन्दर' की बात मैदानों में होती थी, अब गलियों की बात नुक्कड़ पर होती है। 'प्राइवेट स्पेस' और 'पब्लिक स्पेस' बीच के सम्बन्ध का एक नया एक्स्प्लोरेशन सौम्य जोशी के इस नाटक में दिखायी देता है।

इस नाटक के बहाने, इस तबके के अन्य नाटक तक भी पाठक पहुँचे, यह अपेक्षा है। नौशिल मेहता का एक नाटक है—'श् श् श् श्'। सारे चरित्रों को चुप कर दिया गया है। किसी की जुबान बोलती नहीं है, फिर भी इस अनोखे नाटक के रंगमंच पर सबकी कायिक क्रियाएँ बहुत कुछ कह जाती हैं। 'पृथ्वी थिएटर' में मंचित गुजराती नाटकों में, अपितु समग्र गुजराती रंगमंच पर, यह प्रयोग विलक्षण एवं विचक्षण हुआ है। इसका उल्लेख इस संचय को ओपन एण्डेड बनाता है।

ऐसा नहीं लगता कि ये सारे नाटक, अलग-अलग या एक साथ, किसी एक 'युग' या 'नये रंगमंच' का सर्जन कर देता है। ऊपर देखने के अनुसार, प्रत्येक नाटक, अपनी नाट्य-भाषा, अपने चरित्रों-परिस्थितियों-परिवेश, अपना मंचन स्थान रचने में सक्षम है। गुजराती नाटक, यूँ तो अनेक प्रकार से विकसित हुआ है, रुका तो कुछ भी नहीं, सब बदल रहा है। रोमांच है।

'अंगद किसी का नहीं!' बालपोथी में से त्रिताल में लय में गाये जाते उच्चारण को कौन गुजराती भूल पायेगा?

और ऐसे ही हमारे आज को भी! प्रत्येक का अपना-अपना आज, और किसी का भी नहीं! पब्लिक पार्क जैसी सरकारी आज, (हूँफाळा) ऊष्मायुक्त घर के रसोईघर जैसा हमारा संयुक्त आज, ग्रीक अगोरा (थिएटर) की सी प्रजा के सही संवाद-विवाद-स्थान-सी संसद जैसी आज, एक भी आज, आज हमारे हाथ नहीं लगती। भूत और भविष्यकाल हमारे मनोगत (वैयक्तिक और प्रजाकीय) रंगमंच पर ऐसे तो नाटक मंचित करते रहते हैं, नॉनस्टॉप, या हमारी निजी और प्रजाकीय आज तो ओझल ही कर दी गयी है।

वह (भूण्डी) दुष्ट भवाई खेलने वाले हमारे वैयक्तिक/प्रजाकीय अवकाश को अन्य किसी के भी लिये रिक्त नहीं रहने देते। 'मेना गुजरी' को अलोप कर दिया जाता है, मनसुखलाल मजीठिया को भी पिघला देते हैं। इस प्रकार, गुजराती रंगमंच, जितनी दृश्य-श्रव्य प्रस्तुत करने वाली कला बनती है उतनी ही अदृश्य और अश्रव्य बना दिये गये अन्तर्बाह्य वास्तव को ध्वनित करने वाली कला भी बनती है। 'मकनजी' का सुन्दरगढ़ इस दृश्य-अदृश्य की, श्रव्य-अश्रव्य की जोख़िमपूर्ण सीमा पर, नो मेन्स-लेण्ड में खड़ा है। मकनजी वहाँ पहुँचने के लिये मथ रहा है। ख़लीफ़ा का वेश भी दृश्य-अदृश्य के बीच जोख़िमपूर्ण स्थान में बादशाह को मंचित करते हैं पर वह बादशाह भी नहीं बन पाता, न ही ख़लीफ़ा। मनसुखलाल मजीठिया स्थान में बादशाह को मंचित करते हैं पर वह बादशाह भी नहीं बन पाता, न ही ख़लीफ़ा। मनसुखलाल मजीठिया की भाँति शहंशाह औरंगज़ेब भी हमारी आँखों के सामने, हमारी ही आँखों से अदृश्य हो रहा, हमारे लिये अश्रव्य बन रहा पात्र है। वे सारे, मेना-मनससिल-मकनजी-औरंगज़ेब, हमारी नज़र के सामने : दृश्य-अश्रव्य बनती जा रही, बना दी गयी हमारी ही आज के विवर्त रूप हैं। जिसका क़त्ल, खचाखच भरे ओडिटोरियम में नाटक के दौरान, मंच पर से कामिनी करती है, वह 'शेखर खोसला' और जिसकी आत्महत्या का स्पेक्टेकल

रंगमंच पर और प्रजा जीवन की पब्लिक स्पेस में, धूमधाम से दिखाये जाते हैं, वे 'नौशिल मेहता' उस वर्तमान के अन्दर-बाहर की आज की ताकीद की नज़ाकत के विवर्त हैं। हाथी राजा उसे ही खोजते हैं, खोजते ही रहते हैं, ढूँढ़ न पाये उसकी व्यवस्था हो चुकी है। दोस्तो, वर्तमान का वह नगर, यहीं बसता था पर है कहाँ? खोज जारी है और लड़ाई भी।

रसिकलाल पारीख से मधुराय और आज के नाट्य-लेखकों तक की गुजराती रंगभूमि गुजराती प्रजा का रंगमंच है न कि ये-वो विचारधारा का, या न किसी के जाहिर या गुप्त एजेण्डा का। इसीलिए राज्य या देश के ऐसे संगठन या संस्थाएँ या सत्ताकेन्द्र, जिसे यह-वह विचारधारा में या एजेण्डा में रस हो, उनकी निगाह में (अन्ततः साधन रूप में) ये रंगमंच और उसके नाट्य-लेखक बस नहीं जाते। इसी कारणवश गुजराती नाटक और रंगमंच को उन लोगों की सिफ़ारिश वाली जाहिर जगहों में अपेक्षाकृत स्थान नहीं मिला। परन्तु इस नाटक का स्थान है रंगमंच पर और रंगमंच का स्थान है प्रजा की आँख-कान, प्रजा के दिलोदिमाग़ में। उस आँख-कान को, दिलोदिमाग़ को जीवन्त, सतर्क, निरीक्षणशील, सक्रिय और आनन्द से भरे रखें यही कार्य नाटक-रंगमंच का है, और गुजराती नाट्य-लेखन एवं रंगमंच उसे कैसे निबाहते हैं, यह इस संचय में और अन्यत्र, निरीक्षणशील प्रेक्षक सहृदयता से उसकी पड़ताल करेंगे, इस अपेक्षा से।

सन्दर्भ :

१. गुजराती प्रयोगशील थिएटर मूवमेंट की एक संस्था (सातवें दशक)

२. वही

३. भवाई लोक-शैली के इस नाटक में किसी भी पात्र के मंच पर आगमन के पूर्व अथवासाथ-साथ गाया जाने वाला गीत। इसके बिना पात्र का प्रवेश नहीं होता।

नेशनल बुक ट्रस्ट द्वारा गुजराती भाषा में प्रकाशित पुस्तक 'रंग छे: स्वातन्त्र्योत्तर गुजराती नाटक' की भूमिका 'पुरोवाक्'।

गुजराती से अनुवाद : डॉ. नयना डेलीवाला
आलेख का रचना-वर्ष : २०१२

नाटक का स्वरूप

जापान के विख्यात कवि बाशो ने एक अच्छा-सा प्रवास वर्णन लिखा है। उनके देहान्त के पाँच वर्ष पहले सन् १६८९ में वे जापान के उत्तरभाग में पगडण्डी जैसे रास्ते से गुज़रते हुए एक मन्दिर में ठहरे थे। पूर्णिमा की रात्रि थी। चन्द्रदर्शन उत्सुक रसिक जनों का मिलावड़ा था। इस प्रसंग के सन्दर्भ में बाशो की एक शिकायत थी कि इस प्राचीन मन्दिर के प्रांगण में चन्द्रदर्शनार्थियों में एक भी सुन्दर चेहरा देखने को नहीं मिला।

आकाश में भले ही पूर्णिमा का चाँद हो परन्तु दर्शन के लिये इकट्ठे हुए रसिकजनों में थोड़ी-सी चन्द्रावलियों के सुन्दर मुखड़े के दर्शन का लाभ तो मिलना ही चाहिए न! ऐसा मुखदर्शन करने को मिले तो क्या बाशो को शिकायत करना पड़ती?

दरअसल, नाटक भी चन्द्रोदय जैसी ही वृन्दघटना है। ऑडियंस हाउसफुल न हो तो भी मंच के सौन्दर्य का मुक़ाबला कर सके ऐसा सौन्दर्य अगर प्रेक्षागार में थोड़ा-सा भी देखने को मिल जाय तो कवि-नाट्यकार को शिकायत नहीं करनी पड़ती। काव्य-सौन्दर्य कवि और सहृदय पाठक की संयुक्त रचना है। नाटक की शर्त तो इससे भी थोड़ी अधिक ही नहीं, दो गुनी भारी होती है! ग्रन्थ, मंच, सभागार और टिकट खिड़की इन चारों जगह पर सुन्दर चेहरा दिखायी देना चाहिए। ऐसा आग्रह नाटक नामक घटना रखती है। मधुराय का या मेरा कोई नाटक इण्डियन नेरामल थिएटर में प्रवीण जोशी या आनन्द जोशी कर रहे हैं, तब नाटक शुरू होने के बीस-पच्चीस मिनट पहले हेड कैशियर प्राणजीवन चाचा हँस रहे हैं या गम्भीर हैं? ऐसा हम एक-दूसरे से पूछ लेते थे। चाचा का स्मित टिकट खिड़की की स्वस्थता का और उनकी गम्भीरता खिड़की की कंगाल तबीयत का अचूक दर्शन कराती थी। फिर भी

खिड़की की स्थिति के कारण चाचा की तनख़ा में एक रुपैया भी कम-ज़्यादा होने वाला नहीं था। तो प्राणजीवनभाई के चेहरे को भी 'एक सुन्दर चेहरा' मान सकते हैं। नाटक का 'अर्थ' सौन्दर्य जिस प्रकार कृति में उसी प्रकार टिकट खिड़की में भी होता है। लेखक की नाट्यकृति, दिग्दर्शक और अभिनेताओं का मंच, प्रेक्षकों से भरा सभागार और चाचा की टिकट खिड़की—इन चारों जगह एक साथ जो दिखें ऐसे पूर्ण चन्द्र का बिम्ब अर्थात् नाटक का अखिल स्वरूप। देखना और दिखाना, ये दोनों सर्जक-कर्म कलामात्र में, साहित्य में एवं नाटक में एकरूप हो जाते हैं। जो देखता है, वो दिखाता है। जिसे दिखाया जाता है, वह भी अपने ढंग से ही देखता है। जो प्रेक्षक को दिखाया जा रहा है, उससे अलग वह कुछ वो अपने आप देख लेगा जो और नाट्यकार को चकित कर सकता है। नाटक के चारों तत्त्वों के लिये यह दोहरी शर्त है। द्रष्टा ही दृश्य है और दृश्य ही द्रष्टा है।

संस्कृत में नाटकान्तम् काव्यम् ऐसा कहा गया है। इसकी पूरी मीमांसा करने के लिये कवि और नाट्य लेखक के बीच की समानता और भिन्नता की बात नीत्शे ने किस प्रकार की है यह भी देखना अच्छा रहेगा। नरसिंह मेहता के शब्दों में कहें तो 'नित्यरास नारायण का' जो अविरत देखने की क्षमता रखने वाला हो, जो दुनिया से सतत लिप्त रहने वाला हो ऐसा कवि, नीत्शे के 'लिविंग प्ले' में जो नित्यरास नारायण का हो या नारायण का न हो, नित्य न हो और रस भी न हो, बल्कि डांस हो या डांस ऑफ़ डेथ भी हो या लाइफ़ का हो तो वह भी रस के ताल को छिन्न-भिन्न करने वाला किसी संस्कृति के उत्थापन का उल्लास भी हो सकता है। जिसे हम समझ सकते हैं किन्तु ज़िन्दगी का, अस्तित्व का जो कुछ भी हो उसे अविरत, उत्कट भाव से जो देखे, वह कवि और नाट्यकार के लिये नीत्शे की शर्तें रसप्रद बन पड़े ऐसी हैं। 'डिज़ायर टू फ्री फ्रॉम वनसेल्फ' पहली शर्त है और 'स्पीच फ्रॉम अदर बोडीज एण्ड सोल्स' दूसरी। अपने अस्तित्व और अन्य के बीच स्व-रूपान्तर का सम्बन्ध और 'रिस्टोरिंग स्पीच इन द अदर्स' इन दो शर्तों का पालन करे, वह नाट्य-लेखक है। कवि स्व-रूप रत रहकर इतर रूपों को देखकर स्वकण्ठ से काव्य का पठन करे तो वह उचित ही है। नाट्यकार जितना स्व में उतना ही सर्व इतरों में अपना रूप प्राप्त करे तथा जितनी अपनी ख़ुद की आवाज़ में नहीं उतनी दूसरों की, मूक बन जाने वाली आवाज़ में बोले—ये दो शर्तें नाट्य-लेखक के सामने नीत्शे ने १८७२ में पच्चीस वर्ष की उम्र में

प्रस्तुत की थीं।

'मानो कि वाकई में' के अन्तर्विरोध में ही नाटक का उद्‌भव है। नाटक के स्वरूप के हार्ट में और हाड़ में जो संघर्ष है वह अन्तर्विरोध का संघर्ष है। अभिनेता या अभिनेत्री मानो कि वाकई में दूसरे के (पात्र में) देह में प्रवेश किया हो, अपने को इस रूप में रूपान्तरित होता हुआ और कार्यान्वित होता हुआ देखे यह प्रक्रिया ही नाटक के उद्‌भव और विकास की प्रक्रिया है। पात्र ये कोई ऐसेम्बली नहीं है, एक लक्षण यहाँ से—एक लक्षण वहाँ से लेकर की गयी गिनती नहीं है। यह एक एकम है। आग्रहपूर्वक जीने वाला तत्त्व है और नाट्यकार की दृष्टि के सामने जीता है। नाट्यकार के लिये पात्र-केरेक्टर प्रथम तो न देखने का बल्कि सोचने का स्थान है, और वह स्थान, साइट या लोकेशन में जीवन्त जीवन धड़कता है। लेखक उसके लिये मन्त्रमुग्ध बनता है वो जो दिखावे उसके लिये पात्र नव रसों को देखने के लिये तैयार है। 'शान्तोपि नवमो रस:' यह कदाचित नीत्शे नहीं मानता होगा। ऐसे पात्रों को मंच पर लेकर आने वाले अन्तत: अभिनेता-अभिनेत्रियाँ, एक्टर्स होते हैं। उनके अतीत और सामाजिक जीवन का लोप हो गया होता है। नीत्शे ने ग्रीक मंच पर आने वाले पात्रों को दो भागों में विभाजित किया है : कुमारिकाएँ अपोलोनी पूजारणों और कोरस। सुन्दर कुमारिकाएँ हाथों में उत्सव के वृक्षपर्णों वाली डाली लेकर जो गाती है वह 'प्रोफेशनल सांग' हो सकता है, गीत हो सकता है किन्तु नाट्य-गीत नहीं हो सकता। क्या हम सिनेमा के अभिनेता-अभिनेत्रियों को इस वर्ग में नहीं रख सकते?

भारतीय नाट्यविचार तो भरताचार्य जितना प्राचीन और दीर्घजीवी है। ११वीं सदी के उत्तरार्द्ध में या उससे भी उत्तरकाल में नाट्य-विचारक सारंग नन्दी (जो कदाचित बौद्ध होंगे) के ग्रन्थ 'नाटकलक्षण रत्नकोष' में काव्य के श्रव्य और दृश्य ऐसे भेद करके परम्परागत नाटक को दृश्य काव्य कहा है। यह उनके अनुगामी नीत्शे ने 'टू सी' पर जो बल दिया है उसकी याद दिलाता है। सागर नन्दी का यह वर्गीकरण अलबत्ता परम्परा का निर्वाह मात्र है किन्तु उनकी नाटक के बारे में एक दूसरी बात ध्यान आकर्षित करती है। वह कहते हैं—'नाटकरीति एतानी भारतवर्षम अधिकृत्य कर्तव्यानि'। नाटक आदि दृश्य रूपों की रचना भारतीय परम्परा के आधार पर करनी चाहिए। यह पहली बार पढ़ते समय लहिये की भूल होगी ऐसा लगे। भारतीय परम्परा का ही विचार? ११वीं शताब्दी में इतना बड़ा अभिमान? पर ऐसा नहीं है। आगे पढ़ते हैं :

'तत्रैव सुखदुःखयोः सम्भव।' वहाँ पर ही सुख और दुःख क्यों उद्‌भवित होता है? 'अन्यत्र सुखमेव, न दुःखम अस्ति।' अन्यत्र सुख-ही-सुख होता है, दुःख नहीं होता।

तो ११वीं सदी के एक अदका भारतीय नाट्य अभिलेखक कहते हैं कि जिस भूमि में दुःख नहीं है वहाँ नाटक नहीं पनप सकता। नाटक के उद्‌भव की, सिर्फ़ नीत्शे की बात से परिचित होते और सागर नन्दी से अनजान होते तो क्या कुछ चूक गये होते? तथापि सागर नन्दी परम्परा का हवाला देकर अपने आपको पीछे ले जाते हैं। अतएव आदार्चः यह बात भरताचार्य ने कही ही है। नाट्यशास्त्र के बारे में भरताचार्य द्वारा दिये हुए चार श्लोकों में से अन्तिम श्लोक है जिसका अर्थ ऐसा है कि—पुराणों आदि में जो वाद्यों, दिव्यलोक, पर्वतों आदि का वर्णन किया गया है वहाँ भोगविलास किया जाता होगा परन्तु कार्यारम्भ, नाट्यकार्य का आरम्भ तो यहाँ पर, भारतवर्ष में ही करना चाहिए। भारतवर्ष, मनुष्य-लोक सुख का ही नहीं दुःख का भी वैभव रखने वाला मनुष्य-लोक है।

भरताचार्य ने नाट्यशास्त्र में कही हुई नाट्योत्पत्ति की बात में नाटक को क्रीड़नियकम के रूप में इच्छा रखने वाला मनुष्य-लोक सुखित दुःखित था, ऐसा उल्लेख मिलता है। नाटक में केवल सुखक्रीड़ा ही नहीं दुःखक्रीड़ा भी अनिवार्य रूप से निरूपित होती है। नाटक केवल सुखी लोगों के हाथ का खिलौना नहीं है, इस बात को आज गुजराती रंगभूमि को सचोट रूप में क्या याद नहीं रखनी चाहिए? और दुःख का अनुभव करने वाली प्रजा का क्रीड़नियम कैसा होता है उसकी जाँच और तलाश किस इच्छा से करनी चाहिए? 'क्रीड़ा' शब्द 'प्ले' के साथ और 'प्ले' शब्द शेक्सपियर के साथ हमको जोड़ता है। आज से आरम्भिक नाटक के स्वरूप की तलाश कदाचित ग्रीक और संस्कृत नाटकों के पास हमको ले गयी है तो तीसरे क़दम पर शेक्सपियर के पास हमको ले जाती है। 'पूरी दुनिया ही रंगमंच है और हम सब उस मंच के अभिनेता-अभिनेत्री हैं' ऐसा नाट्य-विचार शेक्सपियर का ही नहीं, बल्कि उसके समय के समग्र अँग्रेज़ी, यूरोपीय नाट्य-जगत का था। 'शेक्सपियर एण्ड दी आइडिया ऑफ़ दी प्ले' अभ्यास ग्रन्थ के लेखक ने लिखा है उसी प्रकार रानी एलिजाबेथ (प्रथम) को उसकी पालर्यामेंट परेशान करती थी, स्कॉटलैण्ड की रानी मेरिनो का शिरच्छेद वह करवाये ऐसी माँग उमराव भी करते थे तब रानी एलिजाबेथ ने उनको चिमकी दी थी।

चन्द्रदर्शन की संस्कृत विधि के दरम्यान चन्द्र को देखने इकट्ठे हुए वृन्द में चन्द्रावली को देखने की इच्छा रखने वाले कवि बाशो की नज़र और रानी एलिजाबेथ ने अपने उमरावों को चिमकी देते हुए जो याद दिलायी थी 'प्रेक्षकों की अनेकविधता' की नज़र के बीच कैसा भेद है ? इस अन्तर में ही नाटक के बदलते जाते स्वरूप को समझने की चाबी छुपी हुई है। क्योंकि केरेक्टर, एक्टर और एक्टिंग की एक नयी समझ एलिजाबेथ थिएटर में प्रकट होती थी। शेक्सपियर के, प्रमाण में कम चर्चित नाटकों—'हेनरी सिक्स्थ' में हेनरी की रानी मार्गरेट पराजित ड्यूक ऑफ़ यॉर्क के सिर पर काग़ज़ का राजमुकुट पहनाकर उसे नक़ली राजा घोषित करके अभिनय का एक नया, सम्मोहक, क्रूर पक्ष को प्रकट करती है। 'ओथेलो' का खलनायक इयागो 'मैं जो हूँ वही नहीं हूँ' कहकर विडम्बना रूप अभिनय करता है। मनुष्य के आत्मविच्छेद का मंचन शेक्सपियर जिस कुशलता से, वेधकता से, ठण्डी क्रूरता से करता है उसकी तुलना कदाचित नहीं हो सकती। आत्मनिवेदन प्रस्तुत करने के असरकारक पाठ शेक्सपियर की रंगभूमि ने और उसके नाटकों ने पश्चिम-पूर्व दोनों को सिखाया है।

'दी मर्चेंट ऑफ़ वेनिस' के आरम्भ में एंटोनिया 'एवरी मेन मस्ट प्ले' कहता है। उसमें छुपी हुई मानवीय असहायता की नोंध अवश्य लेनी चाहिए। तथापि, नाटक के स्वरूप में प्रवेश कर चुके इस परिमाण को शेक्सपियर के समकालीन वेब्स्टर 'डचेस ऑफ़ माल्टी' में स्वजनों की, सन्तानों की मृत्यु के बाद की डचेस की इच्छा विरुद्ध का पाठ अभिनय करने की उक्ति में अति वेधकता से व्यक्त होता है।

इस प्रकार तो रंगभूमि देखने की और दिखाने की जगह है और नाट्य-लेखन तो रंगभूमि का सृजन करता है परन्तु यह भी याद रखना चाहिए कि पाश्चात्य रंगभूमि के आरम्भ में ही सोफोक्लिस के करुणान्त नाटक में सतत निर्दोष रहने का प्रयास करने वाला उसका नायक इडिपस जब विधि की वक्रता के कारण पितृ हत्यारा और माता का उल्लंघन करने वाला बनता है और ख़ुद की ही न्याय की तलाश करते हुए अन्त में ख़ुद को ही अपराधी साबित करता है तब वह अपनी आँखें फोड़ डालता है। रंगभूमि कुछ ऐसा दिखा देती है जिसे मनुष्य की दृष्टि देख या पचा नहीं सकती।

प्राचीन ग्रीक नाटक और रंगभूमि, प्राचीन भारतीय नाटक और रंगभूमि तथा अर्वाचीन युग के आरम्भकालीन पाश्चात्य रंगभूमि—इन तीनों के कुछेक मुद्दों

की हमने जाँच की। आज की भारतीय रंगभूमि के नींव में इन तीनों रंगभूमि का योगदान रहा है और आज के नाटकों की नींव में इन तीनों रंगभूमि के नाटकों का प्रदान रहा है।

गुजराती से अनुवाद : डॉ. राजेन्द्र परमार

स्वप्न से सेतुबन्ध : प्रवीण जोशी

प्रवीण जोशी के निधन के समाचार सुनकर मानो घर का स्वजन गँवा दिया हो, ऐसा आघात, केवल मुम्बई के ही नहीं, पूरे गुजरात के अनेक परिवारों ने महसूस किया था। गुजराती प्रजा ने अपने बहुत ही कम कवि-कलाकारों को ऐसी हृदयपूर्ण विदाई दी है। वे अपनी कलाकृतियों की रचना के द्वारा गुजरात के हृदय को तलाशते रहे हैं।

हमारी प्रजा के रोज़मर्रा के जीवन में से झाँकते भीतरी मनोमन्थन को अपनी सूझबूझ से पहचान लेने वाले, उनकी कोमल संवेदनाओं का जतन करने वाले, उनके स्खलनों को मानवीय समझने वाले, वे जो हैं, जैसे हैं, उन्हें ठीक वैसे ही आत्मीयतापूर्वक अपने नाटकों में स्थान देने के लिये रत और तत्पर ऐसे एक अनोखे कलाकार के रूप में प्रवीण जोशी को गुजरात चिरकाल तक याद रखेगा।

एक संवेदनधर्मी अभिनेता के रूप में, एक विचक्षण एवं कला के क्षण को अचूक परखने वाले निर्देशक के रूप में और हमारी रंगभूमि के स्वातन्त्र्योत्तर युग के स्वप्नशील सर्जक के रूप में प्रवीण जोशी का मूल्यांकन करने के लिये इन तीनों की नींव में जो तत्त्व निहित है, उसे समझना पड़ेगा।

और वह तत्त्व है गुजराती प्रजा के हृदय को खोजने-तलाशने का इस कलाकार का मनोमन्थन। यह खोज, यह मनोमन्थन न तो आसान होता है और न ही सरल। उसकी साख, अड़ोस-पड़ोस में अनन्य लोकप्रियता की कामना और रंगभूमि की टिकट-खिड़की पर सफलता का गणित भी इसमें बेशक निहित है। प्रवीण जोशी इससे अलिप्त या अछूते थे, ऐसा नहीं कह सकते। मनुष्य ही थे वे, एक मनुष्य; कोई देवता नहीं थे। हालांकि मनुष्य के रूप में एक अद्‌भुत-अनोखे मनुष्य थे, इसमें कोई सन्देह नहीं है। रंगभूमि की सर्वोच्च

कला को (लोकप्रियता और सफलता के साथ) सिद्ध करने के लिये वे सतत जुटे रहते, लगे रहते। गुजराती रंगभूमि का विश्व की सर्वश्रेष्ठ नाट्य-कृतियों के साथ आत्मीय सम्बन्ध स्थापित हो सके इसके लिये वे योजनाएँ बनाते। गुजराती लेखक (फिर चाहे वह लोक-कलाकार हो, कोई प्रसिद्ध लेखक-कवि हो, या कोई चिन्तक) गुजराती भाषा में वह मौलिक नाटक की रचना करे, इसके लिये वे कुछ भी कर गुज़रते। अभिनेता, नेपथ्य के कलाकार, लेखक, रसिकजन, आलोचक और निर्देशक की एक कौम बने, इसके लिये वे एक कर्मठ कर्मी की तरह प्रयत्नशील रहते।

वह खोज एवं मनोमन्थन केवल एक नाटक के निर्माण तक सीमित नहीं थे। 'मोगराना साप' (१९६३) से लेकर उनके निधन के दिन तक, वे जब तक दो-तीन नये नाटकों में रचना-प्रवृत्त रहे, तब तक यह खोज, यह मनोमन्थन चलते रहे। नाटक से नाटक तक जाने की उनकी अपनी एक लय थी। गुजरात के प्रजा-जीवन के पर्वत के इर्द-गिर्द यह रास्ता घूमता रहता, आकार लेता रहता; शिखर पर स्थित हृदयमन्दिर था उनका लक्ष्य।

वह खोज, वह मनोमन्थन एक कलाकार के थे, एक कारीगर के भी थे। रंगभूमि के कला-कौशल के सारे औज़ार तब आज़माये जाते। ऐसी एक भी युक्ति-प्रयुक्ति शेष न रहती, जिसे आज़माया न गया हो, फिर चाहे वह नाट्य-लेखन से सम्बन्धित हो, मंच की साज-सज्जा से जुड़ी हुई हो, संगीत के प्रत्येक क्षण के सही इस्तेमाल के विषय में हो या फिर अख़बारों में प्रचार-प्रसार या विज्ञापन से ही जुड़ी हुई क्यों न हो!

अन्ततः यह तलाश प्रजा-हृदय के किसी एक ही अंश की नहीं थी—न भले, न बुरे, मात्र एक अंश की खोज नहीं थी यह। प्रजा के निर्दोष, सुन्दर स्वप्न के समान, उतनी ही सहज उत्कटता से उनके दुःस्वप्नों की भयाक्रान्तता की बात भी उनकी नाट्य-कृतियों में बुनी जाती थी। केवल 'सेतु' की ही नहीं, 'शरत' को भी जिस जीवन में काव्य-मंगल रूप में माना जाय, उसकी ही अन्यथा जो लज्जा-संकोच स्वरूप मानी जाय, वह बात भी इन नाट्य-कृतियों में सहज रूप में गूँथी गयी। बात केवल 'वैशाखी' की नहीं, 'मौसम' की भी थी, बात जितनी भ्रष्ट उच्चवर्गीय वातावरण में रौंदी-कुचली जा मन की थी, उतनी ही ख़ुद को शुद्ध करने के लिए समाज के द्वारा किये गये अदम्य प्रयासों की भी है। बात केवल 'कुमार' की ही नहीं, 'ग्लाड' की भी है; 'मोगराना साप' (१९६३) से आरम्भ होकर और 'इन्द्रजीत' (१९६७) से

गुज़रते हुए 'मौसम छलके' (१९७८) तक वह पहुँचती है। कहीं भी पहुँचने की ठोस योजना को कार्यान्वित करने वाले यह नाट्य-सर्जक प्रजा-जीवन की समग्रता को तलाशते थे, ढूँढ़ते थे। प्रजा-जीवन की समग्रता के रूप को तराशते-तलाशते वे प्रजा-हृदय की निकटता को प्राप्त करते जा रहे थे।

अपने व्यक्तित्व एवं कला-कौशल की समग्रता को, गुजरात के प्रजा-जीवन की भाव-समग्रता को स्पर्श करने, पाने के लिये सतत प्रयत्नशील इस कलाकार को जानना-समझना कोई सामान्य बात नहीं है। उनकी असफलताओं और कमियों को भी इसी समग्रता के एक अंग के रूप में देखते हुए ही इस सम्पूर्ण चित्र का सही अन्दाज़ लगाया जा सकता है—यदि कोई चाहे तो।

नाट्य-सर्जक के रूप में प्रवीण जोशी का परिचय 'मोगराना साप' (१९६३), 'चन्दखो' (१९६५), 'सेतु रंगीली' (१९७३) और 'मौसम छलके' (१९७८) जैसे सौ-दो सौ-तीन सौ बार मंचित होने वाले नाटकों के द्वारा जितना मिलता है, उतना ही सही परिचय 'कोई नो लाड़कवायो' (१९६४), 'सप्तपदी' (१९६७), 'थेंक्यू मि. ग्लाड' (१९७७) जैसे प्रयोगों के द्वारा भी मिलता है। 'चिरकुमार सभा', 'ऑल माय सन्स' और 'इन्द्रजीत' जैसे नाटक सदा उनके दिल के क़रीब रहते, उनको सुकून देते। टैगोर, शो, ड्यूरेनमाट, बादल सरकार, मिलर आदि उनके प्रिय नाट्यकार थे, टेनिसि विलियम्स के प्रति उनका विशेष पक्षपात रहा। इन सभी के कई नाटकों का ज़िक्र निजी बातचीत में कई बार निकल आता। इन सभी का रंगभूमि के साथ नाता कैसे विकसित हुआ, यही बात मुख्य रूप से केन्द्र में रहती।

हालांकि सन् १९६९ में अमेरिका की पहली यात्रा के पश्चात् उन्होंने नाटक तो गुजरात की लोकभूमि से ही लिया। 'मोती वेराणा चोळ माँ' जोकि तरणेतर के मेले की, लोक संगीत की, नृत्य की, आंचलिक वातावरण की बातों से सराबोर नाटककथा, वह व्यवसायिक तौरपर सरेआम निष्फल रहा। तत्पश्चात् लगभग सात वर्षों के अन्तराल के बाद जब वे दिल्ली आये थे और जिस उत्साह और उमंग के साथ वे उसकी बातें कर रहे थे, उसे देखते-सुनते हुए उनका मन अन्ततः लोकप्रियता-सफलता के गणितज्ञान से कितना दूर और अछूता था और नाटक की नयी सरहदों को पार करने के लिये वे किस कदर बेकरार थे, उसका सहज परिचय तब मुझे हुआ। मैंने तो 'मोती वेराणा चोळ माँ' नाटक सन् १९७७ में दिल्ली शहर में देखा—प्रवीण जोशी के शब्दों की रंगभूमि पर।

आपने नयी गुजराती रंगभूमि के सर्जन में नींव की ईंट का (और शिखर का भी) काम किया, यह बात तो निर्विवाद है ही; किन्तु पुरानी रंगभूमि के प्रति उनके स्नेह को तो जो वाकई जानता था, वही समझ पाता था। पुरानी रंगभूमि का एक पहलू जो उन्हें बेहद प्रिय था, वह था उसका संगीत। किसी ख़ूबसूरत शाम को जब वह युगल मौज़ में डूबा हुआ होता तब कभी-कभार प्रवीणभाई सरिताबहन के पास पुरानी रंगभूमि के कुछ गीतों की फरमाइश करते। वे गीत, उनके सुर-सरगम, लय-हिल्कोर कुछ ऐसे छा जाते उस भीनी शाम के वातावरण में कि उस कलाकार युगल के भीतर हमारी रंगभूमि की जो सवा सौ वर्षों की स्मृति सहेज कर रखी हुई थी, उसकी सहज प्रतीति सुनने वालों को हो जाती।

गुजराती रंगभूमि और गुजराती साहित्य के बीच की खाई हमारी रंगभूमि के लिये बहुत बड़ी मर्यादा सिद्ध हुई है। इस खाई पर पुल बनने का काम किया आई.एन.टी. के थिएटर क्लब ने। मुम्बई का नाट्य-जगत गुजरात के कवियों को यहाँ निमन्त्रित करता, उनको सुनता, उनका सम्मान करता। प्रवीणभाई के निजी ग्रन्थ-संग्रह में वेणीभाई पुरोहित और राजेन्द्र शाह, लाभशंकर ठाकर और आदिल मन्सूरी, प्रियकान्त मणियार और बालमुकुन्द दवे, मणिलाल देसाई और रावजी पटेल तथा अन्य कुछ कवियों के काव्य-संग्रह मस्ती में पढ़े-बिखरे देखे जा सकते थे।

महफ़िल की मस्तीभरी शाम के वक़्त आधुनिक गुजराती कविता, पुरानी रंगभूमि के गीत और नये-नये नाटकों की अरमानभरी योजनाएँ उनके ख़ून में मिल-जुलकर बहतीं; तभी उनका ख़ून इतना रोमांटिक था। अपने मिज़ाज के द्वारा जोश से उछलती कला-सामग्री को नाट्य-कला की सटीक, कसी हुई टेक्निक से काबू करना, उनकी अपनी एक ख़ास रीत थी।

सन् १९७७ में वे दिल्ली आने वाले हैं, ऐसी ख़बर मिलने पर 'National School of Drama' के ख्यातनाम संचालक श्री बी.वी. कारन्त ने उनके एक व्याख्यान का एन.एस.डी. में आयोजन किया। प्रवीण जोशी ने उस व्याख्यान में एक बात साफ़ तौर पर कही : सार्वजनिक अनुदान पर अवलम्बित रहते हुए आमन्त्रितों की रंगभूमि पर प्रयोग करना अथवा प्रायोगिक रंगभूमि के नाम पर दर्शकों को बिना साथ लिए छिट-पुट नाटक करना—इन दोनों में से एक भी मार्ग मेरा नहीं है। मैं तो समस्त गुजरात को अपने साथ लेकर, अपने नाटकों की आय से मिलने वाली धनराशि से नाटक के सर्व कलाकारों

और कारीगरों को गौरवपूर्ण ढंग से जीवन निर्वाह करने की सुविधा मुहैया कराते हुए जीती-जागती रंगभूमि की शर्तों पर, अपनी रंगभूमि पर कला को सिद्ध करना चाहता हूँ। प्रयोग भी करना चाहता हूँ और वह करता ही आया हूँ।

यह केवल बात नहीं थी; हक़ीक़त की रिपोर्ट थी। सन् १९६३ से सन् १९७७ तक के पन्द्रह वर्षों के अन्तराल में हर दूसरे साल प्रवीण जोशी ऐसा नाटक प्रस्तुत करते जो सफलता के समीकरणों को जानने वाला रंगभूमि का कोई निर्देशक शायद ही करेगा। और यह बात भी उल्लेखनीय है कि ये सारे नाटक वे अपनी ख़ून-पसीने की कमाई से प्रस्तुत करते। नाटक की एक पूरी-की-पूरी संस्था का निर्वाह किया जा सके और उसे गुजरात के प्रजा-जीवन की एक महत्त्वपूर्ण कला-संस्था के रूप में स्थापित किया जा सके—इन दोनों ही बातों को सिद्ध कर दिखाने के लिये प्रवीण जोशी सक्षम थे।

'कुमारनी अगाशी', 'माणस नामे कारागार', 'इन्द्रजीत कोई नो लाड़कवायो' और 'मोती वेराणा चोक माँ' जैसे एक से बढ़कर एक नाटकों के इस साहसी सर्जक ने एक अनुशासन से, एक योजना और अरमान से आकार दिया।

एक ख़्वाब लेकर आगे बढ़ने वाले इस सर्जक ने गुजरात की नाट्य-रसिक प्रजा को शनैः-शनैः एक-एक क़दम बढ़ाते हुए, एक-एक नाटक के साथ नयी रंगभूमि की ओर उन्मुख किया। वह वास्तव की ठोस भूमि पर अपने दोनों पैर जमाये खड़ा था। रंगभूमि के अर्थकारण को एक नाट्यकला कारोचित गरिमा के साथ उसने सँभाला, जतन किया। किन्तु बावजूद इसके अपने धीर साहस के साथ आने वाले कल की एक नवीन रंगभूमि के निर्माण के कार्य से भी वह तनिक नहीं चूका।

प्रवीण जोशी की कला एक स्वप्न के ठोस वास्तव के साथ के सेतुबन्ध की कला थी। इस कार्य का आरम्भ करने वाले कलाकार की कभी मृत्यु नहीं हो सकती, वह चिरंजीव है...

गुजराती से अनुवाद : गार्गी शाह
आलेख का रचना-वर्ष : १९८०

नाटक और कविता नहीं : रंगभूमि के गीत

१

नाटक मुझे मिला ही गीत वाला। वह भी 'थिएटर ऑफ़ द ऐब्सर्ड' के पास से, बल्कि रूमानियन-फ्रेंच नाट्यकार युजीन आयोनेस्को के एक नाटक को गुजराती रंगमंच का, गुजराती भाषा में लिखा नाटक बनाने के मन्थन से। आपने दही के बड़े मटके में खड़े किये गये डण्डे को घुमाती हुई युवान स्त्री को देखा है? मथानी के सिर जितने ऊँचे डण्डे के साथ और उसकी घूमती रस्सी के साथ जैसे कि वह स्त्री भी नाच उठती है। इसे कहते हैं दही मथना। मेरा मन्थन ऐसा ही था। दही फ्रेंच था। (तब मुझे फ्रेंच भाषा आती थी, सन् १९७५ में) पर मक्खन निकालना था गुजराती में। ऐसी दो भाषाओं के दोहरे छोर वाले मथनी के मोटे रस्से और लिखने की मथानी, दोनों के साथ जैसे मेरी चेतना भी नाचने में लीन हो जाती थी। मेरी वह चेतना अर्थात् हमारी गुजराती भाषा, वो ही तो थी सुन्दर ग्वालिन।

यह नृत्य लीला, गुजराती भाषा की यह नृत्य लीला अर्थात् आयोनेस्को के 'ला लेसों' (-'द लेसन') के मेरे गुजराती रूपान्तर 'द लेसन' (मार्गदर्शन) में आने वाले गीत। गीत यानी? कविता नहीं, नाटक के गीत। उसमें जोश से गाना होता है, गान करना भी होता है, गुनगुनाना भी होता है। आयोनेस्को का प्रोफ़ेसर तो छात्रों के चारों ओर गोल-गोल घूमता हुआ 'नाइफनाइफ' बोलता है, पर मेरा प्रोफ़ेसर तो ललकारता है : 'छरीबेन, छरीबेन; छ छ छ छ छरीबेन!' और फिर गाने लगता है : 'छ (छह) को कुछ नहीं छ (छह)', लड़की से गान करवाता है : 'छने कैं नहीं छ, रने कानो मात्रा रो।' बाद में जोड़ता है : 'र को खड़ीपाई-मात्रा रो!' और लड़कियों से कहता है : "बोलो बोलो, बहन : 'र को खड़ीपाई-मात्रा रो'!" लड़की रोने जैसी आवाज़ में

जोश से गाती है : 'રને કાનોમાત્રા રો'

यही मेरा नाट्य-गीत है और यही नाट्य-संगीत भी, इसे चाहे जो कहा जाय। किसी गवैये आदि की ज़रूरत नहीं है, ज़रूरत है तो सिर्फ़ गुजराती भाषा की, जो कुछ बातों में रूमानियन, फ्रेंच और अँग्रेज़ी से बढ़कर है।

यह कुछ चीज़ें मेरे नाटकों के गीतों में आती हैं। यह हमारी गुजराती भाषा ही मेरे लिए सबसे बढ़कर गान्धर्व है। यह जो बोले वही नाट्य-गीत।

यद्यपि 'द लेसन' के प्रोफ़ेसर साहब की ज़बान गुजराती के लहज़ों की कहाँ तक आदि बन चुकी थी, इसे यहाँ देखा जा सकता है। परन्तु उनकी विदेशी गीतों में दिलचस्पी भी कुछ कम नहीं है। उनके द्वारा दिये हुए लेसन, सुदूर नानकिंग के चीनियों की बात तक फैले हुए हैं : 'नानकिंग में रहते मेरे / नाना की चमड़ी जितनी / पीली, उतने पीले, मेरी / नानी के नाजुक गुलाब।' यह सुन्दर गीत-पंक्ति कब 'नानकिंग' में रहते मेरे / नाना की चमड़ी जितनी / पीली, उतने पीले, मेरी / नानी के नाज़ुक नाख़ून।' की हिंसक गीत-पंक्ति में तब्दील हो जाय, इसका भरोसा इस नाटक की गन्धर्व-सभा भी न दे सके—ऐसा ड्रामेटिक-टेंशन वाला इसका नाट्यात्मक रंगमंच है!

२

'यह आदमी मद्रासी लगता है' ('आ माणस मद्रासी लागेछे') का मंचन सत्यदेव दुबे और उत्कर्ष मजूमदार के निर्देशन में, समीर खख्खर के अभिनय के साथ मराठी थिएटर की प्रशस्त प्रयोगशाला—'छबीलदास', दादर, मुम्बई में २२ दिसम्बर, १९७७ शाम को हुआ। दुबे साहब को यह नाटक पसन्द आ गया उसके अन्दर निरूपित स्वातन्त्र्य-प्रीति के कारण (आपातकालीन राज और परमिट राज के विरुद्ध उसमें आवाज़ उठायी गयी थी)। एवं उसमें प्रकट हो रही भाषा के कारण, बल्कि भाषा की लीलाओं के कारण। "हम एक्टर जैसी भाषा बोलना पसन्द करें ऐसी भाषा आपके नाटक में है," ऐसा वे कहते थे। उस भाषा की एक बुनावट 'मद्रासी' के गीत थे। "अमे तो वेठीया रे अमने वेठे पकडो सायेब! /बीजुं कैं ना मागीए रे, अमने वेठे पकडो साहेब! हम तो बेगार रे, हमसे बेगार लो साहब! दूसरा कुछ न माँगते रे, हमसे बेगार लो साहब!" मद्रासी साहब की कट्टरपन्थी केरेलाइटमणिप्रवाल जैसी

(संस्कृत वाणी) वाणी के समक्ष बापू के राज की प्रजा की एक ही देशी बात : 'हमसे बेगार लो साहब।' यह है बेगारों का गीत!

साथ अभिनीत होता था 'तोखार' (अश्व) २० दिसम्बर, १९७७, भारतीय विद्याभवन एवं पृथ्वी थिएटर में—महेन्द्र जोशी का साहसिक निर्देशन और परेश रावल का यादगार अभिनय। इसमें छोटे लालजी को उसकी माँ कहानी कहती, लोरियाँ सुनाती, घोड़ादादा की लोक कथा ललकारते हुए सुनाती—इनके गीत लिखे गये। पीटर शेफर के 'एक्वस' के अँग्रेज़ी में इनमें से कुछ न मिल पायेगा। यह तो अँग्रेज़ी भाषा को गुजराती भाषा द्वारा दी गयी भेंट-सौगात है। 'घोडादादा घोडादादा आवो मारे घीर्ये/घोडादादा घोदादादा आवो धीरे धीरे' यह जब लालजी मंच से गाते थे तब सुना जा सकता था कि गुजराती का अपना संगीत क्या है : गाने-बजाने वालों का नहीं, गुजराती भाषा का अपना संगीत।

'तोखार' में एक नया प्रयोग भी है। 'नाट्य-गीत' जैसे होता है वैसे ही यहाँ 'नाट्य अछान्दस', मुक्तछन्द लयान्वित गद्य भी है। डॉक्टर के पात्र के मुख से जो उनकी अपनी मनोमयभीतियों की बात होती है (कि ख़ुद तो बालकों की बलि चढ़ाने वाले प्राचीन धर्म गुरु हैं), वहाँ रंगभूमि का अछान्दस अपनी विशेष लय के साथ उपस्थित होता है। शफ़ीसाहब उन पंक्तियों को बड़ी शुद्धता से बोलते थे।

'तोखार' में लालजी अपने अस्त-व्यस्त मन की भयानकता के आगे पर्दा डालना चाहता है। यह प्रयत्न बिलकुल भिन्न है—ब्लेक ह्यूमर वाला। इसमें से आये उस नाटक में रखे गये जिंगल्स। रेडियो पर सुने जाने वाले जिंगल्स को 'तोखार' में पोप-आर्ट की तर्ज पर से शामिल किये गये हैं। नाट्य-गीत के इस पोप-आर्ट में जिंगल्स को नये सन्दर्भ में बिठाकर, उसके पुराने अर्थ को रेडियो-विज्ञापन के पुराने ऑर्बिट से निकालकर नाटक-पात्र के नये ऑर्बिट में तैरते रख देने का काम नाट्यकार को करना होता है। 'तोखार' का पुनः मंचन करना नौशिल मेहता जैसे समर्थ निर्देशक को पसन्द आया। इसका कारण शायद इस नाट्य-गीत में किया गया नूतन अर्थ-निर्माण हो सकता है!

इसके अतिरिक्त 'मद्रासी' और 'तोखार', दोनों में बोली जाने वाली भाषा के अलग-अलग लय, तरेह, प्रवाह, मोड़ को बार-बार प्रासंगिक एवं नये सन्दर्भों में रखे जाते हैं, इसलिए ये पाठक-रंगकर्मियों की नयी-नयी पीढ़ी को आकर्षित करते रहे हैं।

३

'क्यों मकनजी, कहाँ चले? हम अमथाभाई के वहाँ चले', इस नाटक में नाट्य-गीत की जो सम्भावना खुलने का उपक्रम है वह 'मार्गदर्शक' या 'मद्रासी' या 'तोखार' से बिलकुल भिन्न है। 'मकनजी' के गीत गवैया-बजवैया के गाने-बजाने वाले गीत हैं और उस बेजोड़ गवैया-बजवैया रंग-अवधूत निमेष देसाई ने उन गीतों को दिल से ख़ूब गाया है। लेखक के रूप में इन्हें उनकी आवाज़ में सुनना मेरे लिये बड़ा अवसर है।

'मकनजी' के गीत नाट्य-लेखन एवं रंग-मंचन के अलग-अलग स्थान से, लोकेशन से आते हैं—'गप छे, गप छे गप छे गप छे' ('गपशप है गपशप है गपशप है')। यह गीत एक पब्लिक सांग है। 'पीयूजी मेरा पापी', यह गीत एक व्यक्तिगत गीत है। 'मकनजीने मळशे के नहीं मळे? मकनजी को मिलेगा कि नहीं मिलेगा', यह गीत दूसरों के कान में डालने वाले समाज की आवाज़ में गाया जाता है; 'एक ही कूँची तेरी, मकनजी' यह गीत-तादात्म्य और करुणा से दृश्य देख रहे प्रेक्षकों की आवाज़ में गाया जाने वाला गीत है; तो उरफेसाहब का गीत 'एक ताळी पाडतामां गाम आखुं झुकी झुकी झुकी झुकी झुकी झुकी नमे! एक ताली बजाते ही गाँव सारा झूक-झूक' यह टाउन हॉल के सामने गाया जाने वाला गीत है। 'अरे भाई बायाँ, अरे भाई डायाँ...बायाँ-डायाँ बायाँ-डायाँ बायाँ-डायाँ भाई, अरे रेम्बो इन द स्काय' यह ललकार हमारी संस्कृति के पाश्चात्य संस्कृति से अनुबन्ध को व्यंजित करती है, तो 'हो, अलख निरंजन! बिना स्पर्श से जल में प्लावित स्नान!' यह पद आज भी हमारे भीतर पड़ी मध्यकालीन-प्राचीन वैरागी-योगी परम्परा को सूचित करता है।

'मकनजी' और 'खग्रास' इन दो नाटकों में जो गीत हैं उनका स्ट्रक्चर मुझे गुजरात की आख्यान परम्परा से प्राप्त हुआ है। गुजरात की अभिनेय कलाओं में से भवाई को शीघ्र पहचान सकते हैं लेकिन मुझे तो आख्यान में, अभिनेय कला-रूप आख्यान में, अधिक रस आया। 'मकनजी' और 'खग्रास' में जो गीत हैं वह मेरे लिये कड़वा-बद्ध आख्यान में कडवाँ, 'कड्डी' या 'लिंकस' के बीच आने वाले पद जैसे हैं। कथा-प्रवाह के बीच द्वीप समाज भाव-गीत जैसे हैं। प्रेमानन्द के आख्यानों में 'कथा प्रसंग भी न रुके' —इस तरह कथा प्रवाह को शीघ्रता से आगे ले जाने वाले 'कड़वे' आते हैं। लेकिन जब चार-

पाँच 'कड़वा' में कथा का प्रवाह वेग से प्रवाहित हो तब प्रेमानन्द उस प्रवाह को अचानक रोककर केवल मनोभावों का गहराई से निरूपण करने वाला एक पद रख देते हैं। मेरे लिये नाट्यगत गीत का अर्थ है, कडवकों के बीच का पद कथा सरिता के काव्यद्वीप। 'मकनजी' और 'खग्रास' की संरचना ऐसी ही है।

४

'खग्रास' की संरचना में भारत के 'नाट्यशास्त्र' से 'मुखसन्धि' और 'निर्वहण सन्धि' के दो प्रमुख खण्ड नाटक के आरम्भ और अन्त में रखे गये हैं। इन दो सन्धियों के सहारे नाटक चलता है। किन्तु उसका कथापट 'दृश्यों' और 'कडवकों' की बुनावट से निर्मित होता जाता है। इनमें स्थित 'कडवक' कथानक के घटक हैं और 'पद' नाटक के गीत हैं। इस नाटक के भाव-जगत की, भीतरी अर्थवत्ता की कड़ियाँ पाठक-प्रेक्षक को मिल जाय ऐसी रचना इन 'कड़वकों' एवं नाट्य गीतों में की गयी है। इस तरह चौदह दृश्य और सात कडवक अथवा नाट्य-गीत की योजना की गयी है। रंगमंच बीसवीं सदी का पंचमहाल है किन्तु कडवकों में जिस समय का निरूपण है वह ब्रह्माण्ड का, ग्रहों का, कॉस्मिक समय है। इसमें एक मनुष्य पर ग्रहों का, मंगल-शनि, राहु-केतु सभी दैवी तत्त्वों की चुनौती को स्वीकार करता है और मानव स्वातन्त्र्य की खोज करता है।

राहु-केतु और मनुष्य (भटजी) के बीच की यह भिड़न्त देखिये :

> (राहु-केतु शीघ्रता से आकर भटजी को कुछ कहने जाते हैं। केतु को हटाकर राहु बोलता है।)
> राहु : भटजी, यह इतना-सा ही दृश्य देखकर आप बहुत मौज़ में आ गये होंगे!
> भटजी : (बायाँ हाथ ऊपर उठाकर, उसे रोकते हुए) ख़ामोश!
> सुनिये महाराज।
> ललकार देकर सेना बीच धसा वह रणवीर,
> असुर सेना अपार है, हुआ वह अवरुद्ध!
> चाप चक्र चाबुक परशु शरगदा-से प्रहार,
> अभय छत्र धारण कर खड़ा आदित्य शूर विख्यात!

उस देख दौड़ पड़े, क्रोधित कई वीर,
भालू राठवा कपिवर धिंगाधाराळा कई धीर!
केतु : ओ भटजी, आज भाँग पी है या महुआ?

—भटजी ने न भाँग पी है न महुआ की शराब। उसने तो पी है मास्टर नैरेटिव का प्रतिरोध करने से पैदा हुई मानवता की ताक़त। वह ताक़त शायद ब्रह्माण्ड के तत्त्वों को पराजित न कर सके किन्तु वह मास्टर नैरेटिव, अर्थात् प्रभु-कथन के सामने झुके नहीं, इतनी सबल तो है ही। मानवता की वह अपराजेयता की लय शामल-प्रेमानन्द-प्रीतम जैसे कवियों द्वारा रचित गुजराती मात्रिक छन्दों में से 'खग्रास' नाटक के इस नाट्य-गीतों में सुनायी पड़ती है। मुम्बई की रंगभूमि वहाँ तक नहीं पहुँच पायी, गुजरात के निमेष देसाई, महेश चम्पकलाल, फणीशायी चारी का सबल साथ इन नाटकों को मिला।

५

मेरे दिल्ली निवास के दौरान अश्वत्थामा हाथी के विषय में एक कड़वा-बद्ध कविता का लेखन शुरू हुआ। सन् १९७७ से १९८२ तक के पाँच वर्षों में मैंने साहित्य अकादेमी के भारतीय साहित्य कोश के मुख्य सम्पादक के रूप में कार्य किया। उस समय नेशनल स्कूल ऑफ़ ड्रामा के रामगोपाल बजाज के साथ मित्रता की। सन् १९८० में उन्हें उस कविता का पहला कडवक सुनाया ('राजमहेलमां एक हाथणी, एने आव्युं बच्चुं रे', अर्थात् राजमहल में एक हाथिन, उसे आया बच्चा रे...'), इस पंक्ति से कविता शुरू होती थी। तब इस कृति का मंचन किस प्रकार किया जा सकता है इसकी चर्चा बजाज जी करते थे। सन् १९८२ में मैं बड़ौदा आया और आकाशवाणी के निमन्त्रण से राष्ट्रीय नाट्योत्सव में 'अश्वत्थामा' नाटक प्रस्तुत किया। किन्तु उस कड़वा-बद्ध कविता से यह बिलकुल भिन्न था। बाद में निमेष देसाई को इस कृति का मंचन करने की इच्छा हुई, तब सालों बाद इसके लिये नाट्य कृति की रचना हुई। इसमें जो गीत आये वह बिलकुल अलग थे। बालक हाथी की हत्या महाभारत के युद्ध में की गयी ऐसा मूल कथानक है। उसे लेकर मैंने बालक हाथी का एक बालगीत जो गुजरात में प्रचलित था, वहाँ जोड़ दिया :

"हाथी रूम झूम चाले, पाताळ पाणी काढे,
पाताळ पाणी ऊंडां, हाथीने पगे कूंडां!

हाथी रुमझुम चलता, पाताल पानी निकालता,
पाताल पानी गहरा, हाथी के पाँव में गमला!''

इस बालगीत के बाद नया विलाप शुरू होता है—

''घेरां घेरां रे पाणी पाताळनां,
एमने रहेवा दो रहेवा दो त्यां ना त्यां!''
''गहरा गहरा रे पानी पाताल का,
रहने दो उसे रहने दो वहाँ का वहाँ।''
''बुश, बुश रे पानी पाताल का,
रहने दो उसे रहने दो वहाँ का वहाँ।''

'अश्वत्थामा' तो बालक हाथी के वध का नाटक है। अतः इसके गीतों में भिन्न-भिन्न रूप से 'डेथ ऑफ़ इनोसेंस' की बात आती रहती है। शनाभाई कैंटीनबॉय है। एक गीत उस शनाभाई आदिवासी का है।

''शनाभाई जल्दी आइये,
शनाभाई चाय आपकी लाइये,
शनाभाई हाय आपकी लाइये।
हम तो फूँक फूँक पियेंगे, पियेंगे हम आपकी हाय।
बाद में फूँक फूँक पियेंगे, पियेंगे हम आपकी चाय।
शनाभाई घाव दिखाओ,
चढ़ा है बुख़ार? दिखाओ,
शनाभाई पुराने-नये दुःख
हाल के भी सब दिखाओ।''

जो लोग अदृश्य कर दिये गये हैं, जिनकी वाणी को अश्रव्य कर दिया गया है, ऐसे लोगों की बात इस नाटक में है।

''कोण तारी काने धरशे वात?
कोण तारी काने धरशे वात?
रहेवा दे रहेवा दे, आ तो,
आ तो छे मानवजात!
कोण तारी काने धरशे वात?''
कौन सुनेगा तेरी बात?
ग़लतफ़हमी में न रहना, बावले, यह है मानवजात!
कौन सुनेगा तेरी बात?

पचास-पाँच सौ पर्वों की है पोथी है लम्बी-चौड़ी
भीष्मकथा है, कृष्णकथा है, कथा प्राप्त है सर्व,
एक हमारी पोथी में भाई, कहीं नहीं है गजपर्व।
चुपचाप मूक-बधिर बन हमने किया तुम्हारा घात।
कौन सुनेगा तेरी बात?

६

इसके बाद अप्रत्याशित आया एक अलग ही तरह का नाटक—'निकम्मा आदमी है नरसी मेता' (नक्कामो माणस छे नरसीं मेता)। यह झूलणाछन्द में लिखा गया पद्य नाटक था। नरसिंह मेहता को एक पात्री नाटक में रंगमंच पर प्रस्तुत करना हो तब उस आदि कवि की स्वयं की वाणी और किस प्रकार से प्रस्फुटित होगी? झूलणा में ही वह प्रकट हो सकती है। इसलिए पंक्ति लिखी गयी—

''झूलणा छंदमां झूलतां झूलतां क्रुष्णनुं नाम दौं, कान धरजो''

झूलणा छन्द में झूलते-झूलते कृष्ण का नाम दूँ, ध्यान दीजिए।

झूलणा तो होना ही चाहिए। किन्तु मैंने अपने आप से शर्त की कि जिस प्रकार यह झूलणा छन्द आदि कवि नरसिंह का ही हो ऐसा लगना चाहिए, उसी प्रकार वह आज की गुजराती कविता का भी लगना चाहिए। इस प्रकार आदि कवि का छन्द और अद्यतन गुजराती कविता का छन्द—दोनों एक साथ इस नाट्य कृति में प्रवाहित होते रहें, इस चुनौती को स्वीकार किया।

गुजराती से अनुवाद : डॉ. शिवांगकुमार भावसार

आलेख का रचना-वर्ष : २००९

‘खग्रास’ : अन्ततः अन्तरंगभूमि से...

१९७६ की एक शाम को छह बजे, मुम्बई, जुहू स्कीम स्थित हमारे फ़्लैट के दरवाज़े की घण्टी बजी, उस समय मैं और अंजनी, किसी विशेष व्यक्ति के आगमन की प्रतीक्षा में तो नहीं थे। किसी निश्चित अपेक्षा के बग़ैर दरवाज़ा खोला तो उस दिन, जो मेहमान नज़र आये, आज इस क्षण भी, उसी प्रसन्न सिक्का में, हमारे द्वार की चौखट पर जड़ित, उन्हें देख पाता हूँ। स्थल-काल के द्वार की चौखट को भी मनुष्य जिस सीमा तक लाँघ सकता है, उस सीमा तक भी, नाट्य-कला के माध्यम से लाँघ पाने वाला एक गरिमामय अस्तित्व : श्री शम्भु मित्र। श्री अर्थात् श्रीमान। धन, धान्य, यन्त्र आदि काल अधीन समृद्धि से भिन्न एक समृद्धि को, अलौकिक श्री को मानव प्राप्त कर पाता है, ऐसी प्रतीति कराने वाली कुछ हस्तियों को मिलने का आनन्द मैंने लिया है। शम्भुदा ऐसी ही श्री से युक्त, बंगबानी के अनुसार वे श्रीजुक्तो थे। पश्चिम भारत में ज्यों उमाशंकर जोशी, त्यों ही पूर्व भारत में शम्भु मित्र। हमारे द्वार पर शाश्वत विश्व-मानव की सिक्का में, इस शती के उत्तरार्द्ध में हुए थे भारतीय जन।

केवल अभिभूत होने के भाव से यह बातें नहीं लिखी हैं। यह तो पूर्व पक्ष है, जिसका उत्तर पक्ष भी उतना ही प्रबल है। शाश्वत (समय वंचित) और वैश्विक (स्थान वंचित) सत्यों के श्रीचरणों में धरने हेतु मेरे पास एक सोने का सिक्का है। उसके एक तरफ़ हृदय से भरपूर प्रशस्ति है तथा दूसरी ओर है एक स्पष्ट प्रश्नार्थ।

‘खग्रास’ नाटक सिक्के के दूसरी तरफ़ का प्रश्नार्थ नाटक है।

शम्भुदा को तीन-चार दिन पूर्व ही राजा ‘ओदिपाउस’ के नायक के रूप में मुम्बई के रंगमंच पर देखा था। उसके बाद आई.एन.टी. और दामुभाई झवेरी

की व्यवस्था अनुसार एक बड़े होटल के निवास कक्ष में शम्भुदा से अकेले में मुलाकात हुई थी। एक घण्टे के अन्तरंग वार्तालाप के बाद मैंने उन्हें अपने घर आने के लिये निमन्त्रित किया था। 'सम्भव होगा तो' उन्होंने जवाब दिया था। सम्भव होगा ऐसा मैंने सोचा नहीं था। श्री चरणों में सिक्का अर्पित किया; सिक्के की दूसरी ओर ऊपर रहे, इसी प्रकार : 'शाश्वत वैश्विक सत्य भयोद्‌भवा भ्रान्ति से विशेष है ?' ऐसे प्रश्नों से अंकित। 'भय से मनुष्य स्थल-काल निरपेक्ष सत्यों की कल्पना करे और कल्पना के पीछे छिपकर वास्तव की भयावहता से स्व की रक्षा करे' मेरी समझ, मैंने शम्भु मित्र के सामने प्रस्तुत की।

चर्चा चली। शम्भु मित्र तो नखशिख 'क्लासिकल' कला-स्वामी। सोफोक्लिस का मर्म खोलने वाले। मानव मात्र की दयापात्र और जन्मगत मर्यादा एवं उसके बीच मनुष्य का अनुल्लंघनीय गौरव, दोनों को ईडिपस रेक्स के चरित्र में साक्षात् कर दिखाये। डॉ. सिग्मण्ड फ्रायड के अनुसार—मनुष्य मात्र की जन्मगत इन्फंटाइल सेक्सुआलिटी का सत्य उस ग्रीक नाटक में मूर्त हुआ है। फिर भी प्रश्न यह है कि सोफोक्लिस द्वारा निरूपित ईडिपस का अभिशाप, पाश्चात्य संस्कृति से निरपेक्ष, त्रिकाल बाधित—वैश्विक अर्थ रखता है ?

या फिर ईडिपस का अभिशाप, पिता को मारकर, पूर्ण रूप से माता को प्राप्त करने का सामर्थ्य, अर्थात् बाहरी नियन्त्रित शक्ति को चुनौती दे, ज़िन्दगी को (उसके भौतिक रूप समेत) पूर्णतः अपनी बनाने का उपक्रम, यह पाश्चात्य संस्कृति की विशेषता मानी जाय ? इस उपक्रम की करुणान्तिका सोफोक्लीस के नाटक में प्रकट होती है। उनका नशा समकालीन पाश्चात्य सभ्यता में छलक रहा है। राजा 'ओदिपाउस' नाटक भले बंगाली भाषा में रखा गया और शम्भु मित्र द्वारा खेला गया, फिर भी विशेष रूप से पाश्चात्य नाटक गिना जाय, यह मेरा संकेत था।

शम्भुदा उदार-चरित्र थे। मेरे अर्थघटन की सीमाओं को पा लेने के बावजूद, उसमें निहित शोधवृत्ति, जद्दोज़हद, ज्ञानपिपासा उनकी नज़र से दूर न रहे। उसी शाम 'खग्रास'—के सारे ग्रह मेरे चिदाकाश में हौले-हौले एक आकार लेने लगे। यही आकार मानो यह नाटक।

जिस सहजता, शक्ति, अधिकार से पाश्चात्य संस्कृति का युवक, आगे की पीढ़ी के पास से ख़ुद के जीवन का परिचालन हस्तगत कर लेता है, ऐसा भारतीय संस्कृति में होता है ? क्या उत्तर वय में भी हम गुरुचरणारविन्द की

शरण, अत्यन्त हड़बड़ी में खोजते नहीं फिरते? हमारी शरण रसिकता भी धर्म तक सीमित है? अथवा राजनीति, समाजीकरण या अर्थनीति में भी विस्तृत हुई है? हमारा 'कोम्प्लेक्स', हमारा जन्मगत दुर्भाग्य और हमारा ग्रहण अलग है?

यह प्रश्न अलग तरह से भी पूछा जा सकता है कि—क्या यह सच नहीं कि भारतीय संस्कृति में पिता की कभी मृत्यु नहीं होती और पुत्र समयानुसार जीवन पर सही अधिकार नहीं पा सकता? समग्र जीवन, सजगता से जिये बिना ही रह जाता है?

पाश्चात्य संस्कृति की करुणता को सोफोक्लीस के महान नाटक ने मूर्त किया है। वहाँ अनुल्लंघनीय जीवन का, प्रकृति का और माता का आज भी उल्लंघन होता है। भारतीय संस्कृति की निजी करुणता क्या है? पश्चिम में पुत्र जीवनाधिकार हेतु पिता का क़त्ल करता है, तो यहाँ पिता पुत्रवधु को भी अपनी गिरफ़्त में ले लेता है, ऐसी सूरत है हमारी?

यह गरिमाविहीन शक्ति ही है—बावझी। अन्ततः 'खग्रास' तो उस टीके का नाटक है जिस पर बावझी रहता है। टीले का राजा बावझी ययाति का वंशज है, राजा ईडिपस का नहीं।

हमारे आज का, 'आज' के साथ का सम्बन्ध, किसी-न-किसी रूप में अधूरा ही रहता है। इस सम्बन्ध के बीच किसी भी प्रकार से बीता कल आ ही जाता है। इस करुणता का नाटक रचा जाय तो? यह सोचा और...

....'खग्रास' नाटक लिखा।

देखने की एक उत्तम रीति है...रचना...। मानव चित्त की यह व्यवस्था है कि जब तक रूप प्रकट न हो तब तक उत्तेजनाओं को पूर्णतः पहचानना सम्भव नहीं हो पाता। इस प्रकार काव्य-रचना से नाट्य-रचना की प्रक्रिया भिन्न नहीं है। दोनों में देखने का अर्थ ही रचना है। 'खग्रास' नाटक विविध नाट्य रीतियों का, परस्पर एक-दूसरे के सन्दर्भ में आज़माता है, इसीलिए उसके लेखन के दौरान, लिखते-लिखते देखने की और देखते-देखते लिखने की एक अनोखी ख़ुशी मिली। देखते-देखते, वह दो रीतियाँ—लिखने से नाट्यगत विभावनाएँ दृष्टिगोचर होती गयीं। दूसरी ओर मंचगत खेल भी दिखायी दिया। लिखना, काग़ज़ पर भाषा रूप रचने के, भौतिक कर्म में, यह दोनों ही दृष्टि (दर्शन) जुड़ती गयी।

मूल बात, पिता, पुत्र और माता / ज़िन्दगी / प्रकृति के बीच प्रणय / संस्कृति रूप त्रि-कोणीय तनाव की है। उलझने की और सुलझाने की बात है। गुजराती भाषा में 'उकेलावुं' (उकेला जाना, क्रिया) शब्द मृत्यु के अर्थ में प्रयुक्त होता है। (उदाहरण, अमुके तमुकने उकेली नाख्यो, पेलो उकली गयो, आदि) [किसी ने किसी को ख़त्म किया, वह ख़त्म हो गया, आदि] जीना अर्थात् उलझना और मरना अर्थात् सुलझना, ऐसी दृष्टि क्या इसके पीछे रही होगी? 'खग्रास' नाटक में कुछ भी उकेरने का सन्ताप नहीं है। उलझन को गुम्फन तक ले जाने का उपक्रम उसके लेखन में स्वीकृत हुआ है।

चरित्र विधान और रचना के सन्दर्भ में 'खग्रास' पंचकेन्द्री नाटक बनता है, त्रिकोण नहीं। भास्कर/आदित्य की ओर दो-दो केन्द्र का रचाव होता है। एक ओर बावझी—सागरीतो और डॉलर—गोमी। दूसरी ओर ग्रह एवं माणभट्ट। उनके बीच का सम्बन्ध संघर्ष का है, और यह संघर्ष शब्दों में नहीं दिखाया जाता अपितु अभिनय से ही दिखाया जा सकता है। विभिन्न नाट्य शैलियों की टकराहट, यही इस संघर्ष को कर दिखाने का मुख्य साधन है।

नाटक के आरम्भ में मुख सन्धि में ही, आख्यान शैली और भवाई शैली की टकराहट का सम्बन्ध दृष्टिगत होता है। अभी तो माणभट्ट आख्यान प्रारम्भ ही करते हैं, वहीं पर उसके व्यास-पीठ को तोड़कर ग्रह देवता मंच पर गोल आकार में नृत्य प्रारम्भ करते हैं। ग्रहों की अवकाशी गति चक्राकार होती है, उस चक्र गति को, भवाई में साखियों के गाये जाते समय किये जाने वाले वर्तुलाकर नृत्य गति में परिणत किया गया है। ग्रह गोल घूमते हुए, प्रेक्षक के सामने नहीं आते अपितु साखियाँ गाते हैं। भवाई की एक प्रयुक्ति, इस तरह आख्यान की अभिव्यक्ति शैली को तोड़ती है। प्रतिघात के रूप में माणभट्ट आख्यानशैली के, कडवक या कडवे को, (एक ही राग की पंक्तियों का समूह) ग्रहों के घातक खेल के प्रतिकार रूप में प्रयोजित करते हैं। मुखसन्धि से निर्वहणसन्धि तक माणभट्ट कडवक रूपी शस्त्र का प्रयोग करते हैं। भवाई और आख्यान शैली के स्तर पर अनवरत टकराते रहे हैं और नाटक में निरूपित व्यापक संघर्ष को ध्वनित करते रहते हैं। सारे देवता कुछ ग्राम्य एवं दृश्य-सी भवाई शैली में, तो माणभट्ट संस्कृति गरिमा-युक्त आख्यान शैली में प्रस्तुत हुए हैं, यह वक्रता स-हेतु रची गयी है।

मुखसन्धि और निर्वहण सन्धि, इन दोनों को, नाम के साथ सहेतुक दर्ज किया गया है। मुखसन्धि का भोला भटजी निर्वहणसन्धि में धीर-वीर माणभट्ट में

रूपान्तरित हो पाता है। यह स्थित्यन्तर की विशेषताएँ नामांकन के माध्यम से स्पष्टतः रेखांकित होती हैं।

इस प्रकार यहाँ सिर्फ़ विविध नाट्य शैलियों की सहोपस्थिति का ही अवसर नहीं है अपितु वे नाट्य शैलियाँ आपस में जुड़ती और टकराती भी हैं तथा नाट्यगत संघर्ष को मंच पर अभिनय में परिणत करती हैं।

इसी तरह भाषा-शैलियों का प्रयोग भी है। साहित्य की अँग्रेज़ी-तत्सम शब्द युक्त गुजराती और खेमसंग की ठेठ कस्बे की लचीली उक्तियों से युक्त गुजराती; दोनों ही यहाँ सिर्फ़ पात्रानुरूप भाषा के अर्थ में ही प्रयुक्त नहीं हुए अपितु परस्पर वार्तालाप में, संवाद रूप से यह दोनों चरित्र दो भाषा-विवर्तों को रचते हैं। नाटक के प्रथम दृश्य में 'कम हियर' और 'खमिया' की ग़लतफ़हमी, सांकेतिक रूप में, इन दोनों दुनियाओं के सु-मेल और संघर्ष को सूचित कर जाते हैं।

'कोस्मोपोलिज़्म' (या 'इंटरनेशनालिज़्म') और 'नेटिविज़्म' के बीच का संघर्ष भी डॉलर एवं आदित्य के चरित्रों के माध्यम से व्यंजित होता है। यह दोनों ही चरित्र आमने-सामने की दिशा से आते हैं, और लगता है कि क़रीब आ रहे हैं, पर यह परस्पर विरुद्ध दिशा के प्रवासी हैं। आदित्य कोस्मोपोलिज़्म से नेटिविज़्म की ओर और डॉलर इससे ठीक विपरीत (नेटिविज़्म से कोस्मोपोलिज़्म) दिशा के यात्री हैं। आज के तबके की हमारी संस्कृति की यह गहरी करुणता के साथ हास्यास्पद भी है। सहृदय के करुण हास्य का, ब्लेक ह्यूमर का यह आलम्बन है।

बावझी-साथियों का केन्द्र निरे यथार्थ का अनोखा विवर्त लेकर आता है। यह है ठहराव का आग्रह। ढूह में ठहराव का कारण मूर्त होता है। 'हुं तो गाम मारे ग्यो तो ने एना ए डुंगरा' (मैं तो गया था अपने गाँव और वही के वही पर्वत) उमाशंकर जोशी की काव्य पंक्तियाँ (कवि मेरे अति प्रिय सर्जक होने के बावजूद) कवि के काकु सहित मुझे कभी स्वीकार्य नहीं लगी। टीला, जो ठहराव को मूर्त करता है, वही है हमारी अनेक बार गायी जाने वाली शाश्वति का उधार पक्ष। हमारी दर्शन परम्परा यानी केवल उपनिषद्, वेदान्त और वैष्णव भक्ति ही नहीं, परन्तु तान्त्रिक विद्या की हद तक पहुँची होने के बावजूद बहुजन स्वीकृत ऐसी कई सारी अन्य परम्पराएँ भी हैं। भूतकालीन लगने वाले बावझी और टीले का विवर्त यानी हमारे भावी को स्थगित कर

देने वाला सांसदों और कॉंट्रेक्टरों का भ्रष्टाचारयुक्त नदी का बाँध।

गोवर्धनराम के *सरस्वती*चन्द्र ने चिरंजीव शृंग पर, नूतन स्वप्न में कल्याणग्राम का जो आयोजन किया था, शताब्दी के प्रारम्भ में वह सुन्दरगिरि का शृंग चिरकाल रहेगा, ऐसी उम्मीद बँधती थी। आज शताब्दी के अन्त पर यह भय लगा रहता है कि चिरंजीव विष्णुदास बाबा का सुन्दरगिरि नहीं बल्कि बावझी का टीला है। बावझी गाता है : 'आवी आवी आवी आवी आवी मोरी माँ, आपणा टीम्बा नी टोचे रे।' (आई आई आई आई आई मेरी माँ, हमारे टीले की चोटी पर)।

शक्ति, आज, वहाँ इकट्ठी हुई है; भ्रष्ट भारत में।

इसीलिए खग्रास की दो नारियाँ, गोमी और डोलर, दोनों जान की बाजी लगाकर लड़ती हैं, तब भी उनकी दौड़ टीले से कैम्प की ओर की है। डोलर का सामाजिक स्तर ऊँचा है। इसके पूर्व के ग्रहण पर भी उत्सव-भोजन के समय टीले पर जब बुलाया था तब वह छोटी सेठानी थी। उसका पति गाँव का छोटा सेठ, व्यापारी, रुपये गाइने के लिये टीले का उपयोग करने में पीछे नहीं रहता था। अब के ग्रहण के वक़्त इस क्षेत्र का नेता अपनी सत्ता ज़माने के लिये टीले के साथ जुड़ा। दक्षिण एशिया के सारे देशों का यथार्थ है कि आज धर्म-राजनीतिक सत्ता परस्परावलम्बी है। क्रोधित टीले से सेठानी को बचाने में सेठ मारे गये, पर डोलर की भीतरी नारी प्रकट हुई। वह 'गेस्टहाउस वाली' बहन हो गयी। यूँ तो पास बन रहे बाँध के काम पर आने वाले लोग उसमें रहते हैं, पर दूसरे अर्थ में डोलर ग्रामवासी से अलग गेस्टहाउस वाली हो गयी। ग्रीनकार्ड धारक मंद दूल्हे का चयन भी इतनी जल्द करने वाली कन्याओं ने हमें सोच में डाल दिया न? यहाँ ऐसा भी क्या है कि जल्द से कन्याएँ वहाँ भाग रही हैं? यहाँ और वहाँ के बीच का अन्तर, टीले और कैम्प के बीच की दूरी, यही है डोलर के व्यक्तित्व के भीतर की दरार। उस खन्दक की रिक्तता उसे सुरक्षा की लड़ाई के लिये प्रेरित करती है, पर बावझी को ख़त्म करने की, ढूह को नामशेष करने की, जीतने की कामना के लिये की जाने वाली लड़ाई उसे रोक रही है। गोमी का सामाजिक स्तर अलग है। फिर भी वह 'गेस्टहाउस' में दिल से रहती है, और आत्म-सुरक्षा खोज रही है। जब खेमसंग मगरदेव को भोग चढ़ाने हेतु (आदित्य की सुरक्षा की कामना के लिए) माँगता है तब गोमी पिंजरे के तोते को देने की बजाय उसे अपने पल्लू में छिपा देती है। गोमी के पास एक सहजवृत्ति है...जीवन रक्षा की। वह

ख़ुद टिक जाती है और जीवन को थोड़ा टिकाये रखती है।

पर प्रश्न, नाटक का एवं हमारा, थोड़ा टिकने-टिकाने का नहीं है। संरक्षक लड़ता नहीं है, अन्ततः प्रश्न जीत का भी नहीं है।

प्रश्न सूरज के खग्रास ग्रहण को रोकने का नहीं पर उसे ख़ुद की सोच से समझने का है। इस प्रकार से जो ग्रहण को समझने के लिये मथता है, वही आदित्य है। समझते हुए उसे समझाना भी पड़ता है कि वही 'सूरजमल' है। ग्रहण को समझने के लिये मथने वाले को ग्रहण लगा है। ज्ञान-मीमांसा और अस्तित्व-मीमांसा एक होते हैं, तभी अस्तित्व का व्याप विस्तृत होता है। अन्तिम कडवा (एक ही राग की कविता पंक्तियों का गुच्छ) में अडिग माणभट्ट कहते हैं, उसी प्रकार, स्वतः सुलगकर प्रकाश प्रकट करने वाले सूरज, सूरजमल/आदित्य/भास्कर को ग्रहण नहीं लगता।

—'खग्रास' में सूरज के और सूरजमल के ग्रहण को समझने का और उसमें से मुक्त होने का एक प्रयत्न है।

इस नाटक के मंचन का विचार सर्वप्रथम प्रवीण जोशी ने किया था। १९७८ में प्रवीण जोशी, दिल्ली में, मेरे घर, 'केम मकनजी क्यां चाल्या' (कहो मकनजी कहाँ चले) नाट्य मंचन की पूर्व तैयारी हेतु पाँच दिन के लिये आये थे। हमारे वे अलौकिक दिन सिर्फ़ रंगभूमि के नेपथ्य-सृष्टि के दिन थे। पर...'उचाट, बेकरारी, आयोजन, अरमान, यत्न, संकल्प/पुष्कल तुम्हारे सपनों को रात मिली नट अल्प।' १८/१९, १९/२० जनवरी, १९७९ की पिछली रात्रि/प्रभात को उस सत्य-समर्थ स्वप्नदृष्टा ने चिरविदाई ले ली।

उसके बाद 'खग्रास' के मंचन का विचार उपेन्द्र त्रिवेदी का था : उपेन्द्रभाई का फ़ोन मुझे मुम्बई में आया। मेरी स्मृति के अनुसार, उन्होंने इस नाटक के विषय में अरविन्द ठक्कर से सुना था। 'क्वीन्स लॉन्स' उनके विलेपार्ले के निवास पर पठन का आयोजन किया, साल होगा १९८२? उपेन्द्रभाई और अरविन्दभाई श्रोता थे। मेरा ख़याल है कि अरविन्द ठक्कर नाटक सुनते-सुनते सो गये थे। बाद के वर्षों में जब मैंने उनसे पूछा, तब उन्होंने मधुर स्मृति के साथ कहा कि नहीं, मैं ध्यानमग्न होकर सुन रहा था। मैंने भी मुस्कराते हुए कहा कि ऐसा ही होगा, तब अरविन्दभाई ने मुझे गम्भीरता से याद दिलाया कि इस नाटक के विषय में उपेन्द्रभाई से बात करने वाले वे ख़ुद थे—उसकी पसन्द के नाटकों में से एक यह नाटक था। उपेन्द्रभाई की पसन्द

के दृश्यों में से एक, नेपथ्य में कल्पित चार टीले पार करके, प्रथम ग्रहण की पूर्व रात्रि को देवी माँ बावझी के टीले पर आने वाला दृश्य था चार टीलों की तलहटी। उसकी चोटी पार करके, पाँचवें टीले की तलहटी में देवी आती है। ऐसा मेरा स्मरण है, यह बात, बावझी को सिर्फ़ अभिनय से (वाणी और देह से) दिखानी होती है, जो उसे पसन्द आयी। मेरी स्मृति के अनुसार—इस दृश्य का अन्त, बावझी की 'उत्सव', इस नाटक का आंशिक पठन कवि-नाट्यकार उमाशंकर जोशी के निवास स्थान 'सेतु' में किया था। भोज की पूर्व रात्रि को देवी स्व मुख में डोलर का चेहरा, कुछ भी कहे बिना (बाहर का मास्क निकाल देने की नाट्यप्रयुक्ति से) बावझी को (उसकी इच्छापूर्ति हो इस तरह से) दिखाते हैं, यह खण्ड उमाशंकरभाई को बहुत पसन्द आया था, और यह प्रसन्नता—'यहाँ आपका नाट्यत्व फलित होता है' कहकर दर्शायी थी। नाटक में संवाद की अपेक्षा यह दृश्य रचना से अधिक महत्त्वपूर्ण है, यह बात, इसी सन्दर्भ में समझायी थी।

इस तरह इस कृति का मंचन होता रहा—कुछ उत्तम मनोभूमियों पर!

अर्थकारण रंगभूमि का औचित्यपूर्ण और अनिवार्य पक्ष है। सिर्फ़ राज्याश्रय, जैनयुवकमण्डलाश्रय या नेशनल स्कूल ऑफ़ ड्रामाश्रय पर परिचालित मंच, एक सशक्त, साहसी और दीर्घजीवी, नाट्य परम्परा का सर्जन नहीं कर पाता। सवेतन रंगभूमि के अभाव में, विकासमान रंगभूमि असम्भव है। परन्तु कृति की मंचनक्षमता के तमाम पक्षों को समतुल्य रूप से सोचने की शक्ति, प्रायः सवेतन रंगभूमि के पास नहीं देखी जाती। सवेतन रंगभूमि की कृति की मंचन क्षमता के निर्णय को, उसका अर्थकारण असन्तुलित और कभी एकांगी बना देता है। ...प्रवीण जोशी और कान्ति मडिया के समान प्राणवान एवं उज्ज्वल अपवाद स्वीकार कर लेने पर भी। दोनों ने ही बॉक्स ऑफ़िस के साथ ख़ुद की शर्त से काम लेने की ताक़त दिखायी है। आज मेरे पास मौलिक नाटक की माँग, कभी स्नेहयुक्त कठोरता के साथ लेकिन हमेशा सच्चाई के साथ, कान्ति मडिया करते हैं।

१९८५ में संगीत-नाटक अकादेमी ने युवा-दिग्दर्शकों की योजना के तहत देश में से कुछ दिग्दर्शकों को निमन्त्रित किया, उसमें महेश चम्पकलाल को भी निमन्त्रित किया था। (यह निमन्त्रण एक दिग्दर्शक को एक बार ही नहीं भेजा जाता; बल्कि, एक युवा दिग्दर्शक के लिये पहली बार का आमन्त्रण एक अवसर के समान होता है। प्रथम प्रस्तुति यदि सफल हो गयी तो फिर

से निमन्त्रण मिलता है, और यह दिग्दर्शक राष्ट्रीय स्तर पर क्रमशः विख्यात एवं ध्यानार्ह बनता है) १९८६ में जब उन्होंने राष्ट्रीय नाट्य महोत्सव में ख़ुद की कृति के रूप में ग्रहण/खग्रास नाटक का मंचन तय किया, तब वह युवक क्या होड़ में रख रहा था, उसका मुझे पूरा ख़याल था। ...होड़ में किसी फाइनान्सर—प्रोड्यूसर के रुपये नहीं थे; होड़ में था उनका दिग्दर्शक का भविष्य।

इस सम्बन्ध में १९८५ में महेशभाई मुझे बड़ौदा में मिले, तब मेरे पास ग्रहण/खग्रास नाटक की पूरी पाण्डुलिपि हाथ में नहीं थी। उपेन्द्र त्रिवेदी / अरविन्द ठक्कर के पास, अन्यत्र, मूलतः दिल्ली में प्रवीण जोशी के पास,—१९७८ से १९८५ तक—कई बार छोटी-मोटी सहृदय-मण्डलियों में और मित्रों के पास, इस नाटक का पठन किया था। महेश को इस नाटक का इस प्रकार से ध्यान था, पर यह पाण्डुलिपि हाथ में नहीं थी।

'ग्रहण/खग्रास' की प्रारम्भिक प्रति शम्भु मित्र और प्रवीण जोशी के पास, क्रमशः मुम्बई और दिल्ली में, १९७६ से १९७८ में पढ़ी और चर्चित हुई थी। वह इसी समय में रची गयी थी। बीच का रूप अरविन्द ठक्कर और उपेन्द्र त्रिवेदी के पास किया गया नाट्य-पठन की प्रति में गठित हुआ। पर मंचन (अब मुद्रण) के लिए, अन्तिम प्रति तो, महेश चम्पकलाल ने इस नाटक के मंचन का निर्णय किया, तब १९८५-१९८६ में गढ़ी गयी। मूलतः महेश मेरा (गुजराती साहित्य का) एक उत्तम छात्र। बाद में म.स. यूनिवर्सिटी में मेरे (नाट्य-विभाग के) एक सफल-साहसी अध्यापक साथी। इस नाटक के सन्दर्भ में मेरे दिग्दर्शक। संस्कृत और गुजराती रंगभूमि के गहरे अध्येता तथा नये-नये मौलिक गुजराती नाटकों के मंचन की, चतुराईपूर्ण साहसवृत्ति—इस हिम्मतवान युवक के व्यक्तित्व का यह इकत्तीस और बत्तीसवाँ लक्षण है।

'ग्रहण/खग्रास' की बीच वाली प्रति में, नायक के ईडिपस कोम्प्लेक्स की फ्रायड से अलग भारतीय मनोरचनानुसार, संरचना थी। यहाँ की साइकोहिस्ट्री में कभी पिता की मृत्यु नहीं होती, पुत्र शायद ही अखण्ड और स्वतन्त्र जीवन पा सकता है; यही मूल दर्शन, बल्कि मूल का संघर्ष, जो बीच वाली प्रति में था। वह अन्तिम प्रति में भी रहा। बीच वाली प्रति की मंच रचना (गेस्टहाउस/टीला/कैम्प-वाली) अन्तिम प्रति में भी रखा गया।

पर महेश ने मुझे खुलेपन की बहुमूल्य सौगात दी। महेश में मुझे एक ऐसे दिग्दर्शक मिले, जिसने नाट्य मंचन का एक नवीन प्रयोग, नाट्य-लेखन में

करने का खुलापन दिया। कई वर्षों से मुझे लग रहा था कि भवाई मानो मध्यकालीन गुजरात का एकमात्र साहित्य-स्वरूप है, ऐसा मानने की, और नाट्य-लेखन के नये प्रयोग करने की चेष्टा, गुजरात की एक मन्द-प्राण लेखन-प्रवृत्ति की सूचक है। सिर्फ़ भवाई ही नहीं, आख्यान भी मध्यकालीन गुजरात का मंचीय साहित्य स्वरूप है। हमारी नयी रंगभूमि को आख्यान के साथ जोड़ने की मुझे कई सालों से इच्छा थी। अब जाकर इसका अवसर मिला। एक ओर राष्ट्रीय नाट्य महोत्सव की तारीख़ें क़रीब थीं, दूसरी ओर 'ग्रहण/खग्रास' की प्राप्त पाण्डुलिपि में ऐसा परिवर्तन करने की मेरी चाह थी पर समय कम था, और यह पुनर्लेखन हेतु बहुत सारा समय लेखक को दिया। ढीला-कच्चा दिग्दर्शक तो कहता कि अभी प्राप्त पाण्डुलिपि के अनुसार नाटक खेलें, बाद में आप परिवर्तन करके प्रकाशित करवाना। पर महेश चम्पकलाल ऐसे नहीं हैं। वे तो एक अडिग और परिणामलक्षी (अध्यापक एवं दिग्दर्शक रूप में) साथी हैं। बाद में नाट्य-महोत्सव की तारीख़ें बदल गयीं। लेखन-मन्थन के अभ्यास (रिहर्सल्स)—प्रकाश/संगीत/अभिनय/मंचसज्जा आदि—के लिये कुछ अधिक समय मिला।

निमेष देसाई और महेश चम्पकलाल ने, हिम्मतवान, दृष्टिसम्पन्न युवा दिग्दर्शकों के रूप में, मेरे दो नाटक खेले। इतना ही नहीं नाट्य-लेखन में रंगभूमि से जुड़े प्रयोग करने का खुलापन मुझे दिया, ख़ुद ने असुविधा भोगकर मुझे खुलापन दिया, उसमें रंगभूमि का ऋत समाया हुआ है। इस प्रकार के भाईचारे के बिना सही और गतिशील रंगभूमि असम्भव है। 'तोखार' के अनुभव के बाद, यह दो अनुभव मुझे ध्यानार्ह लग रहे हैं।

'खग्रास' में आख्यान का अभिनेय साहित्य-स्वरूप, सिर्फ़ जोड़ने के रूप में रखने का मेरा विचार नहीं था। जैसे चित्रित होते जा रहे चित्र के कैनवस पर चित्रकार नया घटक जोड़े और पूरा चित्र ही बदल जाय, ठीक उसी प्रकार इस नाटक की पूर्व की प्रति में आख्यान रीति को गूँथ लेने पर जो पोत या प्रबन्ध (टेक्स्ट) उपजा वह एक नयी समग्रता थी। 'खग्रास' इस प्रकार नयी ही रचना हुई। चूँकि पूर्व की प्रति में ध्वनित हो रहा इडिपस कॉम्प्लेक्स का भारतीय रूप और उसकी गेस्टहाउस/टीला/कैम्प-वाली मंच रचना, तथा उसकी पाँच टीलों वाली और भोज के मुखदर्शन वाली नाट्य योजनाएँ खग्रास में यथावत् रहती हैं, पर आख्यान में कथन कलागत कडवां (काव्य पंक्ति समूह) और नाटक के यथार्थलक्षी दृश्यों, इसके बीच का तनाव, 'खग्रास' के नाट्य

संघर्ष को एक अनूठा परिणाम देता है। ग्रह, मनुष्य जीवन को, जीने वाले के हाथ में से लेकर, किसी अगम्यशक्ति के हाथ में रखने की चेष्टा करने वाली हमारी संस्कृति की विघातक शक्ति के रूप में (ज्योतिषियों, गुरुओं और ईश्वरेच्छा सर्वोपरि की महत्ता की शक्ति रूप) 'खग्रास' में प्रत्यक्ष मंच पर आता है। उन ग्रहों के खेल को भवाई के साथ जोड़ा है; उसके पूर्व तो थोड़े चौंक जाते, पर बाद में उसके सामने अन्त तक संघर्ष कर रहे माणभट्ट, 'खग्रास' में आख्यान की अभिनय कला को प्रत्यक्ष कराते हैं। आख्यान स्वरूप को सिर्फ़ उसके परम्परागत ढाँचे में न देखने का स्वीकार करते हुए एक नयी दृष्टि से, समकाल और आधुनिक, 'कंटेम्परारी एज मोर्डन' के रूप में नाटक में देखा गया है, यह बात इस नाटक को देखने-पढ़ने वाले ही देख पायेंगे। मंचन के तबके में भरतनाट्य शास्त्र के विशेषज्ञ महेशभाई ने, 'खग्रास' के यह माणभट्ट और ग्रहों वाले दृश्यों के लिये 'विष्कम्भक' संज्ञा सूचित की थी। पर यहाँ मुद्रित नाटक में प्रारम्भ से मुखसन्धि और अन्त में निर्वहणसन्धि संज्ञा प्रयोजित की है। डॉ. सुधा देसाई ने भवाई का सम्बन्ध जो संस्कृत नाट्य प्रकार के साथ जोड़ा है, वह 'पोषणक' में तीनों, मुख, प्रतिमुख, निर्वाण सन्धियाँ होती हैं, उसका स्मरण सज्जन सहृदयों को होगा। आख्यान स्वरूप को ख़ुद के तरीक़े से समझ रहे पुत्र का नाम 'खग्रास' में भास्कर दिया है। ग्रहों के अधिपति सूर्य के नाम के साथ का अनुसन्धान नाटक में अग्रसर हो रहा है। खग्रास के 'कैम्पएक्लिप्स' युवा नायक आदित्य हैं। चूँकि ग्रह, भास्कर को कहना न मानने वाले के दण्ड स्वरूप, इसी नाम से, जीवन नामक खेल में फेंकते हैं; इस आदित्य की जन्म-संज्ञा सूरजमल है। इस सारे नामकरण का सातत्य, सूर्य-भास्कर-आदित्य-सूरजमल का कडवा या पंक्तिबद्धता, इस नाटक को मुखसन्धि से निर्वहणसन्धि तक सन्धिबन्ध दे, ऐसी लेखन शैली खग्रास में प्रयोजित हुई है।

—अवेतन रंगभूमि के पाँच-छह नाट्य प्रयोग तो अन्धकार में, अल्पसंख्यक झिलमिलाहट-सा गिना जाय। और एक ही नाटक के सौ-पाँच सौ खेल करती व्यवसायी रंगभूमि, इसकी तुलना में शरदपूनम-सी गिनी जाय। इसके बावजूद, कवि-नाट्यकार उमाशंकर जोशी की वह पंक्ति होंठों पर आ ही जाती है—पूनमने केजो के कोक दि...(पूनम को कहना कि किसी दिन...)

गुजराती से अनुवाद : डॉ. नयना डेलीवाला
आलेख का रचना-वर्ष : २००९

अन्ततः अन्तरंग भूमि से
'आ माणस मद्रासी लागे छे'

अन्ततः अन्तरंग भूमि से

'आ माणस मद्रासी लागे छे'

'आ माणस मद्रासी लागे छे' मेरा पहला मौलिक नाटक था। सन् १९७६ के पूर्वार्द्ध में यह लिखा गया था; उत्तरार्द्ध में श्री सत्यदेव दुबे और उत्कर्ष मजूमदार के दिग्दर्शन में समीर शेखर, मीनल पटेल तथा अन्य संवेदनशील अभिनेताओं के द्वारा इसका मंचन हुआ। सत्यदेव दुबे जैसे भारतीय रंगभूमि के रंग अवधूत और छबीलदास स्कूल के सभागार जैसी मराठी रंगभूमि के रंगगुहा तक स्वीकृत यह प्रथम (बल्कि एकमात्र) गुजराती नाटक बना। इसमें प्रकट होने वाली जीवन की प्यास, स्वतन्त्रता की तीव्र चाह और संग्राम की तैयारी के नाट्यरूप सम्भवतः इसके प्रमुख उद्देश्य रहे होंगे।

मनोविज्ञान (साइकोलॉजी) और राज्यशास्त्र (पोलिटिक्ल) मूर्त दर्शन (फ़िलोसॉफ़ी) के धरातल पर प्रतिष्ठित होते हैं, तब वे मनुष्य को उस प्यास, उस चाह और तैयारी तक पहुँचने के लिये मनुष्य को सक्षम बनाने वाली विधाएँ बन जाती हैं। मनोविज्ञान और राज्यशास्त्र सदा से मेरी रुचि के विषय रहे हैं। सन् १९६८ से सन् १९७२ तक के मेरे अमेरिका और पेरिस के निवास के दौरान स्नातकोत्तर स्तर पर इन दोनों विषयों का विधिवत् अध्ययन करने का अवसर मिला।

कार्ल मार्क्स की अर्थ/राज्य की विभावना तो दिलचस्प है ही। किन्तु मार्क्सवाद के वैश्विक विकल्पों के प्रति हमारी रुचि अधिक बनी रहती है। इन वैकल्पिक विचारधाराओं में किंचित् मूलभूमि एवं सूक्ष्मदर्शी दर्शन निहित हैं। एस.एम. डांगे ने अपनी पुत्री का नामकरण 'रोज़ा' किया था। रोज़ा देशपाण्डे स्वयं

भारतीय साम्यवाद के आचार-विचार के अग्रिम आचार्य एवं विचारक (अपने पिता के समान ही) थी। सम्भव है कि यह रोज़ा नाम जर्मन विचारक एवं सक्रिय कार्यकर्ता (एक्टिविस्ट) रोज़ा लक्ज़मबर्ग के नाम पर से रखा गया हो। रोज़ा लक्ज़मबर्ग और एडुयार्ड बर्गस्टाइन मार्क्सवादी विचारधारा को प्रस्तुत करने वाले चिन्तक थे। दूसरे अन्तिम छोर पर रशिया के एनार्किस्ट विचारक क्रोपोटकिन और बाकुनिन थे (गांधी युग के विचारक विजयराय वैद्य ने इन एनार्किस्टों के विषय में एक सुन्दर किताब लिखी है।) युजीन आयनेस्को जैसे दक्षिणपन्थी चिन्तक-सर्जक के 'माळबेट' नाटक का सन् १९७२ में एक साल पेरिस में रहकर अभ्यास करने का अवसर मिला। उससे पूर्व 'न्यू लेफ़्ट' कहे जाने वाले 'वामपन्थी' विचारकों की विचारधारा का अध्ययन भी किया था।

मनोविज्ञान हमारे संस्कृत (संस्कार प्राप्त) चित्त के पातालों में स्थित जानवर-जिनावर से हमारी पहचान कराता है। यह पशु, यह जैसा जिनावर है तथा 'जान' दार, शक्तिसभर है। अत: मनुष्य की संस्कृति पार की शक्ति का ख़याल हमें मनोविज्ञान से प्राप्त होता है। राज्यशास्त्र यदि मनुष्य को केवल ऐतिहासिक कारकों की निपज के रूप में प्रस्तुत करता है, तो मनोविज्ञान मनुष्य की प्रागैतिहासिक शक्तियों का ज़िक्र छेड़ता है।

'आ माणस मद्रासी लागे छे' नाटक यदि दुबे साहब-उत्कर्षभाई को तथा छबीलदास सभागार के दर्शकों को मंचन करने योग्य—दर्शनीय लगा तो इसके पीछे उन (६८-७२ के) चार वर्षों के इतिहास एवं आदिमता को जानने-समझने की लगन कारणभूत थी।

सर्जक यदि साधक हो और सहृदय सहज हो तो इसको लेकर किसी को कोई आपत्ति नहीं होनी चाहिए किन्तु सहजता का अर्थ बुरी आदत हरगिज़ नहीं है। साधनहीन, लोकेषणाग्रस्त लेखकों से काव्याभासों एवं नाट्याभासों के ढेर लगाते हुए गुजराती सामाजिकों को किंचित् बुरी आदतों से ग्रस्त कर दिया है। इनमें मूलभूत बुरी आदत है हमारी भावकता को घोर आलस्य के मार्ग पर खपा देना। साधनहीन और एषणाग्रस्त लेखकों/दिग्दर्शकों/निर्माताओं/प्रकाशकों ने जिस मधुर विष का पान हमें कराया है, उस मीठे ज़हर ने गुजराती प्रजा को किस हद तक बर्बाद कर दिया है, उसका सही-सही अन्दाज़ा शायद अब तक हम नहीं लगा पाये हैं।

जैसे ऊपर-ऊपर बंजर लगती भूमि के भीतर घने वृक्षों के बीज दबे पड़े हों,

कुल ऐसी ही अनुभूति गुजरात के वर्तमान थिएटर गोअर्स को देखते हुए होती है। हम सब नरसिंह–अखा–प्रेमानन्द–गोवर्धनराम की मानव सन्तानें हैं। बुरी आदत तो पालने से पड़ती है और छोड़ने से छूटती भी है। वह कोई स्व–भाव नहीं है। भंगरसिया के–से दिखने वाले क्षमता की दृष्टि से रंगरसिया हों, ऐसा भी सम्भव है।

'आ माणस मद्रासी लागे छे' नाटक इसके लिखे जाने के साल भर के अन्दर मंचन किया गया। उसके कई प्रयोग हुए। इन्दौर में भी इसका मंचन हुआ था, ऐसा हाल ही में मेरे साथी–मित्र 'प्रत्यक्ष' कार डॉ. रमण सोनी के हवाले से जाना; जब वे अपनी दो दशक पूर्व की 'मद्रासी' देखने की स्मृति को ताज़ा करते हुए बता रहे थे। सन् १९९८ में न्यूजर्सी में अमेरिका निवासी नाट्यवृन्द ने इसका मंचन किया था। इसका श्रेय निश्चित रूप से हमारे अन्दर छिपे प्रेमानन्द–असाइल को जाता है।

छोटे–से नेहरू युग की बित्तेभर दोपहरी को दो–तीन बजते–बजते तो शाम ढल गयी। राष्ट्रभाषा हिन्दी में इसे 'रंगीन शाम' जैसा कुछ कहा जाता है—वह राष्ट्रभाषा बन गयी है ना, इसी कारण। देशज भाषा में तो इसे कुबेला की क्रूर रात्रि ही कहेंगे। जैसे सुबह–दोपहर तो हुए ही नहीं और अन्धकार पसर गया। 'मद्रासी' नाटक में इस अकाल मृत्यु का 'मरसिया' (शोकगीत) गाया गया है। 'वेतियानुं ग्रीस' आज भी यदि उत्कर्ष मजूमदार के स्वर में सुनें तो सहज प्रतीति हो आती है कि एक उत्तम रंगकर्मी सर्जक स्वयं मंचित नाटक का मर्म कैसे पा लेता है; यही नहीं कितने असरदार ढंग से प्रकट भी कर पाता है। उत्कर्ष मजमूदार और निमेष देसाई के स्वर में गाये हुए 'मद्रासी' और 'मकनजी' के गीत अब कैसेट के रूप में उपलब्ध हैं, यह ध्वनिमुद्रण टेक्नोलॉजी का सुफल!

—और 'मद्रासी' नाटक भी स्वातन्त्र्योत्तर भारत के आरम्भिक स्वप्न को प्रतिबिम्बित करने वाला, टेक्नोलॉजी श्रममहिमा एवं लोकेषणा के दर्शन का भान कराने वाला नाटक है। वह 'मरसिया' भी है और ख़ुशी का गीत भी। उसमें जो विलाप सुनायी पड़ता है, वह पराजित होने वालों का रुदन नहीं है, बल्कि युद्ध का आह्वान करने वालों के लिए, केसरिया करने के लिये कटिबद्ध वीरों के लिये किया गया मूक विलाप है। हमारी संस्कृति की शक्ति के गुणगान गाने वाला यह एक प्रशस्ति गीत भी है।

हमारे यहाँ जिनका अधिक विलायतीकरण नहीं हुआ है, ऐसे लोगों में हारी-बीमारी के चलते अन्त समय में कहा जाता है, 'वाणी चली गयी है, अब नहीं बचेंगे।' वाणी का नाश आने वाली मृत्यु का पूर्वाभास है। आज हमारे देश की वाणी चली गयी है। 'मद्रासी' नाटक इसी लुप्त वाणी का और मृतप्राय वाणी को पुनर्जीवित करने के प्रयासों का नाटक है। मृत्यु के मुख से ज़िन्दगी को वापस खींच लाने के आह्वान मन्थन का नाटक है। इसी तरह से उसमें प्रयुक्त गुजराती भाषा स्वयं भी एक चरित्र के रूप में उभरकर आती है।

ठेठ ग्रामीण बोली, गाँव का जीवन उसी आदिशक्ति से संचित है, जड़ों के निकट की सच्चाई से शोभित 'खरा' है, ऐसी कुछ मान्यता गांधी युग के लेखक-विचारक रखते थे। ऐसी ही कुछ मान्यता उत्तर आधुनिक युग के कुछेक लेखक-विचारकों की भी रही है। यह 'देशी-वाद' भोक्ता है या धूर्त, तय कर पाना मुश्किल है। किन्तु जाने-अनजाने वह अप्रामाणिक बन बैठता है। जड़ों के निकट सड़न की सम्भावना भी होती है। यदि पौधा रोगग्रस्त लगे, तो जड़ों के निकट की उस सड़न को ढूँढ़ निकालकर उसका उपाय करना ही उस पौधे के प्रति हमारा लगाव कहा जायेगा। कथित 'गांधीवाद' और तथाकथित 'देसीवाद' उस कर्मनिष्ठ गांधी को या आज के निष्ठावान और साहसी सर्जक को स्वीकार्य होगा भी या नहीं, यह सवाल विचारणीय है।

'मद्रासी' नाटक में इसी तरह की फार्मूला-रिआलिटीज़ का, बनावटी समाधानों का अस्वीकार है। भले ही 'हमारी सौंधी मिट्टी की कठोर वास्तविकता' का गुण-गान करने का कार्य गांधी-युगीन अथवा तथाकथित उत्तर आधुनिक क्यों न करें। ग्रामीणता या ठेठ देसीपन क्या है, यदि सचमुच समझना है तो जड़ों के निकट जो है वही उत्तम या जो ग्रामीण वही सच्चा जैसे फार्मूला से चिपके रहने से काम नहीं चलेगा। जहाँ जीवन है, वहाँ सर्वत्र है। जो इसे गांधी युग के सौंधे गाँव में, उत्तर आधुनिकता के अभ्यारण्य में या आदिवासियों के लिये अमेरिकनों के द्वारा अथवा हमारे द्वारा बनाये गये 'रिजर्वेशनों' में ही तलाशने वालों की भाँति बकौल अखा 'उन तिरछी गलियों में घुसता है जिनमें घुसने वाला न निकल पायेगा'। यद्यपि गांधी-वादी या देसीवादी फार्मूला के इन वासियों के प्रति अँगुली निर्देश करने वाले हरेक व्यक्ति को 'मद्रासी' में आने वाली उस लड़की की टेलीफ़ोन पर की जाने वाली अक्खड़ उक्ति के लिये तैयार रहना चाहिए—'मुआ! गिटपिट करता है।'

'आ माणस मद्रासी लागे छे' नाटक इन्हीं तैयारियों के साथ सज्जि किन्तु गहरे स्नेह से जीवन और उसकी जीवन्तता को चाहने वाले स्त्री-पुरुषों का नाटक है। सिर झुकाये बिना वह मरने को तैयार है।

गुजराती से अनुवाद : गार्गी शाह

आलेख का रचना-वर्ष : १९९७

गुजरात में संस्कृत नाटक और उसके विवर्त

संस्कृत भाषा के रूपक-साहित्य में गुजरात का प्रदान कितना और कैसा है, यह प्रश्न हमारी संगोष्ठी के सामने है। कुछ प्रश्न नदी की तरह होते हैं, उसके एक छोर पर जानकारियों का महार्णव गहराता है। वह नदी भी सागर में समा जाती है, उसके दूसरे छोर पर वे प्रश्न जिसमें से प्रकट होते हैं, ऐसी मानवीय या प्राकृतिक परिस्थितियों का दुर्गम ढेर, पहाड़ की तरह पथराये होते हैं। प्रत्येक प्रश्न-नदी अपने-से पर्वत में से 'अपना पानी', अपना विशिष्ट व्यक्तित्व प्राप्त करती है। इस तरह सही प्रश्नों का अपना व्यक्तित्व होता है। हमारी आसक्ति प्रश्नमुख में पथराये पर्वत के साथ ज़्यादा है और प्रश्नों को समाहित करती जानकारियों के महार्णव के साथ कम।

इस संगोष्ठी के सामने उपस्थित यह प्रश्न जिस सांस्कृतिक और ऐतिहासिक मूल से उद्भूत है, उसे समझना ही हम सब का उपक्रम है। प्रश्न को पेचीदा बनाये बिना जो उत्तर प्राप्त होते हैं, उन उत्तरों की विपुलता स्वयं ही उस प्रश्न की समग्रता को खण्डित कर सकती है। दूसरे शब्दों में, कहा जा सकता है कि किस सदी के, कौन-से वर्ष में, गुजरात में कहाँ-कहाँ और किन-किन लेखकों ने संस्कृत भाषा में रूपक-साहित्य की कृतियों का सृजन किया, उसकी जानकारी एकत्रित कर देने मात्र से ही इस संगोष्ठी के कार्य की परिणति नहीं होनी चाहिए। हमारा कार्य उस मूल प्रश्न के अपने संकेतों को, अपनी गहन संरचना (डीप स्ट्रक्चर्स) को खोलना है।

संगोष्ठी-प्रश्न के मूल में दो विभावनाएँ हैं : (1) गुजरात नामक प्रदेश विशेष की विभावना और (2) संस्कृत-साहित्य नामक वाक्-संरचना

की विभावना। इन दोनों के सम्बन्धों की समीक्षा करना ही हमारा कर्तव्य है। प्रारम्भ में इस बात का परीक्षण करते हैं कि संस्कृत साहित्य के सन्दर्भ में गुजरात नामक प्रादेशिकता का महत्व कितना माना जाये?

''संस्कृत भाषा में रचित साहित्य'', ऐसा विधान आज हम ''गुजराती भाषा में (मराठी, बंगाली, कन्नड़ आदि भाषा में) रचित साहित्य'' ऐसे विधान के सन्दर्भ में कर सकते हैं। किन्तु आज से आठवीं या दसवीं शताब्दी पूर्व ''संस्कृत (अथवा उसी तरह की सर्वदेशीय प्राकृत या अपभ्रंश) भाषा में रचित साहित्य'' ऐसा विधान, सम्भवतः एक आन्तरिक पुनरुक्ति के बिलकुल निकट पहुँच जाता, ऐसा तत्कालीन पाठकों को लगेगा। साहित्य तो सिर्फ़ संस्कृत (प्राकृत, अपभ्रंश) में ही होता है, ऐसी स्पष्ट समझ ठेठ भोज और हेमचन्द्र तक, जैसा कि 'शृंगारप्रकाश' और 'काव्यानुशासन' के विधान स्पष्ट करते हैं, भारतवर्ष में व्याप्त था। एक देशीय भाषाओं के साहित्य के सन्दर्भ में संस्कृत (प्रा. अ.) साहित्य को देखने का प्रश्न ही तब नहीं था, क्योंकि साहित्य सिर्फ़ सर्वदेशीय भाषाओं में ही रचा जाता था। सर्व-सर्जक-सहृदय-स्वीकृत समझ और रूढ़ि ऐसी थी कि जो भी साहित्यिक कृति रची जाय, वह संस्कृत (प्राकृत, अपभ्रंश) में ही रची जाय और वह पूरे भारत में प्रदेश निरपेक्ष रूप में पढ़ी जाय। अर्थात् ईसा की बारहवीं-तेरहवीं सदी से पहले, 'संस्कृत रूपक-साहित्य' का विचार और 'गुजरात में उसका योगदान' यह विचार असम्भव-सा माना जायेगा। 'साहित्य', 'संस्कृत' और 'सर्वदेशीयता' परस्पर एक-दूसरे के पर्याय बन सके ऐसी सांस्कृतिक परिस्थिति तब प्रवर्तित होती थी। उस समय साहित्य में नया प्रदान करने वाला साहित्यकार किसी प्रदेश विशेष का न रह कर सर्वदेशीय बन जाता था।

आधुनिक भारतीय भाषाओं में अर्थात् देश में अलग-अलग प्रदेशों में बोली जाने वाली, लोक व्यवहार की, एकदेशीय बोलियों में भी साहित्य की रचना हो सकती है, इस सम्भावना का स्वीकार ही ईसा की दूसरी सहस्राब्दी के आरम्भ काल की एक वाङ्मय क्रान्ति, सांस्कृतिक क्रान्ति मानी जा सकती है। 'कविराजमार्ग' और 'वड्डाराधने' जैसे आठवीं-नौवीं सदी के पद्य-गद्य, काव्यशास्त्र-कथा साहित्य की कृतियाँ बोलचाल की भाषा कन्नड़ में सर्वप्रथम रची गयी और उसके बाद बारहवीं-तेरहवीं सदी में गुजराती, मराठी, बंगाली, असमिया आदि बोलचाल की भाषाओं

में साहित्य की रचना होने लगी। उसके बाद ही 'गुजराती कवि', 'मराठी प्रबन्धकार', 'असमिया नाट्यकार' जैसी विभावना सम्भव हुई। उस सन्धिकाल में, एक काव्य-प्रकार के रूप में महाकाव्य की चर्चा करते हुए हेमचन्द्राचार्य 'काव्यानुशासन' की एक कारिका में दर्ज़ करते हैं कि महाकाव्य संस्कृत, प्राकृत, अपभ्रंश और ग्रामीण, इन चार भाषाओं में लिखा जा सकता है। किन्तु जैसे कि मानो बहुत सारी छूट दे दी गयी हो उस प्रकार इस जैन मुनि ने भी कारिका की वृत्ति में उस चार के अंक को पुनः तीन पर लाकर रख देते हैं और लिखते हैं कि ग्रामीण अर्थात् ग्रामीण अपभ्रंश। भोज का 'शृंगारप्रकाश' भी इसी प्रकार की काव्य-शास्त्राज्ञा और समझ को प्रस्तुत करता है।

किन्तु आसमानी-सुलतानी (मुख्यतः सुलतानी) तत्वों के कारण और एक व्यापक ऐतिहासिक, सांस्कृतिक युगान्त और युगारम्भ के भाग रूप प्रादेशिक अर्थात् एकदेशीय भाषाओं में साहित्य सर्जन आरम्भ हुआ। भारतीय संस्कृति में, तब सर्वप्रथम, 'देशी', 'गुजराती' साहित्यकार का जन्म हुआ। वह साहित्यकार वज्रसेन सूरी और शालिभद्र सूरी की तरह बहुधा द्विभाषी था और संस्कृत एवं गुजराती में साहित्य की सर्जन करता था। दूसरी अन्य 'देशी' (बोलचाल की बोली से साहित्यिक भाषा में विकसित होती एकदेशीय, प्रादेशिक) भाषाओं में भी तुल्य परिस्थिति थी।

जब वज्रसेन एक 'गुजराती' अर्थात् परम्परा-क्रान्त रचनाकार के रूप में भरतेश्वर बाहुबली घोर (सन् ११६९ ?) की रचना कर रहे थे, तभी उसी वज्रसेन ने परम्परामान्य रचनाकार के रूप में अनेक संस्कृत कृतियों की रचना की थी। शालिभद्र ने भ. बा. रास सन् ११८५ में गुजराती की प्रादेशिक, एक देशीय भाषा में लिखा पर उन्होंने भी भारतव्यापी, सर्वदेशीय संस्कृत भाषा में साहित्य की रचना की। उस समय गुर्जरदेश या गुर्जर मण्डल में चालुक्य वंश का राज्य था। कर्णदेव (करण घेलो) अलाउद्दीन ख़िलजी के हाथों सन् १२१९-१३०० में पहली बार और सन् १३०३-०४ पूर्णतः पराजित हुआ। इसके पहले और वज्रसेन-शालिभद्र की प्रारम्भिक 'गुजराती' कृतियों के सर्जन के बाद, चालुक्यों के (वाघेलाओं) के महामन्त्री वस्तुपाल के आश्रय में एकत्रित साहित्यकारों की सभा ने गुर्जर-मण्डल में रहकर संस्कृत भाषा में अनेक रचनाएँ की। उनमें प्रकरण, व्यायोग आदि प्रकारों के रूपकों का समावेश होता है। व्यायोग प्रकार का

नाट्य साहित्य जहाँ रचा जाय, खेला जाय, समाजिक के द्वारा आस्वाद्य हो, उस समाज की राजकीय-सैन्य शक्ति और स्वायत्तता कैसी होगी, उसकी नाट्यविद आज भी कल्पना कर सकते हैं। इस अर्थ में गुर्जर देश की राजकीय शक्ति और स्वायत्तता व्यायोग रचनाओं की भूमिका में निहित मानी जायेगी, किन्तु अन्ततोगत्वा संस्कृत नाट्य रचनाओं की 'गुजरातीयता' को आगे करना, यह कहाँ तक स्वयं वस्तुपाल, सोमेश्वर आदि परम्परा प्रिय, संस्कृत भाषानिबद्ध, साहित्यकारों को (धोलका, पाटण जैसे 'गुजराती' नगरों में रहने पर भी) उचित लगा, यह प्रश्न उपस्थित है। इन साहित्यकारों में से कुछेक जन्म से ही 'गुजराती' थे और कुछ नहीं थे, किन्तु यह सभी भारत की सर्वदेशीय साहित्य-भाषा संस्कृत के साहित्यकार थे। उनके महाकाव्य, प्रकरण और व्यायोग भी गुजरात से निरपेक्ष रहते हुए साहित्यिक तत्व-गुण से युक्त थे। उनका योगदान सर्वदेशीय साहित्य-भाषा संस्कृत में पारम्परिक रूप से लिखने वाले साहित्यकारों का भारतव्यापी सहृदय मण्डल के आस्वाद के लिए किया गया अर्पण माना जाय, न कि 'गुजरात' का 'संस्कृत साहित्य' को किया गया अर्पण। केवल भौगोलिक रूप में 'देशस्थ' और विशिष्ट रूप में, संस्कार-संवेदन-इतिहास विशेष रूप में 'देशी' शब्द—इन दोनों के बीच का भेद करना यहाँ अभिप्रेत है।

गुजरात-सापेक्ष और गुजराती-साहित्य सापेक्ष संस्कृत साहित्य को ऐतिहासिक तथ्य रूप में धारण करता विश्व और प्रदेश-निरपेक्ष और प्रादेशिक-भाषा-साहित्य-निरपेक्ष साहित्य को ऐतिहासिक तथ्य रूप में धारण करता संस्कृत-प्राकृत-अपभ्रंश-त्रयी साहित्य-भाषा का पारम्परिक मान्यता प्राप्त वाङ्मय विश्व—इन दो विश्व के भेदो को, ऐतिहासिक सन्दर्भ में पूर्ण रूप से प्राप्त करने की दिशा में इस सहस्राब्दी का, इस प्रदेश विशेष में रहकर संस्कृत में साहित्य सर्जन करने वाले सर्जकों की कृतियाँ हमारा दिशानिर्देश करती हैं।

इस परिप्रेक्ष्य में स्पष्ट रूप से चार प्रश्न उपस्थित होते हैं : (१) सर्वदेशीय ऐसी भारतीय साहित्य-भाषा संस्कृत में, हमारे प्रदेश विशेष गुजरात में स्थित साहित्यकारों के द्वारा कहाँ, कितने और कैसे रूपक रचे गये? (२) वे सभी साहित्यकार हमारे प्रदेश विशेष गुर्जर-मण्डल में पैदा हुए और पले-बढ़े हुए लेखक ही थे या संस्कृत की अनेक-देशीयता को बनाये हुए एक व्यापक सांस्कृतिक अवकाश (ग्रेटर कल्चर स्पेस) के

खुलेपन के चलते उन लेखकों में गुर्जर–मण्डल से बाहर पैदा हुए व पले–बढ़े साहित्यकारों का भी समावेश हो सका था? (३) पाटण–धोलका–खम्भात आदि गुर्जर–मण्डल में / गुर्जर–देश के नगरों में बसते सहृद के द्वारा ही इस गुर्जर–देशस्थ लेखकों की संस्कृत रूपक–साहित्य रचनाएँ आस्वाद्य होती या इन रचनाओं का सहृदय वाचक–प्रेक्षक वर्ग अनेक–देशीय, सर्वदेशीय, भारतवर्ष तक व्याप्त था? (४) इन तीनों में से सूचित होता चौथा और सर्वाधिक महत्वपूर्ण प्रश्न यह है कि संस्कृत रूपक–साहित्य का रखरखाव और उनमें जोड़े गये अंश क्या गुजरात प्रदेश में रहते लेखकों की संस्कृत रचनाओं द्वारा (ही) किया गया माना जाय या फिर इनके द्वारा लिखी गयी गुजराती रचनाओं के द्वारा (भी) माना जाय? यह रचनाएँ दस प्रकार के रूपकों के स्वरूप में निबद्ध न हो, किन्तु उसके कोई ग्यारहवें–बारहवें या सत्रहवें–अठारहवें सन्निकट–अनिकट विवर्त के रूप की हो (और वह भी सर्वदेशीय न होकर एकदेशीय भाषा में रचित हो), तो यह रचनाएँ उस संस्कृत रूपक–साहित्य में कुछ प्रदान करने वाली मानी जायेगी?

इस चारों प्रश्नों की पूर्ण रुप से छानबीन यहाँ प्राप्त स्थल–काल में सम्भव नहीं है। शिकागो यूनिवर्सिटी के दक्षिण एशियाई भाषाएँ और संस्कृतियों के विभाग के प्रोफ़ेसर शेल्डन पोलोक के नेतृत्व में पूर्ण हुई एक परियोजना के भाग रूप, गुजराती साहित्य की उस परियोजना के एक दीर्घ निबन्ध में मैंने इन प्रश्नों को विस्तार से आलेखित–चर्चित किए हैं। पुस्तक के रूप में उस परियोजना के सभी निबन्ध उपलब्ध होंगे। इसलिए म. स. यूनिवर्सिटी के प्राच्य–विद्यामन्दिर के प्रोफ़ेसर राजेन्द्र नानावटी के नेतृत्व में सम्पन्न होकर हो रही इस संगोष्ठी के अन्त में उच्चरित इस लघु वक्तव्य में समय मर्यादा को ध्यान में रखते हुए उन प्रश्नों की आरम्भिक चर्चा करना ही सम्भव हो पायेगा।

यहाँ दर्ज़ किये गये प्रथम तीन प्रश्नों के उत्तर इस प्रपत्र में ही सूचित किये गये हैं। गुर्जरदेश स्थित संस्कृत नाट्यकार गुर्जरदेश में पैदा हुए हों या न भी हुए हों, अन्य प्रदेशों से पाटण या धोलका की राज्यसभा में या महामन्त्री के साहित्य क्षेत्र में आये हों, ऐसा भी हुआ है कि लेखक रूप में वस्तुपाल, सोमेश्वर, हरिहर आदि गुर्जरदेश स्थित लेखक एकदेशीय या 'देशी' लेखक न माने जाय, बल्कि सर्वदेशीय और संस्कृत लेखक माने जाय। रूपक–

साहित्य में उनके द्वारा किया गया प्रदान 'गुजराती' लेखक का, प्रदेश विशेष की सर्जक चेतना का, योगदान न माना जाय, क्योंकि ये लेखक भरतेश्वर बाहुबली घोरकार और भ. बा. रासकार के समय के बाद के लेखक होने पर भी गुजराती साहित्य सापेक्ष लेखक नहीं थे। साहित्य यानी संस्कृत (प्राकृत-अपभ्रंश) जो अनेकदेशीय-सर्वदेशीय साहित्यिक भाषा में रचित वाङ्मय, कला-कृतियाँ ही, ऐसी स्पष्ट समझ रखने वाले लेखक थे, 'देशी'-निरपेक्ष और प्रदेश-निरपेक्ष लेखक थे।

इस सन्दर्भ में चौथा प्रश्न महत्त्वपूर्ण बन जाता है। एकदेशीय (गुजराती) भाषा में जिन लेखकों ने साहित्य सर्जन किया, ऐसे परम्परा का खण्डन करने वाले लेखकों की कृतियाँ, अनेक-देशीय (संस्कृत-प्राकृत-अपभ्रंश) भाषाओं में पारम्परिक रूप से मान्य, काव्यशास्त्र अनुसार रचित साहित्य विश्व में कुछ प्रदान करने वाला माना जायेगा? दूसरे शब्दों में, कहा जाय तो देशी साहित्य और संस्कृत साहित्य केवल विरोध की मुद्रा में ही आमने-सामने खड़े हैं? 'देशी' यानी 'संस्कृत' की जोर-हुकमी से, उसके 'ब्राह्मणवाद' से, उसकी 'उच्चवर्गीयता' से मुक्ति ही न? 'देशी' यानी 'संस्कृत' के प्रति विद्रोह ही न?

या फिर 'देशी' यानी 'संस्कृत' का परिवर्तनशील, व्यापनशील सातत्य? इस संगोष्ठी के विषय सन्दर्भ में, गुजराती भाषा में रचित रासा, घोर, प्रबन्ध, आख्यान, पद्यवार्ता, पदमाला, गरबा, भवाई आदि विधाओं की कृतियों को गुजरात ने गुजराती भाषा में लिखित, अभिनेय-साहित्य की कृतियों के रूप में संस्कृत रूपक-साहित्य में किया हुआ प्रदान माना जा सकता है? नहीं, तो किस लिए? हाँ, तो किस प्रकार के सातत्य की भूमिकाएँ में? उस सातत्य का अपना 'डीप स्ट्रक्चर' (उसकी गहरी संरचना) क्या है?

आज कुछ आक्रामक देशी-वादी आलोचक संस्कृत को ब्राह्मणों के सांस्कृतिक आधिपत्य का हथियार और देशी भाषाओं को अन्य वर्गों का, मुख्यतः 'सबल्टर्न' वर्गों का, स्त्री-दलित-आदिवासी आदि वर्गों का, उस आधिपत्य के सामने विद्रोह के रूप में प्रस्तुत करते हैं। इस मत के हठाग्रह के सामने ऐतिहासिक तथ्य यह है कि गुजरात में आचार्य हेमचन्द्र ही नहीं अन्य सैकड़ों जैन विद्वानों, कवियों, कोशकारों, काव्य-मीमांसक, चम्पूकारों, कथा-लेखकों आदि द्वारा सदियों से संस्कृत भाषा में साहित्य

रचना होती आयी है। इन कृतियों का पाठक वर्ग भी गुजरात में और गुजरात के बाहर फैला हुआ ब्राह्मणेतर (और ब्राह्मण भी) जैन, मुस्लिम, पारसी आदि संस्कृत के जानकारों से बना हुआ था। इसके पहले भी अन्यत्र बौद्ध-धर्मी सर्जकों-भावकों के द्वारा विपुल मात्रा में संस्कृत साहित्य रचा और पढ़ा गया है; मुस्लिम, पारसी आदि मत के अनुयायी-लेखकों ने भी संस्कृत में रचना की है।

यदि ऐतिहासिक तथ्यों की अवहेलना न की जाय तो देखा जा सकता है कि संस्कृत भाषा अनेक-देशीय ही नहीं, अनेक-वर्गीय भी थी। विभिन्न धर्मों के अनुयायियों ने उसमें साहित्य एवं अन्य वाङ्मय का सर्जन किया है, भावन किया है।

दूसरी ओर, विविध देशी भाषाओं में साहित्य सर्जन करने वाले, काव्य-शास्त्राज्ञा के बन्धन के सामने वाङ्मय-क्रान्ति करने वाले देशी सर्जकों का संस्कृत साहित्य से सम्बन्ध ऐतिहासिक तथ्यों की अवहेलना किये बिना समझना भी बहुत रोचक है। संस्कृत रूपक-साहित्य का सम्बन्ध गुजराती भवाई के वेशों से बिल्कुल नहीं है यह कहना कहाँ तक उचित है? इस सन्दर्भ में डॉ. गोवर्धन पंचाल और डॉ. कपिला वात्स्यायन जैसे भारत के पारम्परिक अभिनेय वाङ्मय के अध्येताओं के अध्ययन-लेख देखने योग्य हैं। भवाई के वेशों का भाण, प्रहसन आदि रूपक प्रकारों के साथ सम्बन्ध तो है ही, किन्तु उसके अलावा भवाई में 'आवणुं' जैसे संरचनात्मक तत्व का संस्कृत रूपक-कृतियों के प्रारम्भिक तत्व के साथ सम्बन्ध भी विशेषज्ञों ने दर्ज़ किया है। विषयवस्तुगत (थिमेटिक) और संरचनात्मक (स्ट्रक्चरल) तत्वों तक ही रूपक-भवाई का (और संस्कृत-देशी का) सम्बन्ध सीमित नहीं है। रस-निष्पत्ति जैसे अभिनेय वाङ्मय की प्राणभूत प्रक्रिया के विषय में भी भाण और भवाई के बीच ही नहीं, गुजराती रासो-गरबा-आख्यान और संस्कृत रूपकों के बीच भी एक प्रकार का सातत्य दृष्टिगत होता है। इसी प्रकार, प्रेमानन्द के 'नलाख्यान' जैसे आख्यान में, विषयवस्तु के प्रति, अलंकारशास्त्र के प्रति, रस के प्रति, संस्कृत साहित्य के विषयवस्तु, अलंकारशास्त्र और रस-निष्पत्ति की पद्धतियों और रूढ़ियों का व्यापक स्वीकार होता दिखायी देता है।

इस प्रकार, संस्कृत साहित्य और देशी साहित्य के बीच विच्छेद का नहीं किन्तु विवर्त का सम्बन्ध, विस्तार का सम्बन्ध देखना ज़्यादा तथ्यगत

और इतिहास सम्मत दर्शन माना जायेगा।

इन विवर्तों में अनुवाद का समावेश किया जाय या नहीं, यह प्रश्न अब उपस्थित होता है। लगभग अन्तिम डेढ सौ वर्षों में सुधारक-साक्षर-गाँधी-स्वातन्त्र्योत्तर युगों के गुजराती सर्जकों ने संस्कृत नाट्य-साहित्य से विपुल मात्रा में और उच्च कोटि के अनुवाद किये हैं। इस सन्दर्भ में प्रश्न उपस्थित होता है कि इस एकदेशीय भाषा में लिखने वाले उस सर्वदेशीय भाषा-साहित्य की परम्परा के रसिक अध्येताओं ने किस लिए, कौन-से व्यक्तिगत या ग़ैर व्यक्तिगत कारणों से, कौन-सी सांस्कृतिक आवश्यकता को पूर्ण करने के लिए, ऐसा व्यापक अनुवाद कार्य डेढ़ सदी तक किया? और अभी भी अविरत रूप से करते जा रहे हैं?

संस्कृत-प्राकृत-अपभ्रंश इन तीन अनेकदेशीय/सर्वदेशीय साहित्यिक भाषाओं ने भारत जैसे विशाल और बहु-वैविध्य पूर्ण देश को महत्त्वपूर्ण सहभागी अनुभव से, रसानुभव से, संकलित किया था। अब जब इस तीनों साहित्यिक भाषाओं में कृति निर्माण का कार्य, आसमानी-सुलतानी कारणों से, मन्द पड़ गया तब भारतीय संस्कृति को वह सहभागी और एकता उत्पन्न करने वाला सर्वदेशीय साहित्यानुभव मिलना बन्द हो गया। यह एक सांस्कृतिक आपातकाल की स्थिति बनकर रह गयी। इसके अतिरिक्त अन्य संस्कृतियों के आक्रमण के कारण भारतीय समाज के निरक्षर-स्तर, भय और लोभ के कारण उस आक्रमण के वश होने लगे, उसका उपाय भी करना ही पड़ेगा, वरना भारत जैसे विशाल देश और इस विशालता को एकता प्रदान करने वाली उदार सांस्कृतिक व्यवस्था नहीं टिक पायेगी। बहु-वैविध्य के प्रति अनुदार ऐसी अन्य सांस्कृतिक-व्यवस्थाएँ इस विशाल देश को और उसके समाज को एक कर के नहीं रख सकती। यह कालचक्र के साथ खण्ड-खण्ड में विभाजित हो जायेगी। ऐसी परिस्थिति में एकदेशीय भाषाएँ, उसके एक देशस्थ तथा एकदेशीय साहित्य-सर्जकों और उसी तरह के एकदेशीय सहृदय-श्रोता-वाचक-प्रेक्षकों के समक्ष बड़ी समस्या बल्कि सांस्कृतिक आपातकाल की स्थिति पैदा हुई। आधुनिक भारतीय भाषाओं की वह वाङ्मय क्रान्ति केवल संस्कृत (प्रा. आ.) से अन्य भाषाओं में साहित्य कृतियाँ लिखने तक सीमित नहीं थी। इन देशी भाषाओं की वाङ्मय क्रान्ति का मर्म था उन पुरानी साहित्यिक भाषाओं की अनेक-देशीयता को अपनी एक-देशीयता

के भीतर, कुछ नए सामर्थ्य से, सँजोने में था। देशी बोलियाँ जब केवल बोलचाल की भाषाएँ न रहकर नयी साहित्यिक भाषाएँ बन गयीं, तब उन्होंने वैयक्तिक रूप से नहीं वरन् सामूहिक रूप से एक नयी सर्वदेशीयता को प्राप्त कर लिया। गुजराती-मराठी-कन्नड़-तेलुगु-उड़िया-बंगाली-असमिया-अवधी-खड़ी-पंजाबी-कश्मीरी-सिन्धी ऐसी अनेक बोलियों ने (और अन्य अनेक, सैकड़ों, स्थान-सीमित बोलियों ने) उस सर्वदेशीय, परम्परा-मान्य तीन साहित्यिक भाषाओं की वाङ्मय सृष्टि को अपने-अपने एक-देश में सँजो ली, समाज के साक्षर और निरक्षर सभी वर्गों तक अपने-अपने प्रदेशों की गहराई में ले जाकर आवश्यकता अनुसार उसके मोड़ परिवर्तन किये, किन्तु उसे ऐसा मोड़कर नहीं रख दिया कि उसकी गहन संरचनाएँ (डीप स्ट्रक्चर्स) टूट जाय। इतना ही नहीं कहीं-कहीं तो उसकी प्रगट संरचना को भी नयी भाषाओं में वैसा का वैसा ही बनाये रखने का सुदीर्घ प्रयास भी (प्रमुखतः अन्तिम डेढ़ शतक में) किया गया। मोड़ परिवर्तित करके संस्कृत रूपकों को गुजराती भवाई में, गरबा-गरबी में, रास-आख्यानों में, ऐसे विविध अभिनेय वाङ्मय को सँजोया गया। मोड़ को तथागत रखकर सुधारक-साक्षर-गाँधी-स्वातन्त्र्योत्तर युग के अनुवादों में सँजोया गया।

गुजरात का संस्कृत रूपक-साहित्य सर्वश्रेष्ठ महत्त्वपूर्ण प्रदान है, वह गुजरात प्रदेश में संस्कृत भाषा में रचित रूपक नहीं वरन् गुजराती भाषा में उसके लिए किये गये विभिन्न रखरखाव, प्रसार एवं नवीन अवतार हैं। प्रेमानन्द के आख्यान और उमाशंकर जोशी के अनुवाद, इस प्रदान के उत्तम उदाहरण है। संस्कृत रूपक के स्वरूप-लक्षणों को सँजोते हुए मौलिक गुजराती नाट्य-लेखन करना इस प्रदान का तीसरा परिमाण है।

जैसे भालण-प्रेमानन्द के आख्यान, शामळ आदि की कहानियाँ, असाईत के वेश आदि में संस्कृत रूपकों का नव-अवतरण हुआ उसी तरह रमणभाई नीलकण्ठ के 'राई का पर्वत' में, रसिकलाल परीख के 'शर्विलक' में, या दोनों के पूर्व दलपतराम के 'मिथ्याभिमान' में भी हुआ है। इस परिवर्तन और प्रसार के द्वारा गुजरात का प्रदेश विशेष अधिक दृढ़ता से, अधिक गहराई से और अधिक प्राण-युक्त उस सर्वदेशीय वाङ्मय सृष्टि के साथ, भारतीय संस्कृति के विश्व के साथ जुड़ा, एकरस होते चला। इस तरह भारत की और भारती की एक नयी ऐतिहासिक अखिलता का

निर्माण हुआ।

'देशी' और 'संस्कृत' के बीच लेन-देन की, पारस्परिक प्रदान की यह रस-युक्त, प्राण-युक्त और विदेशियों का प्रतिकार करने की शक्ति से युक्त प्रक्रिया अखण्ड, सुदीर्घ और नित्य नूतन है। 'देशी' के लिए या 'संस्कृत' के लिए, एक देशीयता के लिए या सर्वदेशीयता के लिए, जुनूनी और दृष्टि विहीन आग्रह रखे बिना, स्नेह और सूझ-बूझ से इस प्रक्रिया का इतिहास-तथ्य-सम्मत अध्ययन जितना किया जाय, उतना कम है।

'स्वाध्याय', पृ. ३४, अंक १-४, दीपोत्सव, वसंत-पंचमी, अक्षय तृतीया और जन्माष्टमी अंक, नवम्बर १९९६—अगस्त १९९७

गुजराती से अनुवाद : डॉ. तृप्ति भावसार

आलेख का रचना-वर्ष : १९९६-९७

अनुवादकों के परिचय

डॉ. तृप्ति भावसार

जन्म : १५ जून, १९८५। गुजरात विश्वविद्यालय से हिन्दी में एम.ए. एवं पी-एच.डी.। दो पुस्तकें प्रकाशित।

ई-मेल : trupti.joshi@gmail.com

•

डॉ. शिवांगकुमार भावसार

जन्म : २८ जुलाई, १९८३। गुजरात विश्वविद्यालय से हिन्दी में एम.ए. एवं पी-एच.डी.। दो पुस्तकें प्रकाशित।

ई-मेल : shivang.bhavsar@gmail.com

•

डॉ. राजेन्द्र परमार

जन्म : ३ जून, १९८५। गुजरात विश्वविद्यालय से पी-एच.डी.। तीन पुस्तकें प्रकाशित।

ई-मेल : rajendraparmar3685@gmail.com

डॉ. गार्गी शाह
हिन्दी में पी-एच.डी.। पाँच पुस्तकें प्रकाशित।
ई-मेल : gargishah555@gmail.com

•

डॉ. नयना डेलीवाला
कवि, समीक्षक, अनुवादक।
एफ.डी. आर्ट्स एवं कॉमर्स कॉलेज, अहमदाबाद से अवकाश प्राप्त।
ई-मेल : n.deliwala13@gmail.com

•

नरेश चन्द्रकर
कवि, आलोचक, अनुवाद। पाँच पुस्तकें प्रकाशित।
ई-मेल : nareshchandrkar@gmail.com

•

डॉ. बंसीधर शर्मा
आलोचक, अनुवादक, सम्पादक। अनेक पुस्तकें प्रकाशित।
मोबाइल : ९४२७९६३९६५

•

तुलसीभाई पटेल
जन्म : १९३९
साहित्यालोचक, अनुवादक, शिक्षाविद्। अनेक पुस्तकें प्रकाशित।
मोबाइल : ९९९८०८९६३३

बारीन मेहता
कवि, उपन्यासकार, नाटककार, आलोचक एवं सम्पादक।
अनेक पुस्तकें प्रकाशित।
ई-मेल : barinmehta@gmail.com

•

नीता जोशी
जन्म : १ फ़रवरी १९७०।
अध्यापन कार्य से स्वैच्छिक निवृत्ति।
ई-मेल : ९४२८१७३४२६

•

अशोक पाण्डे
कवि, गद्यकार, अनुवादक। 'कबाड़खाना' ब्लॉग के सम्पादक।
अनेक पुस्तकें प्रकाशित।
ई-मेल : ashokpande29@gmail.com